1

正史를 버무려 쓴

조선왕조야사

박홍갑 지음

본서는 한국고전번역원이 구축한 〈한국고전종합 db〉(https://db.itkc.or.kr)《연려실기술》을 대본으로 하였음을 밝힙니다.

正史를 버무려 쓴

조선왕조야사

1

박홍갑 지음

차례

조선왕조야사 2

책 머리에

무릇 야사란, 국가나 관에서 임명한 사관이 편찬한 것이 아니라, 민간의 개인이 기록한 역사를 이름이니, 정사와 대립되는 의미로 쓰여, 야승(野乘) 혹은 패사(稗史)·외사(外史)·사사(私史)라고도 불렸다.

조선조 오백년

한 시대를 풍미했던 수많은 인걸들 중에 이만한 이가 또 있을까?

죽는 날까지 붓을 놓지 않았던 재야의 사가(史家)들, 그들이 남긴 많고 많은 야사(野史)들 가운데 또 이만한 책이 있을까?

우리 역사를 학문적 차원으로 접근하기 시작한지 어언 반백년의 필자가, 조선 역사를 파고들 때마다 가슴에 와 닿는 이가 이긍익이었고, 눈길 쉽게 떨어지지 않는 책이 바로 그가 기술한 야사였다.

연려실(燃藜室),

　중국 한나라 유향(劉向)이 어둠 속에서 글을 읽고 있을 때, 명아주 지팡이를 짚은 노인이 나타나 지팡이에 불을 붙여 홍범오행(洪範五行)의 글을 주었다는 고사에서 유래한 말인데, 명아주를 태운 초라한 방이란 뜻을 담은 호에서 그의 삶을 짐작할 수 있듯, 관직을 멀리한 채 일평생 필묵의 향과 더불어 살다 간 연려실 선생은 30년에 걸쳐 59권 42책의 조선 역사를 기술했다.

　이름하여 《연려실기술(燃藜室記述)》

　술이부작(述而不作).
　옛 일을 따라 기록할 뿐, 스스로 창작하지 않는다.
　공자의 《논어》 술이편 한 구절에 불과하나, 역사가 근대적 학문으로 정착하기 이전의 뭇 사가들에겐, 한 땀 한 땀 칼끝으로 가슴에 새겨야 할 지침이었다.
　그러하듯 이긍익은 술이부작 정신으로,
　《연려실기술》 첫머리 〈의례(義例)〉에서,

"내 지금 편찬한 연려실기술은 야사를 널리 모아, 대략 기사본
말체를 좇아 자료를 얻는 대로 나누고 기록하여, 후에 계속 보
태어 넣기 편하도록 하였다. 내가 자료를 얻지 못하여 미처 넣
지 못한 것은, 후일 보는 이가 자료를 얻는 대로 보충하여 완전
한 글로 만드는 것을 바라노라."

라고 한 바 있듯이,

민가에 떠도는 야사(野史)를 채록하고, 이를 주제별로 정리한 자
료만 제시하였을 뿐, 자신의 견해 밝히기를 극도로 삼갔으니, 올곧
은 춘추필법 정신으로 바른 역사를 남기려는 그의 의지가 너무나
선명하여, 동지섣달 투명하게 얼어붙은 계곡 속 얼음장 보는 듯하
다.

역대 제왕들의 통치시기에 벌어진 갖가지 사건 중심의 기사본말
체 형식을 빌었으니, 날짜별로 기사를 실은 편년체 《조선왕조실록》
보다 구미가 훨씬 더 당기는 이야기 보따리가 아닐 수 없다.

400여 종이 넘는 방대한 서적에서 발췌한 갖가지 내용들을 주제
별로 나누고 묶은 조선판 천일야화일지니, 《삼국유사》 이래 수많은

야사(野史)들이 쏟아졌지만, 이를 능가할 책을 찾질 못하는지라, 진정한 우리 야사의 백미요 총아라 하지 않을 수 있겠는가?

　이러한 책을, 감히 저자가,
　새로운 시각으로 편집하면서,
　술이부작 차원을 너머 술이개작(術而改作) 하려는 만용을 부리고 있다. 후일 자료를 보충해 주기를 바랐던 연려실 선생의 기대에 대한 만용이기도 하다.
　야사를 야사답게 꾸며, 건조하고 간결한 정사(正史)의 행간을 채워 넣을 수만 있다면, 우리 역사를 더욱 더 풍성하게 이해하는 첩경일 것이기 때문이다. 드라마를 통해 익힌 것을 역사로 착각하는 이들도 더러 있다지만, 문학적 상상력이 아니라 실증적 논증 과정을 거친 해석이 곧 역사이니, 야사를 통해 정사를 보완하는 것으로, 조선 역사 기술의 잣대와 먹줄로 삼으려 하고 있다.

　이름하여 《조선왕조야사(朝鮮王朝野史)》

　연려실 선생이, 조선이란 나라가 열리던 때부터 당대의 숙종 때까지, 역대 임금 재위 별로 야사를 담았으니 응당 그 시기로 끝을 맺어야 하나, 그리하면 조선왕조 오백 년 중에 백 년이 비는지라, 이후에 벌어진 각종 사건들 또한 버려 둘 수가 없어, 저자의 좁은 안목으로 채워 넣은 것은 물론, 선생의 손때 묻은 내용을 들어내거나 다듬고 덧붙임에 있어, 원래의 체제를 따르기는 하되, 나름의 재구성한 내용을 추가하거나, 정사와 비교하여 곧게 세워야 할 부분은 다소 과감하게 저자 견해를 덧붙이기도 했다.

　하지만, 야사의 묘미를 살린다는 당초의 취지에 따라, 가능한 한 원전에 충실하게 소개하기로 했다. 이는 저자의 무능과 타고 난 게으름을 감추기 위한 핑계이기도 하여, 행여 독자의 꾸지람으로 연결되지 않을까 하는 걱정이 살짝 드는 것도 사실이다.

　어느 때보다 인문학적 사유가 필요한 시점이지만, 전공 학자들의 연구 성과가 상아탑에 갇혀 있는 사이, 역사 분야만은 비전공자의 저작물들을 더 선호하는 흐름이 되고 말았다. 이런 경향과 맞물린 출판 시장이 그리 녹록치도 않은데, 흐트러진 원고를 책다운 책

으로 상재(上梓) 될 수 있도록 선뜻 출판해 주신 주류성 최병식 사장님께 감사를 드린다. 저자의 손을 떠난 원고는 더 이상 개인의 것이 아니기에, 많은 독자들과 공유하고픈 생각 간절하나, 이 또한 과분하고 사치스런 생각이라, 그간 가슴 속 깊이 품고 있던 원고 작업을 마무리한 것으로 만족하고픈 심정이다.

　독자 제위께 다시 한번 감사의 말씀을 올린다.

임인년 새해에
압구정 서실에서 珠巖 朴洪甲 謹識

제1대
태조대왕

전주 이씨로 이름은 성계(成桂)이고, 자는 중결(仲潔), 호는 송헌(松軒)이다. 왕위에 오른 후 바꾼 이름은 단(旦), 자는 군진(君晉)이다. 환조 이자춘의 맏아들로 고려 충숙왕 후4년(1335) 영흥 흑석리 사저에서 태어났다.

고려에서 벼슬하여 수문하시중에 이르렀고, 1392년 7월 17일 개성 수창궁에서 즉위하여, 7년이 지난 춘추 64세에 정종에게 왕위를 물려주었다. 상왕으로 있은 지 10년 지난 74세에 창덕궁 광연루 아래 별전에서 승하하였다. 명나라에서 시호를 강헌(康獻)으로 내렸는데, 온량호락(溫良好樂)을 강(康), 총명예지(聰明睿知)를 헌(獻)이란 뜻으로 담았다. 건원릉에 묻혔으니, 양주 남쪽 검암산 계좌이다. 비 신의왕후 한씨 본관은 안변, 밀직사 부사 증 영문하부사 안천부원군 한경(韓卿)의 딸이다. 계비 신덕왕후 강씨의 본관은 곡산, 판삼사사 증 상산부원군 강윤성(康允成)의 딸이며, 태조가 즉위하자 현비에 책봉되었다. 두 부인 사이에 모두 8남 5녀를 두었다.

선계璿系

이씨의 관향 전주는 본시 백제의 완산인데, 신라 완산주(完山州)가 되었다가, 견훤이 후백제를 세워 이곳에 도읍을 정하였다. 고려 태조가 전주로 승격한 이래, 한때 이 곳 사람이 원나라 사신 야사부하를 잡아가둔 일로 부곡으로 강등된 적 있지만, 이내 완산부로 환원되었고, 태조가 왕위에 올라 자기 본관지를 더욱 소중히 여겨 키웠다.

시조는 한(翰)이니, 신라 태종 10세손 김은의 딸에게 장가들어, 후손을 퍼뜨렸다. 태조가 왕위에 오른 후 고례에 따라 4대를 추존하니, 목조·익조·도조·환조이다. 목은 이색이 지은 〈태조선묘기(太祖先墓記)〉에서 위의 4대가 묻힌 묘는 알 수 있으나, 그 윗 조상 묘는 알 수 없다 하였다.

그 후 태백산 아래 삼척 노동에 목조의 아버지와 어머니 능이 있다 하여, 수백 년간 찾아 헤맸다는 기록이 있다. 삼척 노동의 노인들에게 물으면 시원스레 대답하다가도, 지엄한 어명을 받든 관에서 캐물으면 입을 다물어 버렸다. 선조 임금 때 삼척 부사 황정식이 그 무덤을 찾았다는 상소로 조금씩 드러나기도 했지만, 풍수로 발복을 빌던 무리들이 왕기가 서렸다는 옛무덤에 투장까지 예사로 해버렸기에, 그 무덤을 찾기란 매우 어려웠다. 남의 무덤에다 몰래 뼈를 묻는 투장이야말로 지엄한 국법으로 다스리던 시절이었지만, 끝없는 인간의 욕망들이 이를 그냥 버려둘 리가 없었다.

어렵사리 찾은 목조의 아버지 이양무 능의 현주소는 삼척시 미로면 활기리(황터). 고종 때 묘 이름을 준경이라 추봉하고 대대적으로 정비한 탓에, 지세를 살피려는 풍수 학인뿐만 아니라, 관광객이나 등산객 발걸음 또한 잦다. 어떤 도승의 예언을 쫓아 목조 이안사가 백우금관의 예로 안장한 명당이었음에도, 그가 함경도로 떠나버리는 통에 수백 년 동안

묘를 잃어버렸다. 그래도 훗날 이성계가 나라를 세웠으니, 발복은 제대로 한 셈이 되었고, 이를 두고 목조 이안사가 나라의 절반쯤 세웠다 해도 나무랄 일이 아닌 듯싶다.

백우금관百牛金棺 이야기

부친상을 당한 목조 이안사가 묘터를 구하러 헤매다 나무 밑에서 쉬고 있을 때, 지나가던 도승이 혼자말로 '참으로 대지(大地)로다'라고 하는 소리를 들었다. 곁에 사람이 있는지도 몰랐던 도승은 이어, '개토제(開土祭)에 소 100마리를 잡고, 금으로 관(棺)을 만들어 장사 지내면, 5대 안에 기울어 가는 이 나라를 제압하고 창업주가 태어 날 명당이다'라는 말을 남기고 홀연히 사라졌다. 이안사가 집으로 돌아와 생각에 빠졌지만, 가난한 살림살이에 소 100마리와 금관을 구하기란 애초부터 그림의 떡이었다. 그러다 무릎을 치며 벌떡 일어난 이안사는, 흰 소[白牛] 1마리로 소 100마리[百牛]를 대신하고, 황금색 귀리 짚으로 금관을 대신하면 될 것 같았다. 마침 처가에 있던 흰 소를 빌려 제물(祭物)로 삼고, 귀리 짚으로 관을 만들어 정성껏 장사를 지냈더니, 세월이 흘러 마침내 이성계가 조선을 건국하였다.

——————— 《삼척군지》《한국학중앙연구원 향토문화전자대전》

목조穆祖

전주 이씨 18세. 휘는 안사(安社), 태조의 고조이다. 고려조에 지의주사 벼슬을 하였고, 원나라에도 벼슬하여 남경 5천호소 다루가치가 되었다. 함경도 경흥부에서 죽어 그곳 남쪽에 장사지냈다가, 태종 10년 (1410)에 이장하여 덕릉(德陵)이라 하였으니, 함흥 땅 서북쪽 가평사 자리, 즉 달단동이다.

목조는 호방한데다 진취적인 성격이라, 현실 안주보다는 도전정신으로 살았다.

옛날 전주에 있을 적에, 산성별감이 와서 목조가 사랑하는 기생과 관계하므로 다툼이 벌어졌다. 전주를 다스리던 지주(知州)가 목조를 해치려 하자, 미리 알고 강원도 삼척으로 도망갔는데, 고을 백성 중에 따라 옮긴 자가 무려 170여 호나 되었다.

그가 정착한 강원도 땅에 안렴사가 새로 부임해 오니, 전주에서 싸우던 바로 그 산성별감이었다. 이 말을 들은 목조는 또 다시 가족을 이끌고 바다 건너 함길도 의주 용주리(후일 덕원부)로 갔는데, 170여 호 모두 이곳까지 따라갔다. 고려조의 의주 병마사가 되었다가 얼마 후 원나라에 귀화하여, 알동(경흥부 동쪽 30리)으로 옮겨가서 살았다. 원나라 조정에서 목조에게 5천호소 다루가치란 관직을 내리자, 동북 방면의 백성들이 진심으로 목조를 좇으니, 왕업의 시초가 여기에서 비롯되었다.

경흥부 남쪽 12리쯤 되는 곳에 목조 덕릉이 있었다.

《용비어천가》나 이정형의 야사 《동각잡기》에 따르면,

이성계가 전군을 지휘할 때 길주 안무사 이원경으로 하여금 가서 성묘하게 한 적이 있었는데, 원경의 부하 중에 풍수를 잘 아는 백충신이란 자가,

"이 능의 후손 중에 왕이 될 자가 나겠다."

하니, 원경이 손을 내저으며,

"다시는 그런 말을 입에 담지 말라."

하였다고 전한다.

훗날 태종 10년 경인에 여진족들이 난을 일으키자, 이 능을 함흥 합란북으로 옮겼다.

익조翼祖

전주 이씨 19세. 휘는 행리(行里), 태조의 증조이다. 원나라 조정에서 천호를 세습시켰다. 능은 지릉(智陵). 안변 서쪽 서곡현에 있으니 임좌이다. 태조가 익왕으로 추존하였으며, 태종이 강혜성익(康惠聖翼)이란 시호를 더 올렸다.

《용비어천가》와 저자를 알 수 없는 《조야첨재》에 따르면,

아버지 목조를 이어받은 익조의 위엄과 덕망이 점점 성해지니, 여진족 천호들 부하가 모두 익조에게로 쏠렸다. 이런 낌새를 알아 챈 여진족 천호들이 사냥을 핑계 삼아 일시 만남을 중단하자는 제의로 한때 조용하게 지냈는데, 익조가 길을 가다 물통을 이고 가는 한 노파에게 물 한잔을 청하니, 한 사발의 물을 건네던 노파가,

"이곳 천호들이 당신을 해치려고 청병하러 갔는데, 당신의 위엄과 덕망이 아까워 알려드리지 않을 수 없습니다."

하였다.

급히 돌아온 익조가 집안사람들과 두만강을 따라 내려가 적도(경흥부 남쪽 40리)에서 만나기로 하고, 손부인과 함께 경흥 뒷 고개에 올라 알동 들판을 바라보니, 적 기병들이 가득한데 선봉대 3백여 명이 몰려왔다. 부인과 함께 말을 달려 해안에 이르니, 강폭이 6백보인데다가 약속했던

배도 기약조차 없더니, 갑자기 강물이 백여 보만 남기고 썰물처럼 빠져나갔다. 익조가 부인과 함께 백마를 타고, 따르는 무리들과 강을 다 건너고 났더니, 거짓말같이 물이 차올라 추격꾼들이 넋을 잃고 구경만 할 뿐이었다. 북방 사람들은 그 후까지,

"하늘이 도운 것이지, 인력은 아니다."

라고 입을 모았다.

원 세조가 왜를 칠 때, 천하의 병선이 고려에 다 모였다. 충렬왕도 큰 배를 만들고 장수를 뽑아 왜를 치게 하였다. 익조가 원 나라 조정의 명을 받아 충렬왕을 뵈니,

"그대는 원래 본국의 벼슬하던 집안사람이니, 어찌 근본을 잊었겠는

가. 지금 그대 거동을 보니, 마음이 본국에 있는 것을 알겠다."

하였다고 전한다.

도조度祖

전주 이씨 20세. 휘는 춘(椿), 이성계의 할아버지. 함흥 송두등리에서 태어나 고려 충혜왕 후3년 7월 24일에 승하하였다. 고려조에서 찬성사를 추증하였다. 능은 의릉(義陵). 함흥 동쪽 운전사에 있으니 임좌이다. 익조가 최비와 더불어 낙산 관음사에서 기도하여 낳았는데, 어릴 때 이름은 선래(善來), 몽고 이름은 학얀테물[學顔帖木兒]이었다. 태조가 추존하였으며, 태종이 공의성도(恭毅聖度)의 시호를 더 올렸다. 3남 3녀를 두었는데, 둘째 아들이 곧 환조, 이자춘이다.

《동각잡기》나 《여지승람》에 따르면, 도조가 젊었을 때 백룡이 꿈에 나타나,

"나는 적지(赤池)의 백룡인데, 흑룡이 내가 사는 곳을 뺏으려 하오.

그대는 활을 잘 쏘니, 나를 위하여 쏘아 주시오."
라고 부탁했다.

다음날 활과 화살을 가지고 연못가로 가니, 두 용이 싸우고 있었지만, 어느 것이 백룡인지 분간하지 못해 그대로 돌아왔다. 그날 밤 꿈에 또 다시 백룡이 나타나 호소하자, 흑과 백을 분간하기 어려워서 쏘지 못하였음을 말했다. 그러자 먼저 오는 것이 나[백룡]이니, 반드시 기억해 달라는 부탁을 받은 도조가 아침에 가서 살피다가, 뒤에 나타난 용을 단번에 명중시키니, 흑룡의 피가 연못을 가득 메웠다. 용이 흘린 피가 가득했다고 하여 그 연못을 적지라 불렀다고도 하고, 화살로 용을 쏘았다고 하여 사룡연으로도 불렸다. 지금도 붉은 모래와 돌들이 깔려 있다는 적지는 옛 함경도 경흥 땅. 현재 행정구역 상 함경북도 나선시 홍의리 북쪽 적지굽이덕과 남봉마을 사이에 있는 늪이다.

환조桓祖

전주 이씨 21세. 휘는 자춘(子春), 자도 자춘이다. 이성계의 아버지로 고려 충숙왕 2년에 태어나, 공민왕을 섬겨 태중대부 사복경이 되었으며, 벼슬이 영록대부 판장작감사 삭방도 만호 겸 병마사에 이르고, 몽고 이름으로는 우룻부하[吾魯思不花]였다.

능은 정릉(定陵). 함흥 동쪽 귀주동에 있으니 을좌이다. 이색이 지은 신도비가 있었는데, 뒤에 정총이 지은 것으로 바꿨다. 정릉의 옛 비문에 따르면, 어릴 때부터 남달라 자라면서 말달리고 활쏘기를 점점 잘하니, 군사들이 즐겨 따르고 사람들이 많이 따랐다. 그가 승하하니 사대부가 다 놀라, 동북면에 인물이 없어졌다고 탄식했다 전한다.

환조가 죽자 함흥에서 길지를 구하지 못해 애를 태우고 있었다. 그때,

길 가던 두 스님이 쉬다가 노스님이 동쪽 산을 가리키며,

"저곳에 왕기가 서린 땅이 있는데, 너도 아느냐."

하니, 젊은 스님이 대답하기를,

"산이 세 갈래로 내려온 것 중에 가운데 낙맥인 짧은 산기슭이 정혈인 것 같습니다."

하였더라. 이에 노스님이,

"아닐세. 사람에 비유하면 두 손을 쓸 적에 오른손이 더 긴요하듯이, 오른편 산기슭이 진혈이로다."

하였다.

근처를 지나가던 하인이 우연히 듣고, 주인어른 이성계에게 쪼르르 달려가 아뢰니, 말채찍을 휘둘러 따라가 함관령 밑에서 두 스님을 만나 지성으로 청하여, 그 장지를 얻었다.

《북로능전지(北路陵殿志)》의 설명은 이러하나, 조선 중기 차천로가 지은 《오산설림》에서는 노스님이 나옹이고, 나이 어린 스님이 무학이었노라고, 더 구체적으로 언급하고 있다.

잠룡潛龍

조선조 문신 이정형은 그의 야사집 《동각잡기》에서, 태조 이성계는 높은 코에 귀가 크고 용의 얼굴을 한 빼어난 용모에다, 장신으로 타고 난 힘과 신묘한 그의 궁술이 일찍이 이름났다고 했다. 명나라 사신들도 이성계의 귀를 두고, 고금에 보지 못하였던 귀상이라 탄복한 적이 있다.

이성계가 어렸을 적에 함흥과 영흥 사이를 오가며 놀았는데, 매를 구

하던 북도 사람들이,

"신준(神俊)하기가 이성계 같은 매를 얻을 수만 있다면 ……"

이라 했다 하니, 이는 그저 나온 소리가 아닐 것이다.

함흥에서 덩치 큰 소가 싸우는데, 옷을 벗어 덤벼도 불을 붙여 던져도 말릴 수 없었는데, 이성계가 양 손으로 두 소의 뿔을 잡아 그치게 했다니, 그는 참으로 타고난 역사(力士)였다.

사주를 보던 혜징이 가만히 친구에게,

"내가 사람의 운명을 판단한 일이 많았지만, 이성계 같은 이는 없었다."

하였더니, 친구가 말하기를,

"명을 잘 타고 났다 하지만, 정승 정도에 그치겠지."

라고 시큰둥하게 대답했다.

이에 혜징이,

"정승 정도라면 내가 뭐 하러 굳이 말하겠는가. 내가 본 바로는 군왕의 운명이니, 아마 왕씨를 대신해서 반드시 일어날 것이다."

라고 했다는 《용비어천가》식의 찬양도 있지마는,

조선 후기 실학자 이수광은 《지봉유설》에서 석왕사 전설을 다음과 같이 풀어내고 있다.

중 무학이 안변 설봉산 아래 토굴에서 살았는데, 이성계가 찾아가,

"꿈에 허물어진 집에 들어가 서까래 3개를 지고 나왔으니, 이것이 무슨 징조요?"

라고 물으니, 무학이 등골에 땀을 적시어 넙죽 절하며,

"등에 서까래 3개를 진 것은 바로 '임금 왕'자 형상입니다."

대답했다. 또 묻기를,

"꿈속에서 꽃이 떨어지고 거울이 떨어졌으니, 이것은 무슨 징조요?"

하니, 무학이,

"꽃이 지면 열매가 열리고, 거울이 떨어질 때 어찌 소리가 없으리
오."

하였다.

이성계가 크게 기뻐하여 그 땅에다 절을 짓고, 석왕(釋王)이라 이름 지
었다.

이 해몽담은 남구만의 《약천집》 속에 나오는 〈휴정 산수기〉에도 전하
는 내용인데, 원산 아래쪽 안변에서 회양으로 내려오다 중간쯤에 위치
한 석왕사는 6·25전쟁 때 폭격으로 전각 대부분이 소실되었다.

인조 때 홍만종이 남긴 《순오지》에서도 위와 같은 이성계 꿈 해몽 이
야기가 전해진다. 다만 여기에 덧붙여진 하나는, 여러 집의 닭들이 일시
에 울어 세상을 시끄럽게 한 꿈을 두고, 해몽을 해 본 결과가 바로 고귀
위(高貴位)였다. 이는 꼬끼오 하고 울던 닭소리를 한자음 그대로 표현한
것이니, 글자 그대로 해석하자면 높은 지위를 얻는다는 뜻이다.

한 나라를 세우는 불세출의 영웅을 묘사할 적에, 하늘과 신들의 조화
를 상징하는 그 영험한 징조들을 양념으로 등장시키지 않는다면 얼마나
밋밋하겠는가. 각종 설화나 민담들 속에는, 이런 꿈 풀이에다 풍수나 비
기와 도참까지 한데 버무려져야 제맛 나기 마련이니, 왕씨가 망하고 이
씨가 흥한다는 비기도참이 그 수를 헤아리기 어려운 것도, 아마 그 때문
일 것이다.

잠저 때에 어떤 사람이 문 밖에 와서, 지리산 바위 속에서 얻었다는
이상한 글을 내 놓았는데,

"목자(木子)가 도야지를 타고 내려와, 다시 삼한 땅을 바로 잡는다.[木子
乘猪下 復正三韓境]"

라는 글귀였다. 눈에 번쩍 뜨인 이성계가 그를 귀히 여겨 어서 맞아들이라고 명했으나, 도인이 안개처럼 사라지고 난 뒤였다. 목자란 이씨를, 도야지란 이성계가 을해년 돼지띠에 태어났던 것을 빗댄 것이다.

이정형의 야사집 《동각잡기》에 의하면, 개경 서운관에서 간직해 오던 비기 중에 '나무를 세워 아들을 얻는다[建木得子]'라는 구절이 있었으며, 또 '왕씨가 멸망하고 이씨가 일어난다'는 말도 있었는데, 고려조가 끝나도록 숨기고 발표하지 않았다고도 한다. 또한 이성계의 고향 땅 함경도 덕원부에는 마르고 썩은 지 여러 해 된 큰 고목이 있었는데, 개국 1년 전에 가지가 살아나 번성한 잎을 피우니, 당시 사람들이 나라를 열 징조라 여겼다. 또 도참 중에 '조명(早明)'이라는 문구가 있었으나 사람들이 뜻을 깨닫지 못하더니, 명 태조가 특별히 국호를 '조선'으로 하라 일렀던 것을 암시한 것이라고도 했다.

고려 500년 동안 과거시험으로 문신들을 우대하는 문치주의를 앞세우다, 급기야 무신들이 크게 반발하여 나라가 쑥밭이 되었건만, 그들 역시 문신들 협조 없이는 정권 유지가 어렵다는 것을 절감했다. 그런 와중에 이민족 침입까지 잦게 되자 무신들 약진이 더욱 두드러져, 새롭게 문무 연합정권이 들어섰지만, 결국 칼을 가진 이성계가 새 나라의 주인이 되었다.

조선조 인조 때 김시양의 잡기(雜記)인 《자해필담》에,

이성계가 일찍이,

"석 자 되는 칼로 사직을 편안히 한다.[三尺釖頭安社稷]"

라는 시를 내놓자,

당시의 문사들 모두 대귀를 찾지 못하고 허둥댈 적에,

최영이 홀로,

"한 가닥 채찍으로 천지를 평정한다.[一條鞭未定乾坤]"

라고 읊었더니, 사람들이 모두 탄복했다 전한다.

문치주의가 무르익은 조선조에서 무인들이 석자 된 칼로 사직을 편안케 한다거나, 한 가닥 채찍으로 천지를 평정한다는 식으로 큰 소리 내었다면, 역모로 몰려 3족이 수난을 당할 수 있었건만, 시절이 시절인지라 이성계가 정승이 될 적에, 꿈에 신인이 하늘로부터 내려와 금자[金尺]를 주면서,

"시중 경복흥은 청렴하지만 이미 늙었고, 도통(都統) 최영은 정직하지만 조금 어리석으니, 이것을 가지고 나라를 바로잡을 사람은 공이 아니고 누구리요."

라고 했다는 내용이 〈건원릉 비문〉에까지 새겨질 수 있었다.

실로 이성계의 활 솜씨는 거의 신궁에 가까워, 쥐 세 마리가 처마를 타고 달아나는 것을 보고 활을 가져오라 이른 뒤, 맞히기만 하고 상하지는 않게 하리라 장담한 후 살을 쏘아, 쥐가 살과 함께 떨어졌는데 과연 죽지 않고 달아나니, 나머지 두 마리도 또 그렇게 하였다거나, 정안옹주가 담 머리에 앉은 다섯 마리의 갈까마귀 쏘기를 청하니, 화살 하나에 다섯 마리 머리를 모두 꿰어 떨어뜨렸다는 《용비어천가》식 찬양에다가, 급기야 그 솜씨에 겸양까지 더 얹어, 활을 쏠 때마다 상대의 수효에 맞춰 비슷하게 할 뿐, 결코 이기고 지는 것이 없었다는 내용을 《동각잡기》에서 전하고 있다.

나라 인심이 모두 이성계에게로 돌아갔지만, 고려의 정신적 지주였던 이색 만큼은 마음을 열어주지 않고 있었다. 그런데도, 이색이 환조의

비문을 지은 것 또한 이 시절이었고, 여기에 더하여,

"주 나라가 비록 오래된 나라지만, 그 운명이 새롭다."

라는 글귀까지 보냈다.

또한 최영이 죽음을 앞두고서,

"이광평(이인임)이 항상 판삼사사(이성계)가 의당 나라의 주인이 될 것이다."

라고 했던 사실까지 전했듯이,

천명과 민심이 이성계에게 돌아섰다는 것쯤은 무진년을 기다리지 않고서도 너끈하게 알 수 있었노라고, 조선조 문필가 서거정은 《필원잡기》를 통해 세상에 알리고자 했다. 여기서 말한 무진년이란 위화도회군을 이른 것이니, 이 사건이야말로 이성계를 실세의 반석으로 올려 준 것이긴 해도, 천심도 민심도 이미 그 이전부터 기울었음을 에둘러 강조한 것이다.

국호 조선과 한양 정도

《용비어천가》나 《동각잡기》에 따르면, 임신년(1392) 가을 7월 16일 (실록에서는 17일이라 하였음)에 태조가 송경(松京)에서 즉위하면서, 휘를 '단(旦)'이라 고치자, 정도전이 새 이름에 맞는 자를 지어 올리니 군진(君晉)이라. 단(旦)은 일(日)과 일(一)을 합한 모양이니, 해가 뜨는 아침이 되며, 진(晉)이란 밝게 떠오른다는 뜻이다.

즉위 교서에서 의장법제는 일체 전 왕조의 것을 따른다 했지만, 새 술은 새 부대에 담아야 하는 법. 여러 제도들을 손질하고, 하루빨리 국호와 도읍을 정해야만 했다.

태조 2년 한상질을 명나라에 보내 조선·화녕 국호 중에 재가를 청하자, 고황제가 '조선'이라 정해 주었다.

조선이란 국호를 받아 온 한상질은 고려 이래 명문으로 자리 잡은 청주한씨 가문에다 한명회 할아버지로 잘 알려져 있다. 그런데, 일부 야사에서는 난데없이 주문사로 파견된 재상 조반 이야기가 곁들여진다.

명나라 고황제가 조반에게 이씨가 고려를 빼앗은 것을 꾸짖었다. 조반이 통역도 없이 대답해 아뢰기를,

"역대로 창업하신 군주들은 거의 모두가 하늘에 순응하여 혁명을 이룬 이들이요, 홀로 우리나라만이 아닙니다."

라 하여, 은연중에 명나라 개국한 일까지 끌어대어 대답했다.

응당 노여워해야 할 황제가 도리어 관심을 보이며, 어떻게 중국말을 할 줄 아는가를 묻자, 조반이,

"신은 중국에서 생장하였고, 일찍이 폐하를 원 나라 탈탈(脫脫)의 부대 안에서 뵌 적이 있습니다."

하였다.

황제가 그 당시 있었던 일들을 캐묻고 조반이 낱낱이 대답하니, 용상에서 내려와 조반의 손을 잡고,

"경은 진실로 나의 친구다."

하고는, 빈객의 예로 대접하여 '조선'이란 두 글자를 써서 보냈다는 것이, 성종 대 문장가 성현의 《용재총화》에 나오는 기록이다.

이에 대해, 한 세대 이후 문장가였던 김시양은, 성현이 어디서 듣고 이같이 터무니없는 말을 기록했는지 알 수 없다고 한 바 있다. 김시양은

그의 시문집 《하담파적록》에서, 명 태조는 탈탈의 군중에 있은 적도 없거니와, 조반이 명나라 사신으로 간 것이 홍무 경오년(1390), 즉, 공양왕 시절 윤이 이초 사건 무마를 위한 것이지, 태조가 그를 국호 문제를 위한 주문사로 보낸 적이 없음을 지적한 것이다.

필자가 보건대, 조반이 개국공신에다 당대에 제일가는 대명외교 사절이었음을 부인할 수 없다. 건국과 함께 친명정책을 표방하긴 했으나, 까칠한 외교적 마찰로 고민이 깊었고, 그런 난제 해결을 도맡았던 이가 조반이었다. 태조 2년에 주문사로 파견된 한상질이 국호 문제를 해결하고 돌아왔지만, 중추원사 조림 역시도 그 문제 해결을 위한 주문사로 파견된 적이 있었으니, 조반 역시 개국 후 가장 큰 외교 현안인 국호 문제에 직간접적으로 연결될 수밖에 없었을 것이다. 김시양의 지적대로 성현의 완연한 착오인지, 약간의 근거가 있는지는 아리송한 면들이 있어 보인다.

조선의 수도가 된 한성부는 본래 고구려의 북한산군이었다. 백제 온조왕이 성을 쌓았고, 근초고왕이 그곳으로 도읍을 옮겼다가, 신라 진흥왕이 북한산주 군주(軍主)를 두더니, 경덕왕이 한양군으로 고쳤다. 고려 초기에 양주라 고쳤고, 문종이 남경이라 하고 유수로 승격하였다. 충숙왕 때 목멱(木覓)에 도성을 세울 만하다 하여, 공사 5년 만에 준공하였다. 충렬왕이 한양부라고 고쳤는데, 태조 3년(1394)에 도읍으로 정하였다.

《동각잡기》나 《역대총목》에 의하면, 갑술년(1394)에 정도전·남은·이직 등에게 명하여 한양에 터를 보게 하였다. 고려 충숙왕이 한때 한양을 경영하여 궁궐 옛터가 있었지만, 좁아서 그 남쪽을 택하여 해산(亥山)을 주로 삼으니, 이해 12월에 일을 시작하여 그 이듬해 9월에 태묘까지 완성되었다. 경복궁이 이렇게 세워졌고, 다음으로 창덕궁과 창경궁을 세웠으니, 이는 별궁이다. 창덕궁은 북부 광화방에 있고, 창경궁은 창덕궁 동쪽 옛 수강궁 터에 있었다.

고려 숙종 때에 최사추와 윤관 등이 한양 터를 살펴보고 돌아와, 삼각산 백악 남쪽 산 모양과 수세가 고문 비기에 부합된다 하여, 궁궐을 세워 남경이라 하였고, 오얏나무를 심어 이씨 성 가진 사람을 부윤으로 삼았다거나, 왕이 한 해에 한 번씩 행차하여 용봉장(龍鳳帳 : 임금만이 사용하는 휘장 막)을 땅에 묻어 지기를 눌렀다고 한다. 왕씨를 대신하여 이씨가 한양에 도읍할 것이란 비기 때문이었는데, 고려조 내내 이곳 남경에 오얏나무를 심었다가 무성하게 자라면 곧 찍어 내기도 했다. 처음에 태조가 계룡산 아래에 터를 보아 공사를 시작했는데, 꿈에 한 신선이 나타나,

"이곳은 바로 전읍(奠邑 : 鄭자의 破字)이 의거할 땅이지 그대들 터가 아니니, 머무르지 말고 빨리 떠나가라."

하매, 태조가 곧 철거하여 한양으로 천도하였음을 《순오지》와 《필원잡기》에서 전하고 있다.

당대의 명신 류관이 올린 정도론을 보면,

"예로부터 지금까지 중국에서 도읍 정한 데가 관중과 낙양을 넘지 않았거늘, 하물며 우리나라는 사경 안이 만 리에 불과할 뿐이니, 어찌 도읍을 정할만한 곳이 많을 수 있겠습니까. 오직 송도와 한양만이 그중에서 가장 좋은 곳입니다. 지난 봄 계룡산 아래에 도읍을 정하셨을 때 백성들이 모두 걱정한 것은, 형세가 아주 좁고 땅이 낮아 사방에서의 거리가 고르지 못하고, 물길이 멀었기 때문입니다. 지금 한양에 천도하게 되니, 백성들이 모두 기뻐하여, '한양의 형세·토지·도로·수로 등 그 모든 것이 송도와 서로 같다.'고 합니다. 만약 민심으로 본다면, 한양은 진실로 전하에게 하늘이 명하신 도읍터라 하겠습니다."

하니, 태조가 이를 좇았다.

　정도 문제로 고민이 깊었던 태조가 명을 내려 무학을 찾게 하니, 경기·해서·관서의 세 방백들이 길을 나섰다. 곡산 고달산 초막에 한 고승이 혼자서 거처하고 있다는 말을 듣고, 따르는 하인들을 놔두고 각자 차고 있던 인(印)도 소나무 가지에 걸어 둔 채, 짚신으로 갈아 신고 초암에 이르러,

　　중을 만나 묻기를,

　　"무슨 까닭으로 이곳에 거처하십니까."

하니, 중이 말하기를,

　　"저 삼인봉(三印峯) 때문이오."

하였다.

　　"어찌해서 삼인봉이라 하십니까."

하니,

　　"이곳에 집을 짓고 살면 반드시 세 방백[관찰사]이 찾아와 인을 나무
　　에 걸 일이 있을 것이니, 이것이 증험이라오."

하였다.

　방백들이 기뻐서 그의 손을 붙잡고 말하기를,

　　"필시 이 분이 무학 대사로다."

하고, 더불어 돌아왔다.

　태조가 크게 기뻐하여 불러들여 보고, 이내 도읍으로 정할 땅을 물었다. 무학이 마침내 한양에 이르러 말하기를,

　　"인왕산으로 뒷 진산을 삼고, 백악·남산이 좌청룡 우백호가 되어야
　　합니다."

하였다.

　이에 정도전이 반대하기를,

"예로부터 제왕은 모두 다 남면하여 앉아 다스렸으니, 동향을 하였

다는 말은 아직 들어 보지 못했습니다."

하였다.

무학이,

"내 말을 따르지 않으면, 2백 년 후에 반드시 내 말을 다시 생각하게

될 것입니다. 신라 의명대사가 일찍이, 한양에 도읍을 정할 적에 정

씨 성 가진 사람이 시비를 건다면, 곧 다섯 세대 지나지 않아 왕위

찬탈의 화가 일어날 것이오, 2백년 만에 전국이 혼란스러운 난리가

있을 것이라고 한 말이 있다 했습니다."

라고 아뢰었다는 내용이 차천로의 《오산설림》에 전해진다.

후세에 벌어진 결과를 놓고 지어낸 말인지, 무학이 진짜로 뱉은 말인

지 알 수는 없으나, 한 나라의 수도를 정하고 옮기는 일이라, 말도 많고

탈도 많았던 것이 어제 오늘 일만 아닌 것이 분명하다.

어쨌거나 정도전의 승리는 불교세력을 대표하는 무학에게 한방 먹인

유교세력의 미래를 보여주는 것이기도 한데, 숭유억불을 지향하는 조선

방향에 걸맞게, 궁궐과 전각들을 모두 정도전이 직접 유교적 이론에 근

거하여 지어 바쳤다.

새 궁을 경복궁이라 하였고, 연침하는 곳을 강녕전, 동소침을 연생전,

서소침을 경성전이라 하였다. 그리고 연침의 남쪽에 있는 전을 사정전,

또 그 남쪽에 있는 정전을 근정전, 그 문을 근정문이라 하고, 동서의 두

문을 각각 융문문·융무문, 오문을 정문이라 하였다. 그리고 경복궁 네

문 가운데 남쪽에 있는 문을 광화문, 북쪽에 있는 문을 신무문, 동쪽에

있는 문을 건춘문, 서쪽에 있는 문을 영추문이라 하였다.

《동각잡기》에 의하면, 일국의 도읍이란 궁궐만으로 되는 것이 아니

라, 도성이 제대로 갖춰져야 했으니, 태조 5년 병자에 도성을 쌓을 적에

정월에 서북면 안주 이남의 백성 11만 9천 명이 징발되어 2월 그믐에 해산하였고, 가을이 시작되는 8월에 강원·경상·전라 3도의 백성 7만 9천 명이 징발되어 9월에 마쳤는데, 이 일을 평양백 조준 등이 감독하였으니, 도성의 둘레가 모두 9천 9백 75보(步)나 되었다고 하였다.

이렇게 세워진 도성 출입 8개의 문을 보면, 정남쪽에 있는 문을 숭례문(속칭 남대문)이라 하고, 정북쪽에 있는 문을 숙청문(숙정문이라고도 함), 정동쪽에 있는 문을 흥인문(속칭 동대문), 정서쪽에 있는 문을 돈의문(속칭 신문)이라 이름 붙였으니, 이를 4대문이라 한다. 또한 동북쪽에 문을 내어 혜화문(속칭 동소문)이라 하고, 서북쪽에 문을 내어 창의문, 동남쪽에 문을 내어 광희문(속칭 남소문), 서남쪽에도 문을 내어 소의문(속칭 서소문)이라 하였으니, 4개의 소문이다. 그리고 또 수구문이 있었으니, 소의문과 수구문 이 두 문은 시체를 내보내는 데에 쓰였다고 《지봉유설》은 전한다.

태조가 전교를 내렸으니,

"전조 말기에 요역이 실로 번다하여 백성들 고통이 매우 컸다. 내 즉위한 이래, 그들을 평안케 하며 소생되기를 바랐다. 성이라 하는 것은 한 나라의 울타리로서 도적을 막아 백성을 보호하는 데 설비하지 않아서는 안 되는 것이므로, 지난 가을 많은 백성을 징발하여 성을 쌓게 하였던 것이다. 그러나 큰 공사 끝에 목숨을 잃은 자가 많아, 내가 매우 불쌍하게 생각한다. 바라노니, 성을 쌓은 일꾼들에게는 그의 집에 3년 동안 부역을 면제하여 주라."

하였고, 이어 태조 4년 을해에 새 종묘에 제사 드리고, 새 궁에서 여러 신하들과 연회를 즐겼다. 그리고 이듬해인 병자년(1396) 11월에 드디어 한양으로 도읍을 옮겼다.

하지만 말도 탈도 많은 한양인지라, 성현이 《용재총화》에서 세속에

전하는 말을 담았으니,

"송경은 산과 골짜기로 둘러싸 포장한 형세이기에 여러 대에 걸쳐 권신들의 발호가 많았으며, 한양은 서북쪽이 높고 동남쪽이 낮기 때문에 장자가 가볍고 지자(支子)가 중히 된다고들 수군거리더니, 과연 왕통 계승에서나 명공거경까지도 대개 지자가 많았다."

라고, 하였던 것이 그것이다.

《용재총화》에서 성현이 이 글을 쓸 당시까지의 상황만 짚어보면, 태조 창업 이래 9대 임금 성종이 등극할 때까지 장자가 왕위를 이은 것은 고작 두 차례. 세종 승하로 자연스럽게 대통을 이은 문종과 그의 어린 아들 단종 즉위밖에 없었다.

이런 불길한 예감은 어김없이 들어맞아, 역대 27명의 왕들이 자리 비운 적이 없지만, 장자가 왕위를 계승했던 적은 고작 7차례 정도뿐이었다. 그리고 태조가 눈을 감기도 전에, 왕위 계승을 둘러싼 왕자 난들이 연이어 일어나 한양과 개경까지 피로 물들이고 말았다.

왕씨들의 수난

고려가 망하자 나라 땅 주인이었던 왕씨들을 저 멀리 섬으로 추방하였다.

신하들이 의논하여 모두 말하기를,

"제거하지 않으면 반드시 후환이 있을 것이니, 죽여 버리는 것만 못하다."

한 때문이었다.

그러나 명분 없이 죽이는 게 어려우니, 수영 잘하는 사람으로 하여금 배를 갖추도록 한 다음, 여러 왕씨들에게 유인하기를,

"지금 교서가 내려 여러분을 섬 속에 두어 서인으로 만들라 하신다."

하였다. 기뻐한 왕씨들이 앞 다투어 배에 올라탔다.

배가 해안을 떠나자, 뱃사람들이 배를 뚫어 바다 속으로 잠수하였다. 배에 물이 반쯤 찼을 때, 왕씨와 잘 알고 지내던 중이 해안에서 손을 들어 물에 빠져 가는 왕씨를 부르니, 왕씨가 즉석에서 시를 지어,

"노 젓는 소리 푸른 바다 밖에서 들려오지만,[一聲柔櫓滄波外]

비록 중이 있은들 어이하랴.[縱有山僧奈爾何]"

라고 화답한지라 중이 통곡하며 돌아갔다고, 생육신으로 알려진 남효온의 시화집 《추강냉화》에 전해 내려온다.

조선 후기 작자 미상의 설화집 《축수편》에 따르면,

왕씨를 바다 속에 빠뜨려 죽인 후에 태조 꿈에, 칠장복(왕이 공식석상에서 입던 옷) 입은 고려 태조가 분함을 이기지 못하여,

"내가 삼한을 통합한 공이 이 백성들에게 있거늘, 네가 내 자손을 멸

하였으니, 오래지 않아 앙갚음이 있을 것이다. 명심할 지어다."

하는지라, 태조가 놀라 깨었다.

이로 인해, 왕씨 선원(璿源 : 왕실 족보)에 적혀 있는 이들을 바로 사면하였다고 전한다.

이런 드라마틱한 일들이 실제 벌어진 것인지는 알 수 없으나, 편년체 정사인 《조선왕조실록》에 근거해 보면,

태조가 즉위하고 사흘째 되던 날 대사헌 민개 등이 고려 왕씨를 외방에 두기를 청하자, 순흥군 왕승과 그 아들 강, 정양군 왕우와 그의 아들

조·관을 제외한, 나머지를 모두 강화와 거제에 나누어 보냈으며, 거제로 보내졌던 왕씨 일족을 그 이듬해 육지로 나오게 하여, 완산·상주·영해에 분속시킨 일이 있다.

정작 문제가 된 것은 태조 3년 정월에 벌어진 역모 사건이다.

김가행과 박중질이 밀양 사는 눈 못 뜨는 점쟁이한테 공양왕과 왕씨의 명운을 물었던 일이 발각되어, 일부 왕씨들을 도로 거제도로 보냈다. 하지만, 날이 갈수록 사건들이 증폭되어, 대간과 형조에서 연일 왕씨 제거에 대한 소청을 올렸고, 그 결과 왕강은 공주, 왕격은 안변, 왕승보는 영흥, 왕승귀는 합포로 귀양 보냈다.

한때 강화에 살고 있는 왕씨 중 늙은이와 약한 자를 보살피라는 명이 있기도 했지만, 4월 15일 강화에 살던 왕씨 일족을 강화 나루에 빠뜨려 죽였고, 4월 20일 거제도에 있던 왕씨 일족들을 잡아다 수장시킨 것은 물론 대대적으로 수색하여 모두 목 베었다. 다만, 왕씨로 사성받은 자에게는 본래 성을 따르게 하고, 왕실 후손이 아닌 일반인 왕씨는 어머니 성을 따르게 했다.

《해동악부》에 따르면, 고려 충신 김주는 명나라 사신으로 갔다가 고려 멸망 소식을 듣고 중국 땅에서 돌아오지 못하고, 그와 함께 사신으로 활동하던 왕강은 귀국하여 결국 변을 당했다. 왕강은 고려 왕실의 종친으로 재주가 있어 벼슬이 팔도 도관찰사에 이르렀더니, 명나라 사신으로 갔다가 역성혁명 후에 돌아와 다른 왕씨들과 함께 죽었으니, 애석한 일이다.

창업의 격동기는 이처럼 참혹했다.

하지만 정국이 다소 안정기에 접어들면 대통합이 필요한 시점이다. 정략가 면모를 유감없이 발휘한 태종은 이 문제를 덕치의 명분과 대통합 차원으로 승화시키고자 했다.

왕씨 후예로 민간에 숨어 있는 자가 있다 하여, 해당 관청에서 죽이기를 청하자, 태종이 한껏 위엄을 보이며,

"제왕의 일어남은 자연 천명이 있는 것이니, 왕씨의 후예를 죽인 것
은 태조의 본의가 아니다."

라는 전교를 내려, 왕씨 후예로 남아 있는 자는 편안한 마음으로 각각 생업에 종사케 했다는 이야기를 〈헌릉비〉에 실었던 것처럼, 《문헌비고》에서도 태종의 관대했던 하교가 적혀 있으니,

"예로부터 왕이 된 자가 처음 대업을 정하게 되면 전조의 자손들이
후환이 될까 두려워 대부분 의심하고 시기하여 반드시 제거해 버리
려고 하였으나, 나는 그렇지 않다. 하늘이 나를 명하여 한 나라의 임
금이 되게 하였으니, 모든 경내에 사는 자는 모두 나의 적자(赤子)이
므로, 다 같이 사랑하여 하늘의 뜻에 보답할 것이다. 이미 공양군을
편하게 안주하도록 하여, 처자와 동복들이 평소 때처럼 모여 살게
하였다. 다만 그 족속들이 섬에서 사는 것이 몹시 고생스러우니, 내
이를 매우 불쌍하게 여긴다. 거제에 있는 자는 날을 정해서 육지로
나오게 하여 주와 군에 안치해서 고생하지 않게 하고, 그중에 재간
이 있는 자는 선택하여 아뢰라."

라는 명을 내렸다.

이에 조정에서는 거제에 있던 왕씨들을 완산·상주·영주에 나누어 거주하게 하고, 이어 왕강과 왕승보를 불러들였다 했으니, 정사의 단편적인 내용과 어긋나지는 않는다.

한때에 고려 종실 왕휴 서자가 민간에 숨어 있다 하여, 세상이 시끄러웠다.

이를 두고 태종은,

"태조가 개국하던 처음에 왕씨가 보존되지 못한 것은 전혀 태조의

본의가 아니었고, 한 두 대신의 책략에 의한 것이었다. 예로부터 왕
조가 바뀌어 새로 명을 받은 자는 앞 임금의 후예를 봉하여 새 나라
와 더불어 오래 가게 하기도 하고, 혹은 벼슬을 주어 현명한 것을 드
러내게 하기도 하였으니, 그 후예를 남김없이 멸해버린 일은 없었
다. 그런데 이번의 왕휴를 죽이자는 옥사는 오래 되었는데도 대신들
은 어찌하여 한마디 말도 없는 것인가."
라고 하였다.

대간이 연이어 죽이기를 청하자,

태종이 이르기를,

"예로부터 제왕의 자리는 한 성(姓)이 천지와 더불어 종시(終始)하는
것은 아니다. 만일 이씨에게 도가 있으면, 비록 왕씨가 백이 있다 해
도 어떻게 후환이 될 수 있겠는가. 그렇지 않다면 비록 왕씨가 없다
하더라도 어찌 천명을 받아 왕조를 대신할 자가 없겠는가."
하고는, 드디어 의정부에 명하기를,

"앞으로는 왕씨의 후예가 자수하거나 혹 남에게 고발되는 자가 있어
도 다 편하게 살며 생업에 종사하게 하라."
라는 지엄한 명을 내렸다고 《동각잡기》는 전하고 있다.

이때 문제가 된 왕휴의 서자 왕거을오미(王巨乙吾未)는 공주 사람 이
밀충의 누이를 첩으로 삼아 낳은 자식인데, 저 멀리 태조 3년에 왕씨가
도륙당할 적에 명단에서 빠진 것은, 그 어미가 글을 몰랐기 때문이었다.

공양왕 아우이자 정양군이었던 왕우의 딸이 무안대군 방번에게 시집
갔다. 그 까닭에 역성혁명 후에도 왕우는 사면 받아 귀의군으로 봉해졌
을 뿐 아니라, 숭의전 제사까지 받들게 했다. 고려 역대 임금의 위패를
모신 곳이 숭의전이었으니, 고려를 완전하게 부정한 것도, 또 부정할 수
도 없는 일이었을 것이다. 무안대군이 왕자의 난으로 후사 없이 죽자 쓸

쓸한 왕씨 부인에게, 세종은 그의 아들 광평대군을 기르게 했으며, 후사까지 잇게 했다.

세종을 이은 문종 역시 왕씨 후예를 찾아내어 제사를 받들게 했는데, 얼마 뒤에 제우지(齊牛知)란 이름으로 공주에 숨어 살던 왕우지(王牛知)란 자가 잡혀 왔다. 밭 경계를 가지고 다툼이 벌어진 송사로, 이웃 사람이 관가에 왕씨라고 밀고했기 때문이다. 이에 조정에서는 그에게 숭의전 부사라는 관직을 내려 고려왕 위패를 관리토록 하고, 왕순례라는 이름까지 하사했다.

이렇듯 멸족령을 피해 숨어 산 왕씨들이 성과 이름을 바꾼 예들이 있었으니, 변조하기 쉬웠던 田, 全, 玉, 車, 申 등의 성씨로 숨어 살았다는 이야기가 끝없이 흘러 나왔다. 성과 본관을 가진 백성들이 얼마 안 되던 시절이라, 그 치들이 성과 본관을 만들어 슬쩍 끼워 넣을 적에, 그런 성씨로 얽혀 갔을 가능성이 오히려 크다 할 것이다.

1차 왕자 난, 정사定社

태종 정사란 무인년(1398) 가을에 일어난 제1차 왕자 난을 말한다.

신의왕후 한씨가 아들 여섯을 낳았는데, 둘째가 정종이고 다섯째가 태종이다. 신덕왕후 강씨는 방번·방석과 공주 하나를 낳았는데, 공주는 이인임의 조카 이제에게 시집갔다.

태조가 일찍이 배극렴과 조준 등을 내전에 불러 세자 세울 것을 의논하니, 극렴 등이 말하기를,

"시국이 평온할 때에는 적자를 세우고, 세상이 어지러울 때에는 먼

저 공 있는 자를 세워야 합니다."

하였다.

신덕왕후가 몰래 듣고 통곡했는데, 우는 소리가 밖에까지 들렸다.

배극렴 등이 드디어 의논을 끝내고 나왔으나, 뒷날 또 배극렴 등을 불러서 의논하니, 다시는 적자를 세워야 하느니, 공 있는 이를 세워야 하느니 말하는 사람이 없어졌다.

배극렴 등이 물러가서 의논하기를,

"강씨는 필시 자기 아들을 세우고자 할 텐데, 방번은 광패(狂悖)하니, 막내 방석이 조금 낫다."

하고는, 드디어 방석을 봉하여 세자로 삼기를 청하였다.

정도전과 남은 또한 방석을 지지하매 다른 왕자를 꺼려 제거할 일로 은밀히,

"중국에서 모든 왕자를 왕으로 봉하는 예에 따라 모든 왕자를 각 도에 나누어 보내기를 청합니다."

하니, 태조가 대답을 않고 방원에게 이르기를,

"외간의 의논을 너희들이 몰라서는 안 되는 것이니, 마땅히 너의 형들에게 일러서 경계하고 조심하게 해라."

하였다.

점쟁이 안식이,

"세자의 배다른 형들 가운데 왕이 될 사주를 타고난 이가 하나만이 아닙니다."

하니, 정도전이 말하기를,

"곧 그들을 제거할 것이니, 어찌 근심하리요."

하였는데, 의안군 이화가 이를 엿듣고 몰래 방원에게 알렸다.

무인년(1398) 가을에 태조가 병이 들었는데,

정도전이 태조 요양을 위하여 다른 곳으로 옮길 것을 의논할 핑계로, 모든 왕자를 불러 들여 처치하고자 하였다. 전 참찬 이무 또한 정도전의 당이었지만, 모의한 것을 이방원에게 죄다 누설하였다.

그때에 이방원은 여러 형들과 더불어 항상 근정전 문 밖에서 잤는데, 방원의 처 민씨가 하인 김소근을 보내 갑자기 배가 아프다고 고하니, 방원이 곧장 집으로 돌아왔다.

이방원이 민씨와 처남 민무질과 더불어 한참동안 가만히 이야기하였는데, 민씨가 울면서 방원의 옷깃을 잡고 궐내에 가지 말라고 당부했다.

이방원이 말하기를,

"어찌 죽음을 두려워하여 가지 않겠는가. 또 모든 형들이 다 궐내에 있으니, 이 일을 알리지 않을 수 없다."

하며, 분연히 나갔다.

민씨가 문 밖까지 따라 나와서,

"조심하고 조심하소서."

하고는, 곧 동생 민무구·민무질과 함께 모의하여, 병기와 말을 몰래 준비한 후 방원을 응원할 계책을 세워놓고 기다렸다.

방원이 대궐에 이르니, 한 내시가 안에서 나와 말하기를,

"전하께서 병세가 위중하여 다른 곳으로 피우(避寓) 하고자 하니, 모든 왕자는 다 들어오시오."

하였다.

그 전에는 궁문에 모두 등불이 밝혀져 있었는데, 그날 밤엔 등불이 없어 사람들이 더욱 의심하였다.

방원이 거짓으로 뒷간에 가서 생각하고 있을 때, 익안군 방의와 회안군 방간, 상당군 이백경이 뒤따라 와서 말하기를,

"정안군[이방원] 정안군, 장차 어이할꼬."

하였다. 방원이 대답하기를,

　"왜 소리를 높이는가."

하고, 또 손으로 소매를 치면서 말하기를,

　"계책이 없으니, 어떻게 할까."

하고는, 방의·방간·백경과 함께 달아나 영추문으로 빠져 나왔다.

　　방원이 말하기를,

　"우리 형제는 광화문 밖에 말을 세워 놓고 천명을 기다리는 것이 좋
　겠다."

하고는, 사람을 보내 정승 조준과 김사형을 불렀다. 조준은 한창 점쟁이
에게 길흉을 점치고 있었던 참이라, 계속 재촉하므로 겨우 일어나서 오
는데, 갑옷을 입은 사람들이 많이 따랐다.

　　방원이 사람을 시켜서 예빈시 앞 돌다리에서 가로막고, 다만 몇 사람
만 데리고 오게 하였다. 방원이 조준을 보고,

　"공들은 이씨의 사직을 근심하지 않느냐."

하였다.

　　조금 있으니 조신들이 모여들었다. 조준과 김사형 등이 정청에 들어
가 앉으려고 하는데, 방원이 말하기를,

　"만약 궁중에서 출병하여 우리 군사들이 조금 물러간다면, 저들은
　궁중에서 나온 군사들 가운데로 들어갈 것이다."

하고, 그들에게 말하기를,

　"우리 형제는 노상에 말을 세우고 있는데, 정승이 정청에 들어가 앉
　는 것은 마땅하지 않다."

하면서, 운종가에 앉게 하고는 백관을 불러 모았다.

　　찬성 류만수가 그의 아들을 데리고 오자, 방원이 그에게 갑옷을 주며
자기 뒤에 세우니, 이무가 말하기를,

"류만수는 방석의 당입니다."

하였다. 만수가 말에서 내려 방원의 말고삐를 잡고 말하기를,

"내가 마땅히 여쭐 말이 있습니다."

하였는데, 종 김소근이 칼로 그 부자를 찔러 죽였다.

방원이 무사를 거느리고 정도전 등을 정탐하니, 그때 이직과 함께 남은의 첩가(妾家)에 모여 등불을 밝혀 즐겁게 떠들고, 반종(伴從)들은 모두 졸고 있었다. 이숙번으로 하여금 활을 쏘아 기왓장 위에 떨어지게 하고는 집을 태우니, 정도전이 이웃집 봉상시 판사 민부의 집에 숨어들었는데, 민부가 소리질러 말하기를,

"배가 불룩하게 나온 사람이 우리 집에 들어왔다."

소리쳤다.

군사들이 들어가 수색하여, 칼을 들고 기어서 나오는 정도전을 잡아 방원 앞으로 끌고 오니, 정도전이 우러러보고,

"만약 나를 살려 주시면 힘을 다하여 보좌하겠습니다."

하였다. 이방원이,

"네가 이미 왕씨를 저버리고 또 이씨를 저버리고자 하느냐."

하며, 즉시 목을 베었다.

그의 아들 정유와 정영 또한 피살되었다.

남은이 몰래 미륵원 포막에 숨었다가 뒤쫓는 병사들에게 죽었고, 이직은 하인 복장으로 지붕에 올라가 불 끄는 시늉으로 죽음을 면하였다.

궁중에서 불이 나고 큰 소동으로 포를 쏘니, 방석의 당이 출군하고자 했다. 군사들로 하여금 세자를 모시고 성에 올라가서 정찰하게 하였더니, 광화문으로부터 남산에 이르기까지 철기가 가득하매 두려워 감히 출동하지 못했으니,

사람들이,

"신이 도운 것이라."

하였다.

이방원이 궁중에 입직한 여러 군사에게 말을 전하여 나오라 이르니, 서로 거느리고 담을 넘어 근정전 이남은 텅 비었다. 새벽에 태조가 처소를 청량전으로 옮기니, 조준 등이 백관을 거느리고 정도전과 남은 등의 죄를 아뢰고, 또 세자를 폐하고 새로 책봉하고자 청하였다. 태조가 방석에게 이르기를,

"너한테는 편하게 되었구나."

탄식조로 말하였다.

방석이 절하고 나갈 때 현빈(방석의 부인)이 옷을 붙들고 우는데, 방석이 옷을 뿌리치고 나갔다. 또 방번을 쫓아낼 것을 청하니 태조가 이르기를,

"세자도 이미 그만두었으니, 네가 나간들 무슨 해가 있겠느냐."

하였다.

이성계 사위였던 흥안군 이제가 곁에 있다가 칼을 빼어 두리번거리자, 공주가 남편 이제에게 말하기를,

"우리 부부가 만약 정안군 집으로 간다면 살 것이라."

하였다.

방번이 서쪽 문으로 나갔는데, 방원이 손을 잡고 말하기를,

"네가 내 말을 듣지 아니하여 이런 지경에 이르렀다. 잘 가거라. 잘 가거라."

하였더니, 도당에서 뒤쫓아 가 중도에서 죽였다.

산기상시 변중량이 방석에게 붙어, 모든 왕자들의 병권 파기를 상소하여 골육을 이간질 하였다. 이때에 방원에게 잡혀 군전에 꿇리게 되자, 중량이 말하기를,

"내가 요새 와서 왕자에게 마음을 돌렸소."

하였다.

방원이,

"저 입도 역시 고기다."

하고, 베어 죽였다. 중량은 밀양 사람으로, 고려조에 급제하여 벼슬이 밀직승지에 이르렀고, 명망이 있었다. 하지만, 썩은 동아줄을 잡아 명을 재촉했으니, 안타까운 일이라고 《동각잡기》는 전하고 있다.

성현이 지은 《용재총화》에 따르면, 하륜이 충청도 관찰사가 되어 내려갈 때, 정안군 이방원이 그의 집에 가서 전송을 하였는데, 여러 손들이 자리에 가득 찼다. 방원이 앞에 나가 술잔을 돌리는데, 하륜이 취한 체하고는 술상을 엎질러서 방원의 옷을 더럽혔다. 방원이 크게 노하여 일어나니, 하륜이 좌중의 사람들에게,

"왕자가 노하여 가시니, 내가 사죄해야겠다."

하고는 뒤따라갔다.

방원의 하인들이 아뢰어도 돌아보지 않고 그의 집 대문까지 이르러 말에서 내리니, 하륜 역시 말에서 내렸고, 방원이 중문을 거쳐서 안문으로 들어가니, 하륜 또한 따라 들어갔다. 방원이 비로소 무슨 까닭이 있다 의심하여 돌아보며 묻기를,

"무엇 때문인가?"

하니, 하륜이 아뢰기를,

"왕자의 일이 위태합니다. 상을 엎지른 것은 장차 뒤집어질 큰 환란
 이 있음직하여 미리 고한 것입니다."

하였다.

이에 침실로 끌고 들어가서 계책을 물으니, 하륜이,

"신은 왕명을 받았으므로 오래 머무를 수 없으나, 안산 군수 이숙번

이 정릉(신덕왕후 무덤)을 이장할 군사를 거느리고 서울에 도착해 있으니, 이 사람에게 대사를 맡길 수 있습니다. 신 또한 진천에 가서 기다릴 것이니, 일이 만약 다급해지면 신을 부르소서."

하고는, 하륜이 돌아갔다.

방원이 숙번을 불러 그 사유를 말하니, 숙번이 말하기를,

"이런 일은 손바닥을 뒤엎는 것보다 쉬운 일인데, 무엇이 어렵겠습니까."

하고는, 마침내 이방원을 모시고 궁중 하인들과 이장할 군사들을 거느리고 먼저 군기감을 탈취하여 갑옷을 입히고 병기를 가지고 나가 경복궁을 둘러쌌다. 정안군 이방원은 남문 밖에 장막을 쳐 그 가운데 앉고, 또 한 장막을 그 아래에 쳤는데, 누구의 자리인지를 알지 못하였다. 이윽고 하륜이 올라와 그 가운데에 앉으니, 사람들은 모두 그가 오래지 않아 정승이 될 줄을 알았다. 정사(定社)의 공은 모두 하륜과 이숙번의 힘이었다.

옛적에 하륜이 예천 군수가 되어, 그 고을 기생과 모두 관계하여 음탕함이 한이 없었다. 고과 성적을 매길 적에 경상 도사가 하등에 두려고 하니, 감사 김주가 말리기를,

"하륜의 기상을 보니, 한 고을에 오래 굽히고 있을 사람이 아니다. 그만 덮어 주라."

하여, 드디어 상등에 올려 놓았다.

후일 정사의 난에 김주가 방석 편에 가담하여 형세가 자못 위급하였는데, 김주 부인이 하륜의 말 앞에 꿇어앉아,

"저는 김주의 처입니다."

하니, 하륜이 힘을 써 구해주어 난을 모면하였다.

집현전 학자로 이름 날린 최항이 젊은 시절 과거에 응시하여 지은 시에,

대지가 뜨거워서 일월이 이글거리니[大地窮炎蕩二精],

들리는 우레 다만 하늘 한 쪽뿐이구나[尺天雷鼓但轟轟].

하였으니,

이것은, 방번과 방석의 변란에 온 나라 신민이 모두 하륜의 피해를 입었고, 태조가 비록 개국한 공이 있으나 먼 지방으로 옮겨가 울분만 토했던 것이, 마치 하늘에서 큰 우레 소리가 울리나 조그마한 한 쪽 하늘에서 나는 소리나 다를 바 없어, 누가 경계하고 누가 두려워하겠는가라는 뜻을 담은 것이라고, 권별이 저술한 《해동잡록》에 전하고 있다.

〈무안군 묘비〉에 따르면, 방번과 방석 두 아들이 일찍 죽은 것을 슬피 여겨, 태조가 여러 번 절에 가서 불공을 올려 명복을 빌었다고 한다. 태종 병술년(1406)에 방석의 시호를 소도(昭悼)라 하고, 무안군 시호를 공순(恭順)이라 하였으나, 후일 문종 시호와 겹친다 하여 장혜(章惠)라 고쳤다.

세종 임금이,

"공순공 방번과 소도공 방석은 모두 왕자로 불행히 후사가 없으니, 광평대군 이여를 공순공 후사로 삼고, 금성대군 이유를 소도공의 후사 삼아, 사당을 지어 제사를 받들게 하라."

하였다.

일찍이 세종이 아끼던 광평대군에 대해 점을 보았더니, 굶어 죽는다는 괘가 나왔다. 왕자로 태어나 굶어죽을 일이란 상상도 할 수 없지만, 특별히 넓은 땅을 하사하는 배려를 아끼지 않았다. 그런데 생선 가시가 목에 걸려, 아무것도 먹지 못하고 죽었으니, 나이 겨우 20살이었다. 이 이야기는 오늘날 후손들까지 정설로 믿고 있는데, 《세종실록》에 따르면 돌림병이던 창진(瘡疹)으로 고생하다 죽었다고 전한다.

강씨 소생 경순공주는 흥안군 이제에게 시집갔지만, 방석의 난에 이제 또한 죽었으므로, 태조가 친히 공주의 머리를 깎아주고 눈물을 흘렸다.

함흥차사

함흥차사.

심부름 간 사람이 소식조차 없는 상황을 일컫는 말인데, 조선 초 태조 이성계를 모시러 함흥에 보낸 사신마다 돌아오지 않았다는데서 유래되었다.

자식들의 골육상쟁으로 정치에 환멸을 느낀 태조가 아예 두문불출한 것으로 묘사되어 있으나, 이는 실제상황과 다르다. 구전되어 오던 사실들이 극적인 요소가 가미되어 야사로 나타났기 때문이다.

저자를 알 수 없는 《조야첨재》에서는, 태조가 새 도읍지인 한양에 돌아왔다가, 그 길로 금강산에서 함흥 본궁에 가버렸다고 간단하게 전하고 있지만, 정작 《축수편》이나 《오산설림》에서는 매우 풍성한 내용을 담고 있다.

민간설화를 많이 담고 있는 《축수편》에 따르면,

성석린은 태조의 옛 친구이기에, 그가 자청하여 태조의 뜻을 돌이켜 보겠노라 다짐하므로, 태종이 허락하였다. 석린이 백마를 타고 베옷을 입은 과객 차림으로 말에서 내려 불을 피워 밥 짓는 시늉을 하였더니, 태조가 바라보고 내시를 시켜 가 보게 하였다.

석린이 내시에게,

"용무가 있어 지나가다가 날이 저물어 말을 메고 유숙하려 한다."

말하니, 돌아가서 그대로 태조에게 아뢰었다.

태조가 매우 기뻐하여 곧 불렀더니, 석린이 조용히 인륜의 변고를 처리하는 도리를 진술하는지라, 얼굴색을 변한 태조가 이르기를,

"너도 너의 임금을 위하여 나를 달래려고 온 것이 아니냐."

하였다. 간담이 서늘해진 석린이 대답하여 아뢰기를,

"신이 만약 그래서 왔다면, 신의 자손은 반드시 눈이 멀어 장님이 될
것입니다."

하였더니, 태조는 이 말을 믿어 양궁(兩宮 : 태조와 태종)이 이때부터 화해가 이루어졌으나, 뒤에 석린의 두 아들은 눈이 멀고 말았다고 전한다.

《명신록》에 따르면, 성석린의 맏아들 지도와 지도의 아들 창산군 귀수, 귀수의 아들까지 모두 태중에서 눈이 먼 것이 삼대까지 이어졌다고도 한다.

편년체 정사인 《조선왕조실록》을 확인해 보면,

태조가 1차로 칩거한 것이 태종이 즉위한 추운 겨울의 소요산이었고, 이듬해인 태종 2년 정초에 성석린이 파견되었다가 혼자서 돌아왔는데, 태조가 그곳에 별전까지 지어 버티기에 들어가자, 다급했던 태종이 친히 모시러 가기도 했다. 마지못한 태조가 4월에 잠시 환도했지만, 다시 소요산 칩거에 들어간 이후에는 누구의 출입도 허락하지 않았다.

이때 태조가 수도생활 도량으로 삼았던 곳이 회암사인데, 한때 삼천 승려들이 기거하던 대규모 사찰이었다. 그곳에서 정확히 1년을 보낸 태조가 다시 함흥으로 자리를 옮겨 칩거에 들어갔는데, 이때 파견된 이는 무학대사였다.

이상이 무미건조한 사실 나열만 해 놓은 정사 기록인데, 당시 벌어진 일들을 풍성하게 해 주는 것이 야사인지라, 무학대사의 일을 차천로의 《오산설림》을 통해서 새겨보면,

태조가 함흥에서 꿈쩍도 않고 있을 적에 방법이 없자, 어떤 사람이,

"무학이면 능히 해낼 수 있을 것이라."

하므로, 태종이 어렵게 찾아 간곡히 청하니, 무학이 함흥으로 가서 태조를 뵈었다. 태조가 노하여 이르기를,

"너 또한 나를 달래러 왔느냐."

하니, 무학이 웃으면서 아뢰기를,

"전하께서는 제 마음을 모르십니까. 빈도(貧道 : 승려가 자신을 낮춰 하는 말)가 전하와 더불어 서로 안지가 수십 년인데, 오늘은 특별히 전하를 위로하기 위하여 왔을 뿐입니다."

하였다.

이에 태조의 안색이 조금 부드러워져서 머물러 함께 잤는데, 무학은 말을 할 때마다 언제나 태종의 단점을 이야기했다. 이렇게 하여 수십 일을 지내니, 태조가 굳게 믿었다. 하루는 밤중에 무학이 태조에게 아뢰기를,

"방원이 진실로 죄가 있으나, 전하께서 사랑한 아들은 이미 다 죽고, 다만 이 사람이 남아 있을 뿐이니, 만약 이 아들마저 끊어 버리면 전하가 평생 애써 이룬 대업을 장차 누구에게 맡기려고 하십니까. 남에게 부탁하는 것보다 차라니 내 혈속에게 주는 것이 나으니, 원컨대 신중히 생각해 보소서."

하는지라, 태조가 그의 말이 꽤 그럴듯하다 생각하여, 드디어 행차를 돌릴 뜻이 생겼다.

무학이 급히 돌아갈 것을 권하였으나, 태조는 성안으로 들어가기를 원하지 아니하고, 처음에는 소요산에 이르러 두어 달 머물다가, 그 길로 풍양에 가서 궁을 지어 거처하였다 라고 하였다.

이렇듯 《오산설림》에서는 함흥에서 돌아오던 길에 소요산에 머물렀

다 했으니, 《실록》에 담긴 내용과는 틀리는 셈이다.

태조가 함흥으로부터 돌아오자, 태종이 교외에 나가 친히 맞이하려고 성대한 장막을 설치하였다. 하륜 등이 아뢰기를,

"상왕의 노여움이 아직 다 풀어지지 않았으니, 모든 일을 염려하지 않을 수 없습니다. 차일 받치는 높은 기둥은 의당 큰 나무를 써야 할 것입니다."

하니, 태종이 열 아름이나 되는 큰 나무로 기둥을 만들었다. 태조와 태종이 서로 만나자, 태종이 면복을 입고 나아가 뵈었는데, 태조가 바라보고 노한 얼굴빛으로 가졌던 동궁(彤弓)으로 백우전(白羽箭)을 힘껏 당겨서 쏘았다. 태종이 급하게 아름드리 차일 기둥에 몸을 가려 화살이 그 기둥에 꽂혔다.

태조가 웃으면서 노기를 풀고,

"이는 하늘이 시키는 것이다."

하고는, 나라 옥새를 주면서 이르기를,

"네가 갖고 싶어 하는 것이 바로 이것이니, 이제 가지고 가라."

하였다. 태종이 눈물을 흘리면서 세 번이나 사양하다가 받았다. 마침내 잔치를 열고 태종이 잔을 받들어 헌수하려 할 때, 하륜 등이 가만히 아뢰기를,

"술통 있는 곳에서 잔을 들어 헌수할 때에 친히 하지 말고, 마땅히 내시에게 건네 올려드리시오."

하므로, 태종이 또 그 말을 좇아 내시가 잔을 올렸다.

태조가 다 마시고 웃으면서, 소매 속에서 쇠방망이를 찾아 자리 옆에 놓고,

"모두가 하늘이 시키는 것이다."

하였다.

《축수편》에 나오는 이런 이야기들이 밤잠을 들지 못하게도 하지만, 드라마틱한 함흥차사 이야기 중에 더욱 맛깔나는 것이 바로 박순 고사이다. 요동 정벌 나섰다가 위화도에서 말머리를 돌려 회군할 적에, 이 사실을 적은 이성계 글을 우왕에게 전한 이가 박순이었고, 조선이 건국되자 상장군이 된 전형적인 무인이니, 시쳇말로 이성계와는 절친 중에 절친인 셈이다.

《연려실기술》에 전하는 박순에 대한 고사를 보면,

문안사로 파견된 신하 중에 한 사람도 돌아오지 못하자, 태종이 여러 신하들에게,

"누가 갈 수 있겠는가?"

라고 물으니, 선뜻 나서는 이들이 없었는데, 판승추부사 박순 홀로 자청했다. 하인도 대동하지 않고 손수 새끼 딸린 어미 말로, 함흥으로 들어가서 태조 있는 곳을 바라보며, 새끼 말을 매어 놓고 어미 말을 타고 가니, 어미 말이 머뭇머뭇 뒤를 돌아 울부짖으며 움직이지 않는지라, 이 모습이 괴이하고 괴이하여 연유를 묻는 태조에게 박순이,

"길 가는 데 방해되어 새끼 말을 매어 놓았더니, 떨어지지 못하여 서로가 이렇게 울고 있습니다. 비록 미물이라도 지친의 정이 지극한 모양입니다."

하고 아뢰어, 풍자하고 비유하니,

태조가 척연히 슬퍼하여, 잠저에 있을 때 사귄 옛 친구를 머물게 하고 내보내지 않았다. 하루는 더불어 장기를 둘 적에, 마침 쥐가 새끼를 안고 지붕 모퉁이에서 떨어져 죽을 지경에 이르렀어도, 서로 떨어지지 않았다. 박순이 장기판을 제쳐놓고 엎드려 눈물을 흘리며 간절하게 아뢰니, 태조가 마침내 한양으로 돌아갈 것을 허락하였다.

박순이 태조의 허락을 듣고 곧 자리를 하직하고 떠나가니, 태조를 모

시던 신하들이 그를 죽일 것을 청하였다. 태조는 그가 용흥강을 이미 건
넜을 시각이라 여겨, 칼을 주면서 이르기를,

"만약 이미 강을 건넜거든 쫓지 말라."

명을 내렸다.

돌아가던 박순은 중도에 병으로 지체하였다가, 겨우 배에 오르던 찰
나에 칼날을 맞고 허리가 베어졌다.

그때의 상황을 두고,

"반은 강 속에 있고 반은 배 안에 있다.[半在江中半在船]"

라는 시가 읊어지고 있었으니, 태조가 크게 놀라 애석하게 여겨,

"박순은 좋은 친구이다. 내가 마침내 전에 그에게 한 말을 저버리지
않으리라."

하고는, 드디어 남쪽에 있는 한양에 돌아가기로 결정하였다.

태종은 박순의 죽음을 듣고 곧 그의 공을 기록하고 벼슬을 증직하였
으며, 또 화공에게 명하여 그의 반신을 그려서 추모했다. 그의 부인 임씨
는 남편 부고를 듣고 스스로 목매어 죽었다고 《노봉집 시장(諡狀)》에서
적고 있다.

이 같은 박순의 고사를 놓고 《실록》과 대조해 보면,

그의 죽음이나 처 임씨의 죽음 또한 함흥차사와의 관련성을 찾을 길
이 없다.

정작 박순이 피살된 것은 이성계 부하가 아니라, 이성계 복위를 도모
한 조사의 반란군에 의해서였다.

"상장군 박순이 함흥에 이르러 도순문사 박만과 주군 수령들에게,
조사의를 따르지 말라고 교유하다가, 마침내 저쪽 군중에 피살되었

다."

라고 기록하고 있기 때문이다.

아울러 그의 처 임씨 또한 남편의 죽음을 듣고 스스로 목매 죽었다고 했지만, 박순이 죽은 후 10년이 지난 세월까지도 태종은 임씨를 보살펴 곡식을 내려주었다 했으니, 민가에 전파된 잘못된 이야기 출발점이 자못 궁금하다.

당시 태종에게 반감을 품은 안변부사 조사의가 난을 일으켰는데, 안변은 함흥 바로 옆 고을이었다. 아울러 신덕왕후 강씨의 일족이었던 조사의가 난을 일으킨 시기가 태조의 함흥 주필(駐蹕) 기간과 맞아떨어지고 있다. 이런 점들 때문에 박순의 고사가 생성되었을 가능성이 크다.

깊숙이 묻힌 정릉貞陵

태조 이성계의 총애를 받았던 신덕왕후 강씨.

그녀가 묻힌 곳이 정릉이었다. 하지만 한동안 찾을 수 없던 잊혀진 무덤이었다.

인조의 장인이었던 한준겸이 기술한 《유천차기》에 따르면,

"선조 신사년(1581) 11월에 신덕왕후 복위 논의가 비로소 일어났다. 신덕왕후가 태조를 도와 나라를 얻게 하고, 태조의 정비가 되어 명나라 고명을 받았으며, 돌아간 후에 시호를 올리고 능을 봉하기를 신의왕후와 조금도 차이 없이 하였다. 그러다 태조가 승하한 후, 신의왕후만을 모시고, 신덕왕후에 대해서는 일체의 전례를 다 폐지해 버려 거행치 않았다. 세월이 오래되자 능 또한 어디에 있는지 알지

못한 지가 2백년이 되었다"

라고 하였다.

이때에 덕원에 사는 강순일이 임금 행차하는 수레 앞에 나아가 하소연하기를,

"저는 판삼사사 강윤성 후손입니다. 지금 군역에 배정되어 있으니, 국묘(國墓)를 봉사하는 사람들은 군역을 면하는 전례에 의거하여 개정해 주소서."

하였다.

강윤성은 신덕왕후 아버지다. 태조 4조의 묘가 북방에 있었는데, 관에서 한 사람씩 정해 '국묘 봉사자'라 하여, 군역을 면제해 준 전례가 있는 까닭에 순일이 이렇게 하소연한 것이다.

이에 대해 율곡 이이가 앞장서 말하기를,

"신덕왕후는 태조와 같이 모셔야 할 분인데, 아무 까닭 없이 제사하지 않는 것은 인륜에 관계되는 일이니, 마땅히 존숭하는 행사가 있어야 할 것입니다."

하니,

조정이 모두 의논하여, 예관을 시켜 먼저 능부터 찾게 하였다. 문관 이창이 신덕왕후의 외손으로 마침 조정에 벼슬하고 있었으므로, 예조에서 그를 데리고 능이 있을법한 아차산 안팎을 두루 답사하였으나, 끝내 찾지 못하였다.

그때 마침 변계량의 《춘정집》 속에 정릉 이장 축문이 있었는데, 그곳에 '국도(國都) 동북'이라는 문구를 보고, 이를 근거로 인근 마을에 가서 헤매니, 과연 국장한 능이 산골짝 사이에 피폐되어 있었다.

조정 논의가 처음에는 태묘(太廟)에 신의왕후 예같이 하기를 청하더니, 다른 한쪽에서는 《예경》에 제후는 두 번 장가들지 못하고, 예에 두

적처가 없다는 말을 인용하여, 이러쿵저러쿵 하다 결정하지 못하였다.

조정 의논이 또 하책을 내어, 다만 정자각을 세우고 참봉을 설치하는 것만 청했으나, 이 또한 시행되지 못하고, 다만 조묘(祧廟)의 예에 의하여 매년 한식날 제사 지내는데 그치기로 하였다.

신의왕후와 신덕왕후는 태조가 잠저에 있을 때, 서울과 지방에 있던 두 아내였다. 신의왕후가 죽은 뒤에 신덕왕후가 계실이 되었으니, 이것은 정총의 〈정릉비문 서〉를 상고해 보면 알 수 있고, 역대로 내려오면서 신덕왕후 칭호를 깎은 적이 없는 것은 《용비어천가》를 보아도 알 수 있다.

조선의 가법에 이미 정한 법식이 있어, 역대 왕의 후비는 전처 후처 차별 않고 배위로 모셨으니, 제후에게 두 적처가 없다는 말을 태조에게만 적용할 것이 아닌데, 여러 신하들이 굳이 《예경》을 들먹여 신덕왕후만 깎아내리고자 했으니, 이것은 알 수 없는 일이다.

강순일이 처음에 하소연했던 것은 자기 군역을 면하고자 한 것이나, 선비들의 의논이 분발한 것이 이 때문이었으니, 천도는 돌아오고야 마는 것이다. 이것은 하늘이 가만히 돕는 큰 기회인데, 의논이 일어났다가 도로 그치고, 3년을 다투다가 겨우 한식날에 한 번 제사 지내는 것만 행하게 되었으니, 참으로 애석한 일이라고, 한준겸이 《유천차기》에서 애절한 마음을 표현하고 있었는데, 묻힌 적도 없던 아차산에서 신덕왕후 능을 찾아 헤맬 정도로 잊혀졌던 사연이 참으로 딱하다.

태조 즉위 5년 되던 병자(1396) 8월에 강씨가 죽었을 때, 조성된 무덤은 도성 안의 정릉(현 영국대사관 자리로 추정)이었다. 문하시중 조준과 김사형 등이 아뢰어, 공신 한 사람을 시켜 능을 3년간 지키게 하기를 청하니, 안평군 이서로 하여금 능을 지키게 하였다. 정릉은 황화방 북쪽 언덕(지금의 서울 정동)이고, 그 동쪽에 흥천사를 창건하여 명복을 빌었다는 이야기가 《야언별집》에 전하고 있다.

그러다가 정릉을 양주 남사아리로 이장한 것이 태종 기축년(1409)이
었으니, 태조 이성계가 승하한 이듬해였다.

변계량이 지은 제문에,

유명(幽明)의 관계가 이치는 비록 하나이지만 나뉨은 다르도다.

신도(神道)는 청정함이 좋다는 옛 말씀이 어찌 거짓이랴.

고금을 통해 상고해 보건대, 나라의 도성에 무덤 둔 일 없도다.

예관이 이런 뜻으로 말을 올리매, 대소 신료가 이에 찬동하여 길한 땅을
택하였으니,

성 밖 동북 모퉁이로다. 물은 졸졸 흘러서 일렁거리고, 산은 뻗어 내려
서로 얽혔도다.

현택(玄宅 : 무덤)을 두는 곳으로 여기가 마땅한데, 누가 이곳을 도성에
가깝다 하리요.

좋은 날 택하여 이안(移安)을 고하오며 술 한 잔을 올립니다.

숙령(淑靈)이 밝게 흠향하시기를 바라며 슬픈 정성 펴면서 울먹입니다.

라고 하였듯이,

도성 안에 능을 두는 법이 아니라 이장하였다지만, 계모에 대한 태종
의 반감이 작용하지 않았다고 할 수도 없는 일이라, 이후 돌보는 사람조
차 없어, 능을 찾기란 쉬운 일이 아니었을 것이다.

겨우 찾은 능을 관리할 목적으로 만든 《정릉사적》을 보면, 선조 임오
년(1581) 6월에 7대손 돈녕부 직장 이의건이 정릉에 사유를 고하는 제문
을 올려 속죄를 고하였고, 또 위로하는 제를 올리던 제문에서,

"이 원릉은 선후(先后 : 신덕왕후)의 유택이네. 떠도는 말에 다른 산록

으로 옮겼다고들 하니, 비록 근거 없는 말이기는 하나, 조정에서 의심을 풀기 어려워, 이에 예관에게 명하여 유석을 파헤치니, 비록 지(誌)는 없을지라도 틀림없는 참능이라네. 쌓인 울분을 푸는 것이 천년에 이 한때인데. 역군이 구름처럼 모여들어 현궁을 놀라게 할까 두렵도다. 하루도 못되어 성분하는 일을 마쳤네."

라고 하였다.

아울러 선조 임오년 12월에 성균관 젊은 유생 채증광 등이 소를 올려,

"전하께서 (정릉 봉심을) 쉽게 허락하지 않는 이유는, 그 일(신덕왕후를 폐위한 것)이 선조(先朝)에 있었으며, 후손이 마땅히 고칠 바가 아니라고 생각하시기 때문입니까. … 또한 태조가 승하하신 때가 태종이 즉위한 8년에 있었고, 왕후 천묘는 마땅히 태종 10년에 있었을 것이니, 예관이 신덕왕후를 박하게 대우하자는 의논이 바로 이 해에 있었을 것인 바, 그때 한두 신하들 학문이 부족하여 망령되이 잘못된 의견을 고집하여, 신덕왕후를 태묘에 승부(陞祔)하지 않았던 것이 아닌 줄을 어찌 알겠습니까. 향과 축은 태종이 친히 전하는 것인데 예관이 정지하자고 청하고, 능침은 태종이 존봉하는 것인데, 예관이 폐하자고 청하였던 일이 없었다 할 수는 없을 것입니다. 그러니 신덕왕후를 승부하지 않은 것은 고려의 제도를 그대로 따른 것이 아니라면, 필시 몇몇 신하들의 죄일 것입니다. 태종이 신덕왕후를 깎아내리고 박하게 할 마음이 있었다면, 어찌 아름다운 시호를 그냥 두어 후세에 전했겠습니까."

라고 준열히 따지고 들었고,

다음 날도, 또 그 다음 날도 소를 올렸으니, 천리를 보존하고 인심을 거스르지 말라는 경고였다. 송시열 또한 우의정으로 있던 현종 10년 기

유(1669)에,

"신덕왕후 강씨는 태조의 왕비입니다. 돌아가신 뒤에 정릉에 장사지내고, 고려 제도에 따라 조석으로 절에서 재를 베풀었는데, 태조가 추념하기를 매우 간절히 하여, 언제나 정릉에 재 올리는 종소리를 들은 뒤에 수라를 들여오라고 하셨다니, 이것으로 태조의 심정을 알 수 있습니다. 그러나 지금은 능침이 매몰되어 신의왕후 능에 미치지 못하고, 종묘에 배향되지 못하였습니다."

하니, 현종이 이르기를,

"역대 왕의 기일 중에 신덕의 기일이 기재되어 있지 않으니, 처음에 무엇 때문에 이렇게 되었는지 모르겠다."

하였다.

송시열이 아뢰기를,

"이와 같이 아뢰는 것은 극히 황송한 일이나, 태조가 개국하신 뒤에 정도전 등이 태종을 무함하고 신덕왕후의 아들을 세워서 세자를 삼았다가 신덕왕후의 소생인 장혜(章惠 : 방번)와 소도(昭悼 : 방석) 두 공이 비명에 죽고, 그 후 신덕왕후의 능을 옮겼기 때문에, 태묘에 배향되지 못한 것입니다."

하니, 현종이 이르기를,

"신덕왕후는 다른 이의 계비와는 같지 않다."

하였다.

송시열이 아뢰기를,

"고려 때에는 경처와 외처가 따로 있었던 까닭에, 태조가 잠저에 있을 적에 신덕왕후가 경처가 되어 태조가 은혜와 예의를 다하였는데, 지금까지 태묘에 배향되지 못한 것은 진실로 안 된 일입니다. 일이 중대하니 널리 조정의 신하들과 의논하여, 태묘에 배향하고 능을 고쳐 봉하는 것이 어떻겠습니까."

하니, 현종이 이르기를,

"내가 천천히 다시 생각하여 여러 대신들과 의논하여 처리하겠다."

라고 대답할 뿐이었다.

하지만, 예조에서 정릉을 봉심하고, 병조에서 정릉 수호군을 선발하여, 중건청 당상으로 이조 참판 윤집과 예조 참판 이준구로 삼으니, 3월 13일에 비로소 착공하였다.

2품 이상 대신들이 빈청에 모여,

"신덕왕후를 태묘에 승부(陞祔)하자는 청은 곧 온 나라 사람들의 공공연한 의논입니다. 삼사의 신하들은 전례를 들어 논쟁하고, 선비들은 《예경》에 의거하여 진술하니, 살았을 때 일국의 국모 노릇을 하였으면, 죽어서 종묘에 제사하는 것이 천지의 떳떳한 법이고, 고금에 통하는 의리인데다 종묘에 관계되는 일이니, 조금도 늦출 수 없는 것이 아니겠습니까. ……"

하였다.

영상 정태화가 백관을 거느리고 차자를 올려 아뢰고, 성균관 및 사학 유생들 또한 상소한데다, 영중추부사 이경석이 백관을 거느리고 또 아뢰니, 경들의 의견을 좇으려니 아뢴 대로 시행하라 명이 떨어졌다. 예조에서 신덕왕후의 휘호인 순원(順元)·현경(顯敬)이라는 보전(寶篆)을 추가로 올릴 것을 다시 아뢰었고, 신주 모실 장소를 의논하였는데, 좌찬성 송준길 의논에 따라 장전을 설치하였다.

기유년(1669) 9월 29일에 강녕전에 쳐 놓은 장전에 봉안하였다가, 30일 종묘에 나아가서 10월 초하룻날에 승부(陞祔)하고, 다음 날 교서를 반포하면서, 경사를 만방에 고하고 축하하는 특별 과거시험까지 열렸다.

10월 초하루는 날과 시가 좋은 때여서,

이에 상등 의식을 정결히 하여 태묘에 승부하니,

엄숙한 묘실이여! 오른쪽은 목(穆)이고, 왼쪽은 소(昭)로다.

신이 양양히 강림하오니, 백세에 체천이 없으리로다.

소자가 병에 걸려 오랜 고질로 몸소 폐백을 드리지 못하오니,

다만 슬피 사모함이 더합니다.

정성을 모아 정결한 제물을 올리는데 재상으로 대행하게 하오니,

아! 심원한 황령이시여, 흠향하시기 바라옵니다.

라는 글을 청풍김씨 훈척이던 김석주가 지어 올렸다.

능을 봉하고 제사를 베풀던 날 정릉 일대에 소낙비가 쏟아졌으니, 백성들은 이구동성으로 신덕왕후의 원한을 씻는 비라 하였다.

제2대
정종대왕

휘는 경(曔), 자는 광원(光遠), 처음 휘는 방과(芳果)이다.

태조의 둘째 아들로, 신의왕후가 공민왕 6년 7월 초하룻날 함흥 사저에서 낳았다. 고려조에 벼슬하여 장상까지 이르렀고, 태조가 즉위한 다음 영안군(永安君)으로 봉했다. 태조 7년(1398) 무인년에 왕세자로 책봉되어, 그해 9월 경복궁 근정전에서 왕위를 물려받았으니, 새 도읍지 한양에서 왕좌에 오른 첫 번째 임금이었지만, 재위 2년 11월에 태종에게 왕위를 물렸다. 왕위에 있은 지 2년이고, 세종 원년(1419) 9월 26일 인덕궁에서 승하하였으니, 상왕으로 있은 지 19년이며, 수는 63세였다. 명나라에서 시호를 공정(恭靖)이라 내렸는데, 윗사람을 공경하여 섬긴 것이 공이고, 너그럽고 즐겁게 살다가 잘 마친 것이 정이라 하였다. 숙종 7년에 묘호를 정종이라 하고, 의문장무(懿文莊武)란 시호를 더 올렸으며, 능은 후릉(厚陵)이니, 북한 개성 인근에 있다. 아들 열다섯을 두었지만 모두 서자들이고, 딸 또한 여덟을 두었지만 그러하다.

무거웠던 지존의 자리

《축수편》에 따르면, 정종은 성품이 순수하고 삼가며, 지행(志行)이 단엄하고 방정하였다. 무략을 잘 알았기 때문에 일찍이 태조를 따라 출정해서 여러 번 큰 공을 세웠다고 하였다.

당초에 태조가 왕업을 이루고자 할 적에 매양 방원과 은밀히 의논하였는데, 정종은 형인데도 피하고 참여하지 않아 태조가 꾸짖기를 마지않았다. 태조가 개국하는 데에 정종은 작은 공도 없었으니, 그의 마음 씀은 진실로 백이와 태백에게 부끄러울 것이 없다. 위태롭고 혐의스러운 때를 당하여 전위 받아 왕위에 앉은 뒤, 모든 왕자를 절로 보내 머리 깎고 중이 되게 하였으니, 기미를 알고 후환을 염려하는 마음이 또한 지극하였다.

정안왕후(정종 부인 김씨)는 매양 방원이 들어가 뵐 때마다, 정종에게 아뢰기를,

"전하께서는 그의 눈을 어찌하여 못 보십니까. 속히 왕위를 전하시어 마음을 편하게 하소서."

하였더니,

정종이 그 말을 좇아서 상왕으로 별궁에 거처하였다. 태종은 별궁에 가서 뵐 때마다 신이라 칭하여 우애를 극진히 했고, 모든 왕자를 환속하게 하여, 등급에 따라 작호를 주었다.

정종이 한가하게 병을 치료한 것이 열아홉 해였으니, 조선에서 정종처럼 복을 누린 임금이 몇 분 없고, 자손이 많아 이름난 재상을 많이 배출했다고, 《아성잡기》는 전하고 있다. 조선 선조 때 이제신이 저술한 것으로 알려진 《아성잡기》는 전해지지 않으나, 조선 후기에 정종 후손들의 활약은 전주 이씨 전체를 통틀어서도 가장 두드러졌던 것이 사실이다.

하지만 이정형의 야사집 《동각잡기》에서는 이방원을 긍정적으로 그려내기 위해 정종을 다소 폄하하는 시각으로 바라보았으니,

이방원이 정도전 일당을 척결하기 위해 정사(定社)하던 날, 정종은 기도할 일이 있어 소격전에서 목욕재계하고 잤는데, 변이 났다는 말을 듣고 몰래 성을 넘어 독음(禿音) 민가에 숨었다. 다음날 사람을 보내어 청해서 돌아오니, 태조가 정종에게 왕위를 전하였다.

이방원이 정도전의 난리를 평정하니, 내외의 신하들이 모두 태조에게 청하여 방원을 세자로 삼으려고 하였다. 그러나 방원이 굳이 사양하고 정종을 세자로 삼으라고 청하니, 정종이 말하기를,

"당초에 대의를 주창하고 개국하여 오늘에 이르기까지 모두 정안군
(방원)의 공이니, 내가 세자 될 수는 없다."
하였으나, 방원이 굳게 사양하므로, 정종이 다시 말하기를,

"정 그러면 알아서 처리하겠다."
하였다.

정종이 즉위한 뒤에 남재가 대궐 뜰에서 큰 소리로 말하기를,

"지금 정안군을 세자로 정하여야 하니, 이 일은 지체할 수가 없다."
하는지라, 방원이 이를 듣고 노하여 꾸짖었다.

박포의 난을 평정한 뒤에 하륜 등이 청하기를,

"정몽주의 난에 만일 정안군이 없었더라면 큰일을 거의 이루지 못하였을 것이고, 정도전의 난에도 만약 정안군이 없었다면 또한 오늘날이 있었겠습니까. 또 어제의 일로 보아도 하늘의 뜻과 사람의 마음을 알 수가 있습니다. 일찍 세자의 칭호를 정하시기를 청합니다."
하니, 정종이 이르기를,

"옳다. 이것이 나의 뜻이다. 내가 곧 이 아우를 세자로 삼으리라."
하고, 곧 태조께 들어가 아뢰고 방원을 세자로 세웠다.

태조가 방원에게 이르기를,

"시킬 수도 없고 안 시킬 수도 없다. 네가 이미 세자가 되었으니, 군
국의 일에 힘쓰라."

하고는 썼던 갓을 주며, 술을 올리라 하고 즐기다가 헤어졌다라고 전하
고 있다.

조선 중종 때 문사로 널리 알려진 이육의《청파극담》에도 정종에 대
한 아름다운 고사를 기술하고 있으니, 상왕 궁의 한 내관이 2월 그믐께
우연히 뒷동산에 갔는데, 두서너 사람이 쌓인 풀더미 옆에서 복숭아를
주워 먹고 있었다. 가서 자세히 보니, 복숭아가 크고 붉은 것이 구시월의
서리 맞은 복숭아였다. 덤불을 헤치고 복숭아 수백 개를 얻어 상왕[정종]
께 올리니, 크게 기뻐하여 곧 문소전(태조의 사당)에 천신하고, 또 태종이
있는 곳에 보내며 말하기를,

"다행히 선도(仙桃)를 얻었기에 감히 좌우에 나눠 드리오."

하였다.

태종이 크게 기뻐하며 문소전에 올리라고 하였으나, 상왕이 이미 드
렸다고 하였기에 그만 두고, 입었던 옷을 벗어 복숭아를 올린 내관에게
하사했다. 곧 유사에게 명하여 호위병을 거느리고 상왕궁으로 가서, 선
도를 담아 구경을 하면서 큰 잔치를 벌여 밤중까지 즐겁게 놀았다. 가을
복숭아가 푹 익었을 때, 상왕이 사람을 시켜 풀로 덮었다가 다음해 봄에
열어 보니, 모두가 썩어서 그 전해처럼 먹지는 못했다고 전한다.

골프에 빠진 정종

일평생 정치권력에 욕심을 내 본 적이 없던 정종이 임금이 되었으니, 평소 사냥이나 격구를 즐기던 그때가 그리웠던 것은 당연지사.

그런데도 따분한 제왕학을 공부해야 하고, 더욱이나 매일 열리는 경연이란 게 고통의 시간이었다. 그가 즉위하고 정월 초아흐렛날도 어김없는 경연이 시작되자,

정종은 강관(講官)에게,

"과인이 병이 있어 수족이 저리고 아프니, 때때로 격구를 하여 몸을 움직여서 기운을 통하게 하려고 한다."

하니, 지경연사 조박이 아뢰기를,

"기운을 통하게 하는 놀이라면 그만두시라 할 수 없습니다만, 청하옵건대, 환관이나 간사한 소인의 무리와는 함께 하지 마소서."

하였더니, 임금이 알았다고 하였다.

그리하여 바로 이날, 전 참지문하부사 도흥·전 중추원 부사 류운과 종친들을 모시고, 내정에서 격구를 즐겼을 뿐만 아니라, 이어 도흥·류운 등을 내정에 불러 또 한 차례 격구를 했다.

며칠 후 따분한 경연에 또 참석해야 했던 정종은, 밖에서 여러 공후(公侯)들이 내관과 더불어 격구 하느라 떠드는 소리에 몸이 달아, 사관 이경생을 돌아보며 묻기를,

"격구하는 일 같은 것도 또한 사책에 쓰는가?"

하니, 이경생이 대답하기를,

"인군의 거동을 반드시 쓰는데, 하물며 격구하는 것이겠습니까?"

머쓱해진 정종은 뒤 끝을 내보였다.

"내가 전대의 여러 자취를 보고자 하니, 《고려사》를 바치도록 하라."

고려의 역사에 어떻게 기록되어 있는지 확인해 보겠노라 우기니, 신하로서도 《고려사》를 올리지 않을 수 없었다.

궁중 놀이로 정착된 격구는 원래 원나라에서 도입된 것이다. 도흥·류운·김사행 등이 원나라에 들어가 벼슬할 적에 격구 하던 풍속을 고려에도 유행시키게 되었는데, 태조 이성계가 등극하자 '인군이 궁중에 처하여 몸을 움직이지 않으면, 반드시 병이 생길 것입니다. 몸을 움직이는 데는 격구보다 더 좋은 것이 없습니다.'라는 건의들이 있어, 조선 왕실에서도 일상이 되어 버린 지 여러 해가 되었다. 김사행은 1차 왕자난 때 방원에게 맞서다가 주살된 몸이지만, 전 참지문하부사 도흥이나 전 중추원부사 류운은 여전히 왕실을 들락거리며, 정종이나 종친들과 격구를 즐기고 있었으니, 나라 걱정 일삼던 문하부에서 시무 10조를 올릴 적에, 그 한 조목으로 들어간 것이 격구였으니, '전하께서 대업을 이어받으신다면 마땅히 선왕의 도를 본받을 일이지, 어찌 망한 원나라에서 하던 짓을 본받으려 하나이까'라는 준엄한 질책을 받았다. 임금이 시무 10조를 읽어 내려가다 이 대목에 이르러 노여움을 이기지 못해, 좌간의 안노생을 불러 힐난하기를,

"언관의 직책으로 곧은 말 하는 것은 가하나, 내가 하는 일을 가지고
부왕에게 허물을 돌리는 것이 어찌 가하단 말이냐?"

하고는, 문하부 소속으로 당직을 서던 사관 박수기에게 기록조차 하지 말라 명한 후, 소장(疏狀)을 치워버리고 비답조차 내려주지 않았으니, 격구로 인한 당시 상황이 그저 심각한 정도가 아니었음을 알 수 있다.

그럼에도 이 시기엔 왕실만이 아니라 민가에서도 매우 성행한 것이 격구였다. 말을 타는 격구는 무예를 연마하는 과정이니 무과의 시험과목에도 들어 있었다. 말을 타고 긴 막대기로 공을 치는 격구 그림이 우리에게 친숙한 것은 군사 훈련을 목적으로 상세한 그림을 넣어 편찬한 《무

예도보통지》 때문이다. 이외에도 필드하키 형태인 장구(杖毬)라는 게 있지만, 타구·격방·장구도 통칭 격구라 불렀다. 궁궐 안에서 행해진 격구는 말을 타고 하는 것이 아니라 막대기로 공을 치는 격방이었을 것으로 추측된다. 정종은 격구광이었을 정도였고, 태조 이래 태종이나 세종까지도 종친이나 신하들과 자주 격구를 즐겼다. 정종이 내정에서 즐긴 격구는 타구(打毬) 혹은 격방이라 하여 우리말로 장치기나 공치기로 흔히 불린 것이다.

막대기로 공을 쳐서 구멍에다 넣는 격방은 오늘날 골프와 비슷하다. 《세조실록》에서 설명한 격방 놀이 기구와 방법들을 보면,

"격구하는 법은 혹은 몇 명, 혹은 십여 인, 혹은 수십 인이 좌우로 팀을 나눠 승부를 겨룬다. 격구 봉 모양은 숟가락[匙], 크기는 손바닥[掌]과 같은데, 물소 가죽으로 만든다. 두터운 대나무를 합하여 자루를 만드는데, 봉피(棒皮)가 얇으면 공이 높이 솟고, 봉피가 두터우면 공이 높이 솟지 않는다. 또 곤봉이란 것이 있는데, 친 공이 구르고 일어나지 않으며, 그 두께와 대소에 따라 명칭이 각기 다르다. 공은 나무를 사용하여 만드는데, 혹은 마노(碼磠 : 석영의 일종)도 쓰며 크기는 계란만 하다. 주발[椀] 모양으로 땅을 파서 와아(窩兒)라 부르는 구멍을 두는데, 전각 사이에 와아를 만들기도 하고, 혹은 섬돌 위[階上]에 와를 만들어 놓기도 하며, 혹은 평지에 만들기도 한다. 공이 굴러갈 때 혹은 뛰어넘기도 하고 혹은 비켜가기도 하며 혹은 굴러가기도 하여, 각기 그 와(窩)의 소재에 따라 다르게 된다. 한 번 쳐서 와 속에 들어가면 산가지 2개를 얻고, 한 번 쳐서 들어가지 못하고 두 번 세번 쳐서 들어가면 산가지 1개를 얻는데, 한 번 쳐서 들어가면 다른 공은 두 번 치지 못하고 죽으며, 두 번 쳐서 들어가면 다른 공은 세번 치지 못하고 죽는다. 이 뒤에도 이와 같다. 한 번 친 공은 비록 다

른 공과 부딪쳐도 죽지 않지만, 두 번 친 공이 다른 공과 부딪치게 되면 죽는다. 이 뒤에도 역시 이와 같다. 서서 치기도 하고, 무릎 꿇고 치기도 하는 등 여러 가지 방법이 있다."

라 하였듯이, 오늘날 골프나 다름없다.

《해동잡록》에서, 죽주 사람 박인석이 타구를 매우 잘했다는 기록에서 보듯, 조선 후기에는 주로 서민층이 즐긴 스포츠였다.

조선 초기 궁중에서 즐겼던 격구는 민간 어린이들에게도 재미있는 놀이였다.

혜정교(현 광화문우체국 옆) 거리에서 곽금이·막금이·막승이·덕중이 네 녀석의 타구놀이 광경이 《태종실록》에 잘 표현되어 있는데, 갖고 노는 공에다 각각 태종과 효령군·충령군·하인으로 이름을 붙였다. 한 녀석이 공을 쳤는데 다리 아래 물속으로 굴러가 빠지자, 옆에 있던 녀석이,

"효령군이 물에 빠졌다"

라고 소리치니, 마침 길을 가던 효령군댁 유모가 이 소리를 듣고는 잡아다, 효령군 장인이던 대사헌 정역에게 일러바쳤다. 하지만 겨우 10살 먹은 아이들을 요언률(妖言律)로 다스릴 수도 없는 노릇이라, 조정에서도 난감한 처지에 빠져 방면하고 말았다.

세자로 책봉된 양녕이 이미 태종의 눈 밖에 나 버렸고, 효령 또한 왕위 계승에서 멀어질 것이란 예언들이 민간 놀이에까지 나타난 것이다.

조선 초기 신하들 입장에서 보면, 하루빨리 성리학적 통치이념을 정착시켜야 하겠는데, 어떻게 격구와 사냥을 즐길까 궁리만 하던 임금을 바른 길로 모셔야 했으니, 참으로 답답한 노릇이었다.

임금이 경연관 조박에게,

"과인은 본래 병이 있어서, 잠저 때부터 밤이면 마음속으로 번민하여 자지 못하고, 새벽에야 잠이 들어 항상 늦게 일어났다. 그래서 여

러 숙부와 형제들이 게으르다고 하였다. 즉위한 이래로 경계하고 삼가는 마음을 품어서 병이 있는 것을 알지 못하였는데, 근일에 다시 병이 생겨서 마음과 기운이 어둡고 나른하며, 피부가 날로 여위어진다. 또 내가 무관의 집에서 자랐기 때문에 산을 타고 물가에서 자며 말을 달리는 것이 습관이 되었으므로, 오래 들어앉아서 나가지 않으면 반드시 병이 생길 것이다. 그렇기에 격구 놀이로 기운과 몸을 기르고자 함이다."

하니, 조박은 그저,

　"예, 예"

라고만 할 뿐이었다.

　태조 이래 궁궐 안 내정에서 즐기던 격구를 하루아침에 버릴 수는 없었으니, 정종만이 아니라 태종이나 세종까지도 빠졌던 스포츠였다.

　세종 즉위 3년에, 태상왕이 임금과 더불어 비로소 새 궁의 내정에서 공을 쳤다. 날씨가 추워 교외에 나갈 수 없으므로, 내정에서 이 놀이를 하였는데, 이듬해 봄에 이르러서야 그쳤다. 입시하여 함께 공을 친 사람은 효령대군 이보·익평부원군 석근·경녕군 이비·공녕군 이인·의평군 이원생·순평군 이군생·한평군 조연·도총제 이징·이담·광록경 권영균 등이 편을 나눠 공이 구멍에 들어간 점수로 승부를 겨뤘다.

　가까운 신하와 종친들을 궁중 내정에 불러 즐긴 격구는 이후에도 상당 기간 지속되고 있었는데, 이것이 원나라에서 들어온 것이라 하지만, 그 곳 역시 발상지는 아니었을 터이다. 골프 역사를 따진다면, 저 멀리 로마의 '파가니카' 게임으로까지 거슬러 올라가기도 하지만, 오늘날 골프의 발상지로 알려진 스코틀랜드에서 양치기 목동들이 구부러진 나뭇가지로 돌멩이를 날리는 놀이가 발전했다는 설이 유력한 걸 보면, 원나라 격구 역시 여기에 영향을 받았을 가능성이 크다. 주지하듯이, 원나라가 대제국을 건설하였을 당시 유럽쪽 풍속이 많이 흘러들었기 때문이다.

2차 왕자 난, 방간의 난

어찌보면 왕위계승 1순위자 정종이 권좌에 오른 것이 당연도 하련만, 태종 이방원 위세에 가려 힘조차 쓸 수 없었던 그가 15명의 아들을 두고도 적자를 두지 못한 것이 치명적이었다. 혹여 정안왕후 김씨가 낳은 왕자가 있었다 해도 왕위에 오르지도 못했을 가능성이 컸겠지만, 후일을 생각하면 왕실을 한 번 더 시끄럽게 만들었음이 분명하다.

어느 때를 막론하고 권력에 대한 과욕들이 있는지라, 방원의 형이던 방간의 과욕 때문에 큰 파장이 일어났다.

임금 동모제(同母弟) 익안군 방의는 성격이 순실하고 근신하여 다른 마음이 없었으나, 차례로 자기가 마땅히 왕위에 오를 것이라 여긴 회안군 방간은 배움이 적은 데다 성격이 광패하고 어리석었다.

정안군 방원이 영특하고 지혜로워 민심이 거기로 돌아가는 걸 몹시 꺼려, 방간은 자기 처조카 이래에게 은근한 언질을 주었지만, 이래는 우현보의 문하생이라, 그 말을 우현보에게 모두 전하기를,

"이 사람이 그믐날에 일을 일으키려 합니다."

하니, 현보가 그의 아들 홍부를 시켜서 방원에게 고하였다.

방원이 하륜·이무와 더불어 이에 대응할 계책을 몰래 숙의하고 있었는데, 방간이 자기 휘하 오용권을 시켜 정종에게 아뢰기를,

"정안군이 나를 모해하려 하므로 부득이 군사를 일으켜 치겠습니다."

하였다.

정종이 크게 노하여 지신사 이문화를 시켜,

"군사를 거두고 궐내에 들어와야 네가 보전할 수 있을 것이다."

하고 타일렀다. 이문화가 가기 전에 방간이 이미 친척뻘 민원공의 선동을 받아, 아들 맹종과 부하 수백 명으로 갑옷과 병기를 갖추고 있었다. 문화가 임금의 뜻을 알렸으나, 방간이 듣지 않았다.

이방원 또한 이숙번 등과 더불어 군사를 정돈하였으니, 양군이 교전하다 방간의 군사가 무너져 방간은 사로잡혔다. 이에 삼성(三省)에서 모두 죽이자고 글을 올렸는데, 허락하지 않더니, 그의 소원대로 토산에 안치하였다고 《야언별집》은 전하고 있다.

이방원이 이숙번으로 하여금 방간에게 난을 일으킨 사유를 묻게 하니, 방간이 말하기를,

"박포가, '정안군이 공을 보는 눈이 이상하오. 반드시 장차 변이 있을 것이니, 공은 마땅히 선수를 쳐야 합니다.'라고 한 까닭에 내가 변을 일으켰다."

하였다.

이에 박포를 국문하였는데, 공신인 까닭에 특별히 죽음을 면케 하여, 매질한 후 청해로 귀양 보내고, 가산 몰수와 자손들을 금고 하였으며, 따르던 무리는 경중에 따라 형벌에 처하였다.

조금 있다가 박포를 함흥에서 결국 죽이고 말았는데,

그때 박포가 말하기를,

"한 달 더 살았으니, 임금의 덕을 많이 입었습니다."

하였다.

무인년(1398) 정사(定社) 이후로 지중추원사 박포의 공이 많았는데, 지위가 다른 공신들 아래에 있다 하여, 몹시 불평하여 사람들에게,

"이무가 비록 정사하는 데에 참여하였으나, 공이 여러 사람들 마음
에 만족스럽지 못하고, 또 변덕이 많아 측량하기 어렵다."
하였다.

이방원이 이 말을 듣고 정종에게 아뢰어, 박포를 죽주로 귀양 보냈다
가 얼마 안 되어 소환하였는데, 이에 원한을 품고 난을 모의한 것이다.

박포가 회안군 방간의 집에 가서 장기를 두었는데, 마침 우박이 내리
자 박포가 말하기를,

"옛사람이, '겨울비가 길을 파손하면 병사가 시가에서 교전한다.' 하
니, 마땅히 조심할 것이다."
하였다.

또 그때 붉은빛의 나쁜 기운이 하늘에 나타났는데, 박포가 방간에게
가서 고하기를,

"하늘에 요사한 기운이 있으니, 마땅히 조심하여 처신해야 할 것입
니다."
하였다. 방간이 말하기를,

"어떻게 처신할꼬."
하니, 박포가 말하기를,

"군사를 맡지 말고 드나들기를 삼가며 의관을 정돈하고 행동을 신중
히 하여, 마치 고려조 자손인 여러 왕씨의 예와 같이 하는 게 상책입
니다."
하였다.

방간이 말하기를,

"다시 그 다음 방책을 말하라."
하니, 박포가 말하기를,

"형만 지대에 도망했던 태백이나 중옹처럼 하는 것이 그 다음의 방

책입니다."

하였다. 또 이르기를,

　"그 다음을 말하라."

하니, 박포가,

　"정안군은 군사가 강하며 많은 무리가 따르고, 공은 군사가 약하며
　위태함이 마치 아침 이슬과 같으니, 먼저 선수를 써서 쳐부수는 것
　이 낫습니다."

하였다.

　방간이 이 말을 좇아, 방원을 자기 집에 오라 청하여 난을 일으키려
하였는데, 방원이 그때 갑자기 병이 나 지체되었는지라, 판교서감사 이
래가 그 모의를 듣고 놀라 방간에게 말하기를,

　"공이 소인의 간악한 말을 듣고 골육을 해치려고 하니, 안될 일입니
　다. 하물며 정안군은 큰 공훈이 있습니다. 개국과 정사(定社)가 누구
　의 공입니까."

하니, 방간이 분연히 성을 내며 좋아하지 않았다. 환관 강인부가 꿇어앉
아 손을 비비며 말하기를,

　"원컨대, 공은 이런 일을 하지 마소서."

하였다.

　이래가 곧 방원에게 고하기를,

　"회안군의 광패하고 조급함이 이와 같으니, 마땅히 이에 대비해야
　합니다."

하였다.

　방간이 군사를 일으키자, 의안군 이화와 완산군 이천우가 방원의 집
에 가서 변을 고하고 맞아 싸울 것을 청하니, 방원이 눈물을 흘리면서 나
오지 않고 말하기를,

"내 무슨 낯으로 남들을 보겠는가."

하였다. 이화가 말하기를,

"방간의 흉험함이 이미 극한에 이르렀는데 어찌 작은 절개를 지켜 종사의 대계를 돌아보지 아니하리요."

하고, 힘껏 끌어당겨 외청에 나오게 하였다. 천우는 방원을 끌어안고 이화는 갑옷을 입혀서 말 위에 앉히니, 방원이 사람을 시켜 정종에게 아뢰기를,

"마땅히 궐문을 굳게 지켜 비상사태에 대비하소서."

하였다.

그때 공신 중에 방간을 따르는 자는 박포와 화산군 장사길이었고, 그 나머지는 모두 방원을 좇았다. 승선 이숙번이 앞장서서 싸웠는데, 방간 아들 맹종은 본래 활을 잘 쏘았으나, 이날 병으로 활을 당기질 못했다. 방간의 군사가 패하자, 방원은 방간이 피살될까 염려하여 연달아 부르짖으면서,

"내 형을 해치지 말라."

하고, 말을 한길에다 세워 놓고 크게 소리치며 통곡했다. 방간이 말을 달려 성균관 뒷마을에 이르러 활을 버리고 숨자, 군사가 쫓아가 사로잡으니 방간이 말하기를,

"나를 유혹한 이는 박포다."

하였다.

상왕으로 있던 태조가 그때 마침 송도에 있었는데, 방간이 군사를 일으켰다는 말을 듣고 탄식하기를,

"저 소 같은 사람이 어찌 이 지경에 이르렀는가. 우리나라에 대가 세족들이 많은데 내가 참으로 부끄럽다."

하였다.

군사 목인해가 탔던 방원 집의 말이 화살을 맞고 스스로 자기 마구에 찾아든 것을 본 원경왕후가 싸움에 패했다는 생각으로 전장에 나가 방원과 함께 죽고자 하였다. 이를 시녀 김씨 등이 말렸으나, 듣지 않았다. 조금 있다가 이웃집 노파 정사파가 이겼다는 소문을 듣고 와서 고하자 이내 돌아왔다.

옛적 태조가 정도전 말을 듣고 모든 왕자 소관 병권을 파하게 하였는데, 정안군 이방원은 그때 자기 소관의 병기를 다 불태웠다. 무인년 (1398) 변란 때에 오로지 원경왕후가 준비해 놓은 병기에 의존하였고, 방간의 난이 일어났을 때도 여러 군사들이 갑자기 난을 당해 말 한 필 병기 하나 얻을 수 없었는데, 역시 원경왕후가 준비해 놓은 병기에 의존하였다. 뒤에 태종이 《고려사》에 나오는 왕건 부인 류씨의 고사를 읽어 보고, 세종에게 이르기를,

"정사(定社) 때에 너의 어머니의 도움이 매우 컸고, 또 그 동생들과 더불어 갑옷과 병기를 정비하여 기다린 것은 류씨가 고려 태조에게 갑옷을 입힌 것보다 그 공이 더 크다."

라고 했던 사실을 《동각잡기》에서 전하고 있다.

1차 왕자 난의 피로 물들였던 한양 땅이 싫어 개경으로 환도한 정종이었건만, 이곳 개경에서 피를 부르는 왕자 난이 또 일어났으니, 이 일로 왕위 승계를 앞당긴 태종 방원이 한양 땅으로 재천도 하는 상황으로 몰고 간 것이다.

반란의 조역이었던 박포는 살아남지 못했으나, 수괴 방간은 토산으로 귀양 보냈다. 방간 또한 죽여야 한다는 신하들의 소가 줄을 이었으나, 태종은 꿈쩍도 하지 않았다. 태종보다 한 해를 더 살고 생을 마감한 방간은 전주에 묻혔다. 전주시 금상동 법사산에 위치한 그들 부부묘는, 옆으로 나란히 묻힌 일반적인 형태가 아니라, 상하 위아래로 누워 있다. 위의

묘가 회안대군 이방간, 아래 묘가 부인의 묘인데, 그 주위에 뜸을 떴다 하여 뜸터라는 이야기가 전해온다. 왕기가 흐르는 주위에 뜸으로 지기를 눌렀다는 것인데, 지금도 여러 군데의 흔적들이 남아 있어, 풍수 학인들의 발걸음이 잦다.

아버지 방간을 도와 난에 가담한 맹종 역시 유배지에서 제 명을 다 누리지 못하고 세종 때 죽었다. 맹종의 시체를 부관참시 하라는 신하들의 요청이 있었으나, 나름대로 대우받아 혈통 끊기는 일은 면했다. 하지만 왕실 족보 선원록에 이름을 못 올렸으니, 왕족 대우조차 받지 못한 셈이다. 조선 초기의 정치적 사건으로 금고된 이들의 복권 여론은, 사림 정치가 무르익은 선조 대부터 일다가 숙종 때에 대개 마무리되었듯이, 이들 후예도 예외 없이 이 시절부터 신원 되었다.

묘호_{廟號}조차 없던 제왕

묘호(廟號).

임금이 죽고서 육신은 능으로 가지만, 혼백 가는 곳이 종묘인지라, 이곳에 신위를 모실 때 올리는 존호를 붙여 드려야 하니, 생전의 업적을 평가하여 태조니 세종이니 하는 식으로 부르던 것이 바로 묘호다.

조 아니면 종으로 붙여진 묘호에,

꼭 일정한 원칙이 있었던 것은 아니나, 대체로 나라를 처음 일으킨 왕이나, 나라의 정통이 중단되었던 것을 다시 일으킨 왕에게 조를 쓰고, 왕위를 정통으로 계승한 왕에게는 종을 붙였다. 조는 창업 혹은 중흥의 업을 남긴 왕에게 붙인다는 생각으로, 종보다 격이 좀 더 높다 생각하는 관념들이 은연중에 생겨났다.

선조·영조·정조·순조도 본래는 종으로 붙였다가 다시 조로 고쳤던 것인지라, 조선왕조 역대 임금에게 조자 묘호가 유독 많은 까닭도 여기에 있다. 창업의 위업을 이룬 태조 외에도 세조·선조·인조·영조·정조·순조 등과 같이 조자 묘호가 유난히 많은데, 반정을 통해 왕위에 오른 임금이나 국난을 극복했던 임금에게도 조의 묘호를 붙였기 때문이다.

그렇다면, 반정을 통해 왕위에 오른 중종은 왜 조가 되지 못했는가?

중종 묘호를 정할 인종 초에, 왕이 교서를 내려,

"선왕이 난정을 바로잡아 반정을 하여 중흥의 공이 있으므로, 조로
칭하고자 한다."

고 했으나, 예관(禮官)들이,

"선왕이 비록 중흥의 공이 있기는 하나 성종의 직계로 왕위를 계승
했으므로, 조로 붙이는 것이 마땅하지 않습니다."

고 하여, 중종으로 결정되고 말았다.

선조도 본래는 종으로 정해졌으나 조로 바꾼 것인데, 광해군 8년 (1616), 이 문제가 거론되었을 때 윤근수가,

"창업의 임금을 조라 칭하고, 정체를 계승한 임금을 종이라 하는 것
이 정도이다."

라고 하여, 선조로 바꾸는 것을 반대했다.

허나, 허균이나 이이첨 같은 북인정권 실세의 주장들을 뒤엎을 수는 없었다.

인조반정 이후 정경세 또한,

"조는 공으로써 일컫는 것으로, 좋고 나쁜 차이가 없는 것이니, 본래
대로 선종으로 복귀시킴이 옳다."

라고 주장했던 의미까지 퇴색되고 말았다.

아무튼, 죽은 자에게 시호를 내리듯, 묘호 또한 사후에 추존하는 것이 법도였다. 그러하니 임금이 승하하면 편찬되었던 실록 또한 《태조실록》이니, 《세종실록》과 같은 이름으로 엮어진 것이 아니겠는가.

이성계가 즉위한 후에 그의 4조를 추존하여, 목왕·익왕·도왕·환왕이라 하였다가, 후일 목왕에게 인문성목(仁文聖穆)·익왕에게 강혜성익(康惠聖翼)·도왕에게 공의성도(恭毅聖度)·환왕에게 연무성환(淵武聖桓)이라는 시호를 더하고, 여기에서 한 걸음 더 나아가 목조·익조·도조·환조라 칭한 것이 태종이었으니, 정식 왕위를 지낸 적도 없는 추존 인물에까지 묘호를 붙인 것이다.

그런데, 조선조 2대 임금은 승하 후 260년이 지나도록 묘호도 없이, 명나라에서 내려준 시호에 따라 그냥 공정왕(恭靖王)이었으니, 그 짧은 재위 2년에 불과한 실록이라 할지언정 그냥 《공정왕실록》이었다. 살아생전 눈치 밥 먹던 임금이라, 죽어서도 제대로 대접받지 못한 처지가 되고 말았으니, 세월이 흐르는 동안 공정왕 후손들이 안타까움을 표하며 들고 일어난 적이 한두 번이 아니었다.

성종 13년(1482)에 공정왕 후손 운수군이 공정왕 묘호 추상(追上)을 주청하자, 논의가 분분하여,

"공정왕은 상왕으로 태종보다 먼저 승하하셨기에, 만약 종이라고 일컬을 만하였으면, 태종께서 마땅히 하셨을 것이고, 세종 또한 이를 거행치 아니하셨으니, 반드시 깊은 뜻이 있을 것입니다. 예종께서도 한 차례 시도하다 못하셨습니다."

라고 한 바가 있고, 이때 예조 판서 이파가,

"무인년 난을 평정한 뒤 나라를 태종께서 가지신 것인데, 특별히 형제의 차례로 공정왕께 사양하신 것입니다. 하지만 태종은 친 왕자에

게는 대군·제군이라 일컫고, 친 왕녀에게는 공주·옹주로 일컬으며, 공주에게 장가든 자는 1품을 주고, 옹주에게 장가든 자는 2품을 주었지만, 공정왕 아들에게만은 모두 종3품·4품에 그쳤고, 딸은 현주라 일컫고, 사위는 일반인과 다름 없었습니다. 공정왕이 상왕으로 계셨을 적에 태종께서 존숭하는 예를 극진히 하시었으나, 명분에 있어서는 친 왕자와 현저히 달랐고, 부묘(祔廟)할 때에도 종이라 일컫지 아니하였으니, 반드시 깊은 뜻이 있을 것이며, 외인이 감히 억측할 바가 아닙니다.”

라고, 못을 박았다.

이 모두 성종이 그의 친부 의경세자를 덕종(德宗)으로 추존하여 부묘하려는 움직임에 맞춰 제기된 문제이기도 하다.

세월이 흘러, 숙종 7년(1681) 신유에 공정왕 묘호를 추상(追上)하였으니, 교리 오도일이 공정왕의 묘호 올리기를 청하였을 적에, 임금이 대신과 유신들에게 의논하게 하고서 이르기를,

“우리 왕조 역대 선왕께서 모두 묘호가 있는데, 하물며 공정대왕의 큰 공과 높으신 덕으로 아름다운 묘호가 아직까지 없다니, 어찌 국가의 큰 결례가 아니겠는가. 추후로 묘호를 올리는 것이 조금도 불가할 것이 없으니, 예조에 명하여 곧 거행하도록 하라.”

라고 명하였다.

교정청에서 명을 받들어,

“고 해평부원군 윤근수의 집에 간직한 소설(小說)에, 《예종일기》를 상고하니, 임금께서 이르기를, 공정왕의 묘호가 없으니 이는 전례에 어긋난 것이다. 이제 마땅히 시호를 올려야 한다 하여, 드디어 안종(安宗)이라 하였지만, 그 후에도 공정(恭靖)이라고만 일컫고 종의 호를 부르지 않았다 하였나이다. 근수는 선조조의 중신이오니, 그의

말을 믿을 수 있는 것입니다."

라고 하였는지라,

이에 강화도에 비장된 실록을 상고케 하고, 다시 대신과 2품 이상으로 하여금 의논하여 묘호를 올리도록 하여, 정종(定宗)이라 존호를 올렸으니, 조선조 2대 임금 정종은 실로 승하한지 262년 만에 찾은 묘호였다.

한편,《열성지장》에서 이르기를,

"성종 을미년에, 공정왕 열다섯 번째 서자 무림군과 여러 후손들이 상소하여, '예종 기축년에 공정왕의 묘호를 희종이라고 하였다.'라고 했다는 말들이 있지만,《예종실록》에는 보이지도 않거나와, 이는 윤근수의 기록과도 다릅니다. 지금 묘호를 추가해 올리려 할 때, 이미 강화도에 있는 실록을 상고하여 보았으나,《상묘호도감의궤》중의 빈청 계사에 '실록 중에 예종 특지로 공정왕을 종으로 칭하는 예를 거행하려 했지만, 마침내 중지하고 행하지 않았다.'고 하였으니, 안(安) 자·희(熙) 자를 막론하고, 도무지 알 수가 없는 일이다."

라고 하였고, 그때 빈청에서 아뢰기를,

"열성조의 시호는 모두 여덟 자를 썼는데, 홀로 공정왕에게만 온인순효(溫仁順孝) 넉 자를 올렸으니, 갖추어지지 못한 전례임을 면할 수 없습니다. 이제 묘호를 추가해 올리는 날에 함께 시호를 더 올리는 것이 전례에 합당할까 하옵니다."

하니, 임금이 이를 좇아서 드디어 의논하여 넉 자를 더 올렸다.

'온인순효'란 시호는 당초 세종이 정종에게 올린 '온인공용순효(溫仁恭勇順孝)'란 것이었는데, 후일 예조에서 명나라에서 공정이란 시호를 주었으니, '공'자를 중복하여 올림은 마땅하지 않다고 하여, 공용 2자를 뺀 것이었다.

그러다가 숙종과 신하들이 머리를 맞대어, '의문장무(懿文莊武)' 네 글자 시호를 더하였으니, 이를 합쳐 공식으로 불러야 할 호칭이 모두 12글자로 된 '정종 공정 의문장무 온인순효 대왕(定宗 恭靖 懿文莊武 溫仁順孝 大王)'이 된 것이다.

그러자, 숙종 9년(1683) 계해에 봉조하 송시열이 상소했다.

"태조의 시호는 넉 자뿐인데, 다른 임금 시호가 도리어 글자 수가 더 많으니, 편치 않습니다. 위화도에서 회군한 대의가 시호에 들어가지 않은 것도 유감이오니, 청컨대 명나라에서 시호를 추가해 올리는 예를 따르소서."

라고 청하였으니, 정종에게 더하여 올린 시호 법식에 따라, 태조와 태종의 시호까지 더 올렸다.

그 보다 먼저 사관이 공정왕 묘호 일로 송시열에게 자문을 구할 적에,

"태종이 비록 평소 공정왕 마음을 잘 체득하기는 하였지만, 태묘(太廟)에 함께 오르고서도 혼자서만 아름다운 호를 차지했을 때에는 틀림없이 편치 않았을 것이다."

라고 말한 바 있지만, 그 누구도 연유를 알지는 못했다.

이렇듯, 이긍익이 《연려실기술》에서 정종 묘호에 대한 사적들을 자세하게 조사하여 열거하였던 것은, 그 자신이 정종 아들 덕천군의 후예였기 때문이었을 것이다.

태종에게 자리를 물려주고 생을 즐긴 지 어언 20년, 세종이 즉위한 이듬해 9월에 승하했던 공정왕은 왜 묘호도 받지 못했을까.

태조 이성계 아들 중에 무인 기질이 뛰어난 이가 정종이었다. 태조를 도와 전장을 함께 누볐던 것은 물론 정몽주 척살에도 동참한 바 있고, 실질적인 적장자 신분으로 왕위에 오른 셈이다. 비록 재위 기간이 2년에 불과해도 묘호를 올리는 게 당연했다.

그런데 세종은 이를 의도적으로 챙기지 않았다.

제후국이란 딱지를 떼지 못했던 조선에서 함부로 묘호를 쓸 수 없었던 상황이라 하지만, 이미 목조 이하 4대 추존에다, 이성계까지 태조라 올린 바 있으니, 아직 묘호가 정착하기 이전이었기 때문이란 설은 설득력이 떨어진다. 그러하니, 공정왕에게 묘호를 올리지 않았던 것을 다분히 의도적이라 볼 수밖에 없다.

태종은 왕세제가 아니라 왕세자로 등극했다. 그러함에도 향후 공정왕 후손들을 더 이상 왕통의 언저리에 두면 안 된다는 비정함이 숨어 있었다. 왕실 정통성 문제가 걸려 있기에 공정왕 후손들을 동일 선상에 놓고 보면, 향후 후계 구도에 큰 문제들이 생길 수 있으니,

예컨대, 〈용비어천가〉 1장에서,

"해동 육룡이 나라샤 일마다 천복이시니"

라고 노래했던 여섯 마리 용이란, 부왕이 추존했던 목조·익조·도조·환조와 그 할아버지 태조 그리고 태종을 일컬었듯이, 3대 임금 태종은 정종 후계자로 왕위를 계승한 것이 아니라, 태조의 아들로 대통을 이었다는 점을 강조한 것이나 다름없다.

이런 종통의 문제는 냉철하고 또 지엄하고도 무서운 것이어서, 상복을 놓고 치열한 공방전을 벌였던 노론과 남인들의 물고 뜯는 정쟁에서 보았듯이, 매우 난해한 고차 방정식이었다.

동생이 형을 계승한다면 예법 상으로도 커다란 혼선이 빚어질 터이니, 정종이 죽었을 때 세종에게 사가의 혈연으로 본다면 백부상일 뿐이다. 하지만, 왕을 승계하는 종통으로 따질 때, 동생으로 형을 계승하는 경우란 있을 수 없는 일. 지엄한 법도가 그러한지라 종통으로는 조부상이라 읽어야 하기에, 이에 걸맞은 예를 올려야 했다.

하지만 국상을 치르고 난 후 공정왕에 대한 묘호 논의는 아예 상정조

차 되지 않았다. 이는 스스로 결정한 것이 아니라, 부왕이 오래전부터 다듬어 놓은 실행계획서를 차질 없이 실천한 데 불과했다.

이후 지존의 자리를 이어간 수많은 왕들이, 자신의 정책 방향을 놓고 신하들과 공방전을 벌일 때, 조종조의 뜻이니 선왕들의 뜻이니 하는 명분을 무기로 분위기를 반전시킬 수 있었는데, 이때의 조종조와 선왕이란 태종과 세종 후계를 잇는 역대 임금을 뜻했으니, 태조는 말 그대로 나라를 세운 임금, 그 이상도 이하도 아닌 것으로 치부되기까지 했다.

유교문화권에서 태종이란 묘호가 주는 이미지의 롤모델은 단연 당 태종이다. 당나라를 세운 것은 고조이지만, 당나라를 있게 한 것이 태종이었기에, 신라에서 묘호법을 본받은 첫 임금이 삼국 통일 위업을 달성했던 태종무열왕이었듯이, 세종은 부왕에게 태종이란 묘호를 안기고자 했다.

당 태종이 그러했듯, 당을 이은 송나라 역시 태조를 이은 2대 황제가 태종이었으니, 조선 임금으로 두 번째 묘호 역시 태종으로 정하려는 세종의 욕심으로 3대 임금 묘호가 태종이 되었고, 이런 이유로 2대 임금은 그냥 공정왕이 되어 버렸다.

제3대
태종대왕

휘는 방원, 자는 유덕(遺德)이며, 태조의 다섯째 아들이다. 신의왕후가 공민왕 16년(1367) 5월 16일 함흥 귀주동 사저에서 낳았는데, 홍무 임술에 고려에서 진사, 이듬해 계해에 문과 급제로 벼슬이 밀직사 대언에 이르렀다. 태조가 즉위한 뒤에 정안군에 봉해졌고, 정종 경진(1400)에 세자로 책봉되어, 그해 11월 개경 수창궁에서 즉위했다. 왕위에 있은 지 18년이 된 무술년 8월에 세종에게 양위하였는데, 11월에 성덕신공(聖德神功)이라는 존호를 받았다. 세종 4년 5월 10일 천달방 새 궁궐에서 승하했으니, 상왕으로 있었는지 4년에다 수는 56세였다. 명나라에서 시호를 공정(恭定)이라 내렸는데, 공손하게 윗사람을 섬기는 것이 공, 순전한 행실을 어기지 않는 것이 정이다. 숙종 9년 계해에 예철성렬(睿哲成烈)이란 4글자 시호를 더 올렸고, 능은 헌릉이니 광주 서쪽 대모산 자락 건좌이다. 왕비 원경왕후 민씨는 본관이 여흥이니, 문하좌정승 여흥부원군 민제의 딸이다. 아들 열둘과 딸 열일곱을 두었다.

잠룡潛龍 시절

약관의 나이 열일곱에 문과 급제하였으니, 칼로 한 세상 호령하던 전주 이문(李門)의 약점을 보완해 줄 인재였다. 이색이나 정몽주 같은 유학자를 바라볼 때마다 은근한 시샘이 솟아나는 것도, 인간이라면 당연한 것이리라.

태조 이성계가 본시 유학을 좋아한 것인지, 아니면 이들의 도움이 절실했는지는 모르나, 비록 군중에서 창을 놓고 쉴 때면 어진 선비를 청하여 경서와 사기를 공부하느라 잠자는 것도 잊을 때가 많았다. 가내에 유학하는 사람이 없음을 한탄하여, 어린 방원에게 배움 길로 나가게 하였더니, 글 읽기를 게을리 하지 않았다. 신덕왕후 강씨는 방원의 글 읽는 소리 들을 때마다,

"어찌 내 몸에서 나지 않았는가."

한탄하곤 했다.

고려 우왕 때에 방원이 과거에 급제하였는데, 태조가 대궐에 나가 배사(拜謝)하고 감격에 겨워 눈물을 흘렸다. 제학으로 제수되니, 기쁨을 이기지 못한 태조가 사람을 시켜 임명사령장을 두세 번이나 읽게 했다. 손님들을 초청하여 연회를 베풀 적엔 반드시 방원에게 연구(聯句)를 짓게 한지라, 후일에 태조가 늘,

"내가 손님들과 함께 즐거웠던 것은 너의 힘이 컸다."

라고 했음을 《동각잡기》에서 전하고 있다.

방원은 나면서부터 뛰어나게 영특하고 지혜로웠다. 고려 정치가 문란하여 백성 마음이 떠나는 것을 보고, 개연히 세상을 구제할 뜻을 품었다. 하륜은 본시 남의 관상 보는 것을 즐겼는데, 그에게 마음이 쏠려 볼 때마다 사람들에게 말하기를,

"이 사람은 하늘을 덮을 만한 영특한 기상이 있다."
하였다.

이성계가 위화도에서 말머리를 돌릴 적에 그의 형들은 아버지를 배행한지라, 전리정랑 직위를 맡았던 방원만이 개경에 남아 있었다. 회군한 군사들과 개경을 수호하던 우왕 호위 군사들 간에 벌어진 시가전으로 앞날 예측이 어려울 때, 계모 강씨 부인과 어린 동생들을 이천으로 피신시켰다가 개경으로 무사히 돌아오게 했으니, 일을 그르쳤더라면 분기탱천한 최영에게 사로잡혀 모두가 참혹한 최후를 맞이했을 것이다.

최고 권력자가 되었지만, 정몽주 마음까지 얻어내지 못한 이성계의 최대 위기는 낙마로 중상 입어 벽란도에 머무를 때였다. 공양왕 4년 (1392) 3월 명나라 사신으로 갔던 세자 왕석을 맞으러 황주로 떠났던 이성계가 해주에서 사냥하다 벌어진 사건이었다. 때는 방원 친모인 한씨 부인 상중이라, 이성계 아들 모두가 발이 묶여 있었다.

고려 왕조 큰 기둥을 붙들고 싶었던 정몽주가 이 틈을 노린 것은 당연지사. 공양왕의 암묵적인 지원을 얻어 정도전을 비롯하여 조준과 남은까지 귀양 보낼 수 있었다. 칼끝이 이성계로 향하려던 순간, 삼년상을 접은 방원이 벽란도로 달려가 개경으로 이성계를 모셔오니, 전세를 이성계 쪽으로 돌릴 수 있었다. 이인임 조카이자 이성계 사위이기도 한 이제의 도움이 있긴 했으나, 방원의 결단력이 아니었으면 그의 가문을 지킬 수 없었을 것이다.

방원이 정안군으로 명나라 남경에 갔을 때 문황(文皇 : 뒤의 성조)이 연왕으로 있었다. 방원이 지나는 길에 만났는데, 문황이 크게 기뻐하면서 대우가 지극하였다. 방원이 돌아와서 말하기를,

"내가 연왕을 보니, 번왕으로 오래 있을 사람이 아니다. 장차 천하가 어떻게 정하여질지 헤아릴 수가 없다."

하였더니, 얼마 안 되어 연왕으로 있던 문황이 천하의 주인이 되자, 사람들이 방원의 선견지명에 탄복하였다. 문황이 천자가 된 뒤에 우리 태종을 생각하여 매양 조선 사람을 만나면,

"짐이 일찍이 그대의 군주를 만나보았는데, 참으로 하늘이 내린 사람이로다."

라고 하였음을, 서거정의 《필원잡기》는 전하고 있다.

고려 말에 명나라에서 임무를 마친 방원이 이색과 함께 돌아올 적에 발해에 이르러 두 객선과 동행이 되어, 반양산 전횡도에 당도하였는데, 회오리 바람이 크게 일어나 두 객선은 침몰하고, 방원이 탔던 배도 위태로워 사람들이 모두 놀라고 두려워 엎드렸으나, 방원은 신색이 태연하더니 마침내 무사히 돌아왔다.

또한 《동각잡기》에 따르면, 송도 추동의 잠저(潛邸 : 즉위 후 증수하여 경덕궁이라 칭함)에 기거하던 기미년(1379) 가을 새벽 별이 드문드문한데, 서까래만 한 흰 용이 침실 위에 나타나, 찬란한 비늘 광채로 꼬리를 굼틀거리며 방원의 머리로 향하고 있었다. 시녀 김씨가 처마 밑에 앉았다가 집안일을 보던 김소근에게 달려가 함께 나와 보았으나, 구름과 안개가 끼어 간 곳을 알지 못하였다.

명나라 태조가 상보사 승 우우를 조선 사절로 보내자, 태조가 종친들을 모시고 잔치를 베풀어 위로하게 하였는데, 사신이 거만하여 예의를 차리지 않았다. 그러더니 태종 잠저에 찾아가 방원을 보고는, 자기도 모르게 예를 다하고 자리에서 내려와 머리를 조아리니, 방석의 무리들이 불편한 기색으로,

"천자의 사절이 소국 신하에게 머리를 조아리니, 어찌 이럴 수가 있는가. 반드시 까닭이 있을 것이다."

라고 하여, 태조에게 참소하려 하였다.

나라의 기틀을 다지다

조선 임금 중에 문과에 급제한 유일한 임금이 태종이다. 그러하니 진정으로 등용문을 통과한 인군이라 할 것이다. 거기다가 타고난 기질 또한 호방하여, 조선을 반석 위에 놓았다는 점에서는 누구도 부인할 수 없는 사실이다.

즉위하자 사병을 혁파하고, 의정부와 6조를 두어 나라 일을 분장시켰으며, 낭사는 사간원으로 분립, 삼사는 사평부로 개칭, 군무를 총괄하는 삼군도총제부 신설, 지방 행정 단위인 군현제 정비 같은 정치 개혁만이 아니라, 억불숭유 정책에 따라 사찰 통폐합을 통한 토지·노비 몰수, 비기·도참을 금한 미신타파에도 힘썼다. 호패법 실시로 인적자원 관리가 용이하게 되었으며, 중국에도 없던 적서 차별까지 만들었다. 문화정책 또한 게을리 하지 않아, 주자소를 세워 계미자로 인쇄하고, 하륜 등에게 《동국사략》《고려사》 등을 편찬케 했다. 호포 폐지로 백성 부담 덜어주고, 저화라는 지폐 발행으로 경제유통에도 힘썼다. 억울한 백성을 위해 신문고를 설치하고, 의금부를 두어 양반으로 죄짓는 자를 다루게 하였으니, 재위 18년간 이룬 업적을 이루 다 기술할 수 없을 정도이다.

그의 카리스마가 지나칠 정도로 강하여, 제왕의 권위에 도전할 위험성은 가차 없는 차단으로 냉혈함까지 보이긴 했지만, 후대의 임금들이 조종조 업적을 들먹일 때, 태종을 빼놓고는 말 자체가 성립되지 않았으니, 가히 나라의 기틀을 다진 임금이라 아니 할 수가 없다.

경진년(1400)에 즉위하자, 수창궁에 화재가 있었다. 교서를 내려 직언해 주기를 요청하니, 참찬 권근이 소를 올려,

"첫째, 정성과 효도를 도탑게 하소서. 태상(太上)께 매일 세 차례 잡수실 것과 문안하는 신하를 보내시고, 열흘에 한 번씩 가서 뵙되, 법

가(法駕 : 임금 행차의 큰 절차)를 차리지 말고 간편하게 금위만 데리고 가소서.

둘째, 정치를 부지런히 하소서. 내시가 명령을 전달하는 것은 장차 안과 밖이 막히게 되어 점차 간특한 짓이 행하여질 조짐이니, 멀리는 진나라 수나라, 가까이는 고려의 전철을 경계하소서. 신이 일찍이 명나라 서울에서 몇 달 동안 묵으면서 조반(朝班)을 따라 문연각에 들어가서 황제가 날마다 조당에 앉아 정사하는 것을 직접 보았으니, 그 법을 본받아 식례(式例)를 마련해서 바치기를 청합니다.

셋째, 조사(朝士)를 자주 접견하소서.

넷째, 경연에 부지런히 나오소서.

다섯째, 절의를 표창하시어 정몽주와 김약항은 더 추증하고, 길재는 다시 예로 부르시되, 오지 않거든 주(州)에서 그 집에 정려하고, 복호(復戶 : 세금과 부역 면제)하도록 하소서.

여섯째, 여제(厲祭 : 전염병을 물리쳐 달라는 제사)를 행하소서."

하였는데, 임금이 그 말을 모두 따랐다.

즉위 원년에 오래도록 가물어, 시독관 김과에게 명하여 《시경》의 〈운한편〉을 강하게 한 뒤에 이르기를,

"금주령을 내려도 술 먹는 사람이 그치지 않으니, 이것은 내가 술을 끊지 못하여 그런 것이다."

하고, 명하여 술을 내오지 못하게 하니, 이후에는 감히 술을 마시는 자가 없었다.

임금이 《대학》을 끝까지 읽고 난 뒤에 시독관 김과에게 이르기를,

"이 책을 읽고 나니, 곧 학문이 사람에게 도움이 되는 것을 알겠다."

하였다. 김과가 아뢰기를,

"경연관들이 하례하기 위해 대궐문에 들어오려고 합니다."

하니, 임금이 이르기를,

"알기가 어려운 것이 아니라, 행하기가 어려운 것이다. 내가 능히 행한 뒤에 하례해도 늦지 않다. 책 한 권을 읽었다고 하례할 것까지 있겠느냐."

하였다.

임금이 시독관 김과를 때 없이 들어오게 하여, 편전으로 불러 강론하고 조용히 술을 내리니, 김과도 마음을 다하여 대답하다 의심나면 권근에게 물어 대답했다. 임금은 천성이 총명하고 학문을 좋아하여, 부지런하게 글 읽는 과정을 엄하게 세웠다.

재위 6년 병술에 명 황제가 황엄을 보내 제주에서 동불을 모셔오라 하였다. 불상이 사신 묵는 곳에 당도하니, 황엄은 임금이 먼저 불상에 절을 한 뒤에 예를 행하고자 하였다. 임금이 이르기를,

"동불이 중국에서 왔으면 마땅히 절을 하여 중국 조정을 공경하는 뜻을 극진히 표하겠으나, 지금은 그런 것이 아니니 어찌 절을 하겠는가."

하니, 하륜과 조영무가 아뢰기를,

"황제는 불도를 높이고 믿어 멀리까지 동불을 구하고, 황엄은 흉하고 간악한 인물이니, 권도를 좇아 불상에 예를 행하소서."

하였다. 임금이 이르기를,

"나의 여러 신하 중에 의를 지키는 사람이 한 사람도 없구나. 황엄을 이같이 두려워하니, 임금의 어려움을 구원할 수가 있겠나. 고려 충혜왕이 원나라 인질이 되었을 때, 나라 사람 중에 구원하려는 자 아무도 없었다. 내 아무리 위태롭고 어려움을 당하더라도 역시 그와 같겠구나."

하고, 곧 황엄에게 이르기를,

"번국의 화복은 천자에게 달린 것이지 동불에게 있는 것이 아니다. 마땅히 먼저 천자의 사신을 볼 것이니, 어찌 내 나라 동불에게 절을 하랴."

하는지라, 황엄이 한참 동안 하늘을 쳐다보다 웃으며 허락했다고 《필원잡기》는 전한다.

태종이 중국으로 바치는 말을 친히 고르는데, 최하급 말 한 필을 일등으로 세우는지라, 마부들이 모두 괴이하게 여겼다. 중국에 바쳤더니, 문황제가 보고 사신에게 이르기를,

"조선 국왕이 나를 사랑하는구나. 앞에 세운 말이 참 좋은 말이다."

하였다. 그런 일이 있고 나서야 성신(聖神)의 보는 바와 거의 같음을 알았다.

예전에 임금이 근신들에게,

"준마를 고르는 것과 인재를 분별하는 데는 내가 옛사람보다 못하지 않다."

고, 자부했다는 말도 전한다.

조선 후기 실학자 이수광의 《지봉유설》에 의하면,

"후원에서 기르던 코끼리를 순천 노루섬에다 놓아 주었더니, 코끼리가 물도 풀도 먹지 않고 사람을 만나면 슬프게 눈물을 흘리며 울었다. 감사가 이를 아뢰니, 태종이 가엾게 여겨 다시 데려다가 처음과 같이 길렀다. 아아! 이는 참으로 먼 곳의 진귀한 물건을 귀하게 여기지 않는 마음과 인자함을 동물에게까지 미치는 두 가지 뜻이 다 지극하다 할 것이다. 저 고려 태조가 낙타 50마리를 한 날에 굶주려 죽게 한 것과 비교하면 어떻다고 할 것인가."

라는 고사를 전하고 있다.

태종 9년(1409) 기축에 날이 가물어 금주령을 내렸는데, 의정부에서

임금에게 술 마시기를 청하자 태종이 이르기를,

"내가 술을 금지하는 것은 가뭄만 근심하는 것이 아니라 또한 백성
이 주릴까 염려하는 것이다."

하고, 널리 구언하였다.

예조 좌랑 정효복이 조목조목 따져 소를 올리니, 태종이 한동안 칭찬
하다가 이르기를,

"곧은 사람이다. 조정의 신하에 이렇게 곧은 말을 한 사람이 없었
다."

하면서, 어필로 친히 중요한 구절에 비점까지 찍어 반영케 하고는, 효복
을 사간원 우헌납으로 승진시켰다.

예조에서 원회에 쓸 악장을 올릴 적에 몽금척(夢金尺)과 수보록(受寶
籙)을 첫머리로 삼은 것을 두고, 도참이나 뭐니 하여 큰 논란이 벌어졌다.

이에 임금이,

"도참은 믿을 것이 아니다. 삼전(三奠)·삼읍(三邑)이 삼한을 망하게
할 것이라 하여, 사람들이 정도전·정총·정희계를 삼전이라 하였지
만, 희계는 재덕과 공로가 없으니, 과연 시운에 맞춰 나온 인물이라
하리오. 또 목자장군 검(木子將軍劍) 주초대부 필(走肖大夫筆) 비의군
자 지(非衣君子智) 부정삼한 물(復正三韓物)이라 하여, 사람들이 비의
를 배극렴이라 하였지만, 극렴은 정승 노릇도 오래 하지 못했을 뿐
아니라 별 성과까지 없었으니, 다 시운에 맞추어 나온 인물이라고
하겠는가. 지금부터 악부에 이 곡조를 삭제하라."

라고 명했으나, 하륜이 굳이 청하므로 수보록을 세 번째 악장으로 정하
였다.

하륜이 보동방(保東方)·수정부(受貞符)라는 두 악장을 올리니, 임금이,

"수정부 또한 비결의 말을 담았으니 옳지 못한 듯하다."

하였다. 김여지가 하륜의 말을 빌어 아뢰기를,

"비기에 고려는 송악 아래에 도읍하여 480년을 이어갈 것이고, 조선
은 한양에 도읍하여 8천년을 이어간다고 하였는데, 고려의 지낸 햇
수로 증험이 되니 비기의 말을 거짓이라고만 할 수가 없습니다."

하니, 임금이 이르기를,

"우리 태조께서 왕업을 새로 이룩하신 것은 천명과 인심으로 일어난
것이니, 비록 비기가 없었다 한들 어찌 창업할 수 없었겠는가. 경들
은 선비이면서 어찌 의논함이 이 지경에 이르느냐."

하였다.

재위 12년 임진에 큰 바람이 나무를 뽑았다. 임금이 대신들에게 이르
기를,

"지금 큰 바람으로 나무가 뽑혀진 것은 신하들에게 관계된 것이라
하고, 또 근간에 큰 돌이 떨어진 것도 신하에 관계된 것이라 하나, 어
찌 재변을 신하에게만 돌리고 자신은 반성하지 않을 것인가. 더군다
나 자기가 덕을 잃었는데, 어찌 허물을 자책하지 않을 것인가. 내가
덕이 없는 사람으로 대업을 이었기에, 오직 상제께 죄를 얻을까 두
려워 전번에 세자에게 양위하고 별궁으로 물러나 생을 마칠까 하였
더니, 높고 낮은 신하들이 불가하다 하였다. 내가 비록 자리를 내놓
더라도 호령과 정사를 어린 사람에게 다 맡길 수 없어, 정사를 결정
하는 데 간간이 참여한다면, 국정의 무거운 짐을 다 벗어버리는 것
이 못되므로, 결국 뜻대로 하지 못하였다. 항상 하늘에 고하기를 '내
가 이 자리에 있는 것은, 내가 구해 얻은 것이 아니라 상제가 명한
것이니, 나에게 죄가 있으면 어찌 내 몸에게만 죄를 주지 않는가.' 하
면서, 경들인들 어찌 과인의 마음을 다 알겠는가."

하였다.

해주의 강무장 땅이 기름져 농사를 지을 수 있으므로, 임금이 백성들에게 이르기를,

"짐승만 살게 하기보다 우리 백성들 농사짓게 하는 게 낫지 않겠는가."

하였다.

임금이 해주에서 강무 할 때에 평산에 도착하였는데, 전날 밤 계림군 부고가 왔으나, 조영무와 김여지가 짐승을 몰라는 영을 내렸다는 이유로 임금에게 아뢰지 않았다. 임금이 듣고 꾸짖어 이르기를,

"너희들은 일찍이 《춘추》를 읽었을 터인데, 대신이 죽은 것을 어찌하여 바로 알리지 않았느냐."

라고 추궁하고, 예조 보고가 오자 조회를 거두고, 사흘 동안 소찬하도록 명하였다. 이튿날 해주에 머물렀는데, 김여지가 아뢰기를,

"바람 불고 서리 내리는 벌판에서 여러 날 소찬 하시는 것이 옳지 않은 듯 합니다."

하니, 임금이 이르기를,

"신하는 임금을 위하여 3년 동안 복을 입는데, 임금은 신하를 위하여 어찌 은정(恩情)이 없겠느냐."

라고 하였음을 《국조보감》은 기술하고 있다.

태종 재위 13년 계사에 승정원에 전교하기를,

"예전부터 가뭄과 큰물 재앙은 다 임금이 덕이 없어 이르는 것인데, 지금 중과 무당을 모아 비를 빌게 하다니 부끄럽지 않느냐. 비를 비는 제사는 그만두고, 사람의 일을 잘하는 것이 옳다고 여긴다. 나도 경서를 약간 읽었기에 중이나 무당의 속이고 허망함을 조금 아는데, 도리어 요술을 빙자하여 하늘이 비 내려주기를 바라서야 되겠느냐."

하니, 김여지가 아뢰기를,

"이는 비록 옛 성왕의 정도는 아니지만, 여러 신에게 모두 제사 지내는 것 역시 예전부터 내려온 일입니다. 지금 중들이 이미 모였고 준비도 마쳤으니, 풍속을 따라서 행하는 것도 해로울 것이 없을 듯합니다."

하였다. 임금이 이르기를,

"가뭄이 지극하면 절로 비가 오는 것이다. 만일 비가 오면 사람들은 반드시 부처의 힘이라고 할 것이고, 이 뒤로는 경들도 다시 부처를 헐뜯지 못할 것이다."

하였다. 또 이르기를,

"원민생이 서북방에서 왔는데, 그가 지나온 곳에는 벼가 다 말랐다고 하니, 하늘이 재앙을 어찌 이렇게까지 내리는고."

하니, 조영무가 아뢰기를,

"그 허물이 중국에 있고, 우리나라에는 관계가 없습니다."

하는지라, 임금이 이르기를,

"그렇지 않다. 예전 사람은 재앙을 당하면 반드시 자신을 책망하고 남에게 돌리지 않았다."

하였다.

임금이 가뭄을 근심하여 눈물까지 흘리고, 하루 한 끼만 고기 먹고, 진상하려고 사냥하는 자에게 그만두라 명하시니, 지신사 박석명이 아뢰기를,

"온 나라가 한 분을 받드는 것이니, 수백 명 정도가 사냥한다고 폐가 될 것은 없습니다."

하였으나, 허락하지 않았다.

왕위를 세종에게 물려주고 4년이 지난 임인에 태종이 승하하려 할 때, 하교하기를,

"지금 가뭄이 너무 심하여, 죽은 뒤에도 아는 것이 있다면, 이날 반
드시 비가 오도록 하겠다."
하였다.

그 뒤로 매양 제삿날이면 반드시 비가 왔기에, 세상 사람들이,
'태종우(太宗雨)'
라고 불렀다는 고사가, 저자 미상의 《조야첨재》에 전하고 있다.

원경왕후 민씨와 민무구 옥사

원경왕후 민씨.

태조 7년 갑신(1398)에 임금 몸이 불편하여 여러 왕자들이 숙직하던
날, 방석을 지지하는 정도전 일파들의 거사 낌새를 알아차리고 남몰래
남편을 불러내 급박한 상황을 일러주었던 민씨. 조정에서 왕자들이 거
느린 시위패를 혁파하면서 영중(營中) 군기를 모두 불태울 때 숨겼던 무
기로 이방원 군사들을 무장시켜 힘을 보탠 여인.

이를 두고, 이방원이 고려 태조 류씨 부인 고사에 빗대어 세종에게
이르기를,

"정사(定社) 때에 너의 어머니의 도움이 매우 컸고, 또 그 동생들과
더불어 갑옷과 병기를 정비하여 기다린 것은 류씨가 고려 태조에게
갑옷 입힌 것보다 그 공이 더 크다."
라고 했다는 것을 《동각잡기》에서 기술하고 있으니, 원경왕후 민씨는 가
히 태종의 오른팔이나 다름없는 정치적 동지였다. 그러함에 이방원이
왕세자로 책봉되자 정빈(貞嬪)에 봉해졌고, 이방원이 즉위하자 정비(靜妃)

칭호를 얻게 된 것을 두고, 늘상 스스로 얻은 것이라 자부하는 편이었다.

태종은 호방한 성격인데다 군왕 무치인지라 후궁 두기를 즐겼으니, 원경왕후 민씨 또한 이 문제를 덮어주질 못하는 성격이었다. 당시 상황을 두고 기술한 태종 2년(1402)의 《실록》내용을 잠시 빌어보면,

> 임금이 권씨가 어질다 하여 예를 갖추어 맞아들이려고 하니, 정비가
> 임금 옷을 붙잡고 말하기를,
> "상감께서는 어찌하여 예전의 뜻을 잊으셨습니까? 제가 상감과 더
> 불어 어려움을 지키고 같이 화란을 겪어 국가를 차지하였사온데, 이
> 제 나를 잊음이 어찌 여기에 이르셨습니까?"
> 하며, 울기를 그치지 아니하고 음식도 들지 아니하므로, 임금이 가
> 례색을 파하도록 명하고, 환관과 시녀 각각 몇 사람만으로 권씨를
> 별궁에 맞아들였다. 정비는 마음에 병을 얻었고, 임금은 수일 동안
> 정사를 듣지 아니하였다.

라고 하였던 것과 같이, 태종의 후궁 들이는 문제는 이후에도 잦고 잦아 불화가 그칠 날 없었으니, 태종은 중전의 상궁과 나인들 모두 궁 밖으로 쫓아내고, 주위의 만류에도 불구하고 폐비하려는 태도까지 보였다.

오죽했으면, 태종의 일에 간섭 않던 상왕 정종이,
"나는 서자밖에 없어도 아내와 오래 살아 온 소싯적 정으로 사는데,
전하는 왜 그러시냐."
라고 한소리 할 정도였으니, 태종의 후궁사랑은 남달랐던 데가 있었고, 또 이를 투기하는 정비 또한 그에 못지 않았다. 그런데 태종이 후궁을 들이긴 했지만, 정비 처소에 무관심한 것은 아니었으니, 재위 4년 이후 정비가 낳은 공주와 왕자는 3명이나 된다. 그것도 여자 나이 40을 넘기고.

아무튼 정비 원경왕후의 이러한 행동을 놓고, 조선 중후기의 왕비들과 단순 비교하기는 어려운 점이 있다. 아직 성리학 이념을 기반으로 한 왕정 시기가 도래하기 전이었다는 것이 그러하고, 간택으로 어렵사리 궁중에 들어 온 것이 아닌 정치적 동반자로 함께 입궁했다는 자부심 또한 무시할 수 없었으니, 결혼하던 당시를 헤아려 보자면 여흥민씨 집안에서 풍기는 대가세족 냄새가 좀 더 진하기 때문이다.

이런 불화는 급기야 친정 식구들에게까지 영향을 주고 말았다.

민무구 민무질 형제 옥사가 태종 재위 7년에 발발하였건만, 재위 초기부터 아슬아슬한 장면들이 연출되고 있었다. 외척이던 민씨 형제들이야말로 태종 집권의 공신 중에 공신이었지만, 태종이 재위 2년에 창종을 심하게 앓아 신음할 적에, 시녀를 끼고 왕의 병세를 염탐했다는 의심을 시작으로, 이런저런 구설들이 민씨 형제를 불충죄로 엮어가게 만들었다.

특히 태종 집권 6년 차에 벌어진 난데없는 선위 파동은 급기야 민씨 형제들을 하옥까지 가는 상황으로 치닫고 말았는데, 이들이 옥에 갇힌 지 4개월 후 원경왕후가 금령을 어기고 친정과 내통하였다 하여 상황은 더욱 악화되었다. 이 일로 격분한 태종은 민무구 형제의 직첩을 거두고 폐서인하였으니, 그 시초야 어찌되었건 태종이 벌인 일련의 행위들을 왕권 강화책으로 보는 경향이 짙다.

민씨 형제들에 대한 뚜렷한 모반의 정황을 찾을 수가 없으니 죄목 또한 구차하여, 이들을 치죄하는 데 시간을 오래 끌 수밖에 없었다.

개국공신을 비롯한 정사·좌명 등 삼공신이 태종 7년(1407) 정해 가을에 모여, 민무구와 민무질 죄를 의논할 때, 판예빈시사 박은이 병으로 참석하지 못하자, 대간에서,

"박은은 무구 형제의 당이 되어 병이 있다고 핑계대고 참석하지 않는 것이니, 글로써 묻기를 청합니다."

하였다. 이에 박은을 잡아 가두었지만, 혐의를 찾을 수 없으니 풀어주었다.

태종 8년 무자에 간관이 대사헌 박은과 장령 신간에게 죄주기를 청하였는데, 무구 등의 논죄를 지체시켰다는 것이 이유였다. 태종이 노하여 간관은 귀양을 보내고, 박은은 계급을 내렸을 뿐, 이들 형제의 논죄는 거론하지도 않았다.

그러다가 태종의 장인 민제 죽음을 계기로 분위기가 달라졌다. 그 동안은 민제의 후덕한 인품뿐만 아니라, 정치사회적 배경 또한 무시할 수 없었기 때문이다.

태종 9년 기축에 의정부 및 삼공신 등이 아뢰기를,

"난신 민무구·민무질·이무·윤목·류기·조희민·이빈·강사덕 등을
처형하기를 청합니다."

아뢰니, 태종이 이르기를,

"무구와 무질은 먼 섬으로 보내고 나머지는 아뢴대로 하라."

하였다.

종친들과 의정부에서, 이들 형제를 그냥 둘 수 없다 하여 결국 자진하게 되었다.

얼마 후 이들 아우 무휼과 무회가 원경왕후 병환이 있어서 대궐로 들어왔다가, 두 대군이 안으로 들어가고 세자 양녕이 홀로 있을 때를 기다려, 무회가 고하기를,

"우리 형 무구와 무질이 어찌 모반하는 일이 있었겠습니까. 세자께
서는 우리 집에서 자라셨으니, 세자의 은덕 입기를 바라겠나이다."

하니, 세자가 답하기를,

"너의 가문이 좋지 못하다."

하였다. 이 말이 전파되어 무휼 등을 국문한 임금이 전교하기를,

"이 사람들의 죄가 진실로 크지만 송씨(무휼 어머니) 마음이 편안하지
  못할 것이니, 어찌 인정이 없겠느냐. 부처하라."
라고 명했지만, 조금 뒤에 의정부에서 새로 아뢴 것에 따라 모두 사사하
고 처자들은 먼 지방에 안치하였다고 《동각잡기》는 전하고 있다.

이 사건에 대해 《국조보감》에서,

"무구 등은 원경왕후와 형제간이라 방간의 변에도 공이 많았는데,
  집안 전체가 화를 당한 것이 무슨 죄에 연루된 것인지 알 수가 없다.
  만일 역적을 범했기 때문이라면 이것으로 끝날 것이 아닐 것이며,
  그것이 교만 방자하고 불법한 짓을 한 때문이라면 함께 연좌될 사람
  이 없을 듯한데, 아뢴 것이 자세하지 못하고 뒤에 내려오는 전설도
  확실히 믿을 수가 없다. 그러나 당 태종이 처가를 용서하지 않은 것
  은 밝게 결단한데서 나온 것이나, 세자가 외숙을 대접하는 도리는
  박한 데에 가깝다."
라는 평가를 내린 바가 있다.

민무구 형제의 옥사에 연루된 단산부원군 이무가 옥에 갇혔는데, 옥
관이 그의 아들 공유까지 함께 국문하였더니, 공유가 형장을 거의 90번
이나 맞았는데도 끝내 불복하였다. 이를 들은 태종이 이르기를,

"이것은 묻는 사람의 잘못이다. 자식이 아비를 위하고 숨기는 것인
  데, 차라리 죽을망정 어찌 감히 아비의 죄가 되도록 증거를 대겠느
  냐."
하고 곧 명하여 풀어주게 하였다. 하지만 창원으로 유배되었다가 안성
죽산으로 옮겨진 그는 끝내 사형을 면치 못했다.

태종과 동서였던 노한이 처가 일에 연좌되어 벼슬이 떨어지고 양주
별장에서 살고 있은 지 14년째 되었는데, 그 해 봄에 상왕 태종이 의정
부에 명하기를,

"노한이 민씨에게 장가를 들었으므로 직첩까지 거두게 된 것이니,

그의 죄가 아니다. 급히 불러들이라."

라고 했음을 《명신록》은 전하고 있다.

이렇듯 외척 세력 대두를 누르기 위해 경종을 울린 것으로밖에 볼 수 없는 민무구 옥사는 후계자를 위한 왕권강화 포석이었음이 틀림없다. 태종의 이러한 사전 정비 작업은 민씨에게만이 아니라, 고려 구가세족이자 세종의 처가였던 심씨가에도 똑같이 적용되었기 때문이다.

양녕대군 폐위

양녕대군 폐위와 관련하여 전해오는 말들이 많은 것은, 세간의 이목을 그만큼이나 집중시킨 탓이다. 재야 사가들의 붓놀림을 모아 놓고 보아도, 양녕의 행동을 부정적으로 보았던 이가 있는가 하면, 안타까움으로 치장한 평가도 있었으니, 이 모두 양녕을 이해하는 하나의 방법이었던 것은 분명하다.

양녕이 세자로 있을 때, 노래와 여자에만 빠져 학업을 힘쓰지 않았다. 일찍 섬돌에 새덫을 만들어 놓고, 서연 빈객(정2품)과 앉아서도 공부에 뜻을 두지 않고 이리저리 사방을 돌아보다 덫에 새가 걸리면 냉큼 뛰어가서 잡아 왔다. 계성군 이래가 빈객이 되어 궁문에 당도하니, 세자가 매 부르는 소리를 내기에 아뢰기를,

"듣건대, 저하께서 매 부르는 소리를 하시니, 이것은 삼가야 될 일입

니다. 학문에 독실한 뜻을 두시고 다시는 그런 소리를 내지 마소서."

하였더니, 양녕은 놀라는 체하고 말하기를,

"평소에 매를 보지 못하였는데 어찌 매 부르는 소리를 하겠는가."
하였다. 이래가 아뢰기를,

"산 사냥 할 때에 팔에 걸고 토끼를 쫓는 것이 매입니다. 저하께서
보지 못하였을 리가 있습니까."
하였다.

잘못이 있으면 극렬하게 간하였던 이래를 두고 양녕이 원수같이 여
겼는데, 어느 날 옆 사람에게 말하기를,

"계성군만 볼 것 같으면 머리가 아프고 마음이 산란하다. 비록 꿈에
라도 보이면 그날은 반드시 감기가 든다."
하였다.

임금이 감나무를 대궐 안에 심고 그 열매를 구경하였는데, 까마귀가
와서 쪼아 먹으므로 태종이 탄자 잘 쏘는 사람을 구하여 쏘라고 하였다.
좌우에 모셨던 사람이 모두 아뢰기를,

"조정 무관 중에 마땅한 사람이 없고 오직 세자라야 쏠 것입니다."
하므로, 임금이 곧 양녕을 시켜서 쏘라고 하자 두 번이나 맞추었으므로,
좌우가 모두 하례하였다. 임금이 양녕 행실을 미워하여 오랫동안 보지
않았는데, 이날 처음으로 빙그레 웃었다고 《용재총화》는 전하고 있다.

김호생이라는 선비는 붓을 잘 만들었다. 양녕이 잡것들을 많이 몰아
들여 장난하고 체면을 차리지 못하므로, 양녕과 같이 놀던 자를 혹 죽이
기도 하고 혹 귀양도 보냈다. 어느 날 호생이 붓을 가지고 세자궁 문 앞
에 이르렀다가, 내시에게 잡혀 어전에서 신문 당하여 사실대로 대답하
였더니, 임금이 이르기를,

"네가 외부인으로 세자궁에 드나들었구나. 네가 세자의 붓만 만들었
으니, 나의 붓도 만들어야 한다."
하고, 공조로 보내 필장(筆匠)을 삼았다.

임금이 양녕군 맏아들을 후사로 세우려고 하니, 여러 신하가 모두 아뢰기를,

"전하께서 세자를 교양시킴이 지극했음에도 이렇게 되었는데, 지금 어린 손자를 후사로 세우면 어찌 뒷날을 보존하겠습니까. 더군다나 아비를 폐하고 아들을 세우는 것이 의에 어떠하겠습니까. 어진 이를 가려서 세우시기를 청합니다."

하였다. 임금이 이르기를,

"그렇다면 경들이 어진 이를 가려서 아뢰어라."

하니, 모두 아뢰기를,

"아들을 알아보고 신하를 알아보는 데는 임금이나 아버지만한 이가 없습니다. 분별하는 것은 성상의 마음에 달려 있습니다."

하였다. 임금이 이르기를,

"충녕군은 천성이 총명하고 민첩하며, 학문을 좋아하여 게으르지 않고, 몹시 춥고 몹시 더운 때라 하더라도 밤이 늦도록 글을 읽어 손에서 책을 놓지 않으며, 정사하는 체통에 통달하므로, 내가 충녕을 세자로 삼으려고 한다."

하니, 여러 신하가 하례하기를,

"신들이 말씀드릴 어진 이를 가리시라는 것도 충녕을 지목한 것입니다."

하였다.

의논이 일사천리로 결정되어 곧 충녕을 세자로 세웠다.

태종 18년 무술 6월에 의정부·육조·3공신과 문무백관들이 세자의 잘못을 논하고 대의로 처단하여 폐하기를 청하자, 교서를 내려 온 나라에 알렸는데,

"세자를 어진 사람으로 세우는 것은 곧 예전과 지금의 대의(大義)이

니, …"

라고 시작하는 교서는 변계량이 지어 올린 것이다.

10살 나이에 세자로 책봉된 양녕은 16년 만에 폐위되고 말았다.

그의 나이 스무 살이 되기까지는 자잘한 실수야 있었겠지만, 큰 결함까지 보이진 않았다. 열다섯 되던 해에 명나라 사신으로 다녀왔고, 열일곱 되던 해엔 부왕을 대신하여 대신들과 국정을 논하거나 의례를 대행하기도 했으니, 무난하게 국정을 보필한 셈이다.

양녕의 탈선은 세간에도 잘 알려져 있듯이, DNA를 물려받았는지는 몰라도 여자 문제였는데, 그것도 이십대 초반을 넘기고부터였다. 폐위라는 결정적 계기가 된 것은 원로대신의 어린 첩 어리(於里)를 훔쳐와 품었기 때문인데, 어리를 궁중에 더 이상 둘 수 없게 된 양녕은 장인 김한로 집에 숨겨두고 아이까지 갖게 된 것이 탄로나, 태종을 대노케 만들었다. 그런데다 양녕의 반성문 또한 뉘우침을 담은 것이 아니라 항명하는 투였으니, 측근 신료들에게까지 반성문을 내 보이며 태종은 복잡한 심경을 토로하였다.

이때가 바로 태종 18년 무술 6월의 일이다.

의정 대신 이하 문무백관들이 모두 폐세자를 주청하자, 양녕의 어린 아들을 세자로 세워보려는 한때의 생각도 택현설(擇賢說)에 묻히고 말았다. '어진 사람 선택한다'는 것이 예전이나 지금이나 한결같은 대의라는 논리가 먹힐 상황이었음이 분명하다. 하지만 태종도 내심 충녕을 마음에 두고 있었을 것이고, 결과론이긴 하지만, 이어지는 세종의 시대를 생각하면 옳은 선택이었다.

그렇다면, 양녕의 속마음은 어떠했을까?

부왕이 충녕을 가슴속에 품고 있다는 사실을 눈치 챈, 계산된 행동이란 시각 또한 적지 않은지라, 당대부터 양녕에 대한 동정론이 많았던 것도 사실이다.

조신의《소문쇄록》에 따르면, 임금이 대신들을 불러들여,

"장차 세자를 폐하려고 한다."

고 알리니, 이조 판서 황희가 아뢰기를,

"세자를 경솔히 바꾸어서는 안 됩니다."

하였고, 판서 이직 또한 옳지 않다고 고집하다 좌천되어, 거의 6년 동안 지방으로 귀양 갔는데 비해, 앞장서서 폐세자에 찬성한 류정현은 세종 즉위 후에 맨 먼저 정승이 되었다고 하였다.

저자의 입장에서 류정현을 놓고 보면, 폐세자를 논할 당시에도 국정 최고책임자인 영의정이었으니, 살아 대통을 물려준 부왕의 신하를 냉큼 잘라낼 상황이 아닌데다, 세종의 통치스타일을 생각하면, 이는 조신 개인의 단견일 뿐이리라. 세종 8년 무렵에 가서야 태종의 구 신하들을 완전히 몰아내고, 자기 정치를 공고히 할 수 있었음도 고려해야 할 것이다.

양녕에 대한 긍정적인 고사 역시 차고 넘친다.

그는 타고난 자품이 너그럽고 활달하여, 평소 자기 몸을 잘 길러서 주색과 사냥 이외에는 한 가지도 손을 대지 않았다. 그의 아우 효령대군 이보가 부처를 좋아하였는데, 일찍이 불사를 하고 양녕을 모시었다. 양녕에게 사냥꾼을 거느리고 가서 토끼와 여우를 잡게 하면서도, 자신은 불사에 참여하였다. 조금 뒤에 사냥꾼이 잡아온 고기와 술이 풍성하였는데, 효령은 부처에게 절하고 머리를 조아렸지만, 양녕은 고기 씹고 술 마시면서도 아무렇지도 않은 듯하였다. 효령이 정색하고 청하기를,

"형님께서는 오늘만이라도 술과 고기를 그만 두시지요."

하니, 양녕이 웃으면서 답하기를,

"나는 평소에 하늘이 복을 많이 주셨기 때문에 고생을 하지 않는다.

살아서는 왕의 형이고, 죽어서는 부처의 형이다."
라고 하였다는 사실을 《추강냉화》에서 전하고 있다. 추강은 생육신의 한
사람으로 잘 알려진 남효온이었으니, 그가 세상을 바라본 안목이나 양
녕을 향하던 마음이 그러하였음을 잘 표현한 것이다.

양녕은 젊어서부터 문장을 잘 하였으나, 세종에게 성덕이 있음을 보
고 짐짓 글을 모르는 체하고 미친 척하여 방자히 놀았기에, 태종도 그가
글하는 줄을 알지 못하였다. 늙은 뒤에 중의 시축에 쓰기를,

산 안개로 아침밥 짓고 / 山霞朝作飯
담쟁이 덩굴 사이로 보이는 달로 등불삼네 / 蘿月夜爲燈
외로운 바위 아래 홀로 누워 밤새우니 / 獨宿孤巖下
오직 탑 한 층이 있으매라 / 惟存塔一層

라고 읊었다.

이를 두고 조선 중기 문신으로 이름 높은 김시양은 《자해필담》에서,
비록 문장가라 하는 사람도 필시 이보다 훨씬 낫지는 못할 것이라 하였
다.

또한 양녕의 미친 체하고 방랑한 것이 실로 태백과 같으니, 남대문
현판인 숭례문 석 자는 양녕이 쓴 글씨인데, 웅장하고 뛰어남이 그 사람
됨을 상상할 수 있게 한다고 그려낸 《축수편》에서와 같이, 양녕은 뛰어
난 재질을 타고 난 사람이란 것을 부인할 수가 없다.

당초 세자 양녕이 미친 체하고 방랑했을 때, 형이 폐위될 것이라 짐
작한 효령은 깊이 들어 앉아 삼가고 꿇어앉아 죽도록 글만 읽었다. 양녕
이 폐위되면 다음 차례가 자신이기 때문이다. 지나가던 양녕이 들어와
발로 툭툭 차면서,

"어리석다. 너는 충녕에게 성덕이 있는 것을 알지 못하느냐."

하였더니, 크게 깨달은 효령이 곧 뒷문으로 뛰쳐나갔다. 그리고는 두 손으로 절간에 매달린 북 하나를 종일토록 두드리자, 부풀어 오른 북 가죽이 축 늘어졌다.

세속에서 부드럽게 잘 늘어진 것을 보고,

"효령대군 북 가죽이다."

라고 하는 말이 생겨났는데, 이를 두고 한 말이다.

제4대
세종대왕

휘는 도(祹), 자는 원정(元正). 태종의 셋째 아들이다. 원경왕후가 태조 6년 한양 잠저에서 낳았다. 무자년(1408)에 충녕군에 봉했다가 임진년(1412)에 대군으로, 무술년(1418)에 세자로 책봉되었다. 그해 8월 경복궁 근정전에서 왕위를 물려받아, 경오년(1450)에 영응대군 집에서 승하하니, 왕위에 있은 지 32년, 수는 54세였다. 명나라에서 시호를 장헌(莊憲)이라 내렸으니, 엄함과 공경으로써 백성에 임함을 장(莊), 착함을 행하여 기록할 만함을 헌(憲)이라 하였다. 능은 영릉(英陵)인데, 처음에는 광주 헌릉 서편에 장사했다가, 예종 원년 기축에 여주 서북편 성산 자좌로 옮겼으며, 이승소가 묘지를 지었고, 윤회가 행장을 지었다. 정인지가 지은 신도비가 있었으나, 능을 옮길 때 묻어두고 쓰지 않았다. 현재 이 비는 세종대왕기념관에 전시되어 있다. 18남 4녀를 두었다.

성군이 나셨도다

《국조보감》과《동각잡기》에 의하면, 태종 18년 무술 6월에 충녕을 세자로 책봉하였다. 그리고 8월에 임금이 도승지 이명덕을 불러 이르기를,

"내가 왕위에 오른 지 벌써 19년이나 되었다. 아침이나 밤이나 삼가며 두려워하였건만, 위로 하늘의 뜻을 보답하지 못하여 여러 차례 재변이 내린 데다 묵은 병이 있으니, 이제 세자에게 이 자리를 전해주려 한다."

하였다.

의정부와 육조 및 제 공신들이 궁문을 헤치고 들어와, 하늘을 부르며 통곡하여 내렸던 명령을 거두기를 청했으나, 윤허하지 않았다.

태종이 보평전에 거둥하여 내신(內臣)들에게 명하여, 세자를 불러들여 국새를 전하고, 곧 자기 거처를 연지동 별궁으로 옮겼다. 세자가 그 뒤를 따라가 국새를 받들어 친히 내정에 나가 굳이 사양하여 밤이 되었는데도, 윤허하지 않았다.

충녕이 드디어 경복궁에서 즉위하여 조하를 받으니, 사면령을 반포하고 백관을 거느려 전문(箋文)을 갖추어 상왕전에 사은한 후, 군국에 관한 대사는 상왕에게 여쭈어 시행키로 하였다.

상왕이 이르기를,

"내가 세자에게 왕위를 전한 것은 애초에 세상일을 잊어버리고 뜻대로 편히 지내고자 해서이다. 다만 병권만을 친히 보살피려 하는 것은, 임금이 나이 젊어 군사 일을 알지 못하기 때문이니, 그의 나이가 서른이 되고 일에 경험이 많기를 기다려서 모두 전해주려 한다. 지난날 모든 아들들을 원수(元帥)로 삼아, 8도 군사를 나누어 맡게 하였더라면, 임금이 어찌 오늘에 이르기까지 군사 일을 알지 못하였겠

는가. 그러나 내가 그렇게 하질 못했으니, 이는 저 양녕이 시기하고 음험하여, 아우들이 각기 병권을 잡고 있었다면 어찌 용납하였겠는 가. 그렇게 못한 것이, 그런 이유 때문이다."

하였다.

세종이 상왕에게 상수(上壽)할 때 뭇 신하들이 모시고 잔치를 벌였을 적에 상왕께서,

"내가 왕위를 피한 것은 복을 쌓아두고자 해서였는데, 이제 도리어 더욱 높아졌도다."

라고 하여, 흡족한 마음을 표현했다.

술에 취하자 뭇 신하들이 춤을 추었는데, 상왕 역시 춤추며 이르기를,

"왕위를 맡기는데 적임자를 얻지 못했다면, 비록 걱정을 잊으려 한 들 그렇게 되겠는가. 임금은 개국한 뒤를 계승하여 참으로 문치의 성대를 이룩할 임금이로다."

라고 하여, 흡족한 마음을 표현했다.

정종이 피서하기 위해 광나루에 머무를 때, 상왕이 세종과 더불어 동 교 대산에 거둥하여 정종을 맞이하고, 술자리 마련하여 즐기다가 해가 저물어서야 헤어졌다. 상왕이 백마를 타고 돌아오던 중도에 내려, 지신 사 하연을 불러 이르기를,

"이 백마가 길이 잘 들었던 것을 무척 아껴 왔는데, 이제 임금에게 주리라."

하고는, 곧 상승(尙乘)에게 명하여 안장을 갈아 임금께 드리게 했다.

임금이 낙천정에서 상왕을 모실 때, 사신 조량과 이절이 뒤를 따라오 자 들여서 잔치를 베풀었다. 조량이 찬탄하기를,

"하늘이 이런 선경을 마련해 주었으니 전하께서는 한가하게 지내며 수양하기에 알맞고, 새 전하께선 명 조정을 공경하며 늙으신 상왕을

높여 충성과 효도를 겸전하시니, 내 일찍이 사신으로 가 본 나라가 많았으나, 새 전하처럼 어진 분은 보지 못하였오."

하고는, 이내,

"돈이 아무리 많아도 자손의 어진 것은 사지 못하리."

라는 옛 구절을 읊었다.

이에 상왕이 사례하기를,

"이제 사신의 말을 들으니 나도 모르게 눈물이 절로 내리오."

하였는데, 그 자리에 모시고 있던 신하들도 모두 감격하여 울었다.

상왕이 일찍이 포천에 행차하였을 때에 곽존중에게 이르기를,

"나는 나라를 맡길 사람을 얻어 산수 사이에서 한가히 노니, 걱정 없이 세상에 살고 있다. 역대 제왕들의 부자 사이를 보면 실로 오늘의 나 같은 이가 없었느니라."

하였다.

또 일찍이 지신사 김익정을 불러 이르기를,

"임금께서 날마다 와서 이야기를 하니 매우 좋기는 하나, 정사를 폐할까 두렵다. 네가 가서 여쭈어 격일로 오게 하라."

하니, 김익정이 대답하기를,

"상감께서는 매양 일을 처리하신 뒤에 와 뵙는 것이며, 와 뵙는 동안에도 일이 있으면 곧 따라 여쭙게 하여 지체가 없습니다. 상감께서는 늘 옛날 문왕이 그 아버지께 날마다 세 차례 뵙던 일을 본받지 못함을 한스럽게 생각하시는데, 어찌 격일로 와 뵈려 하겠습니까."

하였다. 상왕이 이르기를,

"그러면 호위하는 군사가 어찌 피로하지 않겠는가."

하니, 익정이 대답하기를,

"다만 매일 당번 된 금군만을 거느리고 올 따름이니, 뉘가 감히 수고

로움을 꺼리겠습니까."

하였다.

세종 2년 경자(1420)에 대비가 돌아가셨으니, 상례는 한결같이 고례를 따랐다. 부르짖고 슬퍼하여 수일 동안 음식을 들지 않았으며, 때마침 날씨가 덥고 습했으나 평상을 버려두고 짚자리에 엎드려 밤낮없이 통곡하였다. 모신 이들이 몰래 기름종이를 그 밑에 깔았더니, 세종이 이를 알고 걷어버리라 명하였고, 큰비가 와서 물이 천막에 스며들었으나, 임금은 그래도 자리를 옮기지 않았다. 신하들이 굳이 청하여 다른 곳으로 옮겼지만, 날이 밝자 곧 여차로 돌아왔다.

세종 3년 신축에 우의정 이원 등이 태상왕으로 높이려는 뜻을 상왕에게 여쭈니, 이르기를,

"내가 태상왕의 호를 사양함은 그 뜻이 세 가지다. 첫째는 우리 태조께서 태상왕이 되었고, 둘째는 인덕전(정종)이 태상왕이 되지 못했으며, 셋째는 내 덕이 부족하기 때문이다."

하였는데, 굳이 청하자 그제야 허락하였다. 가을 9월에 임금이 백관을 거느리고 상왕을 높여 성덕신공 태상왕으로 하였다.

세종 4년 임인에 태상왕 병이 위독하여 새 궁으로 옮길 때, 임금이 걸어서 그 뒤를 따랐다. 임금이 태상왕의 병환이 있은 이래로 약과 음식 등을 모두 손수 받들어 드렸다. 병세가 위독해지자 밤이 새도록 그 곁에서 모시되, 일찍이 옷끈을 풀고 눈을 붙인 적이 없었으므로 신하들이 모두 근심하였다. 태상왕이 돌아가신 뒤, 흙비가 심하여 대신들이 술을 드시기를 청했으나, 허락하지 않고 승정원에 꾸지람을 내려 이르기를,

"상중에 술을 마심은 예법이 아닌데, 너희들은 어찌 감히 비례(非禮)의 말을 아뢰는가."

하니, 김익정이 아뢰기를,

"전하께서 태상왕 병환이 심하시던 날로부터 음식을 드시지 않은 지 이제 이미 20여 일이 되었습니다. 이에 신들은 어쩔 줄을 몰라서 옳고 그름을 헤아리지 못하고 감히 말씀을 드린 것입니다."

하였다.

태종의 초상에 명나라 황제가 내관 유경례와 예부 낭중 양선 등을 보내 부물(賻物)을 주어 치제하고, 시호를 내렸다. 임금이 태평관에 나가 예를 거행하며 우시니, 사신도 또한 울면서 말하기를,

"오늘 여러 신하가 모두 우는 정경을 보니 더욱 부왕께서 인후하고 덕이 있었음을 알겠나이다."

하였고, 또 세자를 보고서 말하기를,

"덕스러운 얼굴이 전하와 같으니, 이는 한 나라의 복입니다."

하였다. 잔치하면서 효령대군이 술잔을 돌리자 임금이 자리에서 일어나니, 사신이 접대를 맡은 황희에게 그 연유를 물었다. 이에 황희가,

"군신의 분수가 진실로 엄하기는 하나, 전하께서 일어서심은 형제의 천륜을 위해서입니다."

하고 대답하였더니, 사신이,

"전일 우리나라에서 촉왕이 들어와 황제를 뵈올 때, 황제께서 동궁에게 명하여 길을 비키게 하더니, 이제 전하가 효령을 대우함이 이와 같소이다."

하고 감탄하였다.

임금은 늘 이르기를,

"나는 서적에 대해서 눈으로 한번 거친 것은 곧 잊지 않았다."

하였으니, 총명과 글 좋아함은 천성이 그러했던 것이다. 또 이르기를,

"나는 궁중에 있을 때 손을 거둔 채로 한가히 앉아 있었던 적이 없었다."

하였다.

임금은 천성이 학문을 좋아하여, 잠저 시절 항상 글을 읽되 반드시 백 번씩을 채우고, 《좌전》과 《초사》 같은 것은 또 백 번을 더 읽었다. 일찍이 몸이 불편할 때에도 글 읽기를 그만두지 않았으니, 병이 점차 심해지자 태종은 내시를 시켜 갑자기 책을 모두 거두어 오게 하였다. 그리하여 단지 《구소수간(歐蘇手簡)》 한 권이 병풍 사이에 남아있어, 이를 백 번 천 번 읽었다. 왕위에 오른 뒤에는 날마다 경연을 열어, 제왕으로서의 공덕은 백왕 중에서 으뜸이었다.

일찍이 근신들에게 이르기를,

"글 읽는 것이 가장 유익하니, 글씨를 쓰거나 글 짓는 것은 임금이
 유의할 필요가 없다."

하였다.

만년에 기력이 줄어 비록 조회는 보지 않았으나, 문학에 관한 일에는 더욱 유의하여, 국(局)을 나누어 설치하여 모든 책을 편찬케 하였으니, 《고려사》《치평요람》《역대병요》《언문》《운서》《오례의》《사서오경음해》 등이 모두 직접 이를 거쳐 이루어졌는데, 하루 동안 열람한 것이 몇십 권에 이르렀다.

고려가 망한 뒤를 이은 국초에는 예악에 손댈 겨를이 없었는데, 임금이 비로소 종(鍾)·경(磬)과 당악·국악 악보를 제정하고, 보루각을 지어 물시계를 제작하였으며, 《칠정편》《오례의》《삼강행실》《명황계감》《치평요람》《역대병요》 등이 모두 임금의 직접 재단에서 나온 것이다.

정인지의 〈영릉비 서문〉에,

"실로 동방의 요순이다."

라고 한 것은, 이런 것을 두고 한 말이었음을 《지봉유설》에서 전하고 있다.

임금은 진기한 물건들을 좋아하지 않았기에, 상림원에 명하여 온갖 꽃과 새들을 모두 민간에 나누어 주었다. 함길도 도절제사 하경복이 길들인 사슴을 바치고자 하니, 임금이 이르기를,

"이상한 새나 기이한 짐승은 옛사람들이 경계한 바이니, 들이지 말라."

하였다.

임금이 경회루 동편에 남은 재목으로 별실을 지었는데, 돌층대를 쓰지 않고, 또 짚으로 지붕을 올려 검소하게 한 후 늘 이곳에 거처하였다. 문밖에 짚자리가 깔려 있음을 보고 물으시기를,

"이건 누가 한 짓인가. 비록 작은 물건이라도 내 명령이 내리기 전에는 안에 들이지 말라."

하였다.

강음현 백성 조원이, 농토 문제로 관가에 송사할 때 고을 원이 송사를 지체한다고, 분개하여 말하기를,

"지금 임금이 밝지 못하여 이런 자를 수령으로 삼았다."

하였다. 금부와 삼성(三省) 관원들이 모두 죄 주기를 청했으나, 임금은 심문하지 말라고 명하고 이르기를,

"요즘 홍수와 가뭄이 서로 잇달아서 백성이 몹시 괴로운데, 고을 수령이 이런 괴로움을 생각하지 않고 손님과 술 마시느라고 송사를 지체하고 판결하지 않았으니, 조원의 말은 다만 이를 미워해서 그러한 것이리라."

하고, 끝내 죄 주기를 허락하지 않았다.

임금이 일찍이 병이 나서 누웠는데, 나인 등이 무당 말에 혹하여 성균관 앞에서 기도하니, 유생들이 무녀를 쫓아냈다. 중사(中使)가 크게 노하여 그 연유를 아뢰었더니, 세종이 병든 몸을 부축케 하여 이르기를,

"내 일찍이 선비를 기르지 못했는가 염려하였는데, 선비들 기운이
이러하니 내 무슨 걱정을 하리오. 이 말을 들으니 내 병이 낫는 것
같구나."

하였다.

후일 류진동이 경연에서 어린 명종에게 이 고사를 꺼내어,

"군주가 선비의 기운을 돋구어 주는 것은 마땅히 이와 같아야 합니
다."

하였음을 《동각잡기》는 전하고 있다.

한 어린 궁녀가 후궁으로 사랑받아 항상 좌우에서 모셨는데, 임금의
사랑을 믿고 작은 일을 청한 일이 있었다. 세종이 하교하기를,

"아녀자가 감히 간청하는 말을 하였으니, 이는 내가 사랑을 보여서
그런 것이다. 이 계집이 어린데도 불구하고 이러하니, 자라면 어떠
할 것인가를 짐작하겠다."

하고는, 멀리 쫓아버리고 다시는 가까이 하지 않았음을 《공사견문》은 전
하고 있다.

후궁 홍씨 오라비 류근이 사랑을 받아 임금이 벗은 옷은 반드시 그에
게 내려 주었다. 일찍이 그가 겸사복이 되어 임금이 거둥 할 적에 연(輦 :
임금 수레) 끄는 말이 저는 것을 보고, 류근이 자기 말을 자랑하며 대신
끌게 하였다. 임금이 이르기를,

"만일 대간이 이 일을 알게 되면 반드시 극형을 청할 것이니, 소문을
퍼뜨리지 말라."

하고, 류근을 걸어서 돌아오게 하였다. 뒤에 대간이 이를 알고 류근 베기
를 청하였으니, 임금이 놓아주고는 한평생 살도록 버려두었음을 《소문
쇄록》은 전하고 있다.

금과 은을 진상해야 하는 자들이 해동청(보라매) 바치는 것으로 감해

달라고 건의하자, 임금이 이르기를,

　"해동청은 얻기가 매우 어려우며, 날마다 꿩 한 마리를 먹여야 하고,
　길들이기도 어려울 뿐더러 달아나기라도 하면 응사가 찾기 위해 촌
　락에 침입하니, 백성에게 폐해가 되므로 내가 모두 놓아 버렸다."
하였다.

　변계량이 아뢰기를,

　"전하의 이 말씀은 사책에 써서 만세에 법이 되도록 할만 합니다."
하였다.

　임금이 항상 소갈증으로 고생하는지라 대언 등이 아뢰기를,

　"의원의 말로는 먼저 음식물로 치료를 해야 하는데, 흰 수탉·누런
　암탉·양고기가 모두 갈증을 다스릴 수 있다 하니, 청컨대 유사로 하
　여금 날마다 들이도록 하소서."
하니, 이르기를,

　"어찌 내 한 몸을 위해서 동물의 생명을 해치겠는가. 하물며 양이란
　본국에서 나는 것이 아님에랴."
하였다. 대언 등이 다시금 아뢰기를,

　"관가에 기르는 양이 번식하니, 청컨대 한번 드셔보소서."
하였으나, 임금은 끝내 허락하지 않았다.

　임금이 서교에 행차하여 농사짓는 것을 구경할 때, 말을 천천히 몰아
효령대군 별장인 새 정자에 올랐다. 때마침 단비가 내려 잠깐 동안 온 들
이 흡족하였다. 임금이 매우 기뻐하여, 그 정자 이름을 희우정(喜雨亭)이
라 하였다.

　임금이 항상 근정전에 앉아 대신과 더불어 정신을 가다듬어 정치를
잘되게 하려 하였기에, 황희와 허조는 퇴근해서도 관복을 벗지 못하였
으니, 불시에 부르는 일이 있을까 해서이다.

집현전과 찬술

세종은 문치(文治)에 정성을 다하였다.

2년 경자에 집현전을 두어 문사 10사람을 뽑아서 채웠더니, 그 뒤에 더 뽑아서 30명이 되었다. 다시 20명으로 줄여 10사람에게 경연 일을 맡기고, 나머지 10사람은 서연의 일을 보게 하여, 오로지 문한(文翰)을 맡기되 고금의 일을 토론하여, 아침저녁으로 쉬지 않게 하니, 문장하는 선비가 배출되어 인재를 많이 얻게 되었다. 집현전 남쪽에 큰 버드나무가 있었는데, 기사년과 경오년 사이에 흰 까치가 와서 집을 지어 낳은 새끼가 모두 희더니, 몇 해 사이에 요직에 오른 이는 모두 집현전에서 나왔다고, 서거정의《필원잡기》는 전하고 있다.

성현의《용재총화》에서도,

"집현전에서는 일찍 출근하여 늦게야 끝나서 일관(日官)이 시간을 아뢴 연후에 나가게 하였고, 아침과 저녁에 밥을 먹을 때에는 내관으로 하여금 손님처럼 대하게 하였으니, 그 우대하는 뜻이 지극하였다."

라고 한 바가 있다.

임금이 인재를 기르는 아름다운 일은 옛 임금들보다 뛰어났다. 집현전 선비들이 날마다 번갈아 숙직을 하는데, 그들을 사랑함과 대접의 융숭함을 놓고 사람들이 모두 신선이 사는 영주(瀛洲)에 오른 것에 견주었다. 어느 날 밤 이경쯤에 내시를 시켜 숙직하는 선비가 무엇을 하는지를 엿보게 하였는데, 신숙주가 바야흐로 촛불을 켜놓고 글을 읽고 있었다. 내시가 돌아와서 아뢰기를,

"서너 번이나 가서 보아도 글 읽기를 끝내지 않다가, 닭이 울자 비로소 잠자리에 들었습니다."

하였다. 임금이 이를 가상하게 여겨 담비 갖옷을 벗어, 그가 깊이 잠들 때를 기다려 덮어주게 하였다. 숙주는 아침에 일어나서야 이 일을 알게 되었고, 선비들은 이 소문을 듣고 더욱 학문에 힘을 쓰게 되었다고 《필원잡기》에서 전한다

8년 병오에, 임금이 집현전 부교리 권채·저작랑 신석조·정자 남수문 등을 불러서 전교하기를,

"내가 듣건대, 너희들은 나이가 젊고 장래가 있다 하니, 이제부터 벼 슬을 그만두고 각기 집에서 편히 있으면서 글 읽기에 마음을 전력하 여 그 효과를 드러내도록 하되, 글을 읽는 규범은 대제학 변계량의 지도를 받도록 하라."

하였다.

집현전을 설치하여 문학하는 선비를 몇 십 년 동안 길렀더니 인재가 배출되었다. 그러나 아침에 관청에서 일하고 저녁에 숙직하니, 공부에 전념하지 못할 것이라 우려하여, 나이가 젊으며 재주 있고 몸가짐이 단 정한 몇 사람을 뽑아, 긴 휴가를 주어 번을 나누어 들어와 숙직하게 하 며, 산에 들어가 글을 읽게 하고 관에서 그 비용을 제공하였다. 경사·백 가와 천문·지리와 의약·복서 등을 마음껏 연구하여, 학문이 깊고 넓어 통하지 못한 것이 없게 함으로써, 장차 크게 쓰일 인재를 양성하였기에, 집현전에 뽑히는 것을 영주(瀛洲 : 신선이 사는 곳)에 오른 것에다 견주었 다고, 서거정이 《필원잡기》에서 전했다.

류의손·권채·신석조·남수문 등이 함께 집현전에 있으면서 문장으로 일시에 이름을 날렸으나, 사람들은 수문을 더욱 중하게 여겼다.

임금이 말년에 내불당을 지었는데, 대신이 간했으나 듣지 않았고 집 현전 학사들이 간해도 역시 듣지 않았기 때문에, 학사들이 모두 물러나 와 집으로 돌아가 집현전이 텅 비었다. 임금이 눈물을 흘리며 황희를 불

러 이르기를,

　"집현전의 여러 선비들이 나를 버리고 가버렸으니, 장차 어떻게 해
　야 하는가."

하니, 황희가 대답하기를,

　"신이 가서 달래겠습니다."

하고, 곧 두루 모든 학사의 집을 찾아가 간청해서 돌아오게 하였다는 내
용이 조정암의 글이나 조중봉의 상소에까지 언급되어 있다.

　세종 5년 계묘에 류관·윤회·변계량 등에게 명하여, 《고려사》를 고쳐
편찬하게 하였다. 애초에 정도전·정총 등이 편찬할 때, 이색·이인복이
지은 《금경록》에 의거하였다. 정도전이 원종 이후의 일에는 중국 황제를
모방한 참람된 것이 많다 하여, 종(宗)을 왕이라 쓰고, 절일은 생일로, 짐
은 여(予)로, 조서는 교서라 고쳐서 실상을 잃은 것이 많았고, 시비 판정
은 자신이 좋아하고 미워하는 것에 따라 하였다. 하륜이 옛 역사를 상고
하여 필삭하기로 의견을 드렸다가 뜻을 이루지 못하고 죽었는데, 이때
에 이르러 임금이 류관 등에게 명하여 정도전이 엮은 《고려사》를 고쳐
편찬하게 하였다. 사관 이선제 등이 아뢰기를,

　"당시 제도가 비록 참람하였다 하나, 실상을 없애버리고 고침은 불
　가합니다."

하였으나, 변계량은 그렇다고 하지 않았다.

　임금이 이르기를,

　"공자가 《춘추》를 적을 적에 천자의 권리에 의탁했으므로 붓질하고
　깎아내리고 주고 빼앗는 것을 모두 성인의 마음으로 재량하였고,
　《좌전》에서는 제후이면서 왕이라 참칭한 자에게도 한결같이 그 스
　스로 일컬은 것에 따라 왕이라 써주어 고친 것이 없었으며, 주자의
　《강목》은 비록 춘추필법을 본받기는 하였으나, 칭호를 참람히 쓴 자

에게도 모두 실상에 의거하여 기록하였으니, 기사(記事)의 예에 있어서 그렇게 하지 않을 수가 없다. 오늘 사필을 잡은 이는 이미 성인의 필삭하던 뜻을 알지 못할 것이니, 다만 사실에 의거하여 그대로 쓴다면 포폄은 저절로 나타날 것이다."

하고, 일체를 구사(舊史)에 의거할 것을 명하였다.

《고려사절요》의 첫 초본은 모두 남수문 손에서 나왔다.

10년 무신에 임금이, 진주에 살던 백성이 아비를 죽였다는 소문을 듣고 깜짝 놀라 이르기를,

"이것은 나의 부덕한 소치이다. 허조가 매양 나에게 상하의 분수를 엄격히 세우라고 권하더니 과연 그렇구나."

하였다.

변계량이 《효행록》 같은 서적을 널리 반포하여 시골 백성들로 하여금 읽게 하여, 점차로 효제와 예의를 숭상하는 습속을 이룩하게 하기를 청하니, 이에 설순에게 명하여 《효행록》을 고쳐 편찬하게 하였다.

17년 을묘에 윤회·권도·설순 등에게 명하여, 문신 40여 명을 집현전에 모아 《자치통감훈의》를 편찬하였다. 이때 임금이 친히 교정을 보았는데, 어떤 때는 밤이 깊을 때까지 작업하다 윤회에게 이르기를,

"요즘 이 책을 읽어서 글 읽는 것이 유익함을 깨달았다. 총명은 날마다 더해지고 졸음은 훨씬 감해졌다."

하였다. 곧 호삼성(胡三省)의 음주(音注)를 의거하고, 또 다른 책을 참고로 주석과 음과 구두를 정밀하고 상세하게 하여, 《사정전훈의자치통감강목(思政殿訓義資治通鑑綱目)》이라 이름하였다.

유신(儒臣)에게 명하여 고금의 충신·효자·열녀 중에서 특별히 후세에 모범이 될 만한 일을 편집하게 하였는데, 일을 따라 기록하고 아울러 시와 찬도 짓되, 무식한 민간의 남녀들이 알지 못할까 염려하여, 그림을 그

려 붙여《삼강행실》이라 이름지어 중외에 널리 반포하였고, 곧 정몽주를 충신전에 넣도록 명하였다.

임금은 오방(五方)의 풍토가 같지 않아, 심을 곡식이 각기 마땅한 곳이 있고, 옛글에 있는 것과 모두 같지 않을 것을 알고는 각 도 관찰사에게 명하여, 늙은 농부에게 실제 경험한 방법을 골고루 알아 올리게 하였다. 이어 정초에게 명하여 이를 순차로 정리해서《농사직설》이라 이름 지어, 중외에 반포하였다.

임금이 정인지에게 이르기를,

"나라를 다스리려면 반드시 전대 치란의 자취를 살펴야 할 것이나, 사적이 너무 많아서 상고하기에 쉽지 않으니, 임금이 정치를 보살피는 여가에 어찌 널리 볼 수 있겠는가. 경은 사적을 상고하여 선과 악이 족히 후세에 권선징악 자료가 될 수 있거나 우리 동방의 흥폐와 존망에 관한 것들을 엮어서 책을 만들라."

하고, 명하여 선비 몇 십 명을 집현전에 모아 각기 분과(分科)를 맡아《치평요람》이란 책을 편찬케 했다.

권진·정인지 등에게 명하여, 목조 이후에 나라의 기초를 잡은 사적으로부터 태종이 세자로 있을 때까지를 엮어서 기술하되, 먼저 옛 제왕의 사적을 서술하고 다음에 조선의 일을 써서《용비어천가》라 이름하니, 모두 1백 25장이었다. 명하여 궁중에서 간행해서 여러 신하에게 나누어 주어, 조회·제전·잔치·향사 등에 쓰는 악사로 쓰게 하였다.

임금이 오례가 미비한 것을 걱정하여 허조·강석덕 등에게 명하여, 명 태조가 정한 옛 제도와 우리나라의 의례를 덜고 첨가하되, 성상의 재량에 따라서《오례의》라 이름하였다. 그리고 집현전 유신을 모아서《역대병요》를 편찬할 제, 수양대군이 총재관이 되어, 단종 계유년(1453) 봄에 완성되었다.

옛날 신라 때에 설총이 처음으로 이두를 만들어 관가나 민간에서 이제까지 써왔으나, 모두 글자를 빌려 만들었기 때문에 더러는 난삽하기도 하고 통하지 않기도 하였으니, 비루하고 근거가 없을 뿐만이 아니었다. 임금이 생각하기를,

"모든 나라가 각기 자기 나라의 글자를 만들어서 자기 나라 말을 기록하는데, 유독 우리나라에만 그것이 없다."

하여 친히 자모 28자를 창제하여 '언문'이라 하였으며, 궁중에 언문청을 설치하고, 신숙주·성삼문·최항 등에게 편찬을 명하여 《훈민정음》이라 이름 하였으니, 비록 무식한 여인이라도 분명하게 알지 못하는 이가 없었다.

때마침 중국 한림학사 황찬이 요동에 귀양 와 있었으므로, 성삼문 등에게 황찬을 찾아가 음운에 관한 것을 질문하게 하였다. 그리하여 요동에 왕복하기를 무릇 열세 차례나 하였음을 《용재총화》와 《동각잡기》에서 전하고 있다.

그때 임금이 처음으로 언문을 만들자, 집현전 모든 선비가 함께 불가함을 아뢰어, 심지어는 상소하여 극도로 논한 이까지 있었다. 임금이 최항 등에게 명하여 《훈민정음》과 《동국정운》 등의 책을 짓게 한 것은 언문의 우수성을 알리기 위함이었다.

양녕에게 베푼 성덕

세종 재위 6년에 청주 호장 박광과 곽절이,
"양녕대군이 즉위하면 백성들이 자애로운 덕을 받게 될 것이다."

라고 선동한 적이 있고,

   이후에도 갑사 지영우가,

   "양녕대군이 군사를 모아 병권을 장악하려고 한다."
라고 발설한 사실도 있었다.

   아무리 반석 위에 올려 진 왕권 치하라 할지라도, 다른 시절이었으면
역모죄로 줄초상이 나고도 남았을 것이나, 작은 소동으로 치부하여 단
순한 난언 죄로 처벌했다는 것은, 세종의 굳건한 심지가 아니고는 불가
능한 일이었다.

   유배지를 몰래 도망친 일이 번다할 정도로 물의를 일으킨 양녕을 끝
까지 감싸고 돈 것이 세종이었으니, 신하들 몰래 양녕을 만나 형제애를
나눴던 것은 물론 한양 도성에 불러들이기까지 하였다. 양녕이 폐세자
된 지 두 달 만에 즉위했으니, 개국 후 살아있던 임금에게 대통을 이어받
던 전통과 행운이 그에게 찾아왔던 것은, 분명 양녕의 패행 덕분이었다.
그래서 그의 방종을 묵인해 주었을 가능성도 없지 않으나, 천성적으로
타고난 세종의 심성이 그러했다고 보인다.

   폐위된 양녕은 적소 광주에서만 거주제한을 받았건만, 몇 달 채 지나
지 않아 야반도주하고 말았으니, 세종 즉위 6개월 만이었다. 이런 양녕
의 행동을 두고 상하 모두가 그 허물을 어리에게 돌렸다. 노 대신 곽선의
첩이 예쁘단 소문을 듣고 양녕이 보쌈 해 온 여자가 어리였다. 그러하니
첩의 신분이었다 할지라도 엄연히 한 지아비를 모셨던 처지인지라, 양
녕에게 죽음으로 거절했어야 한다는 것이 사대부 논리였고, 극형에 처
하거나 죽여 없애야만 한다는 것이 그들의 주장이었다. 하지만, 아들 안
위를 생각한 태종이 죽이기는커녕 양녕 유배지 광주에다 어리까지 딸려
보냈다. 양녕으로 가던 비난의 화살이 어리에게 날아들자, 이를 이기지
못한 그녀는 양녕이 담을 넘던 날 밤에 목을 매고 말았다.

이런 소동이 일자, 상왕으로 물러나 있던 태종이 여러 신하들을 불러 놓고 양녕을 꾸짖은 뒤, 나는 관여하지 않을 테니 매사냥이나 하며 살라고 명했다. 이 상황에 대해, 연려실 선생은 《국조보감》을 인용하여, 그 연유와 결과를 생략한 다음과 같은 내용으로 메웠다.

　　세종이 왕위를 받은 뒤에 상왕[태종]이 편전에 있었는데, 세종이 모시고 있었고 양녕도 그 곁에 있었다. 상왕이 병조 판서 조말생, 참판 이명덕, 지신사 원숙, 좌대언 김익정, 좌부대언 윤회 등을 불러놓고 하교하기를,

　　"내가 양녕을 처리할 방법을 깊이 생각하다가 지금에야 터득하였다. 양녕은 하는 짓이 광패하여 가르쳐도 고치지 아니하므로 드디어 이렇게까지 되었다. 가까운 곳에 두어 보전하게 하려고 하나, 오히려 깨닫지 못하니 부끄러운 노릇이다. 내가 젊었을 때에 연달아 아들 셋을 잃어버리고 정축년(1397)에 주상(여기서는 세종)을 낳았다. 그때 내가 정도전의 무리에게 꺼리는 바가 되어 서로 용납하지 못하는 형세였으므로, 얼마 살지 못할까 염려되어 답답하고 무료할 때이므로, 나와 대비가 번갈아 안아주기도 하고 업어주기도 하여 무릎에서 떼어 놓지 않고 사랑하기를 가장 도탑게 하였다. 그러나 세자를 세우던 날에는 다만 적장자로서 양녕을 세웠을 뿐이니, 내가 어찌 털끝만큼이라도 사사 뜻이 있었겠는가. 양녕은 동궁으로 있을 때부터 행실이 좋지 못하였다. 앞으로는 양녕을 의정부와 육조에 맡기고 나는 간여하지 않겠다. 만일 법을 범하여 정부에서 잡아 오더라도 나는 상관하지 않을 것이며, 육조에서 잡아 와도 나는 상관하지 않고 한결같이 국가의 처치를 따르겠다. 환관과 궁첩이 감히 사사로이 양녕의 일로 내게 말하는 자가 있으면 나는 단연코 용서하지 않겠다. 그때는 내가 사정을 둘 것이라 생각하지 말라. 나는 양녕과 부자간인

까닭에 정리상 차마 못하는 바가 있지만 여러 신하들은 곧 이와 다를 것이다."

하였다. 또 양녕을 눈짓하면서 이르기를,

"네가 도망하여 나갔을 때에 나와 대비가 너의 생사를 알지 못하여 항상 눈물을 흘렸으며, 주상도 옆에서 눈물을 흘렸다. 가령 네 몸이 편안한데 아우들에게 사고가 있다면 네가 지금의 주상처럼 하겠느냐. 주상은 효도와 우애가 천성에서 나오므로 너의 형제는 보전할 수가 있을 것이니, 나는 근심이 없다. 내가 눈물을 흘리는 것은 너 때문이 아니라 나라에 수치스럽기 때문이다."

하였다.

재위 시절 양녕 주위에서 일어난 사건 연루자들을 혹독하게 치죄했던 태종이었건만, 양녕만은 끝까지 몸을 상하지 않게 보호했고, 대신들 모두 훼절한 어리만 없애버리면 만사 해결된다 주청하였건만, 차마 죽이지 못하다가 광주에까지 동행토록 배려했던 것을 보면, 태종의 자식 사랑에 지나침이 있긴 하다.

이런 부왕의 심정을 읽었는지, 세종 역시 양녕에게 한없는 덕을 베풀었으니, 신하들의 상소가 빗발쳐도 요지부동이었다. 그리하여 연려실 선생 또한 이런 사실들을 기술하였으니,

대사헌 원숙 등이 양녕의 죄를 논란한 상소의 대략에,

"기축년(1409)에 양녕 이제가 도망하여 숨었을 때, 태종이 그의 생사를 알지 못하여 내관들을 나누어 보내어 뒤를 밟아 찾아서 돌아오게 한 뒤에, 재신(宰臣)들을 불러들이고 이제를 불러서 앉게 한 뒤, 면대하여 꾸짖기를, '양녕의 행동이 금수와 같으나 모반하려는 죄는 절대로 없으므로 가까운 땅에 두어 보전하게 하려고 하였는데, 또 오늘의 일이 있었으니, 말하자니 부끄럽고 부모에게 불효하는 것은 차

마 말을 할 수가 없다. 지금부터는 양녕을 정부와 육조에 맡기고 나는 돌아보지 않겠다. 만일 또 법을 범하여 정부에서 잡아와도 나는 상관하지 않을 것이며, 육조에서 잡아와도 나는 상관하지 않고 오직 국가의 처치를 따르겠다.' 하시고, 양녕을 돌아보시면서 말씀하시기를, '나는 네가 달아난 뒤에 생사를 알지 못하여 항상 눈물을 흘렸고 주상도 곁에 모시고 있으면서 눈물을 흘렸다. 만일 네가 편안히 있는데 여러 아우에게 사고가 있으면 네가 주상의 우애와 같이 하겠느냐.' 하시고, 이렇게 꾸짖으면서도 차마 죄는 주지 않았습니다. 그 뒤에 전하께서 그가 하고자 하는 것은 곡진히 들어주었건만, 스스로 고치지를 않았습니다. 태종이 돌아가서 빈소에 계시건만 슬퍼하지 않고 동리 사람을 모아다 돌을 운반하여 집을 고치고 소주를 과하게 먹여 인명을 상하게 하였으며, 이천군수 박고가 동리 사람을 잡아다가 죄를 추문한 것은 진실로 그의 직책인데 양녕이 분노하여 박고에게 죄를 주라고 글을 올려 청했습니다. 그런데 그 말씨가 불순하여 심지어 '만일 신의 청을 들어주지 않으면 신과 주상 사이가 지금부터 소원해질 것입니다.'라고 하여, 불충스러운 마음이 언사에 드러났습니다. 청컨대, 법관에 내리셔서 국문하게 하시고 상서를 써서 준 사람도 국문하고 핵실하여 죄를 주소서."

하였으나, 세종은 그 상소를 발표하지 않았고, 여러 날을 논쟁하였지만 허락하지 않았다는 사실이 《동각잡기》에 실려 있다.

또 여러 신하가 양녕의 죄를 논하여 아뢰기를,

"동궁에 있을 때에 태종께서 군사훈련을 하려고 평강에 가실 때, 병이 있다고 핑계대고 몰래 금천에 가서 사흘 동안 사냥하다가 돌아왔습니다. 또 창기에게 빠져서 병을 핑계대고 연회에 나오지 않았으며, 진상하는 매가 훌륭하다는 것을 듣고 빼앗아 다른 매로 대신하였습니다. 또 매번 담을 넘어 못된 무리들과 비파를 타고, 광대 이오방·이법화 등에게 담을 넘어 궁으로 들어오게 한 뒤, 밤새도록 취해 노래하고 잡희를 본받아서 못하는 짓이 없었으며, 중추부사 곽선의 첩 어리가 예쁘다는 말을 듣고 몰래 데려와 궁에 두었습니다. 그러한데 폐위되어 광주에 추방되어서도 담을 넘어 기생 두 명을 몰래 데려갔으며, 태종 승하한 지 겨우 20일 만에 사람을 불러 농가(農歌)를 즐겼고, 장례 마친 뒤에는 능에 뭇 사람을 거느리고 가서 개를 풀어 노루와 여우를 쫓아 다녔으니, 법으로 처치하기를 청합니다."

라는 치죄 요구에도 세종이 모두 듣지 않았다는 사실이 《소문쇄록》에 수록되었는데, 이긍익이 이 2건의 상소를 《연려실기술》에 실었지만, 언제 이야기인지 알 길이 없어 문득 《세종실록》을 상고해보니, 《동각잡기》의 대사헌 상소는 세종 4년 11월, 《소문쇄록》에 실린 양녕 논죄 사건은 세종 5년 2월에 일어난 일이었다. 다만 《동각잡기》에서 양녕이 도망간 해를 기축년(1409)이라 언급하고 있지만, 실은 기해년(1419)인지라, 햇수로 10년의 차가 나는 오류를 범하고 말았다.

《연려실기술》의 이어지는 기사는, 세종이 김종서에게 타이르듯 부탁하는 내용이니,

"경이 자주 양녕의 일을 말하여 그만두지 않는 것은 나의 본마음을 헤아리지 못한 것이다. 만일 차례로 말하면 이 자리는 진실로 양녕의 것인데, 오늘날 내가 대신해서 온 나라의 봉양을 받고 있다. 더군다나 보통 백성이라도 형제 사이에는 잘못을 덮어 주고 잘한 것을 드러내어 주어 과실이 없는 데로 서게 하고, 불행히 죄에 걸리면 혹 뇌물도 쓰고 혹 애걸도 하여, 모면하게 하는 것이 사람의 지극한 정의이다. 그런데 내가 한 나라의 임금으로서, 도리어 백성만도 못하게 형 하나 감싸줄 수가 없겠는가. 경은 이 뜻을 알아서 여러 사람에

게 타이르라. 내가 장차 서울 집으로 청해서 항상 만나봄으로써 우
애의 도리를 다하겠다."
라는 내용인데, 이는 《국조보감》에서 발췌한 것이다.

《세종실록》을 뒤져보니, 세종 재위 13년 5월에 김종서 대감에게 부
탁한 똑같은 내용이 확인되고 있다. 임금을 편안하게 모셔야 할 승지로
있던 김종서까지 연이어 양녕을 탄핵하자, 세종이 불편한 심기까지 내
보이고 말았다.

이리하여,

세종이 동교로 나가 양녕을 맞이하여 잔치를 베풀고 궁으로 돌아오
면, 양녕은 이천 유배지 처소로 돌아갔다. 당초 신료들은 우연한 행차인
가 여기다, 아니다 싶어 양사에서 벌떼같이 들고 일어났다. 그때 우의정
맹사성과 형조 판서 신개는 한마디 말도 하지 않은지라, 사헌부에서 이
들을 힐난하며 죄주자고 청하니, 세종은 그 상소는 접어두고 맹사성에
게 명하기를,

"그대로 자리에 나아가 정무를 보라."
하였다. 맹사성이 아뢰기를,

"정승은 백관의 우두머리로서 사람들이 딴말이 없어야 그 직책을 다
했다고 말할 수 있는데, 지금 대관의 논박을 당하였으니 나아가 정
무를 볼 수가 없습니다."
하였으나,

세종은 허락하지 않았다고 《동각잡기》는 기술하고 있다.

세자 양녕은 태종의 뜻이 충령에게 있는 것을 알고 일부러 미친 체하
고 사양하니, 태종이 결국 폐하고 충령을 세웠다. 양녕이 능히 때에 따라
자기의 재주를 감추어 드러내지 않고 이럭저럭 지냈기 때문에 내외·상
하에 모두 환심을 얻었고, 세종도 양녕을 높이고 사랑하여 매양 대궐로

맞아들여 술을 대접하고 거의 매일 서로 즐겼다. 여러 번 잔치하는 기구를 주셨고, 양녕이 사냥을 좋아하므로 세종이 성 밖으로 나가 여러 번 청하니, 지극한 정의가 이러했다. 세조가 임금이 된 뒤에 왕자와 대신이 죽음을 많이 당했지만, 양녕은 지혜롭게 스스로를 보전했고, 세조도 혐의 없이 대우하니, 사람들은,

"임금 자리 사양하여 어진 이에게 밀어 준 것을 어려운 일이라 하지 않고, 끝까지 몸을 잘 보전한 것이 더욱 어렵다."

라고 했음을, 김시양이 기담(奇談)을 모은 《자해필담》에 수록해 놓고 있다.

세종보다 먼저 태어난 양녕이지만, 세종이 승하한 후 12년을 더 살다 갔다. 그러하니 문종의 죽음도 단종의 죽음도 목도한지라, 격동의 한 시절을 왕실의 어른으로 보내게 되었는데, 수양대군 라이벌 안평대군 사사를 주청해 관철시켰을 뿐 아니라, 단종과 금성대군을 극형으로 처벌하는 일까지 깊숙이 개입했다. 정치에 무관심하던 그가 이렇게 표변하게 된 이면에는 대세를 따르려는 천심에서 온 것으로밖에 해석이 되질 않는다.

종친을 대표하던 양녕의 전폭적인 지지를 잊지 않았던 세조도 그를 극진히 보살피는 것으로 화답했다. 술상을 놓고 신료들과 희학을 즐기던 세조인지라, 어느 날 양녕과 함께 고금의 제왕을 논하다가, 당 태종은 따를 수가 없다고 하니, 양녕이,

"전하는 당 태종보다 훨씬 낫다."

고 하였다. 세조가 얼굴빛을 고치면서,

"그게 무슨 말씀입니까. 숙부의 말씀이 지나치십니다."

하니, 양녕이 말하기를,

"당 태종은 작은 일로 장온고를 죽였지만, 전하는 그렇게 하지 않으

실 것이며, 더군다나 우리 전하의 가법(家法) 바름은 당 태종이 따를
바가 아닙니다."

하니, 세조가 빙그레 웃었다.

양녕이 비록 덕을 잃어 폐함을 당했지만, 만년에는 때를 따라 스스로
를 숨겼으니, 세조가 일찍이 묻기를,

"나의 위무(威武)가 한 고조와 견주어 어떠합니까."

하니, 양녕이 대답하기를,

"전하의 위무가 아무리 대단하여도 한 고조처럼 선비의 갓에 오줌은
누지 않으실 것입니다."

하였다. 또 묻기를,

"내가 부처를 좋아하는 것이 양 무제와 어떠합니까."

하니, 대답하기를,

"전하가 아무리 부처를 좋아하여도 반드시 양 무제처럼 면(麵)으로
희생(犧牲)을 대신하지는 않으실 것입니다."

하였다. 또 묻기를,

"내가 간하는 말을 거절함이 당 태종과 어떠합니까."

하니, 대답하기를,

"전하가 아무리 간하는 말을 거절하셔도 반드시 장온고는 죽이지 않
으실 것입니다."

하였다. 매양 실없는 말로 풍자를 하였음에, 세조도 그의 허탄함을 즐겨
희롱하였음을, 성현이 그의 저서 《용재총화》에다 남겼다.

"그는 성품이 어리석고 곧았으며, 살림을 돌보지 않고 활쏘기와 사
냥을 즐겼다. 세종의 우애가 지극했고, 그 또한 다른 마음을 품지 않
아 시종(始終)을 보전할 수 있었다."

라는 양녕의 졸기가 그의 삶을 대변하고 있듯, 세종의 보살핌으로 천수

를 누렸고, 후손들 또한 가장 많은 것이 우연은 아니었다.

넘쳐나던 인재풀

류관柳寬

자는 경부(敬夫) 몽사(夢思), 호는 하정(夏亭), 본관은 문화이다. 고려 말에 급제하여 갑진년(1424)에 우의정이 되었다가 치사(致仕)하였고, 시호는 문간공(文簡公)이다. 공이 죽자, 세종이 흰옷을 입고 백관을 거느리고 울었다.

공조 총랑이 되었을 때 나이 열아홉이었는데, 이 해에 태조가 왕위에 오르자 운검의 책임을 맡아 좌우에서 떠나지 않았다. 공은 자질이 밝고 민첩하였으며, 풍채가 빛나 네 임금을 연달아 섬겼으되 모두 사랑을 받아서 그보다 더 사랑받은 자가 없었다. 태조가 돌아가신 뒤에는 특별히 공에게 명하여 능을 지키게 하였다.

청렴하고 방정하여 비록 가장 높은 벼슬에 올랐으나, 초가집 한 간에 베옷과 짚신으로 담박하게 살았다. 공무에서 물러 난 뒤에는 후생을 가르치는 일을 게을리 하지 않아 제자들이 모여들었는데, 누구라도 와서 뵈면 고개를 끄덕일 뿐, 그들의 성명도 묻지 않았다. 집이 흥인문 밖에 있었는데, 때마침 사국(史局)을 금륜사에 설치하였으니, 그 절은 성안에 있었다. 공이 수사(修史)의 책임을 맡았는데 간편한 사모에 지팡이를 짚고 걸어다니며 수레나 말을 쓰지 않았다. 어떤 때는 어린아이와 관자(冠者) 몇 사람을 이끌고 시를 읊으며 오가니, 사람들이 모두 그의 아량에 탄복하였다.

초가집 두어 간에 밖에는 난간도 담장도 없어, 태종이 선공감에 명하여 밤중에 울타리를 그의 집에 설치하여 주되, 공이 알지 못하게 했고, 또 어찬을 끊이지 않게 내렸다.

어느 때 장마 비가 한 달 넘게 내려서 집에 새는 빗발이 삼줄기 같았는데, 공이 손에 우산을 들고 비를 피하면서 그 부인을 돌아보고 말하기를,

"이 우산도 없는 집에서는 어떻게 견디겠소."

하니, 그 부인이 말하기를,

"우산 없는 집엔 다른 준비가 있답니다."

하자, 공이 웃었다고 《필원잡기》는 그려내고 있다.

중종 때 문필가 이육이 저술한 《청파극담》에서도 류관을 두고,

"손님을 위해서 술을 접대할 때는 반드시 탁주 한 항아리를 뜰 위에다 두고, 한 늙은 여종에게 사발 하나로 술을 바치게 하여, 각기 몇 사발을 마시고는 끝내 버렸다. 공이 비록 정승에 이르렀으나, 제자들 가르침에 게으르지 않아 학도가 매우 많았다. 매양 시향(時享)에는 하루 앞서 제생을 예의를 갖추어 돌려보내고, 제삿날에는 제생을 불러 음복을 시켰는데, 소금에 저린 콩 한 소반을 서로 돌려 안주를 하고, 이어 질항아리에 담은 탁주를 그가 먼저 한 사발 마시고는 차례로 좌상에 한두 순배를 돌렸다."

라고 했고, 성현은 그의 야사 《용재총화》에서,

"벼슬이 정승이 되었으나, 누구라도 찾아오면 겨울에도 맨발에 짚신을 끌고 맞이하였고, 때로는 호미를 가지고 채소밭을 돌아다녔으나, 괴롭게 여기지를 않았다."

라고 칭송해 마지않았다.

공은 총명이 보통 사람보다 뛰어나, 한번 배운 글을 종신토록 잊어버

리지 않았고, 매양 밤중에 그 글을 외우며 뜻을 생각하고, 항상 민생 건질 것만 생각했다. 그리하여 교량이나 원우(院宇)를 지으려 하는 자 있으면 비록 중들에게라도 곧 돈과 베를 시주하였고, 또 남에게 주기를 좋아하였으나, 비록 하찮은 물건이라도 남에게서 취하지는 않았다. 항상 말하기를,

"친구 사이에는 으레 재물을 서로 나누어 쓰는 의리가 있다 하나, 아예 요구하지 않는 것이 옳다."

하였다.

황희黃喜

자는 구부(懼夫), 처음 이름은 수로(壽老), 본관은 장수이고, 호는 방촌(厖村)이다. 고려 말 기사년(1389)에 급제하여 조선 병오년(1426)에 정승이 되어 영의정에 이르렀고, 여든에 치사(致仕)하여 임신년(1452)에 죽으니 나이가 아흔이었다. 시호는 익성공(翼成公)이고, 종묘에 배향되었다.

14세에 음관으로 복안궁 녹사가 되었고, 소년에 사마 양시에 합격하였으며, 27세에 문과에 급제하여 습유 우보궐이 되었는데, 성격이 곧아서 바른말을 과감히 하였다.

태종조에 이조 판서로서 양녕대군을 폐위하는 것을 간하였더니, 태종이 크게 노하여 공조 판서로 좌천시키고, 또 평안도 도순무사로 내보냈다가 무술년에 양녕이 폐위되어 서인이 되자, 그를 교하에 좌천시켰다. 대신과 대간들이 모두 그에게 죄주기를 청해 마지 않았으나, 태종은 공의 생질 오치선을 교하로 보내,

"경이 비록 공신은 아니지만, 나는 경을 공신으로 대우하여 하루라도 좌우를 떠나지 못하게 하려고 하였다. 그러나 이제 대신과 대간

들이 경에게 죄 주기를 청해 마지 않으니, 양경(兩京 : 개성과 서울) 사
이에는 둘 수 없다. 경의 본관인 장수 가까운 남원으로 옮기게 할 것
이니, 경은 어머니를 모시고 편하게 같이 가라."

하였고, 또 사헌부에 명하여,

"그가 갈때에 관리가 압송하지 말라."

하였다. 오치선이 복명하자, 태종이 묻기를,

"황희가 무어라 하던고."

하니, 치선이 아뢰기를,

"살과 뼈는 부모께서 주신 것이지만, 의식이나 쓰는 것은 모두 임금
의 은혜였으니, 신이 어찌 은덕을 배반하겠습니까. 실로 다른 마음
이 없었습니다 하고는 울면서 어쩔 줄을 몰라했습니다."

하였다.

공이 정승이 되었을 때 김종서가 공조 판서가 되었다. 일찍이 공처(公
處)에 모였을 때에, 종서가 공조로 하여금 약간의 술과 안주를 갖추어 드
렸더니, 공이 노하여 이르기를,

"국가에서 예빈시를 의정부 곁에 설치한 것은 삼공을 접대하기 위해
서이다. 만일 시장하다면 의당 예빈시로 하여금 장만해 오게 할 것
이지, 어찌 사사로이 제공한단 말인가."

하고는, 종서를 앞에 불러놓고 준절히 꾸짖었다.

정승 김극성이 일찍이 이 일을 경연에서 아뢰고,

"대신이란 마땅히 이러해야 조정을 진정시킬 수 있습니다."

라고 했던 사실을 《동각잡기》는 전하고 있다.

허균이 남긴 《식소록》에서도 김종서를 구박한 일을 기록하고 있는
데, 김종서가 여러 차례 병조·호조의 판서가 되어, 한 가지 일이라도 실
수한 것이 있을 때마다 공이 박절할 정도로 꾸지람을 하여, 본인 대신 종

을 매질도 하고 때로는 가두기도 하였다. 동료들이 모두 지나친 일이라 여기던 차, 어느 날 맹사성이 묻기를,

"김종서는 당대의 명경(名卿)인데, 대감은 어찌 그렇게도 허물을 잡으시오."

하였더니, 공은 말하기를,

"이것은 곧 내가 종서를 아껴서 인물을 만들려는 거요. 종서의 성격이 고항(高亢)하고 기운이 날래어 일을 과감하게 하니, 뒷날 우리 자리를 잇게 되었을 적에 모든 일을 신중히 하지 않는다면 허물어뜨릴 염려가 있으니, 미리 그의 기운을 꺾어 경계하여, 뜻을 가다듬고 무게 있게 하여 혹시 일을 당해서 가벼이 하지 않도록 하려는 것이지, 결코 그를 곤경에 빠뜨리게 함이 아니외다."

하니, 맹사성이 그제야 심복하였다. 뒤에 공이 물러나기를 청할 때 종서를 추천하여, 자기 자리를 대신하게 하였다 했으니, 참으로 인재를 길러내는 황 정승 안목이 자못 범인은 아닌 듯하다.

어느 날 태학 유생이 길에서 황 정승을 만나자마자 면박하기를,

"네가 정승이 되어 일찍이 임금의 그릇됨을 바로잡지 못한단 말이냐."

하였으나, 공은 노여워하지 않고 도리어 기뻐하였다고, 조정암이 회고한 바가 있다.

조선조 문필가로 이름 높은 서거정은 그의 《필원잡기》에서 공에 대해,

"평시 거처가 담박하였고, 비록 손자들과 동복들이 앞에서 울부짖고 희롱하여도 조금도 꾸지람하지 않았으며, 심지어 수염을 뽑는가 하면 뺨을 치는 놈까지 있어도 역시 제멋대로 하게 두었다. 일찍이 아래에 있는 신료들과 함께 일을 의논할 때, 바야흐로 붓을 풀어 글을

쓰려 하는데, 종의 아이가 종이 위에 오줌을 싸도 노여워하는 빛이

없이 다만 손으로 훔쳤을 뿐이다."

라는 사실을 꾸밈없이 기술했고, 성현이 지은 《용재총화》에서도, 공은 나이가 많고 벼슬이 무거워질수록 더욱 스스로 겸손하여, 구십여 세나 되었는데도 늘 고요한 방에 앉아서 종일토록 말없이 두 눈을 감았다 떴다 하며 글을 읽을 따름이라 했다. 창밖에 늦복숭아가 무르익어 이웃 아이들이 다 따는데, 공은 나직한 소리로,

"다 따먹지 말아라. 나도 좀 맛이나 보자."

라고 한 후에 조금 있다가 나가 보니, 나무에 가득하던 열매가 다 없어졌다. 매양 아침저녁으로 밥 먹을 때에 아이들이 모두 모여들어 그가 밥을 덜어서 주면, 지껄이며 먹기를 다투곤 하였는데, 공은 다만 웃을 뿐이라고 회고했다.

정언 이석형이 뵈러 갔더니, 《강목》과 《통감》을 내어 책 표지에 제목을 쓰게 하였다. 조금 있다 못생긴 여종 하나가, 약간의 안주를 갖고 공의 의자에 기대고 서서, 이석형을 내려다보며 공에게 묻기를,

"곧 술을 올릴까요."

하니, 공은 조용하게,

"조금 있다가."

라고 하였다. 여종이 한참 기다리다가 고함을 지르며,

"어쩌면 그리도 꾸물거리누."

하니, 공은 웃으면서,

"그럼 드려오렴."

하였다.

술상이 들어오니, 남루한 아이들이 맨발로 뛰어 들어와 공의 수염을 잡아당기기도 하고, 더러는 공의 옷을 밟고 안주를 집어 먹으며 공을 두

들기곤 하였는데, 공은,

"아야 아야"

라고만 했다. 그 아이들은 모두 노비의 자식들이었다고 《청파극담》은 전하고 있다.

공이 거처하던 정자인 반구정(伴鷗亭)이 임진강 하류에 있으니, 파주읍 서편 15리에 있다. 자손이 그곳에 집을 짓고 이내 반구라 이름 하였다.

맹사성孟思誠

자는 성지(誠之), 본관은 신창이다. 한성윤 맹희도의 아들이고, 최영의 손자 사위이다. 고려 병인년(1386) 문과에 장원하였고, 정미년(1427)에 정승이 되어 좌의정에 이르렀다. 신해년(1431)에 죽으니, 나이가 72세였다. 세종이 백관을 거느리고 곡하였다. 시호는 문정공(文貞公)이다.

천성이 지극히 효도하고 청백하였다. 그가 살고 거처하는 집은 비바람을 가리지 못하였으며 매양 출입할 때에 소타기를 좋아했으므로, 보는 이들이 그가 재상인 줄을 알지 못하였다. 청결하고 검소 고결하여 살림살이를 일삼지 않고, 식량은 늘 녹봉으로만 채웠다. 어느 날 햅쌀로 밥을 지어 드렸더니, 공이 의아하여,

"어디에서 쌀을 얻어왔소."

하고 물었다. 그 부인이 답하기를,

"녹미가 오래 묵어서 먹을 수 없기에 이웃집에서 빌렸습니다."

하니, 공은 싫어하며 말하기를,

"이미 녹을 받았으니, 그 녹미를 먹는 것이 당연한 일인데, 무엇 때문에 빌렸소."

라고 했던 사실은 기준(奇遵)이 저술한《무인기문(戊寅記聞)》에 담겨 있다.

청결 검소 단정하고 후중하여, 상부(相府)에 있을 때에 대체를 지녔었다. 공은 경자생이면서 장난삼아 계묘계에 들었다. 어느 날 세종을 모시고 있었는데 임금이,

"공은 나이가 몇이요."

하여, 공이 사실대로 대답하였다. 물러나온 뒤 동갑이 아니라 하여, 계묘계에서 제명되어 한때의 웃음거리가 되었다.

서거정은《필원잡기》에서 공에 대해,

"음률을 잘 알아서 항상 피리를 갖고 다니며 날마다 서너 곡조를 불었다. 문을 닫은 채 찾아오는 손님을 맞지 않다가, 공무에 관한 일을 여쭈러 오는 자가 있으면 문을 열어 맞이했는데, 여름이면 소나무 그늘에 앉고 겨울이면 방 안 포단에 앉되, 좌우에는 다른 물건이 없었으며 일을 여쭌 자가 가고 나면 곧 문을 닫았다. 일을 여쭈러 오는 자는 동구에 이르러서 피리 소리가 들리면 공이 있음을 알았다."

라고 회고하고 있다.

온양에 근친(覲親)하러 오갈 적에 각 고을 관가에 들리지 않고, 늘 간소한 행차를 차렸으며, 더러는 소를 타기도 하였다. 양성과 진위 두 고을 원이 공이 내려온다는 말을 듣고 장호원에서 기다렸는데, 수령들이 있는 앞으로 소를 타고 지나가는 사람이 있어, 하인을 불러 꾸짖게 하니, 공이 하인더러 이르기를,

"너는 가서 온양에 사는 맹 고불(맹사성 호)이라 일러라."

라고 했다. 그 사람이 돌아와 고했더니, 두 고을 원이 놀라 달아나다가 언덕 밑 깊은 못에 인(印)을 떨어뜨렸다. 후대의 사람들이 그곳을 인침연(印沈淵)이라 불렀다.

공의 집이 매우 좁아, 병조 판서가 일을 여쭈러 찾아 갔다가 마침 소

낙비가 내리는 바람에 곳곳에서 비가 새어 의관이 모두 젖었다. 병조 판서가 집에 돌아와 탄식하기를,

"정승의 집이 그러한데, 내 어찌 바깥 행랑채가 필요하리요."

하고는, 마침내 짓던 바깥 행랑채를 철거하였다.

공이 온양으로부터 돌아오는 길에 비를 피해, 용인 여각에 들렀는데, 행차를 성대하게 꾸민 어떤 이가 먼저 누상에 앉았으므로, 공은 한쪽 귀퉁이에 자리 잡았다. 누상에 오른 자는 영남 사람으로 의정부 녹사 취재에 응하러 상경하는 자였다. 공을 불러 위층에 올라오게 하여 함께 이야기하고 장기도 두었다. 또 농으로 문답하는 말끝에 반드시 '공' '당'하는 토를 넣기로 하였다.

공이 먼저 묻기를,

"무엇하러 서울로 올라가는공."

하였더니, 그가,

"벼슬을 구하러 올라간당."

하였다. 공이 묻기를

"무슨 벼슬인공."

하니, 그가,

"녹사 취재란당."

하였다. 공이 또,

"내가 마땅히 시켜주겠공."

하니, 그 사람은 또,

"에이, 그러지 못할 거당."

하였다.

뒷날 공이 의정부에 앉았는데, 그 사람이 취재차 들어와 뵈었다.

공이 이르기를,

"어떠한공."

하니, 그 사람이 비로소 깨닫고는 갑자기,

"죽을 죄를 지었씀당"

하니, 그 자리에 함께 있던 사람들이 모두 놀라 괴이하게 여겼다. 공이 그 까닭을 얘기하니, 옆에 있던 재상들이 크게 웃었다. 드디어 그 사람을 녹사로 삼아, 공의 추천으로 여러 차례 고을 원을 지내게 되었다. 후인들이 이를 일러,

'공당 문답'

이라 하였다.

최윤덕崔潤德

자는 여화(汝和), 본관은 흡곡이다. 무과에 급제하여 갑인년(1434)에 정승이 되어 좌의정에 이르렀으며, 시호는 정렬공(貞烈公)이고, 종묘에 배향되었다.

공의 아버지 최운해는 국초의 명장이었다. 공이 태어난 뒤에 어머니가 죽었는데, 아버지는 변방을 지키느라고 돌아오지 못하였으므로, 이웃에 살던 천한 양수척 집에 맡겨져 자라났다. 힘이 보통 사람보다 뛰어나 센 활을 잘 쏘았는데, 때로는 수척을 따라 사냥하러 나가서 많이 잡기도 하였다. 어느 날 산중에서 소와 말을 먹이다가, 별안간 범이 숲 속에서 뛰어나오자 마소들이 흩어졌다. 공이 말을 타고 화살 하나로 범을 쏘아 죽이고 돌아와 수척에게 이르기를,

"아롱진 무늬를 가진 큼직한 것이 무슨 짐승인지 나오기에 내가 쏘
아 죽였다."

하여 수척이 가서 보니, 큰 호랑이었다.

서미성(서거정 아버지)이 합포를 다스릴 적에, 수척이 공을 데리고 가서 뵙고 자랑했더니, 미성이 이르기를,

"한번 시험해 보겠다."

하였다. 함께 사냥을 할 때 공이 좌우로 달리며 쏘아 맞히지 못하는 것이 없으니, 구경하는 사람이 모두 칭찬하였다. 미성이 웃으면서 이르기를,

"이 애가 비록 손이 빠르긴 하나 아직 법을 모르니, 사냥꾼 기술에 불과하여 옳은 무술이라고 볼 수 없다."

하고는, 이내 활쏘기와 말달리는 방법을 가르쳐서 마침내 명장이 되었다고, 《필원잡기》가 전하고 있다.

이육의 저서 《청파극담》에서도,

공이 이상(貳相 : 의정부 좌우찬성의 별칭)으로 평안도 도절제사 판안주목사를 겸임하였는데, 공무가 끝나면 공청 뒤 빈 땅에다 오이를 심고 손수 가꿨다. 소송하러 온 자가 누구인지 모르고 묻기를,

"대감께서 지금 어디에 계신지요."

하자, 그가 속여 말하기를,

"아무 곳에 있다."

하고는, 재빨리 들어가 옷을 바꿔 입고 판결에 임하였다.

시골에 사는 한 지어미가 울면서 이르기를,

"호랑이가 제 남편을 죽였습니다."

하니, 공이 이르기를,

"내 너를 위해 원수를 갚아 주겠다."

하고는 범의 자취를 밟아 손수 쏘아 죽인 후 그 배를 쪼개 뼈와 고기와 사지를 꺼내 의복으로 싸서 관을 맞추어 매장하여 주었더니, 그 지어미가 슬피 울었다. 지금까지도 고을 사람들이 사모하기를 부모같이 한다고 하였다.

허조許稠

자는 중통(仲通), 호는 경암(敬菴), 본관은 하양이다. 고려 말 경오년(1390)에 급제하였고, 무오년(1438)에 정승이 되어 좌의정에 이르렀으며, 시호는 문경공(文敬公)이고, 종묘에 배향되었다.

이동형의 《동각잡기》에 따르면, 태종 조 대간으로 일을 논하다가 전주 판관으로 좌천되었는데, 이조 정랑의 자리가 비게 되어 태종이 관안(官案)을 검열하다,

"이 사람이 이 직에 알맞다."

하고는 바로 제수하였다고 전한다.

《필원잡기》에서는 허조를 두고,

"대범·엄숙·방정·공평·청렴·근신하여 매양 닭이 울면 세수하고 머리를 빗고 관대를 차리고 바로 앉아 종일토록 게으른 기색을 나타내지 않았다. 정성껏 나라 일을 생각하여 사사로운 일은 말하지 않았으며, 국정을 의논할 때는 홀로 자기의 신념을 지켜서 남들에게 맞추어 오르내리지 않았다. 가법이 몹시 엄하여 자제에게 허물이 있으면 반드시 사당에 고한 다음 벌을 내리고, 노비들에게 죄가 있으면 법에 의하여 다스렸다. 어릴 때부터 깎은 듯이 여위어서 어깨와 등이 굽은 듯하였다. 일찍이 예조 판서로 있을 때에 상하 관복 제도를 마련하여 엄격하게 다스리는지라, 시의 경박한 자식들이 공을 매우 미워하여 '수응 재상(瘦鷹宰相)'이라 별명을 지었다."

라고 평한 바가 있다.

성현의 《용재총화》에서도, 마음가짐이 맑고 발라 집 다스림이 엄하고 법도가 있었으며, 자제를 가르치되 털끝만큼이라도 잘못이 있을까 싶어 삼가게 하였다고 한다. 사람들이 말하기를,

"허공은 음양(陰陽 : 부부관계)의 일도 알지 못할 것이다."

하니, 공이 웃으면서 말하기를,

　"내가 음양의 일을 몰랐다면, 저 두 아들 후(詡)와 눌(訥)이 어디에서
　　나왔단 말인가."

라고 되받았다고 전한다.

　공이 책상 앞에 단정하게 앉아 있을 때에, 밤중에 도둑이 들어와서
물건을 모두 가져가는데, 졸지도 않으면서 마치 진흙으로 만들어 놓은
인형처럼 앉아 있었다. 도둑이 간 지 오래 되어, 집안사람이 비로소 쫓아
갔으나 잡지 못하여 분통해 하니, 공이 말하기를,

　"이보다 더 심한 도둑이 들어와 마음 속에서 싸우고 있는데, 어느 겨
　　를에 바깥 도둑을 걱정하리오."

라고 했던 고사를 조광조가 그의 문집 《정암집》에서 빼 놓지 않고 있다.

　조선의 어진 정승으로 황희와 공을 첫째로 꼽는데, 다만 두 사람은
모두 고려조에 과거에 올랐던 사람들이었으므로, 청의를 주장하는 자들
은 이 때문에 부족하게 여겼다.

하연河演

　자는 연량(淵亮), 호는 경재(敬齋), 본관은 진주이다. 태조 병자년(1396)
에 생원 진사를 거쳐 문과에 급제하였으며, 예문관 대제학을 거쳐 을축
년(1445)에 정승이 되어 영의정에 이르렀고, 궤장을 받고 치사하였다. 단
종 계유년(1453)에 죽으니 나이는 78세였다. 시호는 문효공(文孝公)이며,
문종 묘정에 배향되었다. 아들 셋이 있었는데, 내외 증손이 백여 인이나
되었다.

　정유년에 동부대언[동부승지]이 되었는데, 태종이 그의 손을 잡으면
서,

"경이 이 자리에 오른 이유를 아는가."

하자, 공이,

"모릅니다."

고 대답하니,

태종이 이르기를,

"전일에 경이 사헌부에 있을 적에 능히 헌직(憲職)을 감당했으므로, 내가 그때에 경을 알아 보았다."

하였다.

평상시에 늘 검은 사모를 썼는데, 그 뿔은 빼어 버리고 향을 태우며 고요히 앉아서 종일토록 읊조렸다. 공의 시는 기벽하여 옛 시의 격조에 가깝고, 필법 또한 굳세어 체를 얻었다. 일찍이 세자시강원에 있을 때에 시를 지어 손수 쓰니, 하륜이 감탄하기를,

"하문학이 시를 짓고 하문학이 글을 썼으니, 역시 인간 보물이다."

하였다.

일찍이 경상도 관찰사가 되었을 때에 남지가 그 다음 벼슬인 아사(亞使)가 되었는데, 공이 매우 중히 여겨 하관으로 대우하지 않았다. 일찍이 진주에 이르러 아름다운 산천의 경치를 찬탄하였으니, 공이 진주 사람이었기 때문이다. 남지가 얼굴빛을 고치면서 말하기를,

"산수는 비록 아름다우나, 품관(品官)은 몹시 좋지 못합니다."

하고 농을 하니, 공이 크게 웃었다. 사람들이 공의 아량에 심복하였더니, 뒤에 남지와 함께 정승에 올랐다고 《필원잡기》는 전하고 있다.

평안 검소 강직하고 명철하며 풍채가 단아하였다. 효도를 다하여 어버이를 섬겼고, 종족간에 매우 화목하였으며, 옛 친구를 버리지 않고 경조사에 인사를 빠뜨리지 않았다. 살림살이에 힘쓰지 않고 기첩을 두지 않았기 때문에, 규문이 엄숙하였다. 닭이 울면 일어나서 의관을 바로하

고 대궐을 향하여 앉는데, 좌우에는 책뿐이었다. 그에게 시를 청하는 사람이 있으면 흔연히 곧 붓을 잡고 쓰니, 시상이나 필법이 늙을수록 더욱 절묘하였고, 천성이 옛 도리를 좋아하여 일마다 옛사람을 자기의 목표로 삼았으며, 사대부를 예법으로 대우하여 문에서 오래 기다리는 손님이 끊일 적이 없었다. 오랫동안 이조에 있었으나 사사로운 청탁을 좋아하지 않았고, 정승이 되었을 때에는 법을 좇아 흔들리지 않고 시종 여일하게 근신하였으니, 그는 태평 시대의 문치를 이룩한 재상이었다. 또 학문이 정하고 깊고 문장이 법도 있고 우아하여, 일세의 우러름을 받았다.

부모 섬기는데 몹시 효도하였다. 두 어버이 나이가 모두 80이었는데, 어버이 마음을 기쁘게 할 일은 하지 않는 것이 없었다. 구경당(具慶堂)을 짓고 설날이나 명절이 되면 반드시 잔을 들어 수(壽)를 올리니, 사대부들이 영광으로 여겨서 시를 지어 찬송하는 이들도 있었다. 초가로 지은 구경당은 해마다 이엉을 하였는데, 어버이가 돌아가시자, 영모(永慕)로 편액을 고쳤다. 자제들이 기와로 바꾸기를 청하니, 공이 탄식하기를,

"선인이 거처하시던 곳을 어떻게 고치겠는가. 역시 그대로 두어, 후대의 사람으로 하여금 선인의 검소함을 본받게 하여라."

하였다.

남지南智

자는 지숙(智叔), 본관은 의령, 영상 남재의 손자이다. 음사로 출사하여 기사년(1449)에 정승이 되고 좌의정에 이르렀다. 시호는 충간공이다. 급제하지 않고 정승에 오른 입지전적인 인물이다.

야사에서 전하는 남지의 일화들은 매우 많다. 특히 조선 중기 서자로 태어난 한계로 선비의 길을 얻지 못하고 역관 생활하던 조신이 그의 야

사 《소문쇄록》에 자세하게 담고 있는데, 남지는 낮은 벼슬에 있을 때부터 담력과 뜻이 있었다. 사헌부 지평이 되었을 때에, 도승지 조서로가 간음 하였다는 비방들이 있었으나 감히 먼저 발언하는 자가 없었는데, 내가 하겠다고 말하였다. 어느 날 일찍 조회에 들어가면서 사헌부 이속 20여 인으로 하여금, 조서로가 들어오기를 기다려서 그의 몸종들을 남김 없이 묶어오게 한 뒤, 곧 조방(朝房)에서 국문하기를,

"너의 주인이 아무 날 어느 곳에 갔으며 어느 집에서 잤느냐."

추궁하니, 구사들이 모든 것을 실상대로 말하였다. 또 간음한 집의 심부름하는 노파를 잡아서 국문하였더니 숨기지 못하였다. 세종이 당시 간음법을 중하게 여겼기에 조서로를 곧 서인으로 강등시켰다.

하연이 경상도 감사로 있을 때에 공이 아래 관직 도사로 임명되어 온단 말을 듣고 걱정하기를,

"이 사람은 나이 젊고 문벌이 높은 집 자제여서 필시 직무를 옳게 보지 못할 것이니, 내 장차 어찌할꼬."

라고 걱정했다.

그가 처음 이르러서 뵈러 들어올 적에, 하연이 시험 삼아 판단하기 어려운 공문서를 주면서 말하기를,

"그대는 이를 처결해 오라."

하고, 공이 물러간 뒤에 사람을 시켜서 엿보게 하였더니, 그가 장중(帳中)에서 손님과 술을 많이 마시고 있었다. 하연이 탄식하기를,

"과연 나의 추측과 다름이 없구나."

하였더니, 공이 이튿날 술이 깨자 일어나 그 문서를 한 번 훑어보고는 손톱으로 그어 표시를 하여, 하연에게 드리면서 말하기를,

"아무 글자가 빠졌으니 아마 그릇된 것 같고, 아무 일은 그릇되었으니 분변하여야겠습니다."

하므로, 하연이 자기도 모르게 깜짝 놀랐다. 그 뒤부터 특별히 간곡하게 대우하였다. 그 뒤 하연이 정승으로 있을 때에 공도 정승이 되니, 하연이 이르기를,

"감사가 발이 빠르지 못했더라면 거의 도사에게 밟힐 뻔 하였구나."

하였다.

안평대군이 공과 더불어 혼인하기를 청하니, 공이 이르기를,

"내 여식이 있으나 얼굴이 못생겨서 귀댁의 며느리가 되기엔 어려우니, 한번 간선을 해 보시오."

한 즉, 안평이 말하기를,

"신부의 선을 직접 보는 것은 궁중에서나 있는 일이거늘, 내 어찌 감히 참람한 짓을 하리요. 대감은 어찌하여 이런 말을 하오. 신부의 잘나고 못난 것을 나는 개의치 않소."

하였다. 공이 또 말하기를,

"늙은 여종 하나를 보내어 내 딸을 보시오. 후회가 있을까 걱정됩니다."

하니, 안평이 듣지 않았다. 공은 그 자리에서 술을 마시다 취하자 일어나면서 말하기를,

"한 가지 일을 다시 여쭈려 합니다. 마침 하양에 사는 소경 김학로를 만났습니다. 그는 점을 잘 치는데, 우리 집의 길흉을 말한 것이 다 맞았습니다. 그가 말하기를, 저의 두 딸이 모두 운이 좋지 못해 일생을 잘 지내기 어렵다 하였는데, 혹 이것이 누가 될까 염려됩니다. 맏딸은 임영대군에게 시집갔는데 지금 홀로 살고 있고, 이 딸은 둘째입니다."

하였으니, 큰 딸 임영대군 부인 남씨는 아들을 못 낳아 소박맞았기 때문이다.

안평이 웃으면서 말하기를,

"대감은 어찌 무당과 점쟁이 말을 믿습니까. 대인이 요망스러운 말을 물리치는 뜻에 어긋나는가 합니다."

라고 강권하는지라,

이에 공이 곧 말하기를,

"그러면 승낙하는 것으로 하지요. 우리 같이 한미한 집에서 종실과 혼인하는 것은 실로 다행입니다만, 박복한 딸이고 얼굴도 잘 생기지 못하여 뒷말이 있을까 염려했는데, 대군의 뜻이 확고함을 알았으니 어찌 감히 사양하여 피하겠습니까."

하였다.

이 해에 공의 딸이 안평의 아들 우직에게 시집갔고, 이듬 해 임신년에 공이 중풍으로 세상일에 관여치 못했다. 그런 그 다음 해에 안평이 죄를 입었는데도, 공이 사돈이면서 연루되지 않은 것은 병이 났기 때문이었다.

수양대군이 계유정난을 일으켜 안평을 처형할 때, 가산을 몰수하고 그의 아들 우직까지 사사하였던 것은 물론 며느리 남씨는 관비의 신세가 되었으니, 남지의 선견지명이 들어맞았다 할 것인데, 한편으로는 호방한 성정을 가진 안평이 수양을 견제할 욕심으로 남지와 사돈을 맺으려 했던 것이라 여겨진다.

제5대
문종대왕

휘는 향(珦), 자는 휘지(輝之), 세종의 첫째 아들이다. 소헌왕후 심씨가 태종 14년(1414) 10월 한양 사저에서 낳았다. 세종 3년 신축(1421)에 왕세자로 책봉되고 성균관에 입학하였다. 세종 27년 을축(1445)에 왕명을 받들어 대리청정 하였다. 경오(1450) 2월 별궁에서 왕위에 오르고, 임신(1452) 5월 경복궁 천추전에서 승하했다. 왕위에 있은 지 2년이요, 수는 39세였다. 명나라 조정에서 공순(恭順)이란 시호를 내렸으니, 공경하여 윗사람 섬기는 것을 공(恭)이라 하고, 어질어 백성에 온화한 것을 순(順)이라 하였다. 능은 현릉(顯陵)인데, 양주 건원릉 동쪽 골짜기 계좌이다. 비는 인효순혜 현덕왕후(仁孝順惠 顯德王后) 권씨로 아들 단종을 낳고 죽었다. 딸 경혜공주는 해주정씨 정종에게 시집갔으나, 사육신 사건으로 멸문되었다. 사칙(司則) 양씨가 낳은 경숙옹주가 있다.

긴 세자수업, 짧았던 재위

적장자 계승.

유교를 숭상하는 국가에서 왕위 계승 방법으로 가장 이상적으로 꼽는 것이 적장자 계승이다. 적실에서 태어난 큰 아들이 부왕으로부터 세자 책봉을 받아 임금 자리 오르는 것이, 그렇게 어려운 일이었던가!

조선이 건국된 후 다섯 번째 임금에 가서야 그것이 실현되었을 정도였고, 그 이후에도 그런 사례들이 드물었던 것은, 한양 천도 당시 정도전에게 던진 무학의 예언 때문이었는지도 모른다.

아무튼 조선 역사상 최초의 적장자 계승을 열었던 임금이 문종이었으니, 그 누구도 정통성을 갖고 시비 걸 자가 없었다. 문종을 두고 간혹 병약한 왕으로만 묘사되거나, 2년 3개월이란 짧은 재위 기간에 뭔 업적이 있을까 생각하는 사람들도 있으나, 이는 문종을 몰라도 너무 모르고 하는 말이다.

긴 세월, 그것도 무려 29년간 동안, 세자자리 지키면서도 한 점 거리낄 일이 없는지라, 성과에 조급하거나 주위를 의심할 필요도 없었고, 또 의심하지도 않았다. 그것은 결점 많고 정통성 얻지 못한 자들이 하는 짓거리이기 때문이다. 묵묵히 그리고 차근차근 제왕 수업을 갈고 닦은 후, 긴 병환에 갇혀버린 세종의 재위 후반 업적들을 자신의 것으로 만들어 냈으니, 세자로서 경험한 7년의 대리청정까지 고려한다면, 실제 그의 통치 기간은 9년이 넘었다 할 것이다.

세자 시절 보여 준 과학적 업적들은 말할 나위 없고, 특히나 병법에 밝아 당대에 그 누구도 문종을 따라잡을 사람이 없었다. 세종 치세의 발명품 중에 으뜸으로 치는 측우기는, 문종이 세자 시절 그릇에 빗물을 받아 측정하며 연구하던 것을 발전시켜 제작된 것이다. 나아가 신기전을 비롯한 각종 병장기를 더욱 세련되게 만든 것은 물론, 군사훈련 기초 교범인 진법을 직접 저술하여 만대에 전했으니, 문종이란 시호가 오히려 무색하다 할 것이다.

수양대군을 비롯한 아우들이 그의 카리스마에 눌려, 감히 도전할 생각조차 할 수 없게 만들기도 했지만, 부왕 세종의 승하로 슬픔이 지극했던 데다 정사까지 돌보느라 건강이 급격하게 나빠졌으니, 어린 아들 단종을 남긴 채 39세의 젊은 나이로 세상을 떠나고 말았다.

그리하여, 신하들이 추모하며 올린 행장에서,

"임금은 의표가 훤칠하여, 성품이 너그러우면서도 간결하고, 중후하고 명철하며, 굳세고 어질고, 효성과 우애가 지극하여, 웃어른 받들고 아랫사람 대우하기를 한결같이 지성스럽게 하였으되, 노래와 여색을 가까이 하지는 않았다.

학문이 고명하여 고금에 통달하고, 성리학에 더욱 깊은 조예가 있어, 때로 시종신과 함께 역대 치란의 원인을 밝힌 옛 학자들의 여러 견해를 논평할 적에, 한결같이 이치에 맞게 한 말들은 간결하면서도 뜻은 넓었다.

글을 지을 때 지필을 들기만 하면 곧바로 써 내려가, 천문·역산·음운까지 매우 정밀하게 알았고, 또 초서와 예서를 잘 썼으나 잡기에는 뜻을 두지 않았다.

조정 정사에 임하여서는, 과묵하여 멀리서 바라보면 근엄하게 보이지만, 여러 신하들과 이야기하면 따뜻한 봄바람 같아, 신하들도 각기 품고 있는 생각을 죄다 말하였다. 세자로 29년 동안 선왕을 보필하여 많은 일을 하였고, 대리청정 서무를 결재함에 있어 공덕이 백성에게로 미쳤다.

왕위에 오르자, 먼저 언로를 넓혀 어질고 간특한 이를 뚜렷이 분별하였고, 농정에 힘쓰고 형벌을 신중히 행했으며, 문을 숭상하고 무를 중히 여기었다. 나이 많은 이를 존중하고, 절의를 장려하였고, 수자리 사는 병졸 수를 줄이고, 전답 부세를 덜어주었으며, 낭비되는 비용을 줄이면서 체납된 세금을 탕감하고, 의지할 데 없는 이를 불쌍히 여기어, 원대한 계획을 널리 펼치던 중이라 신민들이 태평성대를 우러러 바랐는데, 갑자기 세상을 떠나니, 거리의 아이는 물론이요 여항의 부녀들까지 모두 울부짖으며 슬피 울었다."

라고, 칭송한 내용들이 그저 통상적이고 의례적인 행장 꾸미기 언사는 아닌 듯하여, 읽는 이로 하여금 옷깃을 여미게 한다.

성종 때 성현이 기술한 《용재총화》에서도 문종을 두고,

"천성이 지극히 효성스러워 여러 가지 정무가 번다하여도 매양 부왕의 약을 먼저 맛보고 수라상을 친히 살폈다. 밤중이 되어도 곁에 모시고 있으면서 물러가라고 명령하지 않으면, 감히 물러나지 않았다. 세종이 앵두를 즐겼으므로, 문종이 일찍이 후원에 손수 앵두나무를 심어, 익으면 따다 바쳤다. 세종이 이를 맛보고는, 외부에서 바친 것이 어찌 세자의 손수 심은 것과 같겠는가 하셨다."

라고 추억하였으니, 이 앵두나무는 후일에도 주렁주렁 열매를 맺어, 아름다운 옛 고사와 함께 젊은 선비 가슴에까지 내려앉았음이 분명하다.

당시 동궁은 경복궁 대궐 동쪽에 위치하였으니, 문종이 세자가 되자 30년 동안이나 여기에 거처하였다. 서연을 열어 시강하는 곳을 자선당, 백관의 조회를 받는 곳은 계조당이라 하였다. 조관 중에 어질고 명망 있는 이를 뽑아 동궁 첨사로 삼았으니, 집현전 선비 열 명은 경연을 맡았고, 나머지 열 명은 동궁을 가르치는 서연을 맡았다.

세종은 정인지를 좌필선, 최만리를 우문학으로 삼아, 윤번으로 세자를 모시고 강론케 하였다. 고금의 좋은 말과 좋은 정치를 소개하고 토론

하거나, 민간의 일까지 세세하게 일러 저녁이 되어서야 마치는 것이 상례가 되었으니, 세종이 서연관을 불러 이르기를,

"세자가 늘 궁중에만 있고 한 번도 밖에 나가지 않으니, 건강을 잃을까 염려된다. 요사이 명을 따라 조회에 참여하기는 하나, 내가 때때로 교외로 갈 적에도 함께 가지 않는구나. 아마도 실없는 구경거리에 마음이 흔들릴까 염려하는 때문이리라."

하였다.

세자 시절 오래도록 동궁에 머물러, 나이 들수록 학문에만 잠심하였다. 매양 달 밝은 밤에 인적이 뜸해지면, 간혹 손에 책 한 권을 들고 집현전 학사가 숙직하는 거처까지 걸어와, 선비들과 어울리며 토론하길 즐겼다. 하루는 밤이 야심하자 세자 행차가 없을 것으로 여겨 옷을 벗고 누우려 했는데, 갑자기 문밖에 신 끄는 소리가 들리더니, 성삼문을 부르는 세자의 소리에 놀라 허겁지겁 맞아 절하였다. 그러니 성삼문을 비롯한 집현전 학사들이 숙직하는 날엔 감히 의대를 풀지도 못했다. 이런 고사를 《용천담적기》에 남긴 김안로는 문종이 이렇듯 학문에 부지런하고 선비를 좋아하고 돈독함이 진실로 천고에 드문 일이었다고 칭송해 마지 않았다.

여러 신하들이 정무를 아뢰면,

"지존께 마땅히 아뢰어야 될 것이다."

하면서, 웃전의 생각을 물은 후 가부를 정했듯이, 대리청정의 정무를 결재한 지 7년 만에 부왕이 승하하자, 슬픔을 이기지 못한 눈물이 삼베 적삼 소매를 다 적셨다. 여막에 거처하면서 물과 미음조차 입에 대지 않았으니, 슬픔이 몸을 상할 정도에 이르렀을 때, 낫기 시작한 등창에 상처 딱지가 덜 아물어, 따뜻한 방에 거처하여 완연히 낫도록 치료하길 청했으나, 끝내 허락하지 아니하였다. 추운 겨울이든 더운 여름이든 휘덕전

궤연 앞에서 잠시도 예를 폐하지 않으니, 애통하고 초췌한 얼굴을 차마 볼 수 없었다.

이렇듯 3년 상 치루는 동안 몸이 배겨나지 못했는데, 나랏일 또한 놓질 못해 하루걸러 정무를 보니, 긴장을 풀고 몸을 돌보라 청하는 신하에게,

"임금이 향락에 탐닉하면 천년을 살아도 만족하지 못한다. 그렇지 않다면 1년이라도 족하다."

고 대답하였다.

일찍이 이르기를,

"남녀의 정욕과 식욕이 사람에게 가장 절실한 것이다. 부귀한 집의 자제들이 이 때문에 몸을 망치는 자가 많아, 늘 여러 아우들에게 친절히 훈계하고 타이르는데, 내 말을 따르는지는 모르겠다."

하였다.

나랏일에 전념하던 문종은 아침부터 저녁까지 정무를 보고 나서도, 경연과 윤대(輪對)를 조금도 멈추지 않았으니, 판서 민신이 승지 우효강에게,

"오늘도 정무를 보셨느냐."

라고 물으니,

"그렇습니다."

라고 대답했다.

이에 민신은,

"주상께서 몸이 너무 고달프신데도, 어찌 조금도 쉬지 않으실까."

라고 하였더니, 옆에 있던 정인지가,

"공은 어찌 그런 말을 하여, 임금이 정사에 게으르게 하시오."

하면서 크게 공박하였다.

이런 대화를 놓고 권건은 《충민공잡록》에서,

"민신은 온당한 죽음을 맞지 못했고, 정인지는 나라의 원로가 되었
으니, 말 한마디의 증험이 이와 같았다."

라는 내용의 인물평을 후세에 남겼다.

후일 수양대군에 맞서다 죽음을 맞이한 민신은 스스로 명을 단축한
데 비해, 정인지는 세조의 공신으로 승승장구했기 때문에, 이런 해석을
덧붙인 것이다.

하지만 역사의 평가란, 보는 사람마다 다르고 시대에 따라 달리 보는
수가 많은지라, 후세인들은 민신을 충신으로 보면서도 정인지를 배신자
로 낙인찍기를 즐겨 했으니, 충민공 권건은 이런 사실까지 몰랐을 것이
다. 정인지 행위를 긍정적으로 평한 권건이야말로 세조의 오른팔 권람
의 아들이었으니, 아버지를 위한 합리화였는지 아니면 역사적 안목이
길고 넓지 못했기 때문인지, 조금은 아리송하다.

문종이 병환 중에 집현전 신하를 불러, 촛불을 켜고 토론하다 밤이
깊어지자, 무릎에 단종을 앉히고 손으로 그 등을 어루만지면서,

"내가 이 아이를 경들에게 부탁한다."

하고, 술을 내려주었다.

임금이 어탑에서 내려와 편한 자세로 술잔을 들어 권하니, 성삼문·박
팽년·신숙주 등이 모두 취하여 임금 앞에서 쓰러져 정신을 차리지 못했
다. 임금이 내시에게 명하여, 방문 위의 인방 나무 뜯어 만든 들것으로
차례로 메고 나가 입직청에 나란히 눕혔다. 그날 밤 눈이 많이 내렸는데,
신하들이 술을 깨고 보니 방안에 향기가 가득하고, 몸에는 담비 털 갖옷
이 덮어져 있었다. 임금께서 손수 덮어준 것을 알고는, 서로 감격하여 눈
물을 흘리며 특별한 은혜에 보답하기로 맹세했다.

작자 미상의 야사인 《축수록》에서, 이 아름다운 장면을 소개한 말미

에,

"그 후에 신숙주 거취는 그 모양이 되고 말았다."

라는 한 줄 세평을 덧붙였으니, 세조를 도와 공신으로 복록을 누렸던 신숙주에 대한 혹평들을 써 놓고도 누가 볼까 가슴을 졸였을 것이 분명하다.

《용재총화》나 《필원잡기》에 따르면,

문종 임금이 성리학에 통달하고 문장력 또한 뛰어나 지필을 들자마자 누에고치 실 뽑듯이 바로 써 내려갔으니, 오랫동안 생각할 것조차 없었다. 글씨 또한 조자앙 필법을 이어받아 등잔 밑에서도 일필휘지하면 그 정묘함이 입신의 경지에 들었기에, 신하들이 조그마한 서예작품 하나라도 얻게 되면 천금같이 여겼다.

임금이 동궁으로 세종을 따라 양화도 희우정에 나갔을 적에 금귤 한 쟁반을 집현전에 보냈는데, 집현전 학사들이 귤을 다 먹자 쟁반 한가운데 시 한 수 적혀 있었으니, 반초 행서로 된 그 글에,

전단향(旃檀香)은 코로만 향기를 느끼고 / 旃檀偏宜鼻

기름진 고기는 입에만 맞는다 / 脂膏偏宜口

코도 향기를 느끼고 입도 단맛을 느끼니 / 最愛洞庭橘

동정귤(洞庭橘)이 가장 사랑스럽다 / 香鼻又甘口

라고 하였다. 세자의 시와 글씨 모두 당대의 빼어난 보배인지라, 학사들이 그것을 본떠 쓰려고 할 때 쟁반을 가져오라 재촉하니, 학사들이 이를 붙들고서 차마 손을 놓지 못하였다고 전한다.

중종 때 권신이던 김안로는 《용천담적기》에서,

"문종 임금은 천문 관측을 잘하고 후기(候氣)에도 정교하여, 우레가

어느 때 치고 어느 방위에서 일어난다고 예언하면 반드시 맞추었지
만, 자잘한 기예에는 마음 두지 아니했다. 해서가 정묘하여 필력이
굳세고, 생동하는 진수는 진나라 명필의 오묘한 경지까지 이르렀다.
그러나 돌에 새긴 한 두 체본만이 세상에 전할 뿐, 진적(眞跡) 보기
드물어 안타까울 뿐이라.”

라고 회고하고 있다.

문종의 재위가 참으로 짧아 애석하기 그지없다.

부왕 세종 죽음에 대한 슬픔이 지극한 데다, 정사에까지 골몰하느라
몸이 허해지더니, 재위 2년이던 임신년(1452) 여름에 39세의 일기로 승
하하였다. 묘호를 논할 적에 효도를 다 한 임금이란 뜻을 새겨 ‘효(孝)’자
를 쓰려 하였으나, 한 가지 덕에만 치우친다는 이유로 ‘문(文)’이란 글자
로 올렸으니, 고래로 ‘문(文)’자 묘호 받은 제왕들과 비교해도, 한 치의 어
긋남이나 부끄럼 없는 일이라 할 것이다.

문종 임금 화상 한 본이 전해졌으나, 후일 잃어버렸다.

김시양은 《하담파적록》에서 문종 어진 일화를 하나 소개하고 있으
니, 조선 중기 문신이자 서예가로 이름 높던 신익성이 그를 찾아와 조용
히 말하기를,

“병자호란 뒤에 비로소 임금 모습이 그려진 족자 한 축을 얻었는데,
조정 신하들이 모두 인종 어진이라고 입을 모았지만, 그 용안의 수
염이 길게 그려졌다는 말을 듣고 혼자서 문종의 어진이라 하였더니,
대신들이 듣고서 상세한 내용을 말해 달라 하는지라, 《소문쇄록》 안
에 문종 수염이 매우 길었다고 한 부분에 찌를 붙여 보냈음에도 믿
지 않더니, 새로 표구할 적에 묵은 배접 뒷면에 문종 어진이란 글자
가 나와 비로소 확인되었다.”

라는 사실을 자랑삼아 말하였다. 이에 하담 김시양이 대답하여 가로되,

"우리나라 야사 기록 중에, 문종 용안이 웅위(雄偉)하고 수염이 길다
는 구절을 본 적이 있지만, 그대가 보았다는《소문쇄록》은 조신이
지었고, 그는 곧 연산군 시절 조위의 서동생이니, 조신이 문종을 뵈
었다는 것이 이치에 맞지 않다."

라고 의문을 표하고는《소문쇄록》을 가져다 확인하니, 그 내용을 찾을
수가 없었다. 문종 수염에 관한 그 말이 씌어 있던 책은《소문쇄록》이 아
니라《용재총화》였기 때문이다.

정사에도 야사에도 없던 왕비

문종 재위 2년 3개월.

그동안 왕비 자리는 늘 비어 있었다.

세자 수업을 받던 신유(1441) 7월에 세자빈 권씨가 세손(단종)을 출산
하자마자 산후병으로 사망한 이후 새장가를 들지 않았기 때문이다.

9년이란 세월이 흘러, 임금으로 즉위할 적에 중전 자리가 비어 있었
고, 나랏일 걱정하며 죽는 날까지도 왕비를 들이지 않았으니, 곤전(坤殿)
자리는 늘 비어 있었던 셈이다. 그러하기에 문종의 치세가 비록 짧았다
하지만, 왕비 없이 한 나라를 통치한 유일한 임금으로 기억되고 있다.

이로부터 3백년이 흐른 영조 때에 문종에게 계비가 있었다는 느닷없
는 논란으로, 세상의 이목을 집중시킨 일이 있었다.

충청도 선비 박통원의 상소로 시작된 이 문제는, 그 누구도 어느 문
헌에서도 시원하게 밝혀 낼 수 있는 것이 아닌지라, 전주 최씨 족보에 등
장하는 공빈(恭嬪)이란 여인이 문종 계비로 추정만 될 뿐이었다.

문종 계비 소동이 있고부터 사십여 년 세월이 흘러가더니, 정조 신해 (1791)에 사간 윤행리가 새로이 공빈 문제를 상소하여 세상을 요란하게 만들었으니, 《동사강목》 편찬에 한 평생을 바친 순암 안정복 선생이 여기에 관심을 보인 것은 당연지사. 선생이 한수운에게 보낸 편지에,

"공빈 일에 대해 전일에 조금 듣고 본 바가 있었기에 별지에다 기록해 놓았는데, 석장(錫章 : 안산에 거주하던 전주최씨 崔鴻晉의 호)에게 보여주어도 괜찮을 런지요?

세조 집권 당시 벌어진 일 중에 야사에 뚜렷이 드러난 것을 말해 보겠습니다.

소릉(단종 어머니 현덕왕후 권씨 능)을 파헤치고 소급하여 폐서인시켰고, 소릉의 아버지 관작을 소급 박탈하였으며, 소릉 어머니 최씨와 소릉 아우 권자신을 처형했고, 영양위 정종을 처벌할 적에 경혜공주 (문종의 딸, 정종과 혼인)를 장흥 관비로 삼았으며, 심지어 단종 비 송씨까지 관비로 만들었습니다. 정인지 등이 단종의 죄는 종사와 사직에 관계된다 하여 역적의 법으로 다스렸기에 그런 것인데, 신숙주가 공신이라는 이유로 송씨를 자기 노비로 삼겠다고 요청했으나, 세조가 허락하지 않고 궁중에서 정미수(경혜공주 아들)를 양육하도록 하였습니다.

그때의 일들이 이러하였으니, 공빈이 있었느냐 없었느냐는 장담 할 수야 없지만, 설사 공빈이 있었더라도 어떻게 무사하리라 보장할 수 있겠습니까.

지금 조정에서 상고할 만한 문적을 찾고는 있으나 3~4백 년 전에 있었던 일이라, 누차 병화를 겪는 바람에 관청 서적들이 대부분 유실되었는데, 더구나 일반 사가에서야 말할 나위 있겠습니까. 그에 관한 서적이 있느냐 없느냐는 따질 필요가 없고, 석장[최홍진] 선대

의 조상들이 여러 대에 걸쳐 묘를 수호하고 벌목을 금하였으니, 이
런 실질적인 자취야말로 훼손된 서적보다 몇 배 더 나을 것입니다."
라고, 적어 보냈음이 확인된다.

이 편지에서 순암 안정복이 공빈의 흔적을 더듬어, 별지(別紙)에 상세
히 기록했다는 그 내용을 옮겨보면,

"들은 바에 의하면, 주상[정조]께서 문종의 왕비 사적을 찾는다고 하
였습니다. 문종이 세자로 있을 때에 휘빈 김씨를 들였다가 폐서인시
키고, 순빈 봉씨를 책봉하였다가 세종 정사년에 또다시 폐서인시켰
는데, 그런 연후에 양원 권씨를 빈으로 책봉하였습니다. 양원(종3품)
권씨는 동궁의 내명부였는데, 신유년(1441)에 단종을 낳고 그 다음
날 운명하였습니다. 경오년(1450)에 세종이 승하하자 문종이 왕위에
올랐는데, 신유부터 경오까지 10년인데도 빈을 책봉한 일이 없습니
다. 그 후 왕위에 오른 지 3년이 되도록 왕비를 책봉한 일 없을 리 만
무하니, 매우 의심스럽습니다. 《명사》 조선전에 '문종이 왕위에 오르
자 황제가 면복을 하사하고, 또 왕비 최씨에게 고명을 내렸다."라고
하였는데, 여기 언급된 최씨가 야사에도 정사에도 보이질 않으니,
매우 이상한 일입니다.

전주 최씨 족보를 상고해 보니, 좌상으로 증직된 최도일의 2녀 중에
하나는 영순군 이부에게 시집갔으니, 바로 광평대군 이여의 아들입
니다. 남은 딸이 공빈인데, 소훈(종5품)으로 빈에 책봉되었으나 후사
가 없습니다. 소훈도 동궁의 내명부였으니, 이것을 보면 소릉이 운
명한 뒤에 최씨를 왕비로 책봉한 것 같습니다.

혁명이 일어날 때 숨기는 말이 많고, 사관이 기록한 사건도 모호하
여 분별할 수 없으며, 비록 《실록》이 있더라도 후대에 편찬한 것이
고 보면, 또한 빼버렸을 것입니다. 지존의 일이고 매우 중요한 지위

이기에 감히 장담 할 수는 없으나, 《명사》나 최씨 족보에 기록된 것
을 의심할 것이 없을 것 같습니다."

라는 명쾌한 자신의 견해를 밝힌 한 바가 있고,

또 다른 별지에서 이르기를,

"말씀하신 공빈의 일은 저의 견해가 하등 의심할 것이 없습니다. 최
씨 족보를 상고해 보니, 3대를 연이어 왕실과 혼인하였습니다. 최사
강 두 딸이 함녕군 이인과 금성대군 이유에게 시집갔고, 최사강 아
들 최승녕 딸이 임영대군 이구에게 시집갔으며, 최승녕의 아들 최도
일도 두 딸을 두었는데, 하나는 광평대군 이여 아들 영순군에게 시
집가고, 하나는 공빈으로 표기되어 후사가 없습니다. 소훈에서 빈으
로 승진되었으니, 소훈은 동궁의 내명부입니다. 이렇듯 동궁의 빈으
로 책봉되었다면, 그 동궁이 문종이 아니고 누구이겠습니까.

그리고 최도일은 풍저창 승이란 벼슬을 하였는데, 죽은 뒤에 좌의정
으로 추증하였습니다. 나라 법에 왕비 아버지에게 영의정, 세자빈
아버지에게 좌의정, 세손빈 아버지에게 우의정을 증직하도록 되어
있습니다. 최도일에게 좌의정 증직을 내렸으니, 세자빈 아버지가 아
니고 무엇이겠습니까. 단종의 누이 경혜공주가 영양위 정종에게 시
집갔는데, 그 묘소가 고양군에 있습니다. 공빈을 공주 묘소 곁에다
안장한 것은 이상한 일이 아닙니다. 그리고 최씨 가문의 전해오는
이야기에, 공빈이 후사가 없기에 주상이 공주 묘소 곁에다 묘소를
정하고, 최씨 본가에서 제사를 지내도록 하였으므로, 묘소를 지키는
사람을 정하여 향을 올리고 벌목을 금해 왔다 했으니, 그 말이 틀림
없습니다.

지난날 세 조정에서 《실록》을 상고해 내려는 일이 있었으나, 《실록》
에는 빠진 것들 또한 많은데다 혁명할 때는 숨기는 일이 많으므로,

사관이 사실대로 적지 못한 것이 필시 많았을 것입니다. 더구나 실록은 후대에 편찬하였으니, 행여 사관이 마음대로 삭제해 버렸기에 그런 것이 아닌지 어떻게 알겠습니까. 그때 법령이 살벌하여 일반인들은 감히 야사로 남길 수 없었는데, 돌아가는 형편으로 따진다면, '공빈' 두 글자로 명확한 판단을 내릴 수 있습니다. 《명사》 조선전을 살펴보면, 역대 조정의 왕비에게 하사한 고명에 모두 성씨를 써 놓았지 최씨만 그런 것이 아닙니다.

주상께서 비록 결정을 내린 비답의 말씀이 있기는 하나 여전히 의심스럽기 때문에, 종부시로 하여금 본가에서 상고할 만한 자취를 찾도록 하였으니, 성상께서 가지신 뜻이 자상하여 모자람이 없었습니다. 이러한 일은 사실이든 아니든 옳든 그르든, 반드시 끝까지 규명한 연후에 그만두어야 합니다. 이미 그의 묘소가 있으니, 지석(誌石)이 있느냐 없느냐는 단언할 수 없으나, 만약 믿을 만한 자취를 얻는다면 어찌 큰 다행이 아니겠습니까. 이 뜻을 종부시에 보고하여 관청에서 지석을 발굴해야 할 것입니다. 우리 조선조 문헌은 전혀 징험할 수 없습니다.

들은 바에 의하면, 충주 청룡에 사는 허창의 집에 야사가 있었는데, 공빈 사건이 자세히 기록되어 있었다고 합니다. 영의정 김재로가 그 말을 듣고, 허창 일가붙이인 무인(武人) 허필을 꾀여 빌려다 보고 돌려주지 않은 채, 최씨의 일을 없애버렸다고 하였습니다. 김재로는 애당초 최씨 사건을 몰랐는데, 그가 사신으로 연경에 갔다가 《명사》에 최씨가 기록되어 있는 것을 보고, 깜짝 놀란 나머지 명나라에 글을 올려 개정하였습니다. 그런 그가 최씨의 실제 문적을 보고는 그냥 숨겨버리고자, 그렇게 했던 것입니다."

라는 당당한 의견을 피력하였으니, 순암 안정복은 자신이 고증한 내용을 액면 그대로 믿는 태도였다.

하지만 조정에서는 충청도 선비 박통원이 처음으로 소를 올렸을 때, 영조 또한 의심이 들어 강화에 비장된 옛 《실록》을 조사하라 일렀으니, 명을 받들은 신하들이 직접적인 자료를 찾지 못한 채, 다만 병인년 (1446) 세종 비 소헌왕후 국상 때 복제 논의 과정에서 빈궁에 관한 것을 찾을 수 없고, 문종이 승하한 임신년(1452) 7월에 단종에게 '내전은 지극히 소중한데, 오랫동안 모후가 없으니, 선왕의 귀인 홍씨에게 내정 총괄을 맡기소서'라고 청했던 기록과 계유정난 때 수양대군이 단종에게 '위로 모후가 보호해 주는 힘이 없고 아래로 현비(賢妃)가 경계해 주는 도움이 없으니, 비를 맞아들여 선왕 혈통을 만세에 이어가소서.'라고 청했다는 기록만을 찾아내어, 문종에게 계비가 없었음을 만천하에 천명한 바가 있다.

그럼에도 이런 논리들이 궁하기 짝이 없는 결론인지라, 훗날 정조 15년에 사간 윤행리가 새로 끄집어냈으니, 연산조에 대사간 김극뉴가 소릉 복위를 청한 글에, '문종 원비(元妃) 권씨'라는 표현에 주목하여, 원비라 칭한 것이야말로 계비가 있었음을 알려 주는 것이라 주장하기에 이르렀다. 비답을 내려야 할 정조조차 의지하고 참고할 문적이란 단지 《실록》뿐이었고, 여기에서 문종이 계비를 맞이한 흔적들을 더 이상 찾을 수 없으니, 이를 조보로 널리 알려 뒷말이 나오는 것을 경계하게 했다.

이렇듯 나라 기록이었던 정사를 중시했던 조정 인식과는 달리, 이 문제만큼은 《실록》 기록을 불신하는 태도를 보인 재야 학자 안정복은, 어린 임금을 내쫓은 비상시국에서 사관들이 어찌 그 일을 낱낱이 사실대로 남겼을 것인가, 그리고 재야의 선비들조차 어찌 감히 붓을 잡아 야사로 남길 마음을 먹었겠는가라고 목소리를 높였다.

아무튼 해결 열쇠를 찾을 수 없는 묘연하고도 어려운 난제임이 틀림

없다.

이 문제를 놓고, 필자가 《실록》을 세세히 살펴보니,

《세조실록》 8년 6월에,

"고 군기 판관 최도일의 딸을 세자 소훈으로 삼았다."

라고 한 바가 있는지라, 전주 최씨 족보에 기록된 최도일 딸은 문종 계비가 아니라 예종의 후궁으로 봐야 할 것이다. 그러하니 최씨 족보에 등장한 공빈이 가공의 인물이 아닌 것이 분명하며, 최씨 후예들이 돌봐 주고 있다는 무덤 역시 예종 후궁이 누운 자리였다.

그런데, 수양대군이 어린 조카 단종에게 양위 받으며 금성대군 죄목을 낱낱이 고하던 《세조실록》 1년 윤6월에 대군의 죄상을 논하는 과정에서,

"대신과 종실 의논을 기다리지 않고 독단으로 의빈 친척인 박문규 딸과 또 자기 처족인 최도일 딸을 왕비로 세우려다 뜻을 얻지 못하자, 중궁이 자기가 세운 바가 아니라 하여 온갖 계교로 이간하여 왔습니다."

라고 하였듯이, 자기 뜻대로 세우지 못했던 중궁(문종 왕비를 뜻함)에 대해 계교를 부렸다는 금성대군 태도를 지적하고 있다. 금성대군은 최도일의 조부 최사강 사위이니, 최씨 처족인 것은 분명하고, 이 기사를 통해 문종이 중전 자리를 비워 놓지는 않았다는 점을 확인할 수 있겠다.

다만, 예종이 세자시절 소훈으로 맞은 여인이 바로 최도일 딸인데, 금성대군이 문종에게 연결시키려던 여인 또한 최도일의 딸이었다는 점이 이채롭다. 족보상 최도일의 장녀가 광평대군 아들 영순군의 배필이었고, 차녀가 소훈에서 승진한 공빈으로 기록되었듯이, 당시 전주최씨 최도일 가문은 선대부터 왕실과 중첩된 혼인으로 연결되어 있었다.

아무튼 금성대군이 문종에게 연결시키려 시도한 최도일 딸이 후일

예종 세자시절 소훈으로 첩지를 받은 딸과 동일 인물일 가능성도 없지는 않다. 그리고 소릉에 묻힌 현덕왕후가 어린 단종을 낳다가 이틀 만에 죽은 후, 거의 10년 동안이나 세자빈 자리를 비워 놓았지만, 문종이 즉위하고 나서까지 마냥 곤전의 자리를 비울 수가 없는지라, 부왕이 돌아가신 상중이기에 정식 의례절차를 생략한 계비를 맞았을 가능성이 크다.

그렇다면 부왕의 삼년상을 다 채우지도 못한 채 자신의 죽음으로 책비 의례조차 챙겨주지 못한 가련한 여인으로 남겼을 것이다. 문종의 죽음은 곧 수양을 비롯한 아우들이 벌였던 피를 부르는 암투의 서막이었으니, 그런 혼란 속에서 계비로 맞았던 사실까지 바로 묻혔을 가능성도 열려 있는 셈이다.

이상의 추론을 근거로 문종 계비를 생각해 보면,

순암 안정복이 지목했던 최도일의 딸 공빈 최씨가 아니라,

《명사》에 기록된 또 다른 최씨 여인이었을 가능성이 농후하다.

문종을 한평생 힘들게 했던 그 특유의 여성 콤플렉스.

잘 알려진 바와 같이, 세종의 어린 세자가 첫 번째 맞이한 배필은 휘빈 김씨였다. 안동 김씨 김오문의 딸인 휘빈은 인물이 박색이었다는 이야기가 떠돌 정도였는지라, 첫날밤 이후 거들떠보지 않았고, 이에 남편의 발길을 돌리려고 요상한 술법을 쓰려다 쫓겨났다. 사랑을 얻기 위해 쓴 휘빈의 압승술은 궁녀에게 배운 처방이었는데, 세자가 좋아하는 여인의 신을 태워 가루로 만든 뒤 술에 타서 먹이는 것과 뱀이 교접할 때 흘린 정기를 수건으로 닦아 몸에 지니게 하는 것이었다. 동궁에게 사랑받던 궁녀가 효동과 덕금이었는데, 이 여인들의 신발을 태운 재가 탄로나 세종을 분노케 만들었다.

휘빈을 폐출시키고 새로 맞이한 순빈 봉씨는 출중한 외모로 간택된

여인이었다. 휘빈의 실패를 만회하고자 세종이 직접 간택에 나선 때문이었다. 보필 신하 허조가 덕 있는 여인이 우선이라 했지만, 용모를 앞세우는 세종을 이길 수는 없었다. 하지만, 자유분방한 거침없는 성격에다가 술까지 즐기던 순빈을 세자가 상대하기란 버겁기만 했다. 세자 발걸음이 멀어지자, 이를 눈치 챈 세종은 후사가 걱정인지라, 따로 여인 셋을 뽑아 동궁을 모시게 했다. 이에 자극받은 순빈의 빗나간 행동들이 끝없이 시끄럽게 만들더니, 급기야 소쌍이란 궁녀와 동성애를 즐겼던 내밀한 일까지 드러나면서, 구중심처 안에서 벌어진 희대의 스캔들이 높고 높은 궁궐 담장을 넘고 말았다.

지엄한 유교사회를 지향하던 세종이 야심차게, 시골 아녀자들까지 쉽게 익힐 수 있도록 그림으로 나타낸 《삼강행실도》를 보급하는 일에 매진했건만, 궁궐 안의 며느리들이 이런 수치와 모욕감을 안겨 주었다. 뼈저린 실패를 거울삼아 장고 끝에 간택을 버리고 이미 검증된 세자 후궁들 중에서 빈을 뽑기로 굳혔고, 이때 낙점 받은 여인이 양원 권씨였다.

후덕했던 권씨는 이미 경혜공주까지 출산했던 터라, 세자빈으로 책봉하기 더할나위 없었다. 하지만, 단종을 낳을 때 산고가 심하여 이틀 만에 사망하고 말았으니, 허탈했던 세종은 더 이상 세자빈 자리 채우고 싶은 생각조차 하지 못했다. 이와 짝하여 어느 신하라도 그 일을 또 거론하는 자들이 없었으니, 세자빈 자리는 오랜 기간 공석이 되고 말았다.

이 기간은 세종 병세가 심하여 세자에게 대리청정을 맡긴 시기이기도 하여, 지엄한 궁중 법도를 따르자면 세자빈 자리를 비워 놓을 수도 없었으니, 의례상 필요할 때면 숙빈 홍씨에게 세자빈 역할을 맡겨 둔 관행으로 버티고 있었다.

문종 치세에는 왕비가 없던 시절이라고 알려진 연유를 여기에서 찾을 수 있으며, 세월이 흐른 훗날 문종 계비 헤프닝까지 등장한 것들 또한 이런 저런 궁중비사와 무관하지 않다.

소릉 폐위와 복위

소릉(昭陵).

문종 세자시절, 단종을 낳다 죽은 현덕빈이 안산 바닷가에 묻힌 능호이다. 문종이 즉위한 후 현덕왕후로 추존되었지만, 저승에서도 편하게 누워 있질 못했다.

성삼문을 비롯한 뜻있는 인사들이 단종 복위를 모의할 적에 세조가 단종도 연루되었다 하여, 그 어머니가 묻힌 소릉까지 파헤쳐 버렸으니, 세상 사람들이 문종 왕비를 소릉이라 불렀다. 이리하여 소릉은, 사림정치가 익어갈 무렵부터 눈 뜨기 시작한 조선 선비들에게 일종의 부채의식으로 자리 잡아, 죽어서까지 가슴에 한을 품고 살아가야 하는 여인을 가리키는 말이 되고 말았다.

조선조 문신 이정형이 이성계 등장 시기부터 선조 때까지 여러 야사를 기록했던 《동각잡기》에서, 소릉을 두고 문종 동궁시절 배필이었던 권씨가 덕과 위엄을 겸비하여 세종의 자애를 많이 받더니, 나이 24세에 단종을 낳고 7일 만에 죽었다고 언급하였으나, 〈현릉 개장지(改葬志)〉에서는 2일 만에 죽었다 했으니, 단종 탄생은 7월 23일이고, 소릉 사망은 그 다음날인 24일이었음이 분명하다. 이정형은 이어서 기록하기를, 현덕빈을 안산에 장사하여 소릉이라 불렀으나, 성삼문 사건에 왕후 어머니 최씨와 아우 권자신이 극형 당하자 왕후마저 폐위되었다고 하였다.

하지만, 그 내막을 살펴보면 결코 간단한 서술로 넘어갈 일이 아니었

으니, 세조 병자년(1456) 6월 의정부에서,

　"현덕왕후 어머니 아기[阿只]와 아우 권자신이 반역을 꾀하다가 처형
　되었습니다. 그리고 그 아버지 권전은 이미 죽었으나 폐서인하고,
　노산군은 종사에 죄를 지어 군으로 강등되었는데도, 그 어머니가 왕
　후 명위를 보존함이 마땅하지 아니합니다. 추폐하여 서인으로 끌어
　내리고, 다시 묻으소서."

라고 아뢰니, 세조가 그대로 따랐다고 하였듯이, 능을 파헤치고 시체를
버린 끔찍한 일들이라, 후세인들에겐 말도 탈도 많았던 것이다.

　중종 때 사림으로 이름 높던 이자라는 분이 남긴《음애일기》에는,

　"정축(1457)년 겨울에 세조가 궁궐에서 낮잠을 자다가 가위에 눌린
　괴이한 일이 생기니, 곧 소릉을 파헤치라고 명하였다. 석실을 부수
　고 관을 끌어내려 하였으나, 무거워서 들어낼 도리가 없었다. 동원
　된 군사와 백성들이 놀라고 괴이쩍어 하더니, 글을 지어 제를 지내
　고서야 관이 움직였다. 사나흘 노천에 방치해 두었다가. 곧 명에 따
　라 평민의 예로 장사지내고서 물가에 옮겨 묻었다. 능을 파헤치기
　며칠 전 밤중에, 능 안에서 부인 울음소리가 나면서, 내 집을 부수려
　하니 장차 어디 가서 의탁을 할꼬라는 소리가 들렸다. 그 소리가 마
　을 백성 마음을 아프게 흔들더니, 얼마 지나지 않아 역마 탄 사신들
　이 갑자기 달려왔다. 관을 언덕 벌에 옮겨 묻어도 신령스러움을 드
　러냈으니, 예전 능 터의 나무와 돌을 범하고, 마소들이 혹여 무덤자
　리라도 짓밟으면 맑았던 하늘이 갑자기 캄캄해지고 비바람까지 불
　어 닥치므로, 서로 경계하여 아무도 가까이 가질 못하였다. 이 일의
　본말을 눈으로 직접 목격하고 얘기해 준 노인들이 있었다."

라는 내용을 후세인들에게 남겼고, 작자 미상의 야사로 잘 알려진《축수
편》에서도,

"세조의 꿈에 나타난 현덕왕후가 매우 분노하여, 네가 죄 없는 내 자식을 죽였으니, 나도 네 자식을 죽이겠노라 하는지라, 세조가 놀라 일어나니 갑자기 의경세자가 죽었다는 기별이 왔다. 그 때문에 소릉을 파헤치는 변고가 있었다."

라고 하였듯이,

여러 야사에 전해지던 해괴한 내용들 속에는 소릉에 대한 안타까움이 절절히 배어 있다. 이 모두 사실 여부를 떠나 당대의 떠돌던 민심의 척도일지니, 역사의 두려움이란 바로 이런 것을 두고 하는 말일 것이다. 안산 바닷가에 있던 소릉이 파헤쳐져 그 석물들조차 땅속에 묻혔지만, 후에 발굴된 것들이 오늘날 안산문화원 앞뜰에서 오가는 이들의 발길을 맞고 있다.

이렇듯 슬픈 이야기를 지닌 소릉은, 조선 사림정치 꽃 봉우리가 겨우 맺힐라 하던 성종 2년 신묘(1471)에, 불과 18살밖에 되지 않은 어린 선비 남효온이 소를 올려, 그 위호(位號)를 회복시킬 것을 청하였으니, 소의 대략에 이르기를,

"신이 상고해 보건대, 세조 대왕은 큰 환란을 수습하여 왕위에 올랐습니다. 그런데 뜻밖에 병자년 사건[사육신 단종 복위]에 연루되어 소릉이 폐위 당하여, 20여 년이나 원혼이 의지할 곳 없으니, 하늘에 계시는 문종의 혼령이 홀로 춘하추동 제사를 흠향하실지 모르겠습니다. 신은 문견이 짧아 진실로 어떤 일이 어떤 상서로움을 초래하고, 어떤 일이 어떤 재화를 초래할지를 모릅니다. 그러나 신이 생각건대, 소릉 폐위는 인심에 부합하지 않으므로 천심에도 부합하지 않을 줄로 압니다. 이미 훼철된 신주라도, 예를 갖춰 다시 종묘에 들여보내야 마땅합니다. …… 전하께서 유의하시어 이 말을 채택하여 주시면 어찌 천재만 사라지겠습니까. 장차 신과 사람이 화합하고 천지가

안정되고 만물이 발육되는 모든 복이 올 것입니다."
라고 하였는지라,

어린 성종이 친히 그 소를 읽으신 후 승정원에 내려 보냈더니, 도승지 임사홍은 신하된 자가 감히 의론할 바가 못 된다는 핑계로 앞장서서 배격하고, 영상 정창손은 소릉을 폐위시킬 때 참여한 자였기에, 남효온의 소가 지나치고 적절하지 않다고 임금께 아뢰었다. 이때 세상 사람들이 남효온을 가리켜 미쳤다고 평하니, 결국 귀양살이를 면치 못했노라고, 이긍익은 《동각잡기》를 인용한 이 고사들을 그의 야사집 《연려실기술》에 담았다.

하지만 《성종실록》에 따르면, 남효온이 이 상소를 올렸던 것이 성종 재위 9년이던 무술(1478) 4월이었으니, 그의 나이 18살이 아닌 25살 때의 일이었다. 13살에 불과했던 성종이 할머니 수렴청정으로 정사를 시작했지만, 소릉 문제가 불거진 이 시기는 오롯이 친정을 확립해 가던 때이기도 했다. 하지만, 사림들에게 간신으로 배척받던 임사홍을 아직 곁에다 두고 있는데다가, 세조 손자였던 성종이 그 할아버지 집권 과정을 부정할 수 없는 노릇이라, 아까운 선비 남효온만 미운 털이 박히고 말았다.

광해 조에 명신이던 신흠은 그의 저술 《상촌휘언》에서, 남다른 기개를 보인 남효온 일화를 소개하고 있으니,

어린 선비 남효온은 과거 공부를 그만두고 김시습을 쫓아 놀았는데, 하루는 김시습이 남효온에게,

"나는 세종의 후한 은혜를 받았으니, 이런 생활을 하는 게 당연하지마는, 공은 나와 다른데도 왜 세상 살아갈 방책을 일삼지 않는가."
하였더니, 남효온이 대답하여 가로되,

"소릉 한 가지 일은 천지간에 큰 변고이니, 소릉이 추복된 뒤에 과거

를 봐도 또한 늦지 않을 것입니다."

하므로, 김시습도 다시는 강권하지 못했다고 전한다.

후세에 이들을 생육신이라 불렀는데, 이런 절개를 타고난 남효온이고 보면, 그가 살았던 서슬 퍼런 하늘 아래에서도 〈육신전〉까지 지었으니, 그가 남긴 그 글이 없었다면, 후세 사람들이 어찌 사육신이며 생육신이란 말을 입에 올릴 수 있으리오. 세상을 떠돌다 마흔도 넘기지 못한 인생의 말년 병고로 고향 의령에 머물 적에, 내 죽는 것이 두려워 충신 이름까지 마멸되게 할 수 없다는 굳은 마음으로, 동문수학하던 김일손 도움으로 끝내 붓을 잡아, 후세인들에게 남겨 놓고 저 세상을 갔던 것이다.

이렇듯 세조의 직계 후손들이 통치를 이어가던 시절이라, 세조가 폐위시켰던 소릉을 복위해야 한다고 감히 주청 드린다는 것이, 목숨을 초개와 같이 버릴 각오가 없고는 안 되는 일이기에, 명분이 아무리 떳떳해도 이런 저런 눈치를 보지 않을 수가 없었다. 그런데도 명분을 대의의 기치로 내세운 이들 또한 없지 않았으니, 연산군 시절 올곧은 사관으로 이름 높았던 탁영 김일손 또한 그런 인물이었다.

그가 충청 도사로 나가 있던 시절,

"우리 국가가 완전하고 결함 없기가 정히 금구(金甌 : 쇠붙이 사발, 사물의 단단함을 뜻함) 같아 보이지만, 한 군데 이지러진 데가 있으니, 온 조정 신자가 하늘을 이고 땅을 딛고 살면서 강상이 무너진 속에서 희희낙낙하여 무슨 일이 있는지도 모르는 안타까움이 너무나 크옵니다. … 신이 듣건대, 문종이 동궁으로 있을 때 이미 소릉은 승하하였으니, 노산 복위 모의와 연관 없음이 명백하고, … 노산의 장인 송현수나 아들과 조카까지 선왕의 사면을 받아 벼슬하고 있는데, 어찌 소릉을 용서하여 추복하지 못하겠습니까. 소릉을 추복하여 풀 베고 짐승 놓아먹이는 것을 금하고, 그 신주를 종묘에 부묘(祔廟)하여, 한

나라의 강상을 회복하소서."

라는 소를 올려 정치적으로 예민했던 사안을 끄집어내긴 했지만, 이를 담당했던 예조에서 벌벌 떨며 먼저 난색을 표하여 무위에 그치고 말았다. 이런 저런 일로 조정대신들에게까지 밉상이 되어버린 김일손은 결국 무오사화에서 극형을 당했지만, 후세의 사람들은 그를 올곧은 사관의 표상으로 칭송해 마지 않았다.

연산이 폐위되고 중종이 권좌에 오른지 7년이 지난 경연에서, 강론이 무르익어 당 태종이 종묘를 세우지 않았던 대목에 이르자, 검토관 소세양이,

"임금은 태묘요, 신하는 가묘라, 천자 제후로부터 경·대부·사·서인에 이르기까지 모두 제사가 있는데, 우리 문종대왕만은 홀로 제향을 받으니, …"

로 시작하는 뼈아픈 문제를 아뢰자,

고민에 빠진 중종은,

"소릉 일은 조종조에서 하신 바이기에, 이에 관해 말하는 이가 없음은 연대가 오래된 일이기도 하거니와, 일 자체가 가볍고 쉽게 처리할 것이 아니기 때문이다. 그렇기에 지금 처리하기란 어려울 것 같다."

하면서도, 승정원에 이르기를,

"만약 이 일을 논의하려면 마땅히 그 전말을 알아야 하니, 옛 《실록》을 찾아보고, 또 성종조에도 이 논의가 있었다 하니 아울러 살펴보라."

명하였다.

이리하여 당대 학덕 높기로 이름난 선비 이자가 기록한 《음애일기》는 물론, 척신으로 배척받던 김안로가 35가지 야사들을 제목 없이 기술

한 《용천담적기》에서까지,

"소릉이 폐위되고 중종 임신년(1512)에 이르기까지 햇수로 57년이
나 되어, 사람들이 매우 비통하게 여기어 추복을 바란지 오래되었는
데, 소세양이 처음 그 의론을 꺼내니 중종도 슬퍼하며 대신에게 명
령하여 춘추관 비기(祕記)를 열람케 하고, 그 당시 폐위시킨 이유를
찾아보게 했더니, 폐위 연유는 의정부 요청에서 나온 것이었다."

라고 기술하고 있다.

중종의 명을 받들은 영의정 류순정과 신하들이 《실록》을 고찰하고
서,

"소릉 일은 세조 병자년(1456) 5월에 좌승지 구치관을 의금부로 보
내 성삼문에게 상왕도 너희 모의를 아느냐고 취조하매, 성삼문 대답
에 권자신이 그 어머니에게 알려 상왕에게 통지했고, 뒤에 권자신과
윤영손이 여러 번 뵙고 기일을 알려드릴 것을 약속했다가, 거사하기
로 된 날 아침에 권자신이 창덕궁으로 가니 상왕이 긴 칼을 꺼내 주
었다는 말이 기록되어 있고, 구치관이 또 권자신에게 물으니 성삼문
말과 같아, 정축년(1457) 6월에 의정부가 이 사실을 아뢰어 세조가
따랐다고 기록되어 있습니다. 성종 조에 유생 남효온이 소릉 추복을
청한 상소도 있습니다."

라고 아뢰었다. 이에 중종은,

"그때 말한 내용들을 보니 지극히 소상하고 세밀하구나. 조종조에서
오래 전에 한 일을 쉽게 바꿀 수는 없으니, 의정부와 육조 참판 이상
및 한성부 당상이 함께 의논해서 보고하도록 하라."

일렀다.

공경대신들이 모여 의견을 나누려고 할 적에 호판 장순손이 영상 류
순정의 집에 들러, 오늘 의논할 일에 대해 어떻게 여기시는가 물으니, 류

순정의 불가함은 강경하였고, 삼공 이하가 모두 소릉 추복이 어렵다 하였는데, 오직 신용개·강혼·장순손·김전만은 추복해야 한다는 주장을 굽히지 않았다.

《용천담적기》에서는 소릉 복위를 한사코 반대하던 영상 류순정 일화를 빼 놓지 않았으니,

일전에 승정원에서 권민수가 숙직하다 꾸었던 꿈에, 정미수가 류순정과 수박희 겨루기를 하다 심하게 달려들어 류순정이 몹시 몰리는 모양새를 보게 되니, 놀랍고 괴이쩍어 남들에게 전하였다. 수일 뒤에 소릉 추복에 대한 의견 수렴이 있게 되자, 류순정이 앞장서 반대하더니 의논이 끝나자 곧 병으로 실려가 결국 사망했다. 병이 깊었을 때 자제들에게 조정 상황을 물으니, 모두들 소릉 일로 다투고 있다고 답하자, 류순정은 머리를 저으며,

"이 일은 절대로 불가하다."

고 하였으니, 류 정승 고집이 이와 같았다.

꿈에 나타난 정미수는 소릉의 외손자였으니, 사람들은,

"그의 혼령에 지각이 있다면, 어찌 이 일을 원통하게 여기지 않으랴.

권민수의 꿈이 바로 그 증험이다."

라고 한 내용을 소개하고 있으니,

당시 선비 세계에서 간신으로 지탄 받던 김안로조차도 소릉 복위를 염원하던 상황을 짚어 볼 수 있다.

현덕왕후가 단종을 낳기 전에 얻은 경혜공주가 시집가 낳은 아들이 정미수였는데, 그의 아버지 정종이 단종과 한패거리란 이유로 사사 당할 적에, 세조는 어린 정미수에게 아량을 베풀어 궁중에서 기르게 했다. 그러하니, 세조 손자였던 성종이 왕자로 자랄 때 함께 놀던 소꿉동무 정미수가 중종반정 때에 공신록에까지 이름을 올렸으니, 반정 공신으로

정승에 오른 류순정과는 막역했던 반면에 맘 속 깊이 적개심으로 가득하여, 꿈속에서 그리 나타난 것이리라.

　아무튼 중종은 선왕들이 행했던 일이라 함부로 고칠 수 없다는 고민을 떠안았고, 대신들 의견 또한 분분하였는데, 류순정을 비롯한 반대 의견을 낸 자들의 하나같은 고민은, 폐출할 때 세조가 종묘에 고했던 것을 놓고 새로 추복하게 되었을 때, 무슨 말로 어떻게 종묘에 고해야 하는가 하는 것이었다. 누구보다 반대에 앞장선 노공필은 그의 아버지 노사신이 소릉 폐위를 논의한 당사자였다는 사정으로, 시종일관 추복 할 수 없음을 주장할 수밖에 없기도 했다.

　이런 차제에 부제학 이자화가 주도하여 올린 상소에,

　"당시 폐출 건의는 실제로 대신들에게서 나온 것이지 선왕의 본의가
　아니니, 의리상 추복해야 함이 첫째 조건이요. 소릉이 돌아간 지 16
　년 뒤에야 그 어머니가 처벌 받으면서 노산도 강봉되었는데, 어찌
　16년 뒤에 일어난 일로 땅 속에 있는 마른 해골까지 연루됨이 옳겠
　습니까. 이것이 의리상 추복되어야 할 두 번째 조건이요. 소릉 어머
　니가 처벌을 받았더라도 그 때문에 소릉까지 폐출하는 것은 불가하
　니, 이것이 의리상 추복해야 할 세 번째 조건이요. 성종처럼 어진 분
　이 간신들 주장을 배격하지 못했으니, 선대를 효성으로 받들기를 생
　각하여 진실로 지성을 다 해야 함이 네 번째 조건이요. 세시명절에
　천한 귀신도 자손의 보답을 받는데, 소릉만은 얻어 잡숫지 못한 지
　가 60년이 되었으니, 전하께서 측은한 마음으로 추복해야 함이 다섯
　번째 조건입니다."

라는 뚜렷한 명분을 세운 것을 시작으로, 대간들까지 하루에도 4~5차례나 꿇어앉아 아뢰었고, 이윽고 홍문관까지 합세하여 날마다 차자를 올리기를 주저하지 않았으니, 이 상황은 해를 넘겨 중종 재위 8년이던 계

유(1513) 2월까지도 쉴 틈이 없었다. 심지어는 성균관 유생들까지 들고 일어나 연이어 상소를 올렸으나, 해결될 기미는 여전히 보이지 않았다.

그러던 계유 2월 어느 날.

역대 임금의 위패를 모시던 태묘[종묘]에 큰 벼락이 떨어져 늙은 소나무를 치니, 놀란 임금이 친히 종묘에 위안제를 드리고, 신하들을 사정전 아래로 불러 생각하는 바를 말하라 일렀더니,

호조판서 장순손이 제일 먼저,

"지금 태묘에 재화가 생겼으니, 이는 조정에 잘못이 있을 뿐 아니라 종묘에도 잘못이 있기 때문인가 합니다."

라고 아뢰었다. 이 틈을 파고 든 대간들 또한,

"오늘 제향드릴 때 전하께서도 보셨듯이, 문종만이 짝도 없이 홀로 제향을 받으니, 어찌 마음에 슬픈 생각이 일어나지 않겠습니까. 비록 이 일이 재화를 불렀다고 확실하게 말할 수는 없지만, 모름지기 임금이란 마음을 바로잡고 언로를 트고 간언을 받아들이는, 이 세 가지 일보다 더 큰 것은 없습니다."

라고 아뢰었고, 노대신이던 영중추 김응기 또한,

"신은 전날 의논할 적에 추복이 온당하지 않다 했습니다만, 이제 다시 생각하니, 천리나 인정으로도 추복함이 옳은 듯하여, 전날 의논은 실로 잘못이옵니다."

라고 아뢰었다. 이때 이조 판서 김전이 나서서,

"신이 오늘 작주관으로 신실(神室)에 들어가 문종 신주를 뵈었습니다. 천하에 어찌 어머니 없는 나라가 있겠습니까. 필부라도 제자리를 찾지 못하면 그를 불쌍히 여깁니다. 하물며 선왕 선후가 원한을 풀지 못했음에야 말할 나위가 있겠습니까. 태묘 안에서 하늘의 변고가 일어난 것은 반드시 여기에 연유함이 아니라 하지는 못할 것이옵

니다."

라고 호소하니,

옆에서 듣고 있던 형조 판서 박열 또한,

"태묘에서 재화가 벌어졌으니, 이것은 천심이 소릉을 추복하고자 해
서입니다. 대간의 말을 따르소서."

라고 하였듯이, 소릉 회복을 주청한 신하들이 연이어 나타나자, 주무부
서 일을 맡고 있던 예조판서 신용개가 매듭을 짓기 위해,

"대간이 소릉 추복을 청한 것은 만고의 강상에 관한 일이라, 그 청을
받아들이지 않으면 아니 되옵니다."

라고 하였다.

이 일에 대사헌 남곤은 물론 대사간 조원기까지 나서자, 우의정 송일
또한 대세가 기울었음을 통감하여 임금께 조심스럽게 요청하였음에도,
중종 임금은 달을 넘기고 해를 넘기면서까지 요지부동이었다. 노공필을
필두로 하는 반대론자 의견 또한 팽팽했기 때문인데, 중종도 결국엔 소
릉 추복(追復)을 받아들이지 않을 수 없었으니, 그때가 바로 중종 재위 8
년의 계유(1513) 삼월 엿새 날이었다.

이리하여 소릉을 나라 제사로 승격하여 망제를 지냈음은 물론, 능을
새로 조성하기 위해 천장도감이 꾸려졌으니, 우의정 송일을 산릉총호사
로 삼아 전교를 내렸다.

"새로 산릉을 설립하거든, 대신들과 승지가 관상감이나 예조와 더불
어 소릉이 본래 있던 자리를 찾아 살펴보고 천장하라. 만약 바닷가
에 다시 설립한다면 마땅히 내가 배릉(拜陵)을 할 것이다. 그러나 해
구에 그대로 둘 수가 없으니, 예조에서 지리에 밝은 자와 함께 살펴
본 뒤에 경도 가보라."

라는 명을 받들어, 총호사 송일이 예판 신용개 등과 함께 문종이 묻힌 현

릉으로 가서 살펴보고는,

"현릉의 청룡 줄기 병인좌가 천장할 땅으로 합당하다."

고 아뢰니,

"그리로 천장하라."

는 명을 내렸다.

계유 사월 열이렛 날, 드디어 소릉 옛 무덤을 열었으니,

천장 책임을 맡은 송일과 김응기가,

"당초 기간이 오래된지라 관곽이 부패하여 남은 것이 있을까 염려하였으나, 막상 열어서 살펴보니 안팎 관곽이 다 있고, 염습은 완전하나 오래되어 형체만 있으므로, 관곽과 의복을 새로 바꾸어 범사에 유감없이 하였으며, 다시 염할 때는 궁인이나 내관이 나아갔지만, 막대한 일을 친히 감독하지 아니할 수 없었습니다."

라고 아뢴 내용들이 《동각잡기》에 상세히 기술되어 있다.

천릉 역사(役事)와 관련하여 《음애일기》나 《용천담적기》에서는 더 재미난 현덕왕후 예지몽을 싣고 있으니,

처음에 능을 파헤쳐 해변에 옮겨 묻은 뒤로 돌보지 않은지가 수십 년 되고 보니, 거민들이 가리키는 언덕 하나가 그곳이라 전해질 뿐이어서, 사람들을 의혹케 하였다. 천장하려고 땅을 깊이 팠으나 관이 보이지 않아, 어찌할 줄 모르던 군사들이 물가에 늘어서 일제히 진흙을 파헤쳐 산발치까지 찾아도 보이지 않았는데, 어느 감역관 꿈에 두 시녀를 거느린 왕후가 나타나,

"너희들이 고생하는구나."

하는지라, 감역관이 놀라 땀 흘리며 엎드려 절을 했다. 꿈에서 깨어난 그가 이상하게 여겨, 다음날 아침 두어 자 더 깊이 파 보니 손바닥 넓이만 한 관의 칠편이 삽날에 찍혀 나오는지라, 일을 순조롭게 마칠 수 있었다

고 전한다.

이리하여 계유 사월 스무하루에 문종이 묻힌 현릉 왼편에 장사지냈으니, 오늘날 구리시의 동구릉 원내의 동원이강릉 형으로 자리 잡은 곳이다. 60년 만에 현덕왕후가 문종 곁에 묻혔으니, 능호조차 소릉에서 현릉으로 바뀌게 되었다.

가까운 데에 누웠지만 서로 바라 볼 수 없는 안타까움이 절었든지, 능 사이에 우거졌던 해송들이 저절로 말라죽게 되었다. 태묘에 벼락이 쳤을 때 누구보다 먼저 소릉 복위를 아뢰었던 판서 장순손이 시역제조까지 맡았던 터라, 역군들에게 명하여 나무를 잘라 내고 막힌 곳을 트이게 하였더니, 보는 사람들 모두가 영령하신 일이라 여겼다. 능을 열던 날 옛 능 자리에는 맑은 날씨에도 큰 비가 내리다가 그쳤다고 전한다.

그러함에도 아들 노산군을 단종으로 추존하는 일은 숙종 임금이 등장할 때까지 기다려야만 했고, 현덕왕후 부모 형제들 복권도 마찬가지였다.

제6대
단종대왕

휘는 홍위(弘暐), 문종의 큰아들이다. 현덕왕후가 세종 23년 신유 (1441) 7월에 동궁의 자선당에서 낳았다. 무진년(1448)에 왕세손에 책봉 되고, 문종이 즉위한 경오년(1450) 7월에 왕세자에 책봉되었으며, 12살 이던 임신(1452) 5월에 왕위에 올랐다가, 3년이 지난 을해년(1455) 6월 에 세조에게 양위했으며, 정축년(1457) 6월에 궁 밖으로 쫓겨나 노산군 으로 강봉된 그 해 10월에 영월에서 죽으니, 왕위에 있은 지는 3년이요, 상왕위에 있은 지는 2년이며, 나이는 열일곱이었다. 숙종 7년 신유 (1681)에 대군으로 봉작되고, 숙종 24년 무인에 왕위에 추복되었다. 능 은 장릉(莊陵)이니. 영월 북쪽 동을지(冬乙旨) 신좌에 있다. 왕비 정순왕후 송씨의 본관은 여산, 여양부원군 송현수 딸이며, 82세의 일기로 중종 때 죽었는데, 숙종 무인년(1698)에 왕비로 추복되었다. 양주 남쪽 군장리 계 좌인 사릉(思陵)에 묻혔다.

어린 임금과 고명대신

유교 국가에서 하늘같은 명분으로 치던 정통성 하나 만큼은 나무랄데 없던 임금이 문종이다. 그러함에도, 문종이 태어났을 적에 아버지 충녕은 그저 여러 왕자 중에 하나일 뿐이었다.

하지만, 단종이 태어났을 적엔 할아버지가 임금인데다 아버지 역시세자였다. 원손으로 태어나 세손으로 책봉되고, 이어 세자를 거쳐 임금자리를 이어 받았으니, 이보다 더 완벽한 정통성을 갖춘 임금은 개국 이래 찾을 없으며, 그 이후에도 찾을 수가 없다.

참으로 경사스런 일이라, 세종 신유에 원손이 탄생하니 입을 다물지못했던 세종이 재촉하여, 근정전에 앉아 군신의 조하를 받고, 이어 전 경내 죄인을 사(赦)하였다. 하지만, 교지를 받들던 신하가 다 읽기도 전에용상 근처 커다란 촛대가 넘어지니, 세종이 이를 바로 치워 버리도록 명했다고 《실록》은 전하고 있다.

여기에서 세종의 불길했던 속마음까지 표현하지는 않았으나, 후일일어난 일련의 사건들과 연관지어 생각하지 않을 수가 없는 이유는, 문종 대에 《세종실록》 편찬을 시작하였던 김종서와 황보인이 수양대군의계유정난으로 살육 당하고 말았기에, 정인지 혼자서 최종 감수하는 과정에서 논란이 끊이질 않았기 때문이다.

아무튼 넘어진 촛대가 불길한 기운을 몰고 왔는지는 모르나, 원손이태어나자마자 어머니 현덕비가 산고로 죽었고, 그 또한 어린 나이에 왕위에 올랐다가 숙부 손으로 죽음을 맞이했으니, 우리 역사상 가장 애절하고 슬픈 군왕으로 기억되고 말았다.

이 모두 어린 임금의 자리를 지켜주던 왕실 후견인이 없었기 때문이니, 할머니 소헌왕후는 세종보다 먼저 유명을 달리했고, 계비를 들이지 않은 문종이 중전 자리를 비워 놓았으니, 세종 후궁이던 양씨만이 겨우 어린 단종 뒷배가 되어 지탱해 나갈 뿐이었다. 같은 또래에 왕좌에 오른 성종을 비롯한 여러 왕들은 적장자 계승이 아니었음에도, 뒷배 든든한 수렴청정으로 훌륭하게 우뚝 섰건마는, 단종은 완벽한 정통성을 확보하고서도 수양에게 그 꼴을 당하고 말았다.

창업 과정에서 혼란을 겪는 것이야 오히려 당연하다 하겠거늘, 세종 이래 안정된 정국을 바탕으로 이제 수성의 치세를 만끽하는 시대를 열어 가야만 했다. 뜻하지 않은 문종 병세가 악화되자 어린 단종이 정사를 잘 돌보지 못할 것을 염려하여, 문종이 특별히 황보인·김종서에게 부탁하기를,

"유명(遺命)을 받아 어린 임금을 보필하라."

라고 일렀던 사실을, 조선 중기 문인으로 이름 높던 허봉의 야사집《야언별집》에도 전하고 있다.

이들 신하들을 흔히 고명대신이라 일컫는데, 세자는 어리고 종실이 강성한 것을 염려했기 때문이다.

12살의 단종이 왕위에 오른 임신년(1452)의 의정부 삼정승에 영의정 황보인, 좌의정 남지, 우의정에 김종서였으니, 좌정승 남지는 병으로 휴가 중이라 후일 좌찬성 정분이 대신하였고, 김종서는 새로 임명된 정승이었다. 그 아래 우찬성 이양, 병조 판서 민신(후에 조극관이 대신함), 이조 판서 이사철, 호조 판서 윤형, 예조 판서 이승손, 지신사 강맹경, 집현전 제학 신석조 등이 문종에게 고명을 받들어 보좌한 이들이었으니, 이들 모두를 고명대신이라 할 것이다.

창업기의 격동을 수습하고 수십 년의 안정된 치세기를 지나자마자 암울한 세력 판도로 먹구름이 드리워졌으니, 김종서와 황보인을 비롯한 고명대신들이 정국을 주도하는 가운데, 종실의 위세를 등에 업은 수양

과 안평이 막상막하로 서로 견제하곤 했다. 하지만, 고금의 어느 시기보다 안정적이고 온건한 정쟁이었다는 점에서, 그 누구도 격동의 파고가 몰아치리라 예견하는 사람이 없었다.

살생부로 참혹하기 이를 데 없는 정적을 죽여 없앤 계유정난.

그 누구도 예측하기 어려웠다는 것만으로도 그 정당성을 회복하기 힘들지만, 처형하는 입장에서야 어떤 죄목이라도 만들어야만 했기에, 《실록》에 올라있는 죄목들을 모두 믿을 수는 없는 노릇이다.

수양대군 측에서 든 명분으로 흔히들 황표정사를 거론하기도 하는데, 이는 사람 뽑는 인사 망단자에 3배수 인원을 올리면서 적임자 이름에 누런 띠 붙였던 것을 말한다. 평시라면 기형적인 인사시스템이었던 것이 분명하나, 발 뒤에서 정사를 도와주는 안주인이 없던 비상시국이라, 고명대신들이 어린 임금 보필하고자 어쩔 수 없는 선택이었다. 다만 그 과정에서 공과 사를 구분하지 못한 점들이 없지는 않았을 터이나, 이를 빌미로 고명대신들이 왕권을 쥐고 흔든다는 이유로 칼을 빼들었다면, 그들만 제거하고 왕권을 보호해야 하는 것이 대의명분에 더 가깝다 할 것이다.

어쨌거나 명분을 잃은 수양의 이 선택이 결국 성공하여, 난을 평정했다는 정난의 이름으로 최고 실세인 영의정에 올랐다.

이를 놓고 이정형은 《동각잡기》에서,

"계유 원년, 이때에 임금은 어린 나이로 왕위를 이었으나 여덟 대군은 강성하니, 인심이 위태로워 근심하였다. 황보인·김종서·정분이 삼공이었는데, 김종서는 지략이 많아 당시 사람이 대호(大虎)라 평하니, 세조가 그를 먼저 제거 하였다."

라고 담담하게 기술하고 있기도 하다.

계유정난으로 고명대신들이 쑥밭이 되기 전부터 한쪽으로 힘이 기울

기는 했던 것으로 보인다. 이정형의 《황토기사》에서 기술했던 내용을 보면,

혹여 정치가 혼란스러울까 염려한 헌부(憲府)에서, 정부의 당상관 및 여러 대군의 집에 잡인의 방문을 금하자고 청하였다. 사사로운 청탁을 금지하려고 세종이 분경(奔競) 금지법을 만들었는데, 수양을 비롯한 대군들이 자기 세력들을 끌어 모으고자 지키지 않으니, 헌부에서 제기한 것이었다. 혹자는 안평대군 책사로 활약하던 이현로의 은밀한 계략으로 이런 상황들이 벌여졌다고들 하였는데, 계유정난 때 결국은 수양의 수하들에게 끌려가 암살되고 말았다.

수양대군이 안평대군과 도승지 강맹경을 통하여 여러 집정 대신들에게,

"잡인의 방문을 금한다는 것은 우리들을 의심함이니, 우리들이 무슨 면목으로 세상에 살 것인가. 분경에 관한 법은 일찍이 세종 및 대행왕이 불가하다고 하셨다. 지금 임금 즉위 초에 제일 먼저 종실을 의심해서 서로의 방문 금지를 하니, 착한 이름을 펴지 못하고 고립되어 도울 이가 없게 되지 않겠는가. 이는 분명히 스스로 그 우익을 자르는 것이다. 우리들은 국가와 더불어 고락을 같이하는 몸이니, 감히 무심코 있을 수 없어 말하는 것이노라. 이 위태롭고 어려운 시기를 당하여, 마음과 힘을 기울여 여러 대신과 더불어 같이 난관을 구제하려 했는데, 어찌 도리어 시기와 의심을 받으리라 생각했겠는가. 주상에게 글을 올려 하소연할까 하다가, 혹시 유사의 실수인지 몰라 먼저 대신에게 고한다."

라고 하니, 황보인은 크게 놀랐으나 짐짓 모른 체 하면서 허물을 헌부에 돌렸다고 하였듯이, 영의정 황보인조차도 이미 수양 눈치를 보는 신세로 전락했던 것이다.

아울러《야언별집》에서는, 이때의 정치 상황에 대해,

"봄에 대사헌 기건이 글을 올려 시사를 극력 간하니, 첫째, 대신이
의정부를 겸하는 제도를 혁파하여, 대신을 높이고 제조의 임무에 전
심하게 할 것, 둘째, 창덕궁 수리낭청을 혁파하라고 청했으며, 셋째,
궁중내 어의 김순의·최읍·변한산 등이 선왕 병환을 돌볼 적에 태만
한 죄를 다스리기를 청하였다. 임금이 의정부에 내려 의논하게 하였
더니, 영상 황보인 등은 조종조에도 모두 대신으로써 겸령시켰다고
하여 기건 의논을 따르지 아니하고, 다만 김순의 등을 내의에서 제
명할 뿐이었는데, 얼마 안 가서 기건을 연안 부사로 내보냈다가, 다
시 제주 목사로 쫓아버렸다"

라고도 했다.

단종이 즉위하던 임신 10월, 명나라에서 새 임금 등극에 대한 고명과
면류관 하사한 것을 사례하고자 의논하니, 수양대군이 자청했다. 임금은
잠잠히 있다가 부마를 사신으로 차비하여 보내고자 하였으나, 여러 사
람이 그럴 수는 없다 하였다.

권람이 대군에게 가만히 말하기를,

"대사가 깨뜨려질까 염려스럽습니다."

하니, 수양대군은,

"안평은 나의 적수가 아니요, 황보인과 김종서도 영걸이 아니니, 이
들의 아들 황보석과 김승규를 거느리고 가면, 저들은 감히 움직이지
못하리라."

하고, 드디어 공조 판서 이사철을 부사로 삼고, 집현 교리 신숙주를 종사
관으로 삼아 명나라로 갔다. 다음해 2월에 돌아와서 종사관에게 추은가
자(推恩加資)의 은전을 내리고자 하니, 대간들이 거부하였다고《야언별
집》은 전한다. 집현전 학사로 이름 높던 신숙주를 대동하였다가 자기 사

람으로 만들었으니, 수양이 자청했던 명나라 사신은 대성공이었던 셈이다.

오랜 기간을 거친 《역대병요》가 계유년(1453) 봄에 완성되었을 적에, 모든 정사가 수양에게서 나왔던 고사를 두고, 한참이나 후대에 살았던 류성룡이 《서애집》을 빌어 다음과 같이 적었으니,

당초 세종이 집현전 유신(儒臣)들에게 명하여 편찬을 시작할 때 수양대군에게 총재관을 맡겼는데, 그 책이 완성되자 수양이 대궐로 나아가 편찬에 참여한 여러 선비에게 관직을 올리고 상을 주어, 그 수고에 보답하기를 청하였다.

이에 성삼문·류성원 등 그 일에 참여한 모든 이가 상을 받고 승급되었는데, 유독 하위지만은 사헌부 집의에다 중훈대부로 승진되었던 것을 극력 사양하며,

"지금 임금이 어리고 나라에 의심이 짙은데, 종실이 관직과 상으로 조신을 농락하여서는 아니 되고, 조신들도 종실에게 농락당해서는 안 된다."

라는 뜻으로 여러 번 아뢰었으나 임금이 허락하지 않으니, 하루는 면대해서 생각한 바를 다 말씀드리겠다고 청하였다. 임금이 이를 대신에게 물었으니, 황보인과 김종서가 말하기를,

"대군이 전례에 따라 상을 청한 것이지 다른 뜻이 있는 것이 아니오며, 하위지가 세종 조에 찬집한 공로로 상급과 직급 승격이 있었어도 사양치 않았는데, 지금 혼자서 이와 같음은 옳지 못하오며, 일개 유신의 저 잘난 체 하려는 것 때문에 일을 바꿀 수 없으니, 면대를 허락하지 마소서."

라고 청하였다. 이에 하위지가 또 아뢰기를,

"세종조에서는 은혜가 위에서 나왔으므로 받았지만, 지금은 은혜가

아래에서 나오니 받지 않는 것입니다. 형세가 매우 궁하고 사리가 극에 이르렀으니 신이 조정에 설 수는 없습니다."

하므로, 사헌집의 관직을 갈아 집현전 직제학으로 명하였더니, 얼마 후 병을 핑계대고 시골에 내려가고 말았다고 하였다.

서애는 이런 하위지의 곧은 성정을 아름다운 고사로 여겨 문집에 남겼는데, 이 내용은 《승정원일기》에도 함께 실려 있었다고 전한다. 하지만 임진란과 같은 잦은 전란으로 그때의 일기가 남아 있지 않으니 확인조차 어렵다.

스스로 영의정에 앉았던 수양대군이, 궁중이 빈 듯하고 후사 또한 중요하다 여겨, 어린 임금이 거상(居喪) 중이지만, 권도에 따라 하루속히 왕비를 맞아야 한다고 의논을 낼 적에, 의정부 아랫사람 황효원을 우의정 정인지에게 보내 전하기를,

"내일 꼭 왕비를 들여야 하니, 반드시 일찍 모여서 의논합시다."

하였다. 이에 정인지가,

"상중에 왕비를 들이는 것이 어찌 예라 할 수 있습니까."

하고는, 황효원을 질책하되,

"너 또한 선비인데, 어찌 이런 말을 내게 하는가."

라고 꾸짖었다. 황효원이 돌아와 세조에게 그대로 말하기가 어려운지라,

"우의정이 편찮은 것 같아서 말을 하지 못하였습니다."

하였다. 수양대군이 말하되,

"일이 내일로 임박하였으니, 급히 하지 않을 수 없다. 다시 가서 전하라."

하고는 덧붙이기를,

"양빈(楊嬪) 또한 빨리 왕비를 들이라 부탁하였으니, 그 말을 따르지 않을 수 없다고 전하라."

일렀다. 황효원이 또 가서 전하니, 정인지가,

"양씨는 세종께서 빈으로 봉하긴 하였으나, 원래 천한 아녀자가 어
찌 국가의 일에 참섭한단 말이냐."

하고는, 이어 웃으며 말하기를,

"내일 일찍 대궐에 들어가겠으니, 네가 사옹원 관원에게 얘기하여
술이나 많이 준비해 놓고 기다리라."

하였다.

이튿날, 정인지가 과연 일찍 들어왔는데, 모여 앉자마자 큰 술잔을 들
어 번갈아 주거니 받거니 흠뻑 취하여, 마침내 의제도 꺼내지 않고 헤어
졌노라고, 연산 시절 야담 모으기를 즐겼던 조신이 《소문쇄록》에다 이
고사를 적었다.

결국 수양대군 의도대로 권도에 따라 왕비를 정했으니, 삼간택 절차
까지 진행되었다. 권도(權度)란 무릇 저울과 자를 일컫는 말이니, 인간으
로서 좇아야 할 규칙이나 법도를 말함이다. 왕실 어른으로서의 중전 위
치는 매우 지중하여, 한시라도 비워서는 아니 된다는 것이 권도의 첫째
가는 일인지라, 부왕의 상중임에도 권도를 앞세웠던 것이다.

그리하여, 《동각잡기》나 《해동야언》에서도,

"권도를 따라 왕비 들이기를 청하여, 여러 날을 두고 그치지 아니하
니, 전교하기를, 너희들이 이같이 아뢰니, 끝내 내 뜻을 고수할 수가
없다."

하여, 송현수의 딸을 책봉하여 왕비로 삼고, 송현수를 지돈령부사로 삼
았다고 기술하였다.

하지만 권도를 따라가는 예법 또한 다양하고 어려운지라, 상중에 왕
비를 들인다는 것은 이미 상을 입지 않은 것으로 간주한 탓에 그 실상이
없어진 것이니, 상복을 벗고 길복을 입는 것이 가하다고 보았다. 이에 예

조 참의 어효첨이 항의의 뜻으로,

"왕비를 들이는 것은 종사의 대계인지라 할 수 없어 하긴 하지만, 기
간을 줄이는 것은 무슨 부득이한 일이 있다고 억지로 하려는가."

라며, 조목조목 변론하여 조금도 굽히지 않았음에도, 그 말이 결국 쓰이
지는 않았다.

이리하여 갑술(1454) 정월 22일에 왕비를 책봉하였으니, 단종이 즉위
한 지 3년째 되던 봄이었다. 문종 대상이 5월 14일에 있었으므로, 단종
이 상중에 있으면서 권도를 따른 것이라 하였다.

권도에 따라 장가를 들였으면, 내쫓지나 말았어야지.

혼례를 치른 지 1년 반도 안 되어, 어린 임금을 노산군으로 강등시켜
내치면서 부인 정순왕후까지 쫓았으니, 머리 깎아 속세를 멀리한 채 팔
순이 넘는 나이까지, 숨죽이며 힘겹게 살아가는 신세가 되고 말았다.

재위 3년 을해(1455) 윤6월 11일에 세조에게 전위하였으니, 임금을
높여 상왕이라 하여 별궁에 옮겨 거처하게 하였다. 별궁으로 나올 적에
어두운 밤인데도 불을 밝히지 않았고, 종루로 내려올 때 좌우 행랑에서
나는 통곡 소리를 막을 수 없었다.

이를 두고 남효온은 《추강냉화》에서,

상왕이 임금 자리를 내놓은 것은 모신(謀臣) 권람이 일을 꾸미기 시작
하여, 정인지 손으로 마무리가 되었다 하였다. 나이 열두 살에 불과한 김
자인이 그 과정을 보고 가슴에 불꽃이 치솟는 것 같았다고 한 말을 덧붙
여 전했다.

단종이 선위 전교를 내릴 당시의 장면을 《실록》을 통해 보면,

임금 곁을 지키던 환관 전균을 우의정 한확에게 보내,

"내가 어려 안팎의 일을 알지 못하여, 간악한 무리가 나도 모르는 사
이에 생겨 반란의 싹이 끊임없이 일어나니, 이제 대임을 영의정에게

전하려 하노라."

하였더니, 한확이 깜짝 놀라,

"지금 영상이 나라 안팎 모든 일을 모두 총괄하는데, 다시 무슨 대임
을 전한다는 말입니까."

하였는지라, 전균이 이 말을 임금께 그대로 아뢰었더니, 이르기를,

"내가 전날부터 뜻을 세워 이미 계책이 정해졌으니, 바꿀 수가 없다.
모든 일을 빨리 준비하라."

라고 명하였다.

한확 등이 결정 바꾸기를 강력하게 청하였고, 세조 또한 울며 굳게
사양하였던 것을, 전균이 다시 들어가 아뢰니, 조금 있다가 다시 전지 내
리기를,

"상서시 관원에게 옥새를 가지고 들어오게 하라."

하매, 세조가 익선관과 곤룡포를 갖추고 백관을 거느리고 대궐 뜰에 나
가서 선위를 받았다라고 기록하고는 있지만,

이 상황을 남긴 남효온의 《추강집》에서는,

선위 받을 때 세조가 덕이 없다 사양하니, 좌우에 따르는 신하들 모
두 실색하여 감히 한 마디도 내지 못하였다. 성삼문이 예방 승지로 옥새
를 안고 목 놓아 통곡하니, 세조가 부복하여 바야흐로 겸양하는 태도를
보이는 척하다가, 머리 들어 승지를 빤히 쳐다보았다. 이날 박팽년이 경
회루 못에 뛰어들어 빠져 죽으려 할 세, 성삼문이 말리며 말하기를,

"지금 왕위는 비록 옮겨졌으나, 임금께서 아직 상왕으로 계시고 우
리 또한 살아 있으니, 아직은 일을 도모할 수 있다. 다시 도모하다가
이루지 못하면 그때 죽어도 늦지 않다."

고 하는지라, 박팽년이 그 말을 옳게 여겨 따랐다.

성삼문 아버지 성승이 도총관으로 궁내에서 번을 들다가, 선위한다

는 말을 듣고 아래 사람을 승정원에 보내 자주 물었으나, 삼문이 대답하지 아니하고 뒷간에서 하늘을 쳐다보며 눈물을 샘처럼 쏟아냈다. 성승은 병이 났다는 핑계로 드러누워 일어나지 않으니, 집안사람들도 얼굴을 볼 수 없었는데, 오직 성삼문이 들어오면 좌우를 물리치고 이야기 나누곤 했다라는 장면까지 담고 있다.

예조 판서 김하와 형조 참판 우효강을 명나라에 보내, 왕위에서 물러나기를 청하는 주문(奏文)을 올리자, 이를 인정하는 조칙이 이듬해 4월에 내려졌다. 7월 갑신에 상왕을 추존하여 공의온문(恭懿溫文)이라 하고, 왕후 송씨를 의덕(懿德) 왕대비라 올린 후, 문무백관을 거느린 세조가 창덕궁으로 가서 뵈니, 상왕과 송씨 모두 받지 않았다고 전한다.

수양대군의 정난靖難

정난(靖難).

나라의 위난을 평정했다는 뜻이다.

어린 단종이 즉위한 이듬해 계유(1453)에 고명대신들이 정권을 농단한다는 이유로 조정 대신들을 숙청한 사건을 세상 사람들은 계유정난이라 부른다. 안평대군보다 다소 세가 약했던 수양대군이 책사 권람과 한명회를 손에 넣음으로써 반전시켰다고들 하기도 한다.

《동각잡기》에서 권람에 대해, 그가 매양 수양대군 집으로 가 뵐 적마다 해가 기울어도 가질 않아 밥상을 늦추게 하므로, 그 집 하인들은 권람이 오는 것을 보면 서로 눈짓하며,

"국물 식히는 서방님이 또 온다."

고 수군거렸는데,

훗날 세조가 왕위에 오르매, 권람을 내전으로 불러 잔치로 위로하는 자리에서, 정희왕후를 돌아보며,

"이 사람이 곧 옛날 국물 식히던 서방님이오."

라는 농을 했다고 기술하고 있다.

또 한편으로 한명회에 대해서도,

젊어서 낙방거사 꼴이었으나 큰 뜻을 품어 과거를 탐탁히 여기지 아니했으니, 나이 서른이 넘어서까지 벼슬도 없이, 권람과 죽고 사는 일을 같이하는 친구가 되었다. 세조가 권람에게 인재를 물으매, 한명회를 천거하여 복건 바람으로 뵙게 하였더니, 세조는 한 번 보고 구면이 있던 것처럼 여겨, 서로 늦게야 만나게 된 것을 한탄하였다. 매양 나가 뵐 때면 스스로 종부시 관원이라 일컫거나 혹은 의원이라 속이기도 하여, 사람들이 의심하지 않게 하였으니, 어두운 밤에는 부르기 어렵다 하여, 수양의 가동 임운의 팔에다 노끈을 매어 문밖에서 끌어당기면, 비록 밤이 깊어도 곧 세조에게 알리게 되니, 정난의 계책은 대개 한명회로부터 나왔다.

세조가 일찍이 한명회를 나의 장자방이라 칭찬하였다.

한명회가 말하기를,

"한 고조와 당 태종이 장량·진평·방현령·두여회의 꾀를 썼지마는, 한신·팽월·포공·악공이 없었다면 무공을 이룰 수 없었을 것입니다."

라는 계책을 내어, 무사 홍달손·양정·류수 등 30여 명을 추천하니, 드디어 그들을 등용하였다라고 하였다.

세종 이후로 정치 문화가 나날이 새로워져 예(禮)를 만들고 악(樂)을 지어 태평성대를 장식하였으니, 문장 절의 있는 선비가 조정에 깔렸고, 기백 있고 세사에 구애받지 않는 사람들 또한 낮은 벼슬에 묻혀 있기도

했다.

한명회 나이 마흔에 가까웠어도 충순위 소속 말단이라 알아주는 이가 없었다. 당시 여러 왕자들이 다투어 문객들을 맞아드릴 제에, 문인 달사들이 모두 안평대군에게로 몰려, 수양대군도 그보다 나을 수가 없었다. 한명회가 수양을 찾아가 뵈오매, 인재가 별로 없는지라 비밀히 아뢰기를,

"세상에 변동이 있을 때 문인으로 대우를 받음은 쓸모가 없으니, 나으리는 모름지기 무사와 결탁해 두소서."

하였다. 이에 수양대군이,

"어떻게 하면 될꼬."

라고 물으니, 한명회가,

"무예 연습한다는 명분으로 술과 안주를 장만하여, 모화관과 훈련원으로 나가 활쏘기를 한 후 무사들을 먹이면 쉽게 사귀실 수 있습니다."

하였다. 한명회의 꾀로 수일 내로 무사들을 두루 사귀어, 드디어 계유정난을 성공으로 이끌 수 있었다.

《해동야언》과 《동각잡기》에 따르면, 계유 시월 초십일에 거사하기로 한 일들이 사전에 누설되어 주위 사람들이 걱정하자, 수양대군은,

"설사 계획이 누설되더라도 저편에 모의하는 자가 아홉도 못 된다. 그중에서 김종서가 가장 눈치가 빠르니, 이 사람만 먼저 죽이면 나머지는 없애기가 쉽다."

하면서, 이른 아침에 강곤·홍윤성 등을 세조의 후원(혹은 운성위 집이라고 한다)에 모아놓고 활을 쏘며, 주석을 베풀고 거사를 의논했다. 홍달손은 순라를 감시하러 먼저 나갔고, 송석손·민발 등은 임금께 먼저 아뢰어야한다 하여 의논이 분분하자, 더러는 북문으로 빠져나가는 자들이 있었

다.

　이에 한명회가,

　　"길옆에 집을 지으면 삼 년이 되어도 못 짓는 법이니, 대군은 스스로
　　결단을 내리시오."

라고 재촉하였고, 홍윤성 또한,

　　"용병하는 데는 주저하는 것을 가장 꺼립니다."

하였다. 송석손 등이 수양의 옷자락을 잡고 말리려 하자 노하여,

　　"너희들은 모두 가서 고발하라."

하고는, 드디어 활을 집어 들고 일어나 말리는 자를 발로 차면서,

　　"나는 너를 강제로 잡지 아니한다. 따르지 않을 자는 가라. 장부가
　　죽으면 사직을 위해 죽어야 한다. 나는 혼자 가겠다, 만약 어리석은
　　고집으로 기회를 그르치는 자가 있으면 마땅히 먼저 죽이리라."

하면서 중문에 이르니, 정희왕후가 갑옷을 들고 입혔다. 채비를 마친 수
양이 가동(家僮) 임운을 데리고 가니, 한명회가,

　　"왕자가 홀로 가니 후원 하지 않을 수 없다."

하면서, 권언·권람 등을 시켜 돈의문 성 위에 복병케 하고(일설에는 세조
가 어둠을 타고 김종서 집으로 가면서, 한명회에게 돈의문을 지키되 마지막 종
소리가 나더라도 문을 닫지 말고 기다리라고 일렀다 한다), 또 양정·홍순손·
류수에게 평복을 입고 대군을 따르게 하였다.

　수양대군이 성문을 나서니, 말 탄 군사 여남 명이 길가에 섰다가 모두
흩어져 갔다. 김종서 집에 이르니, 그의 아들 승규가 손님 몇과 더불어
문 앞에 앉았으므로 승규를 시켜 김종서에게 연락하니, 나오기는 했으나
물러서서 앞으로 다가서지 않은 채 수양대군에게 들어오기를 청했다. 수
양대군은 해가 저물고 성문이 닫힐 것을 이유로 들어가지 아니하고,

　　"종부시에서 영응부인 일을 탄핵하였으니, 정승께서 모름지기 처리

해 주셔야겠소."

라고 했다. 영웅부인 송씨가 동래온정에서 목욕했는데 대간이 그릇됨을 지적했으므로, 이 일을 핑계삼은 것이다.

그러면서 수양대군이 짐짓 사모뿔을 떨어뜨리니, 김종서는 급히 자기의 것을 뽑아 드렸다. 이때에 승규와 앉았던 손님이 지키고 물러가지 않으니 수양대군은,

"비밀히 논할 것이 있으니 너희들은 그만 물러가라."

고 일렀으나, 그들은 멀리 피하지 아니하였다.

세조는 또,

"청촉하는 편지가 있다."

고 하여 내밀자, 종서가 그것을 달빛에 비춰보는 사이, 수양대군이 데리고 간 임운에게 눈짓하여 철퇴로 종서를 쳐 땅바닥에 쓰러뜨리니, 김승규가 놀라 쓰러진 아버지 위에 엎드리는지라, 양정이 칼을 뽑아 그를 찔렀다.

수양대군이 곧 양정을 시켜 말고삐를 잡고 돌아올 시각에 한명회와 권람 등이 세조의 집에서 무사를 사열하였다. 한명회가 돌다리 가에 나와 기다리다 말 탄 사람이 달려오기에 쳐다보니, 수양대군이 웃으면서,

"이미 적을 죽였노라."

하였다.

수양대군이 순라청에 이르니, 명을 받은 홍달손이 순라군을 모아두었는지라, 달손으로 하여금 그 순라군을 이끌어 엄호하게 하고 시재소(時在所)로 나가, 내금위 봉석주로 하여금 군사들을 뜰 가운데 배열시켜 나들지 못하게 한 다음, 입직승지 최항을 불러,

"김종서 죽인 연유를 말하고, 이어 황보인·김종서·이양·민신·조극관·윤처공·이명민·원구·조번 등이 함길도 절제사 이징옥·종성 부

사 이경유·평안도 관찰사 조수량·충청도 관찰사 안완경과 연결되어 임금이 어린 틈을 타고 사직을 도모하려 하였으며, 내시들인 김연·한숭 모두 임금 곁에 붙어 있는지라, 적의 괴수는 이미 제거하였지만 그 나머지 잔당도 이제 아뢰어 토벌하겠다."

고 전했음을 《해동야언》은 기술하고 있다.

하지만, 김종서 척살 장면을 놓고 《동각잡기》에서는, 김승규가 아버지 좌우를 떠나지 않자, 수양이 사모뿔 빠졌다는 핑계로 정승의 것을 빌려 달라 청해서, 승규가 이를 가지러 들어간 사이에, 데리고 간 정(汀)과 운(芸)이 종서를 내리쳤다고 했다. 또한 정난이 벌어졌던 그 날 밤, 단종 거처에 대해서도 달리 기술하였으니, 궁궐이 아니라 향교동에 있던 영양위 정종의 집에 단종이 나와 있었으니, 수양이 대문 틈으로 김종서의 반역이 급하여 보고하지 못한 채 이미 죽였으니, 임금께 친히 아뢰겠다는 뜻을 전달했노라고 기록하고 있다.

아무튼 이날 밤 입직 승지는 최항인지라, 수양대군이 그의 안내로 임금을 뵈니, 놀라 일어나며,

"숙부는 나를 살려 주시오."

하였더니, 수양대군이 말하기를,

"이는 어렵지 않습니다."

하고는, 곧 대신들을 급히 호출할 수 있는 명패(命牌)를 발행케 하였다. 그리고는 군사를 세 겹으로 세운 세 겹의 문을 만들어, 생살부를 손에 든 한명회는 문 안쪽에 앉았었다. 부름을 받은 여러 대신들이 첫째 문에 들어오면 따르는 하인들을 떼어내고, 둘째 문에 들어올 적에 이름이 생살부에 올랐으면 홍윤성·류수·구치관 등이 쇠몽둥이로 때려죽이니, 황보인·조극관·이양 등 죽은 이가 너무나 많았다. 윤처공은 군사를 집으로 보내 죽이고, 문종 능침을 조성 중이던 민신은 현릉 비석소(碑石所)에 군

사를 보내 죽였다.

이때 황보인이 부름을 받고서 초헌(軺軒 : 종2품 이상의 관리가 타던 외바퀴 수레)을 타고 올 적에, 종묘 앞을 지나도 내리지 아니하면서,

"끝이로다. 끝이로다."

라고 중얼거리더니, 의정부 사인 이예장의 손을 맞잡고 뒷일을 부탁했다.

숨이 거의 끊어졌던 김종서는 다시 살아나, 원구를 시켜 성문지기를 큰 소리로 불러 의정부로 가서,

"정승이 밤새 남에게 맞아서 죽게 되었으니, 빨리 임금께 아뢰어 약
을 가지고 와서 구제토록 고하라."

고 하였으나, 대꾸하는 이가 없었다.

상처를 싸맨 김종서는 부인의 가마를 타고 숭례문·소덕문·돈의문까지 한 바퀴 돌았으나, 한명회가 심복 장사들을 풀어 문을 지켰기에 들어가질 못했다. 수양대군 또한 김종서가 다시 살아날까 염려하여, 새벽에 이흥상을 보내어 살피게 하였더니, 김승규의 방안(일설에는 아들 승벽의 처가)에 숨었는지라 끌어내려 했다.

이에 김종서는,

"내가 어찌 걸어가느냐. 초헌을 대령하거라."

하였으나, 말도 마치기 전에 베어 죽였다.

이 날 갑오일에 전교를 내렸는데,

"간신 황보인·김종서 등이 안평대군 용과 결탁하여 널리 당파들을
심어 나누어 중앙과 지방에 웅거하고 비밀히 용사를 기르고 변방 고
을의 병기를 싣고 와서 반역을 도모하였다. 이들 간당들은 이미 모
두 처형되었지만 지친(至親)만은 차마 법에 부칠 수 없으니 외지에
안치하라."

라고 하였음을《야언별집》에서도 기술해 놓고 있다.

이 모두 수양대군에게 맞서던 세력들을 잠재우기 위한 것이기에, 그 꼭대기에는 안평대군이 자리하고 있었다. 금부도사 신선경을 보내 안평대군 용을 강화로 압송하고, 아울러 그 아들 우직을 귀양 보냈으니, 이때의 일들을 입에 올린 자들 중에는,

"안평이 다른 뜻이 있어 무이정사(武夷精舍)를 지었고, 또 담담정(淡淡
亭)에서 김종서 등과 만남이 잦았다."

라는 것으로 죄목을 삼았다고들 하였다.

무이정사란 것이 자연을 벗 삼아 도학에 심취했던 송나라 주자 선생이 원조였으니, 조선조 성리학 이해도가 깊어지면서, 너도 나도 무이정사 같은 정자를 짓고 무이구곡가를 모방하여 시를 읊었던 사실에 비춰 보면, 죄 아닌 죄를 뒤집어썼던 안평에 대한 후세 선비들의 안타까움이 이렇게 표출된 것이 아니겠는가?

안평은 귀양 갈 때 울면서 말하기를,

"좌상이 이 일을 아는지, 미안하여 무슨 말을 하리."

라고 하였다는데, 아마 김종서가 죽은 줄도 모르고 자기를 구해줄까 바랐던 것이다.

이튿날 을미일에 양사(사헌부, 사간원)에서,

"안평 용(瑢)은 난의 우두머리로서 불공대천의 원수라, 어찌 한 나라에 같이 살 수 있겠습니까. 죄를 따져서 죽이기를 청합니다."

하였으나, 어린 단종이 전교를 내리기를,

"허락하지 아니한다."

하였다.

온 조정이 들고 일어나 용을 죽이기를 청하였으나, 오래도록 따르지 아니하였다. 임금은 정인지 등을 경회루 아래로 불러 한 나절이나 의논

하다가 헤어졌다. 정인지가 이계전을 수양대군에게 보내 같이 아뢰자고 청하니, 수양대군은 굳이 사양하여,

"내가 생각하는 바는 이미 임금 앞에서 모두 말하였다. 그러나 나의 진술한 바는 사사 정의요, 여러 정승이 진술하는 바는 공론이다. 나는 공론을 저지하자는 것이 아니라 임금의 재가를 기다리는 것뿐이다."

라고 하니, 정인지 등이 임금에게 대의로써 재가하기를 청하였다.

좌의정 정인지 등이 백관을 거느리고,

"위에서는 이미 신들을 인견하실 것을 허락하시었으니, 신들은 다시 용을 죄 주기를 청합니다. 속히 결단하소서."

라고 아뢰니, 어쩔 수 없는지라 전교를 내려,

"그러면 부득이 처하는 대로 따르겠다."

하였다.

신축일에 의금부 진무 이백순을 보내 용을 사사하고, 아들 우직을 진도로 옮겼다. 용은 세종의 아우 성녕대군 양자로 들어갔는데, 성녕의 부인 성씨와 간통하였다는 죄목을 덧붙여 썼다라고 《야언별집》은 전하고 있다.

《동각잡기》나 《추강집》에 따르면,

수양대군 세상이 되어 백관들이 그 업적을 주공(周公)에 견주어 표창하기를 청하자, 집현전으로 하여금 교서를 초안하게 하였더니, 여러 학사들이 모두 도망갔는데, 류성원 홀로 남아 있다 협박 받아 글을 짓고는, 집에 돌아와 통곡하니 아무도 그 이유를 알지 못하였다고 전한다. 성삼문·박팽년에게 집현전에서 궁을 숙위하였다 하여 공신 호를 주니, 성삼문은 부끄러워 밥맛을 잃었으며, 공신들이 돌아가며 연회를 열었지만 홀로 열지 아니했다.

단종이 즉위한 지 일년 조금 지난 계유년(1453)의 정난은 시월에 일어났지만, 그 계획은 어린 조카가 즉위한 지 두 달밖에 되지 않던 임신년(1452) 칠월 경으로 예상된다. 이 당시 권람이 수양을 찾았을 때, 정계 움직임에 대한 진심을 털어놓았을 뿐 아니라, 한명회나 홍윤성 같은 인물을 심복으로 만들었다.

그러던 중 계유년 초에 결기로 자청했던 명나라 사신 임무를 마치고 귀국하던 4월부터 급진전하게 되었으니, 동행했던 신숙주를 수하로 영입하는 한편, 홍달손이나 양정 같은 심복 무사들까지 끌어들여, 만반의 거사 준비를 해 나갔기 때문이다.

무단적인 방법으로 정적들을 숙청한 수양대군은 스스로 영의정부사·영집현전사·영경연사·영춘추관사·영서운관사·겸판이병조·내외병마도통사와 같은 어마어마한 직책들을 겸하였으니, 정권은 물론 병권까지 손에 쥐게 되었건만, 이것으로도 부족타 하여 2년 후엔 강제로 선위를 받아내는 제왕의 길을 택했다.

일찍이 수양대군이 명나라에 갈 때, 좌참찬 허후가,

"지금 임금님 관이 빈소에 있고, 어린 임금이 나라의 정무를 맡아 대신들이 따르지 않고, 백성들 또한 의심하고 있는데, 공께서는 나라의 종실이 되어 어디를 간다 하십니까?"

하였더니, 세조는 그 말을 따르지는 않았으나, 마음속으로는 기특하게 여기었으니, 허후가 정난에서 죽음을 면한 것은 그 덕이었다.

정적들을 제압한 수양대군과 신하들이 모여 축하하는 자리에 허후도 초청되어, 술잔을 돌리고 풍악이 시작되었다. 이때 정인지와 한확 등이 손뼉 치면서 떠들고 웃었으나, 허후 홀로 슬픈 기색으로 고기를 먹지 아니하였다. 세조가 이유를 물으니, 조부 기일이란 핑계로 가볍게 넘겼다.

조금 후 김종서와 황보인 등의 머리를 베어 길거리에 매달게 하고,

그 자손들을 베어 죽이니, 허후가 더는 참지 못하고서,

"이 사람들이 무슨 큰 죄가 있기에 머리를 베어 달고, 그 처자까지 죽입니까. 김종서는 나와 친하게 지낸 적이 없어 그 마음을 능히 알 수 없지만, 황보인 그 사람의 기품을 내가 잘 아는데, 절대로 반역을 도모할 사람이 아닙니다."

하였다.

화가 난 세조는,

"네가 고기를 먹지 않은 뜻이 진실로 여기 있었구나."

하니,

"그렇습니다. 조정의 원로들이 같은 날에 모두 죽었으니, 이 몸이 산 것만도 다행이온데, 어찌 차마 고기를 먹을 수 있겠습니까."

하더니, 그의 눈에 눈물이 고였다.

세조는 매우 노했으나, 그의 재주와 덕을 아껴 죽이고 싶지 않았음에도, 이계전이 극력 주장하여, 멀리 귀양 보낸 그에게 마침내 목을 매어 죽게 했다는 기록을 남긴 《추강집》이나 《명신록》이야말로 야사의 진미를 보여준다 할 것이다.

노산군 묻은 곳에 잡풀이라도

순간의 선택으로 혁명 주체가 되어 부귀영화를 누린 이도 많지만, 기꺼이 한 시대의 아웃사이드로 살아가길 자처했던 인물 또한 많았으니, 세조가 등극하던 동시대에 살았던 수많은 지식인들에겐 그 갈등을 놓고 고민들이 적지 않았음이 분명하다.

단종의 억울한 죽음도 잊혀가던 중종 재위 11년 병자(1516) 시월 어느 저녁에, 경연에서 《예기》를 강하던 참찬관 김굉이,

"연산군이 종사에 죄를 얻었으니, 속적에서는 당연히 끊어야 하지마는 제사를 끊는 것은 육친을 친하게 여기는 도리에 해로울 것 같습니다. 신의 생각으로는 폐주뿐 아니라, 노산군도 후손이 없는데, 이분에게도 제사를 지내지 않을 수 없습니다. 오늘 여러 사람에게 물어보는 계제에 아울러 의논하는 것이 어떻겠습니까."

라고 조심스레 운을 떼었다. 세월이 흘렀건만, 아직 세조 증손자 세대들이 통치를 이어가던 시절이라, 쉽게 뱉을 수 있는 말은 아니었던 것이다.

이에 경연청 사경 벼슬로 있던 기준이 아뢰기를,

"노산의 죄는 폐주와 같지 않으니, 지금 만일 제사를 지낸다면, 성덕에 후한 처사로 남을 것입니다."

하였다.

중종 임금이 이르기를,

"《무정보감》을 보았더니, 노산의 일은 오래 전의 일이라 의논할 수가 없다."

고 하였음에도, 따로 선정전에 좌정하여 대신들을 모아 차례로 물은 즉, 정광필이 앞장서서 아뢰기를,

"노산의 일을 오늘 상감께서 하문하시니, 이것은 아름다운 일입니다. 그러나 세조가 처음 즉위하던 때의 일을 후세에 가벼이 고칠 수 없습니다."

하였다. 중종이 이르기를,

"노산의 일은 나도 역시 경솔하게 의논할 수 없노라."

하였더니, 이에 김안국은,

"노산과 연산이 폐위된 것은 같으니, 아울러 옛날 예를 상고해서 처

리해야 마땅할 것입니다."

라고 아뢰었다.

이런 차제에 시독관으로 있던 채침이,

"노산의 후사를 세우는 일을 놓고, 대신들이 연대가 오래되어 후사를 세울 수 없다 하였는데, 폐하고 세우는 것으로 본다면, 노산이 정사에 어둡고 유약하여 대임을 감당하지 못한 것일 뿐, 종사에 득죄한 것은 아닌데, 어찌 연대가 먼 것을 핑계하여 후사를 세우지 않을 수 있습니까. 그 외로운 혼이 의탁할 곳 없는 것을 불쌍히 여긴다면, 마땅히 후사를 세워야 합니다."

라고 강력하게 주청했다.

이에 힘을 보태고자 기준이,

"만일 후사를 세운다면, 국가의 운수가 연장될 것이요, 성덕 또한 지극하실 것입니다. 예전에는 제왕의 후손 없는 이만 제사지낼 뿐 아니라, 대부의 후손 없는 자까지도 제사지내서 의탁할 곳이 있게 하였는데, 하물며 임금이 되었던 분으로 외롭게 의탁할 데가 없다면, 어찌 성조의 누가 되지 않겠습니까. 하늘에 있는 조종의 혼령으로 본다면 똑같은 자손인데, 혹시라도 의탁할 데 없는 외로운 혼령이 있다면 어찌 편안하겠습니까."

하였다.

논의가 이렇게 흘러가자, 류순에 이어 영의정에 올랐던 정광필이,

"노산과 연산의 후사를 세우는 일이 전일 《예기》를 강하다가 발단되었는데, 신의 생각으로는 상감께서 그 제사를 끊이지 않게 하셨으면 합니다. 노산은 신주가 없으니 지금 신주를 만들고, 또 묘택(墓宅)까지 조성하려면 사세가 심히 어렵습니다. 예관을 시켜 제사가 끊어지지 않게 하면 국가의 뜻이 후할 것입니다."

라는 절충안을 내어, 가납되길 기다렸다.

중종이 다시 이르기를,

"노산의 일은 전대의 임금들께서도 어렵게 여겼으나, 다시 생각하여
보면, 득죄하였더라도 고혼이 되어 의탁할 곳 없는 것을 차마 보지
못할 일이니, 종친으로 하여금 후사를 삼는 것이 어떠한가."

하였다.

이에 김응기가 아뢰기를,

"종친으로 세우는 것은 불가하니, 촌수 밖의 소원한 사람으로 사명
일(四名日; 설·단오·추석·동지)에만 제사지내게 하되, 노산과 연산을
똑같은 예로 하게 하소서."

하였다.

쉽게 결말을 낼 수 있는 사안이 아닌지라, 달을 넘겨 사관을 보내 대
신들과 의논하게 하였더니, 원로대신 류순은 경솔히 결정할 수 없다 하
였고, 송일 또한 이에 동조하는 자세를 취한데 반해, 박열과 송천수는 후
사를 세워 선왕의 끊긴 대를 이어 주는 것이 합당함을 주장하였다고 《조
야기문》에서 기술하고 있다.

이 문제는 《실록》에서도 자세한 전모가 기록되어 있지만, 논의과정
을 지켜 본 어느 사관이 덧붙인 논평 하나를 눈여겨 볼 필요가 있다. 사
신 왈(史臣曰)로 시작되는 그 사론에서,

"류순과 송일은 비록 대신이라고 하나, 류순은 본래 우물쭈물한 성
격이어서, 두 차례나 수상을 하고서도 건의하여 밝게 한 것 하나 없
이, 매번 지당하옵니다만 잘했으니, 늙었어도 죽지 않는 것을 적(賊)
이라는 지탄까지 받았고, 송일은 본래 탐심 있고 험악하여, 반정 초
기에 류자광이 상소하여 어진 선비들을 모함할 때, 조카 생원 김희
수로 하여금 쓰게 하여 모의에 참여한 사람이니, 입에 올리는 것조

차 거북스럽다. 박열과 송천수는 비록 적극 진달하지는 못했지만,
끊어진 대를 이어주었던 의리와 합치된다 하였으니, 그들의 사람됨
이 비록 학술은 없지만 마음이 험악하거나 비뚤어지지는 않아, 사림
들이 바야흐로 이런 의논하는 것을 듣고서 다소 선하게 볼 마음이
생겼다."

라고 하였더라.

무릇 사론이란, 사관들이 사초에다 개인적인 생각을 나타낸 것이니,
이것이 《실록》에 올랐다는 것은 편찬을 맡았던 상하 간에 합의 없이는
불가한 것이고, 특히 이 시기에 이런 종류의 사론들이 실록에 자주 올랐
으니, 바야흐로 사림정치가 꽃 피우려던 시기였음을 알 수가 있다.

이런 논의 과정을 거친 중종 임금이 마음을 굳혔으니, 곧 예조에 명
하여 노산 묘에 치제하는 절목을 마련하라 이른 후, 단종 비 송씨와 연산
비 신씨가 모두 생존하여 있으니, 스스로 후사를 세우게 하라 하였다. 그
리하여 예조에서, 묘소에는 사명일에 제사를 행하되, 그 곳의 수령을 시
켜서 준비하여 행하게 하고, 가묘의 사중일(四仲日)·사명일·기일에 소요
되는 제물을 왕후 부모 치제하는 예에 따라 행하고, 묘지기는 여섯 호
(戶)로 정해 줌이 좋겠다고 아뢰었다. 이때 노산 비 송씨는 안일원(安逸院)
에 우거하고 있다가, 관가에서 공급한 제수를 받아들였다.

엄동설한 십이월에 우승지 신상을 보내 노산군 묘에 치제하였으니,
차질 없는 임무를 수행한 후, 그 고을에서 늙은 노인들이 전해 준 내용으
로 복명했던 사실을 《음애일기》에서 전하고 있으니,

"군 북쪽 5리 동을지(冬乙旨)의 동쪽으로 향하고 있는 고분이 실제로
노산의 묘소인데, 길가에 있던 터라 무너지고 헐어 높이가 겨우 두
자 쯤 됩니다. 여러 무덤이 곁에 늘어져 있는데, 고을 사람들이 임금
의 산소라 전칭하여 어린아이들도 식별하였고, 여러 무덤들 모두 돌

을 옆에 늘어놓았는데, 이 묘만은 아무 것도 없습니다. 당초 해를 입던 날에 진무가 와서 형 집행하면서 핍박하여 자살케 한 뒤에 시체를 밖에 버려두어, 그 고을 수령과 시종하던 사람들이 감히 거두어 염하지 못하던 것을, 고을 아전 엄흥도란 자가 쫓아와 곡하고 관을 갖추어 염습하였습니다. 마침 어떤 관노가 만들었다가 화재 염려로 고을 옥에 갖다 둔 관이 있어 그것을 가져다 썼으며, 다른 말썽이 있을까 두려워 즉시 땅에 장사 지냈다고 합니다."

라고 당시 상황을 기술했다.

《조야기문》에 따르면, 중종 재위 13년에 좌승지 권벌과 우승지 김정국이 노산과 연산의 후사를 세워야 한다는 견해를 극진히 아뢰기를,

"세종이 광평과 금성으로 하여금 방번과 방석 후사로 삼았고, 옛적에 무왕이 주(紂)의 아들 무경을 봉해 주었고, 우리나라에서도 숭의전을 세웠으니, 무왕이 상나라에 대하여, 또 우리나라가 고려조에 대해서도 제사를 끊지 아니하였습니다. 하물며 노산과 연산은 한때 임금으로 계셨는데, 영원히 제사를 끊는다면 전하의 어진 정사에 심히 손상됩니다."

하였으나, 여러 의논이 분분하여 마침내 시행하지는 못하였다고 전한다.

궁에서 쫓겨난 송씨 부인은 정미수를 아들같이 의탁하며 살았는데, 정미수는 문종 딸 경혜공주가 정종에게 시집가 낳은 아들이었다. 단종 척족으로 지목된 아버지가 사사되자 세조가 궁에서 길렀고, 여러 관직을 거쳐 중종반정 때 공신으로 올랐다.

《장릉지》에서는 노산 부인 송씨의 후계와 유산 문제에 대해 소상히 밝히고 있으니, 그때, 노산 부인 송씨가 갖고 있던 노비나 재물과 집을 정미수 처에게 전하기를 요청했다. 이 일로 승정원에서 아뢰기를,

"노산군 부인이 정미수로 시양자(侍養子)를 삼았는데, 정미수가 이미

죽었고 또 후사가 없으니, 정미수의 아내가 만일 죽는다면 노산군
제사를 주관할 사람조차 없어 심히 참담합니다. 다시 대신으로 하여
금 후사 세울 일을 의논하는 것이 어떠합니까."
라고 하였다. 이에 전교를 내리기를, 송씨 소원이 정미수 아내에게 주는
데 있으니, 후사를 세우는 것을 재론할 필요까지는 없다 하였다.

송씨가 동문 밖에 있는 집과 노비 문서를 만들어 정미수에게 주었고,
정미수가 죽은 뒤에 별도로 그 아내에게 주어, 문서가 두 장이 있었는데
직접 도장을 찍었다. 숙종 시절 단종이 복위되자 정미수 후손이던 정운
희가 지금 사가에 둘 수 없으니, 계문을 올려 조치해 달라는 뜻으로 예조
에 청원하자, 예판 최규서가 이를 아뢰어 주달하매, 나라에서 조치할 만
한 일이 아니라 하여, 그대로 그 집에 두라고 명하였다.

중종 재위 16년 신사(1521) 유월 초사일에 영빈(英嬪) 송씨가 승하하
니, 전교하기를,

"노산 부인 송씨 상사는 의거할 만한 전례가 없으니, 마땅히 왕자군
부인의 호상 격식에 준하여 예관으로 하여금 상고하여 아뢰라."
라고 명을 내린지라, 예조에서 조사하여 아뢰었더니 전교하기를,

"부의는 완산군 부인 예에 따르고, 다만 역청칠(瀝靑漆)을 한 관곽을
한 부씩 더 지급하고 3년 동안의 제수는 소찬으로 올리라."
하였다. 예조가 대군 부인의 예에 의거하기를 아뢰어 청하니, 그대로 하
게 하였다.

이 시절 사림들은, 노산과 연산이 비록 폐주라 하나 후사까지 없앨
수 없다는 소신을 굽히지 아니한 채 엎드리고 있다가, 중종 34년 기해
(1539)에 한산 군수 이약빙이 이를 상소하니, 대신들은 이구동성으로,

"간사한 의논을 꺼내니 극히 흉참하다."
하여, 잡아다가 국문하자고 청하였다.

기묘사화 있기 전에 승지로 보필하던 권벌과 김정국이 이 문제를 끄집어냈을 적에 의견만 분분했지, 이토록 잡아다 국문하잔 의견을 낸 이들이 없었건만, 똑같은 상황을 놓고 전후의 조정 의논 배치됨이 이와 같았노라고, 이 말을 처음 꺼낸 김정국이 그의 야사 《사재척언》에서 기술하였음은 물론, 후일 선조 조에 살았던 이정형 또한 《동각잡기》에서 재차 지적하고 있다.

이 문제를 끄집어 낸 이약빙은 당대 명벌 광주 이씨 가문에서 태어나, 중종 임금이 성균관에 행차로 시험할 때 수석으로 뽑힌데다, 생원시에서도 수석으로 뽑힌 재원이었으며, 기묘사화가 일어났을 적에 조광조와 그의 형 약수의 사면을 주청하다 파직된 경험이 있는데, 후사문제로 또 삭직 당하고는 충주 북촌으로 내려갔으니, 아직 시절을 만나지 못했음을 한탄해야 할 판이다.

조선 인조 때 한준겸이 왕실 관련 여러 내용을 기술한 《유천차기》에 따르면, 노산이 돌아간 뒤로 영월 군수로 재직했던 사람들이 갑자기 죽는 경우가 많아 일곱이나 되니, 세상에 흉한 땅이라 전해졌다. 중종 36년 신축(1541)에 이르러 박충원이 영월 군수가 되어, 제물을 갖추어 제사 지냈더니 마침내 무사하였지만, 일설에는 그날 밤에 죽었다가 다시 살아났다고도 하였는데, 그 제문을 보노라면,

"왕실의 맏이요, 어리신 임금으로 다른 데에는 인명(仁明)한 임금이요, 마침 비색(否塞)한 운수를 당하시어 바깥 고을로 손위(遜位) 하시었으니, 한 조각 청산에 만고의 고혼(孤魂)이 누워있네, 바라건대 강림하시어 향기로운 제수를 흠향하소서."

라고 하였으니, 지금까지 사시 제사에 이 글을 쓴다고 하였다.

숙종 때 서문중이 《조야기문》에서,

"선조 정묘년(1567)에 보은 현감 조헌이 소를 올려 노산의 후사를 세

우고 육신을 정표하자고 청하니, 대신들이 탄핵하여, 윤허하지 않았
다."
라고 밝히고는 있으나, 조헌이 보은 현감으로 재직한 때는 선조 16년
(1583) 무렵이었다. 후사 없이 죽은 명종 뒤를 이어 방계에서 선조가 즉
위하던 해가 틀림없는 정묘년인지라, 시간상 차이가 난다마는, 이것으로
조헌의 소까지 부정할 필요는 없을 것 같다. 한 개인이 일생동안 역임하
는 관직이란 게 자주 바뀌는지라, 서문중이 이 일을 기록할 적에 소를 올
렸던 시절의 관직과 연결시키지 못했기에 벌어진 일로 봐야 할 것 같다.

선조 초년에 한림 김성일 또한 상소하여, 노산 묘를 봉축하고 육신의
벼슬을 회복하자고 청하였으니, 그 후 선조 임금이 노릉 봉식(封植)과 육
신 후손을 녹용한 것이, 대개 공의 발단에서 말미암은 것이라고 〈김학봉
묘비문〉에서 밝히고 있으니, 띠도 잡초도 없던 노산 무덤이 능으로 바뀐
데에는, 한 두 사람의 공으로 된 것이 아님은 분명하다.

선조 2년 기사(1569)에 경연에서, 말이 문종의 체천하는 일에 미쳤다.
이에 기대승이 아뢰기를,
　　"노산이 즉위하고 세조가 수상이 되어 어린 임금을 보좌하는데, 노
　　산이 세조에게 교서를 주어 이르기를, 나는 성왕이 주공을 대하던
　　격식으로 숙부를 대할 터이니 숙부 또한 주공이 성왕을 보좌하던 식
　　으로 과인의 몸을 도우라 하였으니, 대개 노산이 세조에게 주공과
　　같이 행동하기를 바랐지만, 천명이 세조에게로 돌아갔다."
하였다. 이에 선조가 이르기를,
　　"옛 일을 자세히 알 수 없으나, 다만《무정보감》을 보면 세조가 선위
　　를 받은 것과 황보인·김종서·성삼문·박팽년이 처벌을 받은 일이
　　소소하게 실려 있다."
하였다. 다시 아뢰기를,

"대강은 보감에 실려 있으나, 당시 사람들이 기록한 것이 있습니다."

하니, 선조가 모두 말해 보라 이르거늘, 대승이 또 아뢰기를,

"성삼문의 일이 발각된 것은 그 뜻이 상왕을 복위하려 함이었는데, 상왕이 참여해서 알고 있었다 하여 영월로 옮긴 것이었습니다."

하였다. 선조가 이르기를,

"평상시에는 궐내에 있었는가?"

하니, 기대승이 답하기를,

"창덕궁에 있었다 하며, 영월로 옮긴 뒤에 정인지가 영상으로 백관을 거느리고 처치하기를 청하니, 금부도사를 보내어 사약을 내렸는데, 당시에 영월 사람 엄모가 그 일을 기록하여 감추어 두었다 합니다. 대개 처치를 청한 것은 지난날 역사에 없는 일인데도 이를 감행하였으니, 한때에는 명재상이라고 일컬었으나, 지금 사람들은 좋지 않게 여깁니다. 성종 초년에 임금 위패를 모시던 문소전 방의 수를 갖추지 못한 채 문종 신주를 체천하려 할 때에, 성종이 여러 신하들을 불러 물었더니 말을 꾸며서 대답하였다 합니다. 조종조에서 일을 잘 처리했다면 만세라도 고치지 않는 것이 마땅하나, 미진한 일이 있다면 고치는 것이 해롭지 않습니다. 태조가 정몽주를 죽였는데 태종이 포창하여 증직하였고, 태조가 왕씨를 모조리 죽였는데 태종이 숭의전을 세웠고, 세조가 소릉을 내버렸는데 중종이 능을 다시 세웠습니다."

라고 아뢴지라, 임금이 반문하기를,

"무슨 물건을 내버렸는가?"

하니 대승이,

"이것은 신하된 자가 차마 아뢸 수 없는 말입니다. 재궁(梓宮 : 임금의 관)을 내버린 것 같습니다. 소릉을 회복하고 나서 노산에게도 치제하

였습니다."

라고 하였던 내용들이, 기대승의 《논사록》에 자세하다. 경연에서 주로 논의했던 바를 기록했던 이 책은 기대승이 죽고 난 후 선조 임금의 명으로 간행되었다.

이후 선조 9년 병자(1576)에 가승지 류운을 헌관으로 보내 노산묘에 제사지낸 바 있고, 선조 13년 경진(1580)에 강원 감사로 내려갔던 정철이 장계를 올렸으니,

"도내 영월군에 노산군의 묘가 있는데, 소치고 나무하는 아이들이 모여들고 하여, 길 가는 사람이 슬피 탄식합니다. 신은 엎드려 생각 건대, 노산군이 예전에 한 나라에 임어하여 임금의 도가 있으니, 낮추어 봉하여 군을 삼았다 하더라도, 묘도(墓道)의 의물은 신분에 따라 본래 합당한 제도가 있어야 하는데, 천한 사람의 묘와 다름없으니 슬픕니다. 엎드려 원하옵건대, 전지를 내리시어 그 묘를 다시 쌓고 표석을 세움에 있어 한결같이 예장 법식에 의거하면, 예법으로 헤아려 보더라도 잘못됨은 없을까 합니다. 옛부터 제왕은 패망한 나라의 임금에게 반드시 후하게 장사지냈으니, 항우같은 원수에게도 고황이 노왕 예로 장사하였고, 건문 같이 혁명으로 쫓겨 간 이도 성조가 천자의 예로 장사하였으니, 두 제왕의 훌륭한 처사입니다. 지난 병자년에 관원을 보내어 치제하였으니, 그 마음 씀이 심히 후합니다. 이제 일품의 전례를 써서 노산의 묘를 수축하고 예관을 보내 치제하면 옛 일을 원용하여 오늘날 일을 논함에 실로 합당합니다."

라고 하였다. 장계를 예조에 내리니, 예조에서 긍정적으로 검토하여 문서로 아뢴지라, 대신들에게 의논하라 하였더니, 영의정 박순을 비롯한 3정승이 모두 찬성하였다. 이에 선조 임금 또한 전교를 내려,

"대신의 의논에 의하여 묘를 봉축하고, 표석을 세우고, 근신을 보내

어 치제하라."

하였다.

정철의 장계로 말미암아 묘역을 수축하고 표석을 세우면서, 3호(戸)를 지정하여 묘를 지키게 하였다. 역사를 마치던 날 감독한 수령 등과 자리를 같이 하였는데, 한결같이 천년 만에 한 번 오는 때라고 하였으되, 이천 군수 류인지 홀로 말이 없으므로 정철이 까닭을 물으니, 노산이 저승에서 곤룡포를 입고 평천관을 쓰고, 육신(六臣)의 무리처럼 충의 있는 선비들이 좌우에 늘어서서 보위 자리를 지키고 있을 터인데, 어째서 돌을 세우고 표시하여 억지로 노산묘라고 일컫는가 하니, 가득 앉은 자리에 말이 없어졌다고 《장빈호찬(長貧胡撰)》에서 전하고 있다.

김륵이 영월 고을 군수가 되어, 제청(祭廳) 3칸에다 재실과 부엌 칸을 묘 옆에 짓고 위패를 봉안하여 노산군 신주라고 쓰고, 부인 송씨 위패를 배향하여 세시에 제사를 드린 적이 있고, 선조 34년에 조우인이 노산과 연산의 후사 세우는 일에 대해 또 상소한 적이 있지만, 노산 묘역 관리는 여전히 되질 않았으니, 선조 36년 여름에 강원 감사로 있다가 온 참판 박동량이 입시하여 아뢰기를,

"노산묘가 덤불 우거진 숲 속에 끼어 있어 도끼질을 금하지 못하고, 향화가 끊긴 지 오래되었습니다. 중종이 승지 신상을 보내 치제하다가 그 뒤부터 빠뜨렸으니, 폐했던 제전을 다시 거행하도록 하소서"

하였음에, 선조가 옳게 여겨 우부승지 정혹에게 명하여 제사를 지내게 하였다.

광해군이 임금에 올라 그 재위 2년 경술(1610) 7월에 예조 판서 이정구가 논의하여 아뢰기를,

"노산군 묘가 영월에 있는데, 네 명절에 대강 제사라고 베풀지마는 제사 의식이 엉성하여 격에 맞지 않고, 부인의 묘는 양주 풍양에 있

는데, 향화가 끊어지고 나무하고 소 뜯는 것조차 금하지 못합니다. 따로 두어 칸 사당을 세워서 두 분의 신주를 모시고 매년 한식과 두 기일에 관원을 보내어 제사 모시고, 분묘는 별달리 봉식(封植)하여 묘지기를 더 두고, 관에서 제물을 준비하여 연산군과 같은 규모로 시행함이 어떠합니까."

하니, 허락이 떨어졌다.

이에 대신들이 모여 사당을 어디에 세울지를 고민하다가, 묘 옆에 세우면 내관이 수직하기가 어려우니, 기자전 예에 따라 참봉 두 사람으로 수직케 하고, 제관은 본도에서 정하여 보내도록 조치하였으니, 김륵이 지은 옛 건물에 단청만 칠하여 위패를 모시고, 부인 송씨도 함께 제사하였다.

예전에 묘 좌편에 금몽암이란 암자가 있었으나 불에 타버린 후 고쳐 지었는데, 무릇 열다섯 칸이니, 그 이름을 고쳐 노릉암이라 하여 분묘와 사당을 지키고, 나무하고 소 먹이는 것을 금하게 하였다. 그런 후 오대산 사고를 수직하는 예에 따라 일체 침범하지 못하게 하고 영구한 규칙을 삼으라는 영을 내렸다.

효종 현종을 이어 숙종 재위시절에도 뜻 있는 신하들이, 노산 묘역 관리가 소홀할까 치제를 빠트릴까 노심초사하여 소와 장계를 올렸으니, 그때마다 뗏장을 다시 입히고 치제에 정성을 쏟았다. 그러던 숙종 7년 신유년(1681)에 경연관 이민서 제의로 노산군을 노산대군으로 추봉하였고, 십년이 지난 신미(1691)에 육신(六臣)들을 복관시키고도 또 7년이 흘러서야 단종으로 묘호를 올리던 날에 장릉으로 빛을 보게 되었다.

멀고 멀었던 단종 묘호

단종이 죽고 나서 묘호를 받지 못한 채 노산군으로 강등되어 240년이란 세월이 흘렀다. 숙종 임금이 즉위한 후에도 한참을 지났을 때, 세조에게 죽음을 당했던 단종 신하들을 복권 시켰으니, 여섯 신하들 또한 이때에 추복되었다. 그러함에 죄인이란 굴레를 뒤집어 쓰고 강등된 노산군 혼령으로만 떠돌던 임금에게까지는 그 온기가 미치지 못하다가, 시골의 한 선비가 올린 소를 계기로 복위되었으니, 그 과정들은 《장릉지》와 《장릉속지》에 자세하다.

숙종 24년 무인(1698) 9월에 전 현감 신규가 상소를 올렸으니 그 대략에,

"신이 들으니, 사람의 마음이 흡족하게 여기는 것은 곧 혼령이 편안한 바이요, 혼령이 편안하게 느끼는 것은 곧 하늘이 기뻐한 바라, 그러므로 하늘과 신과 사람이 일체가 되어 피차가 감응하는 것이 북채로 북을 치는 것보다 빠르니, 인정에 만족하지 못하고서는 혼령이 편안할 수 없는 것이고, 또 혼령이 편안치 못하고는 하늘이 기뻐할 수는 없습니다. 근년에 재앙이 거듭 일어나고 농사가 크게 흉년이 들고 전염병이 겹쳐서 팔도의 백성이 반은 이미 귀신이 되었습니다.
…
육신이 단종 복위를 꾀하는 음모가, 다만 노산을 해치기에 족하게 되어버렸으니, 충신과 지사의 감개가 지금까지도 그치지 않습니다. 중종이 등극하니, 비로소 폐했던 전례(典禮)를 거행하여 특별히 승지를 보내어 제수를 갖추어 치제하고, 그 뒤에는 노산의 후사를 세우자는 의논이 처음 이약빙 상소에서 시작되었는데, 그때의 대신이 능히 의논을 바로 하지 못하여 과감하게 바른 말하는 사람에게 불측한

화를 입힐 뻔 했으니 애석한 일이옵니다. 선조 때 또 관찰사 정철의 장계로 인하여 묘표를 고쳐 세우고, 제사에 일품의 의식을 썼으니 열조의 추보(追報)하는 전례가 이 정도에 이르러 유감이 없으니, 오랜 세월 동안 지하에서 느끼시는 한이 위로되어 풀릴 듯 했으나, 저의 생각에는 아직도 미진한 것이 있습니다. …

전하께서는 이미 육신의 절개를 가상히 여겨 특별히 표창하시고, 사당을 세우는 것을 허락하고 사액을 하셨으니, 이것으로 육신의 외로운 충성이 전하에게 인정을 받아 먼 후세에 빛나게 되었습니다. 하물며 육신의 본 임금으로서 그 음모를 알지 못하고 실덕한 일도 없는데, 죽어서도 편안함을 얻지 못하고, 제사에도 왕례를 쓰지 못하는 것은 전하께서 불쌍히 여기실 바가 아니겠습니까. …

또한 하늘에 조종의 혼령이 오르내릴 즈음에 고혼에 대하여 추복하고 제사에 왕례를 쓰며, 그 분묘를 봉축하여 수호하는 사람을 더 두어 따로 사당을 세우고 의물을 갖추어, 명나라 경황제를 추복한 고사와 같이 한다면, 법제에 헤아려도 참람할 것이 없고, 옛날에 참고하여도 참으로 정례에 부합할 것입니다."

하였다.

이에 임금이 비답을 내려 이르기를,

"이 일이 중대하니, 널리 물어서 처리하지 않을 수 없는 것이다."

하였다.

숙종 임금이 대신들을 불러 이르기를,

"춘추관을 시켜 실록을 살펴 가져오게 하고, 외간 야사에도 상고할 만한 말이 있을 듯하니, 유신(儒臣)으로 하여금 공사 간에 참고할 만한 문적을 널리 상고케 하여 들이도록 하라."

명하였다.

시월 초하루 홍문관에서,

"노산대군 사적은 열성조의 지문·행장이나 고 상신 정철과 판서 이수광 문집 속에 들어 있는데, 그중에 《노릉지》·《야언편재》 등의 서적은 두루 사실을 갖추어 쓴 듯하나, 간행한 문서가 아닌데다 잡저와 부록(裒錄) 같은 설이 많으므로, 감히 함께 들이지 못합니다."

라고 아뢰니, 전교하기를,

"그것도 모두 들이라."

하였다.

현종 계묘에 영월 군수 윤순거가 단종이 쫓겨난 본말과 사묘제향 절차, 여러 신하들의 사적 및 후인들의 제기(題記) 등을 두루 갖추어 기록한 것이 《노릉지》였다.

예조에서 이 문제를 아뢰므로, 이달 23일에 대신·종친·문무백관들은 궐정에서 회의하라 일렀더니, 491장이나 되는 여러 관원들 의견서를 봉하여 들였다. 이에 숙종은 자기 의견도 있지마는, 수의가 모두 들어오기를 기다려 처리하겠다는 결기를 보였다.

이에 정언 김창직이 상소하기를,

"엎드려 보옵건대, 수의가 모두 들어오면 비망기를 통해 명하실 텐데, 전하의 뜻이 과연 어디에 있는지 감히 알지는 못하오나, 수백 년 거행하지 못한 전례에 대하여 조정 의논이 일치하지 못함이 이와 같습니다. 처분에 혹시 추호라도 미진한 것이 있으면, 일을 신중히 처리하기 위하여 백관을 모아서 널리 물어본 의의가 없으니, 대신에게 명하여 육경·삼사를 거느리고 입시하여 다시 강구하게 하소서."

하니, 답하기를,

"그 자리의 논의가 들쑥날쑥한 것이 없다면, 다시 물을 것이 있느냐. 경의 의도를 모르겠다."

하였다.

결국은 백가쟁명 식의 논의가 되고 말았는데,

영상 류상운이 먼저 신중론을 펼치자, 좌상 윤지선은 이미 육신의 절개를 포창한 마당에 고주(故主)에게도 혐의를 둘 것이 없다고 주장하였고, 우상 이세백 역시 지금 숭봉하는 의례에서 다른 의견이 있을 수 없다는 논리를 보탰다. 동평위 정재륜 또한 주상이 하고자 하는 일은 요순도 행하지 못한 일이라 아뢰었고, 영돈녕 윤지완도 전하 재량에 달렸다 하였다. 하지만, 영중추 남구만은 길고 긴 옛 고사들을 나열한 뒤에, 옛 선현들이 노산의 일에 대해 진달한 것이 많지만, 분묘 수축 혹은 치제를 청하거나 입후를 청하는 정도였지, 일찍이 복위에 대해 거론한 적이 없었고, 지난날 윤휴만이 이를 청했다가 거절당했으니, 어찌 다시 재론할 수 있겠는가 하였다. 판중추 최석정 역시 남구만 견해와 비슷한 논리를 폈으나, 좌참찬 윤증은,

"국가의 막중하고 막대한 일인데, 이백 년 동안이나 원통하고 억울한 기운이 오늘에야 풀리게 되는 것은 밝으신 여러 선왕의 영령이 위에 계시고, 전하의 한결같은 마음이 위로 천지에 통했기 때문입니다. 그러니 거룩하고 비상한 거조가, 전하의 결단에 달려 있을 뿐입니다."

라고 아뢰었다.

호조 참의 권상하 또한,

"명나라 신종 때 왕조적이 건문 연호 회복을 청하였는데, 건문은 성조 황제에게 선위한 임금이 아닌데도 건의가 이 같았으니, 만일 세조가 노산을 상왕으로 숭봉했던 사실을 가지고 선위를 받던 본의를 밝히면서 위호를 추복하면, 명나라 사람에게도 서운함이 없을 것입니다. 또 들으니, 명나라에서 갑신 뒤에 홍광제가 즉위하고, 각신 사

가법(史可法)이 나라 일을 맡았는데, 건문 묘호를 혜종으로 추복했다는 사실이 《명계유문》이란 책에 실려 있으니 첨부하여 아룁니다."

하였고, 《장릉지》에서 백관들의 수의한 것들이 너무 많아 모두 다 기록하지 못하였다.

이런 의견들을 종합한 숙종 임금은 그 재위 24년 10월 28일에 전교를 내렸으니,

"가만히 생각하건대, 처음에 세조가 선위를 받던 때에 노산을 높이어 태상왕을 삼고, 또 매달 자신이 세 번씩 문안의 예를 행하기로 하였는데, 불행하게도 마지막에 내린 처분은 세조의 본의는 아닐 것이고, 그 근원이 육신(六臣)으로 말미암은 것이다. 육신에게 충절을 포창하였는데, 고주의 위호를 추복하는 것이 다시 껄끄러운 일인지는 모르겠다. 명나라 경태제(景泰帝)의 일이 이 일과는 같지 않지만, 모방하여 행할 수 있다. 슬프다, 며칠 전에 신규의 상소를 반도 못 읽고, 슬픈 마음이 저절로 간절하게 드니, 미천한 신규가 중대한 일을 경솔히 논의하였다 하여, 내 마음에 불편한 뜻은 털끝만치도 없었다. …

이번에 일이 시행되지 않는다면, 다시 어느 날을 기다리겠는가. 슬프다, 대저 왕가의 처사는 필부와는 같지 않다. 그러므로 간혹 쾌히 임금이 결단을 내려, 이러쿵저러쿵 하는 논의에 구애받지 말아야 하는 일들이 예전부터 있었다. 어차피 행할 일이면, 어찌 반드시 오래도록 논의하랴. 예관으로 하여금 빨리 성대한 의례를 거행하게 하라."

하였다.

11월 6일 노산대군 묘호를 단종으로, 부인 송씨의 시호를 정순왕후로 추상(追上)하였다. 묘호를 놓고, 소심공신(小心恭慎)을 희(僖)라 한다는

뜻으로 아뢰었는데, 숙종이 특별히 예를 지키고 의를 지킴을 단(端)이라 한다[守禮執義日端]는 뜻을 새긴 것으로 고쳤다.

12월 25일 신주를 창경궁 시민당에서 쓸 적에, 숙종이 친히 나와서 지켜보았다. 이튿날에 새 신주가 명정전에서 노부(鹵簿 : 임금 행차 의례 때 갖춰야 할 물품 장부)를 갖추고 나와, 종묘의 조종을 뵈옵고 영녕전 악차(幄次)로 받들고 나갔다. 영녕전이란 종묘 안의 서쪽에 위치한 일종의 별묘이다. 종실에서 모실 조상들이 많아지자 세종이 만들었으니, 이성계의 4조 내외를 비롯하여 대가 끊어진 임금 신위를 모시던 곳이다.

단종이 노산군으로 강봉되면서 부인 송씨 역시 강봉되어, 평범한 서민으로 보내다 죽었으니, 단종 누이 경혜공주가 시집갔던 정씨 가문 묘역에 묻혔다가, 단종 복위와 함께 왕후로 복권되면서, 묘를 높여 사릉이라고 하였다. 그러하니 사릉 주위 좌청룡 우백호 지기마다 오래 된 정씨 가문 인물들이 함께 누웠으니, 그냥 둘 수도 이장시킬 수도 없는 난처한 지경이었다.

단종 부부가 죽고 난 이후의 신주 또한 정씨 사가에 두었는데, 이때는 고 참판 정중휘의 집에 두었으니, 중휘의 이름을 신주 옆에다 썼는지라, 주무부서 장관이던 예판 최규서가,

"상례에 제주(題主)를 반드시 혼백 있는 곳에서 함은 그 뜻이 깊습니다. 지금 이 신주가 사가에 모셔진 것이라 하나, 이미 신도(神道)가 수백 년 동안 의지하던 곳이니, 새로 복위된 신주를 쓰는 데는 전일에 신주 모셨던 곳에서 써야 마땅하겠으나, 그렇다고 사가에서 행할 수는 없습니다. 전일의 신주를 정결한 곳으로 옮겨 봉안하고, 새로 신주를 만드는 것이 어떠합니까."

라고 하였다.

그리하여 대신과 유신들에게 물은 뒤, 신주를 시민당으로 옮겨 받들

게 하고, 예전의 신주는 사릉과 장릉 아래 묻었다.

이때 영중추 남구만이,

"새로 부묘(祔廟)하는 신주가 태묘를 거쳐서 영녕전에 이를 때, 조종의 신위에 마땅히 조알하는 예를 행하여야 하는데, 세조 이하 여덟 위를 비롯하여 위차가 새 신위 뒤에 있는 신위는, 마땅히 섬돌 아래로 신주가 내려와야 하니, 이런 변례를 참으로 처리하기 어렵습니다."

하였다. 이에 영상 류상운이,

"세종 이상 감실은 그 앞문을 열어 놓고, 그 이하 여러 감실은 열지 말고 '묘알이요' 하는 예로, 차례대로 부르는 것이 마땅할까 합니다."

하니, 숙종이 그대로 따랐다.

남구만의 아들 남명학 문집인 《회은집》에서는, 단종 신주를 받들어 종묘에 들어가는 날 새벽에 큰바람이 불어, 세조 신실의 승진판(承塵板)을 거두어들이고서야 겨우 진정되었다고 기술했다. 단종의 오래 묵은 원한을 은연중에 꼬집은 것이다.

숙종 때의 문신 최규서 수필집인 《간재만록》에서는,

"시책을 올리던 날 류상운이 도제조가 되었는데, 의장(儀仗)이 앞장 서고 시책은 이미 출발하였다. 상운이 뒤에서 임금을 모시고 따라갈 적에, 말에 올라타고 두어 걸음도 못 갔는데 갑자기 말이 날뛰어 낙상하였으니, 임금을 모시지 못하고 여염집에 들어가 치료하고 나서 한참 뒤에 나아갔다. 종묘에 고하던 날 저녁에 큰바람이 불어, 종묘 앞의 쳐둔 차일과 제상 위에 깔았던 기름종이들이 조각조각 찢어졌고, 세조 신실 앞의 조정(藻井) 판자가 기울어져서 위치를 옮겼다. 이듬해 또 장릉이 무너지는 일이 있어, 역사를 감독한 여러 신하가 모두 문책을 받았다. 수백 년 동안 원통하고 억울하게 맺혔던 기운이 이때에 이르러 풀렸는데, 이런 변이 연달아 있었으니, 하늘의 뜻을 헤아릴 수 없다."

라고 하였다.

부묘(祔廟)를 마친 숙종은,

옛날 일을 생각하니 / 與言疇昔事
감루가 옷을 적시네 / 感淚幾沾裳
주고받음은 요순(堯舜)이요 / 授受同堯舜
성신함은 우탕(禹湯)이라 / 聖紳邁禹湯
단종 복위하던 날에 / 縟儀追擧日
세조 덕은 더욱 빛나고 / 世廟德彌光
평생소원 이루었으니 / 獲遂平生願
내 기쁨이 영원하리라 / 歡欣我獨長

라고 읊었으니, 이 시를 무인년 겨울 어필로 민절서원에 현판하였다. 민절서원이란 육신들이 묻혀 있던 노량진에, 이들을 기리기 위해 세운 서원이다. 이듬해 봄이 오자 단종의 능호를 장(莊), 왕후의 능호를 사(思)로 정한 후, 박팽년 9세손과 단종 누이 혈육이던 정미수 7세손을 각각 참봉으로 삼았고, 단종의 장인 송현수를 영돈녕부사 여량부원군으로, 부인 민씨를 부부인으로 증직하였다.

단종 부인 송씨가 정업원에 출가할 때 시녀 세 사람이 함께 머리를 깎았는데, 승명은 희안·지심·계지였다. 한 사람은 옆에서 모셨고, 두 사람은 동냥을 하여 땔감과 양식을 공급하였는데, 부인 생시에 성안에서 살려 하지 않고, 동교에서 산의 능이 있는 영월 쪽을 바라보기를 원하였다. 송씨 부인이 해평부원군 정미수를 양자로 삼자, 부인에게 따로 초가

두어 칸을 지어서 거처케 하니 흰옷과 채소 반찬으로 평생을 마치었다. 송씨 부인이 거처를 옮길 적에 두 여승도 따라갔고, 여승들이 죽자 정씨들이 사릉 옆 가까운 땅에 장사지내 주었다.

임금이 어느 날 전교하기를,

"군신의 대의는 천지 사이에 엄연히 있다. 단종이 영월에 계실 때 사약을 가지고 간 금부도사 왕방연이 머뭇거리며 차마 들어가지 못하고 뜰 가운데에 엎드린 뒤에야, 단종이 온 까닭을 물으니 대답하질 못했다. 왕명을 받든 신하도 이러하였거늘, 공생으로 늘 곁에서 모시던 자가 단종을 죽이는 일에 자청하여 나섰다가, 그 자리에서 아홉 구멍 피를 토하고 죽었으니, 천도가 없다 할 수 있겠는가. 악인을 징계하는 도리로 그 공생을 역률로 다스려야겠으니, 그 공생 이름이 전해져 상고할 만한 것이 있거든, 본도에 아뢰게 하는 것이 가하다."

라는 명을 내렸다.

숙종 재위 30년에 사관이 아뢰기를,

"옛 사책 단종 연대기를 《노산일기》라고 썼는데, 당시 사실에 의거한 글을 감히 의논하지는 못하겠지만, 책의 표제는 그대로 둘 것이 아니라 《단종실록》으로 고쳐야 하고, 또 추복한 사실을 모아 따로 부록을 만들어야 하옵니다."

라고 청하였다.

숙종이 옳게 여겨 실록청을 개설하고 편찬하게 하여, 실록 첫머리에 중종 이후 단종 관련 일로부터 복위에 이르기까지 빠짐없이 실어서, 이름을 《단종실록부록》이라 붙인 후 여러 사각(史閣)에 나누어 간직하였다.

제7대
세조대왕

휘는 유(瑈), 자는 수지(粹之), 세종의 둘째 아들이다. 소헌왕후 소생으로, 태종 17년(1417) 9월 29일에 본궁에서 탄생하였다. 세종 10년(1428) 진평대군으로 봉해지고, 뒤에 함평으로 고쳤다가 또 진양으로, 그리고 또다시 수양대군으로 바꿨다. 을해년(1455) 윤6월 11일에 선양 받아, 무자년(1468) 9월 7일에 예종에게 전위하고, 그 다음날 지금의 창경궁인 수강궁에서 승하하였다. 왕위에 있은 지 13년. 수가 52세였으며, 명나라에서 받은 시호가 혜장(惠莊)이니, 부드러운 자질과 자애롭고 어진 것을 혜(惠), 엄하며 공경으로 백성에게 임하였음을 장(莊)이라 하였다. 능은 광릉인데, 양주 동편 주엽산 직동 자좌이다. 비 정희왕후 윤씨의 본관은 파평이요, 정정공 반의 딸이다. 4남 1녀를 두었다.

제왕의 길

세조가 대군으로 있던 14살 나이에 어떤 기생집에서 자는데, 밤중에 기생과 관계하는 자가 와서 문을 두들겼다. 세조가 놀라 발로 뒷벽을 차서 자빠지자 곧장 밖으로 나와 몇 길이나 되는 담을 뛰어넘자, 그 사람 역시 뒤를 따라 넘으므로, 세조는 또 두 겹으로 된 성을 뛰어넘으니 그 사람 역시 따라 넘었다. 세조가 일 리쯤 가다가 길옆에 늙은 버들 한 그루가 속이 텅 비었기에 그 속에 숨었더니, 따라오던 그 사람이 찾지 못하여 그 자취를 잃고는 투덜거리면서 가 버렸다. 조금 뒤에, 나무 곁의 집에서 어떤 점잖은 분이 문을 열고 나와 작은 다리 옆에서 소변을 보더니, 별을 쳐다보면서 혼자서 말하기를,

"자미성이 유성에 걸려 있으니 괴이한 일이로다."

하고는 한참 만에 들어갔었다. 세조가 돌아와서 그 이튿날 수소문해 보니, 그는 곧 관상감에서 천문을 잘 보는 자였다. 세조가 등극한 뒤에 찾았으나, 죽은 지 이미 오래되어 그 아들에게 후사하였다고 《오산설림》은 전하고 있다.

《소문쇄록》에서도,

"세종이 말년에 불경을 좋아하더니, 그때에 준화상(俊和尚)이 부처가 말한 교법에 이름이 높았으므로, 만기친람의 여가에 친히 강론하기 어려워, 세조와 안평대군으로 하여금 배워 가지고 들어와 여쭙게 하였다. 그리하여 안평과 세조가 깊이 불경에 통달하였다."

라고 했고, 《동각잡기》에서도 세조에 대해,

"체구가 크고 활쏘기와 말 달리기가 남보다 뛰어났다. 나이 16세에 세종을 따라 왕방산에서 강무할 때 하루 아침에 사슴과 노루 수십 마리를 쏘아서, 피 묻은 털이 바람에 날아와 겉옷이 다 붉었다. 늙은

무사 이영기 등이 이를 보고 눈물을 흘리면서, 오늘 뜻밖에 다시 태
조의 신묘한 무예를 보게 되었다."
고 하였다. 문종이 그 활에다 쓰기를,

철석 같은 그 활이여 / 鐵石其弓
벼락인양 그 살이로다 / 霹靂其矢
당기는 것은 보겠으나 / 吾見其長
늦춤은 못 보겠네 / 未見其弛

라고 했음을 전하고 있다.

세종이 규표(천문관측기구)를 바로 잡고자 세조와 안평대군 및 유신들
에게 명하여, 삼각산 보현봉에 올라가 해지는 것을 관측하게 하였다. 돌
길이 위험하고 또 예측할 수 없는 벼랑이 내려 보여, 안평대군 이하 모든
이들이 모두 눈이 아찔하고 다리가 떨려 걸음을 떼지 못하였으나, 세조
만은 나는 듯한 발걸음으로 순식간에 올라갔다 내려갔다 하니, 보는 사
람들 모두 탄복하여 따를 수 없다고 하였다. 늘상 넓은 소매 옷을 입어
궁중 사람들이 모두 웃으니, 세종이 이르기를,

"너처럼 용력 있는 사람은 의복이 이처럼 넓고 커야만 될 것이다."
라고 했으니, 세조의 남다른 데가 있긴 한 모양이다.

이정형의 야사 《동각잡기》에서,

"계유에 세조가 사은사로 명나라에 갔더니, 길에서 보는 사람이 그
를 대장군이라 하였다. 북경 대궐 문밖에 서 있던 코끼리 여덟 마리
가 그를 보고는 일시에 물러가 움츠리니, 사람들이 이상하게 여겼었
다. 명으로 떠날 때, 권람에게 서장관이 될 만한 자를 물었더니 신숙
주를 추천하였고, 또 돌아오기 전에 환란이 있을까 염려하여, 김종

서의 아들 승규와 황보인의 아들 석을 함께 데리고 떠났다."

라고 했던 사실이나, 서거정의 《필원잡기》에서도,

"세조는 하늘이 낳은 호방한 인물이라 평시에 개연히 당 태종을 사
모하고, 한 고조를 박하게 여겼다. … 세조는 성질이 공손하고 검소
하여 신하들이 일찍이 내전에 들어가 보니, 감색 무명 호구를 입고
푸른 짚신에다 나무 갓끈에 대나무 지팡이를 끌었으니, 이는 비록
씻은 옷을 입은 한 문제도 따르지 못할 것이다."

라고 한 고사들을 인용하여, 세조에 대한 칭송을 아끼지 않았다.

종종 때 청파 이육 또한 《청파극담》에서 세조에 대해,

"일찍이 평양에 거둥할 때 중로에서 어떤 군인의 깃대를 바라보고
는, 저 몇 번째의 기를 갖고 오라 하니, 그것이 참으로 기이한 대나무
였다. 명하여 피리를 만드니 그 소리가 절묘하였다. 옛날 채백개(蔡
伯喈)가 가정(柯亭)의 서까래 대[椽竹]를 취해 적(笛)을 만들어 역대로
보배로서 전해왔으니, 그 일이 이와 대체로 같으나, 채백개가 가까
이서 본 것은 세조가 멀리서 알아 맞힌 것보다는 못하리라 생각된
다."

라고 한 바가 있다.

세조 재위 2년 병자(1456)에 공조에서 중궁 주방의 금잔 만들기를 청
하니, 그림을 그린 자기로 대신하게 하였고, 상의원에서는 은으로 동궁
의 연적과 화로 만들기를 청하였더니, 임금이 대언사에게 이르기를,

"자제를 가르칠 때 마땅히 먼저 검소한 덕으로 하여야 할 것이니, 뒤
를 이어받을 자손이 궁중에서 생장하여 사치할 마음이 생기기 쉬운
데, 어찌 사치로 인도하리오. 옛날 당 현종이 구리로 화로를 만들었
으니, 천하를 차지한 부력으로서도 오히려 그러하거늘, 하물며 우리
나라야 말할 것이 있느냐."

하고 허락하지 않았다.

　종묘에 친히 제사하고 경회루에서 음복연을 벌이며 정대업(궁중 제향 때 추는 춤)을 출 적에, 세조가 정인지에게 이르기를,

　"이 춤을 보면 조종의 창업하시기 어려움이나 세종께서 제작하신 뜻
　을 알 것이오."

하였다. 정인지가 대답하여 아뢰기를,

　"이것이 곧 안일한 가운데 수고로움을 생각하고, 편안한 가운데 위
　태로움을 생각하는 뜻이옵니다."

하니, 임금이 그 말이 옳다 여겨, 모든 신하에게 시를 읊어 오늘의 일을 잊지 말게 하라 하였다.

　세조 재위 4년 무인 봄에, 세자가 성균관에 모신 성인들을 뵙고 입학하게 되니, 치주례(나이에 따른 자리 배치)를 행하고 세조가 친히 훈사 한 편을 지었으니, 항덕(恒德)·경신(敬神)·납간(納諫)·두참(杜讒)·용인(用人)·물치(勿侈)·사환(使宦)·신형(愼刑)·문무(文武)·선술(善述) 등 열 가지를 조목으로, 나라 다스리는 중요한 일을 갖추어 서술하여 늘 외게 하였다.

　후원에서 구신들과 함께 술을 마시면서 활쏘기를 할 때, 임금이 쏘면 반드시 과녁을 맞히므로 시를 지어 축하하는 자가 있었다. 임금이 수찰을 내리기를,

　"내 젊을 때는 기운이 웅대하고 마음이 장하여, 스스로 활쏘기를 평
　생의 업으로 삼았더니, 이제 와서는 그렇지 않으니, 만일 한갖 풍부
　(馮婦 : 진나라 때 호랑이를 잘 잡아 善士가 된 인물)처럼 힘만 조절할 줄을
　모른다면 이것은 나라를 다스리는 방법이 아니니라."

하고는, 모든 신하의 시에 모두들 경계하는 말이 있음을 보고서 시로 회답하기를,

욕심이 적어야만 채울 수도 있을 거요 / 欲少欲可滿

일이란 간략해야 공을 가히 이루리라 / 事簡功可成

하늘을 공경하면 하늘이 보전하게 하실 거요 / 敬天天乃保

백성을 사랑해야 백성이 편하리라 / 勤民民乃寧

하찮은 활쏘기야 관심둘 것 없거니 / 小藝莫致慮

큰 정사에나 정력을 기울이리 / 大政宜致精

한 후, 또 이어서,

모든 근심 걱정은 안락에서 나는 거요 / 憂患生安樂

유쾌함이 곤궁에서 싹튼다오 / 暢達亥困窮

진실로 천명이란 떳떳하지 않은 것이요 / 天命固靡常

오직 착한 이에게 곧장 따르리라 / 唯善以爲從

닦을 것을 아예 잊지를 마소 / 毋忘交修志

시종이 한결같기를 생각하리로다 / 思與有始終

라고 하였다.

세조 재위 6년(1460) 경진에 사방에 순행하여 이르는 곳마다 무과를 치렀다. 임금이 서도로 거둥하여 지방을 순시할 때, 양서 체찰사 한명회가 길에서 맞이하고, 세조 행차가 돌아올 때 명회가 모시고 오려 하니, 세조가 이르기를,

"그대는 나라의 장성(長城)인만큼 움직일 수 없느니라."

하고는 어의를 벗어 입혀 주었다.

이해 겨울에 친히 순행하여 평양 부벽루에 올라, 시를 쓰고 뭇 신하에게 화답해 올리게 하고, 또 양서 유생을 모아놓고 두 가지의 책문을 내

려서 시험을 보일 때, 서쪽 뜰안 석탑 밑에 문장(文場)을 베풀고, 동쪽 뜰안 석벽 밑에 무장(武場)을 베풀어 전지를 내리기를,

"서북 사람이 아니면서 과거 보는 자 있다면 베리라."

하였다. 생원 류자한이 타도 출신으로 수석 합격하였으매, 임금이 크게 노하여 즉시 베기를 명하였다. 자한이 꿇어앉아 고하기를,

"으레 이런 일이 있을 줄 알았아오나, 공자께서 아침에 도를 들으면 저녁에 죽어도 가하다 하였으니, 신이 감히 죽음을 사양하지는 못하옵니다."

하는지라, 세조가 웃으면서 신숙주에게 명하여, 그 일의 시말을 기록하게 하였다.

재위 9년 계미에, 왕위에 오르기 전에 타던 명마 열두 필의 이름을 적어서 내리고, 당나라 옛일을 모방하여 그림을 그려서 전하게 하였다. 첫째는 정세표(靖世驃)요, 둘째는 유하류(流霞騮)요, 셋째는 이화리(梨花驪)요, 넷째는 옥영규(玉英虯)요, 다섯째는 능공곡(凌空鵠)이요, 여섯째는 축풍구(逐風駒)요, 일곱째는 치운리(馳雲螭)요, 여덟째는 등무표(騰霧豹)요, 아홉째는 질경홍(軼驚鴻)이요, 열째는 익비룡(翼飛龍)이요, 열한째는 대야린(戴夜麟)이요, 열두째는 조야기(照夜驥)라 하였는데, 그 서문을 최항이 지었음을 《문헌비고》는 전하고 있다.

세조 임금 12년 병술에 강릉 오대산에 거둥하여 어림대 행차를 멈추고 무사를 시험하여 급제를 주었다.

임금이 일찍이 서거정에게 조용히 이르기를,

"너는 유학자이니, 예로부터 임금이 부처에게 절을 해야 하는가. 숨김없이 대답하라."

일렀더니 아뢰하기를,

"옛날 송 태조가 상국사에 갔을 때 불상 앞에 향을 태우면서 절하는

것의 가부를 물었더니, 중 찬녕(贊寧)이 대답하기를, 현재불은 과거 불에게 절하지 않는답니다 하여, 태조가 웃으면서 절하지 않았다 하였으니, 그렇다면 임금이 부처에게 절을 하지 않음은 옳은 일이요, 절을 함은 권도라 생각하옵니다."

하매, 세조가 크게 웃었다.

세조 재위 13년 정해에 평안 절제사 양정이 임기가 차서 돌아오니, 임금이 술을 내리고 위안하였다. 양정이 아뢰기를,

"전하께서 왕위에 계신 지 오래되었으니 마땅히 편히 쉬셔야 하겠습니다."

하매 임금이 묻기를,

"그것이 곧 사시(四時)의 순서에 공이 이루어지면 물러간다는 뜻인가?"

하였더니, 양정이,

"그렇습니다."

하였다. 임금이 노하여 재빨리 옥새를 들여오라 하여 동궁에게 전위하려 하시니, 좌우의 신하가 두려워하지 않는 이가 없었다. 신숙주가 한사코 어보를 바치지 않았고, 여러 신하들이 양정의 난언 죄를 논하매, 명하여 베게 하였다.

세조 치세 14년에 병세가 매우 급하여 한계희를 불렀더니, 세자가 곁에서 모시었다.

임금이 세자에게 이르기를,

"평일에 조훈(祖訓)과 같은 조장(條章)을 지어 너에게 주려 했으나, 이제는 할 수 없으니 대략 그 요체만 들어 말하겠다. 첫째는 경천사신(敬天事神)이요, 둘째는 봉선사효(奉先思孝)요, 셋째는 절용애민(節用愛民)이니, 네가 이를 유의하여 나의 명을 허물지 말라."

하고는, 곧 한계희로 하여금 세자에게 마지막 부탁을 전하게 하고, 곤룡포와 면류관을 가져다가 세자에게 내린 이튿날에 승하하였다.

세조 임금이 신하들을 몹시 사랑하여 접견하지 않은 날이 없었으니, 사정전은 물론 충순당·화위당·서현정에서도 하고, 겨울이면 비현각에서 접견하였다. 강녕전·자미당·양심당과 같은 내전의 깊은 곳까지 때로 신하들이 드나들었다. 영순군·귀성군·하성위 정현조가 사종(四宗)이 되고, 신종군 효백·거평정 복·진례정 형·금산정 연·율원부정 종·제천부정 온·곡성정 금손 등을 사종(射宗)으로 삼고, 또 문신 몇 십 명을 뽑아서 겸예문이라 이름하여, 경사를 강론하고 나라를 경륜하는 큰 계책을 묻기도 하였다.

또 무신을 불러서 활로 과녁을 맞춘 자에게는 순서 관계없이 승진시켰으며, 혹은 어찬을 내려 장려하기도 하였다. 이로써 사람들이 모두 스스로 힘을 써서 자급을 뛰어넘어 등용된 자가 적지 않았다.

임금이 흔히 여러 신하와 더불어 놀기를 좋아하여, 사종으로 하여금 쥐나 거미 등을 잡게도 하고, 때로는 임금의 뜻을 따라 시키는대로 나뭇잎이나 채소 줄기에 활을 쏘아 맞추는 자에게는 물건을 내렸다.

임금이 한여름에 문을 닫고 솜옷을 입은 채 화로를 방 가운데에 벌여 놓으니, 예문의 모든 선비가 뜰아래 종일토록 볕을 쪼이며 괴로움을 견디지 못하였다. 임금이 이르기를, 능히 춥고 더운 것을 견디어 본 연후에야 가히 큰일을 맡을 수 있으리라 하였다.

만년에 임금 몸이 편치 않아 잠을 이루지 못하여, 유신을 불러서 경서를 강론하기도 하고, 희극인 최호원·안효례 등을 불러들여 지닌 기술로 입가에 거품을 일으키게도 하고, 또 때로는 팔을 걷어붙이고 꾸짖고 하소연하여 제멋대로 날뛰면, 임금 역시 밤낮으로 안석에 기대어 듣고 즐겼다. 비록 심심풀이로 그들을 불러 배우로 길렀을 뿐인데, 두 사람이

교만하여 은혜를 바라고 호원이 효례에게 말하기를,

"나는 승지 벼슬은 받고, 너는 첨지 벼슬을 받을 터인데, 어찌 이리
더디단 말이냐."

하니, 듣는 자가 입을 가리며 웃지 않는 이가 없었다.

임금이 일찍이 어떤 낮은 자리에 있는 한 사람을 탐탁하게 여기지 않
아 벼슬을 여러 해 동안 옮겨주지 않았다. 어느 날 내전에서 잔치를 베풀
었더니, 여러 재상이 모두 전(殿) 위에 올라와 있는데, 그 낮은 자리에 있
던 사람도 금대(金帶)를 띠었기에, 임금이 놀라 잔치가 끝난 뒤에 급히 그
사람 이력을 살펴보니, 실력으로 당당하게 청반에 뽑혀 승진한 것이었
다. 임금이 이르기를,

"사람 귀천이란 운명에 매인지라, 임금 힘으로서도 어떻게 할 수 없
는가 보다."

하였다.

그 후로 이조에서 벼슬을 추천할 때, 세 사람 이름을 갖추어서 올리
면, 묽은 먹물을 붓에 듬뿍 적셔 세 사람 이름 위에 들고서, 그 먹이 떨어
진 곳에 낙점하기도 하고, 때로는 글자를 알지 못하는 궁인을 불러다 낙
점하고는 이르기를,

"이것 역시 운명이야."

라고 했다는 고사를 《소문쇄록》은 전하고 있다.

단종 충신들의 반기

세조가 경복궁에서 즉위하니, 상왕 3년(1455)을 원년으로 삼아 즉위

교서를 반포했다. 그 해를 즉위년으로 한 것이 아니라 원년으로 삼았다는 의미는 전임자 통치를 인정치 않겠다는 것이나 다름없다. 그리고 즉위를 도운 41명에게 좌익공신을 녹훈하였으니, 이제 세조의 시대가 열린 것이다.

이에 단종의 충신들이 분개하여, 박팽년이 성삼문과 성삼문의 아버지 승, 그리고 이개·하위지·류성원·김질·무인 유응부·상왕 외숙 권자신과 더불어 상왕의 복위를 모의하였는데, 얼마 뒤에 박팽년이 충청 감사로 나가게 되었다.

《추강집》이나 《해동야언》에 근거하여 당시 상황을 짚어보면,

세조 재위 2년 병자 6월에 명나라 사신이 오니, 세조가 창덕궁 상왕 어전에서 사신을 청하여 잔치하기로 한 날, 박팽년과 성삼문이 그날 성승과 유응부를 칼 찬 운검(雲劍)으로 삼아, 잔치가 한창 벌어진 때를 기다려 성문을 닫아 걸고 세조 우익을 베어버리면, 상왕 복위는 손바닥 뒤집는 것처럼 쉬울 것이라 하였다.

이에 유응부가,

"임금과 세자는 내가 맡을 것이니, 나머지는 자네들이 처치하라."

하는지라, 성삼문이 말하기를,

"신숙주는 나의 평생지기 친구지만, 죄가 무거우니 베지 않을 수가 없다."

하였다. 모두들 그렇다고 말하고는, 형조 정랑 윤영손을 시켜 신숙주를 베기로 하였다.

성삼문이 함께 맹세한 김질에게 당부하기를,

"일이 성공하면 자네의 장인 정창손이 수상이 될 것이다."

라고 넌지시 일러두었다.

이렇듯 거사 계획이 다 정해졌는데, 갑자기 창덕궁 광연전이 좁고 날

씨가 더워 세자는 들어오지 말고 운검도 들이지 말라 하니, 한명회가 세조에게 청한 것을 그대로 따랐기 때문이다. 성승이 칼을 차고 들어가려 하자, 한명회가 말하기를,

"이미 운검은 들이지 말라 하였다."

하는지라, 성승이 물러나서 한명회를 베어 죽이려 하니, 성삼문이 말하기를,

"세자가 오지 않았으니, 한명회를 죽여도 소용이 없다."

고 하였다. 유응부가 그래도 쳐들어가 치려 하니, 박팽년과 성삼문이 굳이 말리기를,

"지금 세자가 본궁에 있고 또 운검을 들이지 않으니, 이것은 하늘 뜻이라, 만일 여기서 거사했다가 세자가 경복궁에서 군사를 일으키면 성패 또한 알 수 없으니, 다른 날 임금과 세자가 함께 있는 틈을 타고 거사하여 성공하는 것만 못하다."

하였다. 이에 유응부가 말하기를,

"일은 신속하게 처리하는 것이 중요한데, 만일 후일로 미루면 누설될까 두렵다. 세자가 비록 본궁에 있지만, 모신(謀臣)들과 적자가 모두 수양을 따라 여기에 왔으니, 오늘 이 무리를 다 죽이고 상왕을 복위시켜 호령하면서, 한 떼의 군사를 거느리고 경복궁에 들어가면 세자가 장차 어디로 도망하겠는가. 비록 지혜 있는 자가 있다 해도 계교를 내지 못할 것이니, 다시없는 좋은 기회를 놓쳐서는 아니 된다."

라고 하였다.

이에 박팽년 등이 만전지계가 아니라고 유응부를 말려, 칼을 뽑지 못하게 하였다. 계획이 정지된 것도 알지 못한 윤영손은 신숙주가 한쪽 마루에서 머리 감는 틈을 타고, 칼을 가지고 다가갔다. 성삼문이 눈짓으로 만류하니, 영손 또한 물러났다. 이를 지켜보던 김질이 일이 늦춰진 것을

알고 정창손에게 달려가,

　"오늘 특별히 운검을 들이지 않고 세자도 오지 않았으니, 이것이 천
　명이라, 먼저 고발하면 부귀를 누리지 않겠습니까."

하니, 정창손이 김질과 함께 대궐로 달려가 변을 고하기를,

　"신은 실상을 알지 못하지만, 김질이 성삼문의 무리와 …… 만 번 죽
　어 마땅한 죄입니다."

라고 고하였더니, 세조가 당장에 김질을 불러들여 단종 복위 거사는 탄
로가 나고 말았다.

　일이 발각됨을 알고 난 공조 참의 이휘가 승정원으로 달려가, 성삼문
등의 음모를 고하여 아뢰기를,

　"신이 곧 아뢰려 하였으나, 그 실상을 알지 못하여 감히 아뢰지 못하
　였습니다."

라고 하였다.

　세조가 편전에 나와 좌정하니 성삼문이 승지로 입시하자, 그를 끌어
내려 김질이 고한 말로 심문하니, 삼문은 한참이나 하늘을 쳐다보고 있
다가,

　"김질과 대질하기를 원한다."

라고 하였다. 김질에게 명하여 그 실상을 읊으니, 성삼문이 그치게 하고
웃으며 말하기를,

　"다 참말이다. 상왕께서 춘추 한창 젊으신데 선양하셨으니, 다시 세
　우려 함은 신하 된 자가 마땅히 해야 할 일이라, 다시 무엇을 묻는
　가."

라고 한 후, 김질을 돌아보며,

　"네가 고한 것은 오히려 말을 둘러대어 똑바른 실상이 아니니, 우리
　들의 뜻은 바로 이러이러한 일을 하려 한 것이다."

라는 말로 되받았다. 국문이 이어지자, 성삼문은 박팽년·이개·하위지·류성원·유응부·박정이 그 계획을 안다고 자백했다. 세조가 말하기를,

"너희들이 어찌하여 나를 배반하는가."

하니, 성삼문은 소리를 높여 말하기를,

"옛 임금을 복위하려 함이니, 천하에 누가 자기 임금 사랑하지 않는 이가 있던가. 어찌 이를 모반이라 말하는가. 내 마음을 나라 사람이면 다 알 것이다. 나으리(종친을 부르던 호칭)가 남의 나라를 도둑질하여 뺏으니, 신하된 성삼문이 차마 군왕 폐출되는 것을 볼 수가 없었기에 그리 했던 것이다. 나으리가 평소 곧잘 주공을 끌어댔는데, 주공한테 이런 일이 있었던가. 성삼문이 이 일을 하는 것은 하늘에 두 해가 없고, 백성은 두 임금이 없기 때문이라."

하였다. 세조가 발을 구르며 말하기를,

"선위를 받을 때에 어찌 저지하지 않고 내게 붙었다가, 이제 와서 배반하는가."

하였기에, 성삼문이 말하기를,

"사세가 불가능 했으니, 내가 원래 그것을 저지하지 못할 바에는 물러가서 한 번 죽음이 있음을 알았지만, 공연히 죽기만 해야 소용이 없으므로, 참고 지금까지 이른 것은 뒤에 일을 도모하려 함이로다."

하였다. 세조가 말하되,

"네가 나에게 신이라 일컫지 않고 나으리라 하는데, 네가 내 녹을 먹지 않았느냐. 녹을 먹고 배반하는 것은 반역이다. 겉으로는 상왕 복위를 외치지만, 실상은 네가 하려는 것이 이것이다."

라고 힐난하자, 성삼문이 이 말을 받아,

"상왕이 계신데, 나으리가 어떻게 나를 신하로 삼을 수 있는가. 내가 또 나으리의 녹을 한 톨도 먹지 않았으니, 만일 믿지 못하거든 내 집

을 적몰하여 확인해 보아라. 나으리의 말은 모두 허망하여 취할 것
이 없다."
하였다.

　세조가 극도로 분노하여, 무사로 하여금 쇠를 달구어 그 다리를 뚫고
팔을 끊었으나, 얼굴색을 변하지 않고(일설에는 쇳조각을 달구어 배꼽에 놓
으매, 기름이 지글지글 끓었다고 하였다) 쇠가 식기를 기다려,
　　"다시 달구어 오게 하라. 나으리의 형벌이 참으로 독하다."
하였다. 그때, 임금 옆에 있던 신숙주에게 성삼문이 꾸짖기를,
　　"옛날에 너와 더불어 집현전에서 숙직할 적에 세종께서 원손을 안고
　　뜰을 거닐면서, 나의 천추만세 뒤에 너희들이 이 아이를 잘 생각하
　　라 하던 말씀이 아직도 귓전에 남았는데, 네가 어찌 잊었는가. 너의
　　악함이 이 정도에 이를 줄은 미처 생각지도 못하였다."
라고 저주하니, 세조가 신숙주에게 뒤편으로 피하라고 일렀다.

　박팽년 재주를 세조가 아껴 왔으니, 가만히 사람을 시켜 전하기를,
　　"네가 내게 항복하고 같이 역모를 안 했다고 하면, 살 수 있을 것이
　　다."
하였다.

　박팽년이 웃으면서 대답하지 않고, 임금을 일컬을 때는 반드시 나으
리라 하였다. 세조가 크게 노하여 무사에게 그 입을 마구 때리게 하고는,
　　"네가 이미 신이라 일컬었고 내게서 녹을 먹었으니, 지금 비록 신이
　　라 일컫지 않더라도 소용이 없다."
하는지라, 이 말을 들은 박팽년은,
　　"내가 상왕의 신하로 충청 감사가 되었고, 그 후 장계를 올릴 때 한
　　번도 신이라 일컫지 않았고, 녹도 먹지 않았다."
라고 하였더라. 그가 올린 장계를 대조하여 보니, 과연 신(臣)자는 하나도

없고, 모두 거(巨)자로 썼으며, 받은 녹은 먹지도 않고 창고에 봉하여 두었다.

유응부에게 세조가 묻기를,

"너는 무엇을 하려 하였느냐?"

하니, 유응부가 말하기를,

"잔칫날을 당하여 한 칼로 족하(足下)를 폐하고 본 임금을 복위하려 했는데, 불행히도 간인이 고발하였으니, 다시 무엇을 하랴. 족하는 빨리 나를 죽이라."

하였다. 대등한 위치를 가진 자들에게 쓰는 말이 족하이기에,

세조의 노여움이 극에 달해,

"네가 상왕의 이름을 내걸고 사직을 도모하려 하였구나."

하고는, 무사로 하여금 살가죽을 벗기며 다시 물으니, 유응부가 성삼문 등을 돌아보며,

"일찍이 사람들이, 서생과 같이 일을 도모할 수 없다 하더니 과연 그렇구나. 지난번 잔치 하던 날에 내가 칼을 시험하려 하니, 너희들이 굳이 만전의 계책이 아니라 하여, 오늘의 화를 당하게 되었으니, 너희들은 사람이라도 꾀가 없으니 짐승과 무엇이 다르랴."

라고 하였으며, 이어 말하기를,

"만약 실정 밖의 일을 물으려거든 저 어리석은 선비에게 물어보라."

하고는, 즉시 입을 다물어 대답하지 않았다.

세조가 더욱 노하여, 쇠를 달구어 배 아래쪽 두 허벅지 사이에 넣으니, 지글지글 끓으며 피부와 살이 다 익었으나, 얼굴빛도 변하지 않아 쇠가 식기를 기다렸다가 이를 땅에 던지며,

"다시 달구어 오라."

하였건만, 끝끝내 항복하지 않았다.

이개는 단근질하는 형신에도 굴하지 않고 태연하게 묻기를,

"이것이 무슨 형벌이냐."

하매, 세조가 대답하지 못하였다.

하위지 차례가 되자 말하기를,

"사람이 반역이란 죄명을 쓰면 마땅히 베는 형벌을 받게 되는데, 다시 무엇을 묻는가."

라고 하매, 세조의 노여움이 풀려 단근질하는 형신을 더 이상 하질 못했다.

성삼문에게 공모한 자를 물으니,

"박팽년 등과 우리 아버지뿐이다."

라고 대답했을 따름이다. 또 다시 공모자를 묻는지라,

"우리 아버지도 숨기지 않는데, 하물며 다른 사람이랴."

라고 하였다.

그때에 제학 강희안도 연관되었다 하여 고문을 당했으나 불복하였다. 세조가 성삼문에게 묻기를,

"강희안이 그 역모를 아느냐?"

라고 물으니, 성삼문이 대답하기를,

"실지로 알지 못한다. 나으리가 선왕들의 명사를 다 죽이고 이 한 사람만 남았는데, 모의에 참여하지 않았으니, 남겨 두어 쓰게 하라. 그 사람은 진실로 어진 사람이다."

하였기에, 강희안은 마침내 죄를 면하였다.

성삼문이 형장으로 나갈 적에 좌우 옛 동료들에게,

"너희들은 어진 임금을 도와서 태평성세를 이룩하라. 성삼문은 돌아가 옛 임금을 지하에서 뵙겠다."

하였고, 수레에 실릴 때에 시를 지어 이르되,

둥 둥 둥 북소리는 사람 목숨 재촉하는데 / 擊鼓催人命

머리 돌려 돌아보니 해는 이미 기울었네 / 回頭日欲斜

머나먼 황천길에 주막하나 없으니 / 黃泉無一店

오늘밤은 뉘 집에서 재워줄꼬 / 今夜宿誰家

라고 노래했다. 그 딸이 나이 대여섯 살쯤 되었는데, 수레를 따르면서 울며 뛰자, 성삼문이 돌아보며 말하기를,

"사내 자식은 다 죽을 것이고, 너는 딸이니 살 것이다."

하였다. 종이 울며 술을 올리니, 몸을 굽혀서 마시고는 시를 지어 이르되,

임이 주신 밥을 먹고, 임 주신 옷 입었으니 / 食人之食衣人衣

일평생 한 마음이 어길 줄 있었으랴 / 所一平生莫有違

한 번 죽음이 충의인 줄 알았으니 / 一死固知忠義在

현릉 송백이 꿈속에 아른 거린다 / 顯陵松柏夢依依

하였다. 이 시를 《추강집》에서는 성승의 시라고도 하였다.

처형한 뒤에 그 집을 적몰하니, 을해년(1455) 이후의 녹봉을 따로 한 방에 쌓아 두고, 아무 달의 녹이라 적어 놓았는데, 집에 남은 것이 없고, 침방에 짚자리만 있을 뿐이었다.

이개 역시 수레에 실릴 적에, 시를 지어 이르되,

우나라 구정처럼 중히 여겨야 할 삶도 있거니와 / 禹鼎重時生亦大

기러기 털처럼 가벼워야 할 죽음도 영화로세 / 鴻毛輕處死有榮

두 임을 생각하다가 성문 밖을 나가노니 / 明發不寐出門去

라 하였다.

박팽년 등의 벤 머리를 모두 달아매어 돌렸다.

류성원은 그때에 사예 벼슬로 성균관에 있었는데, 여러 선비들이 성삼문의 일을 알리니, 곧장 집에 돌아와 아내와 더불어 술을 마시며 영결하고, 사당으로 올라갔다. 그 아내가 오래 내려오지 않는 것을 괴이 여겨 가보니, 관대를 벗지 않고 반듯이 누워서 칼을 목에 대고 나뭇조각으로 칼자루를 쳐서 찔렀는데, 때는 이미 늦었다. 아내는 그 까닭을 몰랐는데, 조금 있다가 관청에서 나와 시체를 가져다가 찢었다.

고변했던 정창손과 김질에게는 죄를 특별히 용서하여 공신으로 삼았으니, 좌익공신 삼등이었던 정창손은 이등으로 올리고, 김질은 좌익 삼등에 추록되었다. 세조가 명하여 집현전을 파하고, 그곳에 있는 서책을 모두 예문관으로 옮겼다.

이런 일들이 벌어질 때, 정보 역시 연루되어 고향 연일로 귀양 갔다. 그는 성질이 방랑하여 남에게 구속을 받지 않았으니, 성삼문·박팽년과도 깊게 사귀었다. 그 서매(庶妹)가 한명회 첩이 되었는데, 육신의 옥으로 시끄러울 때 한명회 집에 가서 묻기를,

"공이 어디 갔는가?"

하니, 누이가 말하기를,

"죄인을 국문하느라고 대궐에 있습니다."

하였다.

정보가 손을 내두르며 말하기를,

"그들이 무슨 죄인인가. 공이 만일 이 사람들을 죽이면 만고의 죄인이 될 것이다."

하고는, 옷을 떨치고 가버렸다. 한명회가 집에 왔다가 그 말을 듣고 바로 입궐하여,

"정보가 난언을 하였습니다."

라고 아뢰었다. 세조가 친히 국문하였더니,

"항상 성삼문·박팽년을 성인군자로 생각하기 때문에 이런 말을 했습니다."

하였다.

좌우에서 이미 자백하였으니 처형하라 종용하였다. 이에 거열형을 명하고 나서 세조가,

"그 자가 어떤 사람인가?"

라고 물으니, 좌우에서 아뢰기를,

"정몽주 손자입니다."

하는지라, 급히 처형을 그치게 한 후에,

"충신의 후손이니 특별히 사형을 감하여 연일현으로 귀양 보내라."

라고 했던 고사를 《병자록》은 전하고 있다.

대간에서 전라 감사 이석형을 국문하기를 청하니, 윤허하지 않았다. 이석형은 세종 조에 삼장원(三壯元)에 올라 명성이 한때에 으뜸이었는데, 성삼문·박팽년 등과 절친이었다. 세조가 선위를 받을 때 마침 모친상을 당했고, 복을 마치자 전라 감사에 제수되었는데, 이때 마침 옥사가 일어났으나 외임인 까닭으로 연루되지 않았다. 그가 순시 중에 익산에 이르러, 친한 사람들이 다 죽었다는 말을 듣고, 벽 위에 시 한 수를 써 내려갔으니,

우(虞) 나라 때 이녀죽(二女竹)과 / 虞時二女竹

진(秦) 나라 때 대부송(大夫松)이로다 / 秦日大夫松

비록 그 슬픔과 영화로움의 차이는 있을지언정 / 縱有哀榮異

같은 절개는 대와 솔이 염량(炎凉)이야 있을소냐 / 寧爲冷熱容

라고 적은 후에, 병자 6월 27일 작(作)이라고 마무리했다.

대간에서 이 시의 뜻을 가지고 국문하자 청하니, 세조가 시를 보고 이르기를,

"시인의 뜻이란 것이 어디 있는지 알지 못하니, 어찌 반드시 국문까
지 하랴."

하였는지라, 없던 일로 치부되고 말았다. 단종 복위 거사가 실패로 돌아간 탓에 무려 70명에 달하는 사람이 처형되었건만, 그는 천운으로 목숨을 부지할 수 있었다.

단종이 상왕으로 별궁에 있었는데 성삼문 모의가 실패로 돌아가니, 정인지가 글을 올려 아뢰기를,

"지난번에 성삼문 무리들의 음모를 상왕이 미리 알아서 종사에 죄를
얻었으니, 상왕의 위호를 그대로 누릴 수는 없습니다. 일찍 도모하
여 후환을 막으소서."

라고 했다는 것을 《영남야언》에서 기술하였듯이, 단종을 기다린 것이라고는 신체적 구금에다 목숨마저 보장받지 못한 처지가 되고 말았다.

더운 여름 6월 21일 계축에, 백성에 불과한 김정수란 자가 제학 윤사균에게,

"판돈령 송현수와 판관 권완이 반역을 꾀한다."

라고 고한지라, 이를 세조에게 아뢰니, 정인지·정창손·신숙주·박중손·홍달손·홍윤성·윤사로·이인손·양정·권람·구치관·황효원·한명회·조석문·권지·김질 등을 궁으로 불러들여, 죄인 송현수와 권완을 금부에 가두게 하였다. 송현수 딸이 단종 비였고, 권완의 딸이 단종 후궁이었으

니, 단종 외척의 씨를 말린 사건이 아닐 수 없다.

반역을 꾀한다는 고변이었음에도, 어떻게 반역했는가에 대한 실상조차 알려진 게 없고, 그로 인해 단종 신상의 변화밖에 보이질 않았으니, 무려 50명이나 되는 군사들로 하여금 단종을 영월로 호송케 했을 뿐 아니라, 금성대군도 배소를 경상도 순흥부로 옮겨 안치했다.

그런데 이 사건을 놓고, 야사에서는 병자(1456) 6월이라 하였는데, 정사에서는 이듬해인 정축 6월이라 하였으니, 1년의 차이가 난다. 단순한 착오라면 바로잡으면 될 일이지만, 조선조에 살아갔던 선비들도 여기에는 뭔가 숨은 의도가 있으리란 의구심을 버리지 않았다.

당초 주모자들 국문 과정에서 성삼문이 상왕 연루설을 발설한 상태였으니, 단종 거처를 멀리 옮겨야 한다는 대신들의 줄기찬 요청들이 1년 동안이나 줄을 이었으나, 세조가 받아들이지 않았다고 《실록》은 적고 있다. 그렇게 한 해를 두고 보다가, 송현수가 반역을 도모했다는 한낱 백성 한 사람의 발설로, 밑도 끝도 없이 단종을 엮어, 머나먼 영월로 유배를 보냈으니, 급기야 고사에 조예 깊고 기개 있던 선비들은, 아첨하던 무리들이 실록을 편찬할 때 세조가 아량을 보였다는 식으로 조작했다고 목청을 높였다.

술이부작 정신으로 자신의 견해 밝히기를 극도로 삼갔던 이긍익 또한 이 대목에 이르러서는 그냥 지나칠 수가 없어,

"상고해 보건대, 상왕을 금성의 집으로 내보내고 강봉시켜 영월에
안치하자고 청한 두 가지 일을 《국승(國乘)》에는 모두 정축년(1457)
이라고 하였고, 《현덕왕후 천장지(遷葬誌)》에는 병자년(1456)이라고
하였는데, 성삼문 등이 피살되고 노산을 군으로 강봉하여 밖으로 내
보냈다는 그 기사 아래에, 명년 정축이라는 말이 있는 걸 보면, 강봉
하여 지방으로 쫓아낸 것이 실상은 병자년 옥사가 이루어지던 날에

있은 것이니, 야사 기록 《해동야언》이나 《논사록》 모두 성삼문 일이 발각된 뒤에 노산을 옮겼다고 한 것은 오류가 아니다. 노산이 환관 안로에게, 성삼문 모의를 알고도 가만히 있었던 것이 나의 죄다 라고 했던 《금석일반》에 실린 내용으로 추정해보면, 노산의 죄를 성립시킨 것이 자신이니, 성삼문 처형 뒤에 영월로 옮긴 증거가 되는 것이다. 또, 춘삼월 자규루 시와 날이 가물어서 비를 빌었던 단종의 글로 짐작해 보면, 정축년 봄 이전에 영월에 있었던 것이 분명하다. 이에 《소릉지》를 증거 삼아, 금성의 집으로 나간 것과 영월로 옮긴 사실을 병자년에 실어 둔다. 《실록》에는 두 가지 모두 정축년에 실어 놓았는데, 음애(이자의 호)가 이렇게 된 연유에 대해, 여우와 쥐 같은 무리들의 간악 아첨하는 기록을 바탕으로 후일 《실록》을 편찬한 자들 또한 모두 세조를 따르던 무리들이었으니, 《실록》을 모두 믿을 수는 없다고도 하였다."

라는 길고 긴 주석을 달았다.

《세조실록》 자체에 의구심을 품었던 음애란 선비는 조광조와 뜻을 같이 하던 이자였으니, 목은 이색의 5대손으로 태어나 훈구대신들 화를 피해 충주 음성 고을 음애란 곳에 은둔하여, 왕성한 저술을 남긴 것으로 잘 알려져 있다.

세속에 전해진 단종의 시가 《병자록》《전화적책》《추강냉화》《송와잡기》 등에서 찾아지니, 매양 관풍매죽루에 오른 밤에는 사람을 시켜 피리를 불었기에, 그 구슬픈 소리가 먼 마을까지 들렸으니, 매죽루 아래에서 근심스럽고 적적한 춘삼월에 지었다는 시, 자규루를 보면,

달 밝은 밤 자규새 울면 / 月白夜蜀魂啾
시름 못 잊어 다락에 기대었네 / 含愁情倚樓頭

네 울음 슬퍼 내 듣기 괴롭구나 / 爾啼悲我聞苦

네 소리 없으면 내 시름 없을 것을 / 無爾聲無我愁

이 세상 괴로운 이에게 말을 보내 권하노니 / 寄語世上苦勞

춘삼월 자규루(子規樓)엘랑 삼가 부디 오르지 마소 / 愼莫登春三月子規樓

라 하였으니, 나라 사람들이 이를 듣고 울지 않는 이가 없었다.

매양 맑은 새벽에 대청에 나와서 곤룡포를 입고 걸상에 앉은 단종인지라, 보는 자가 일어나 공경하지 않는 이가 없었다. 경내가 가물 때 향을 피워 하늘에 빌면 비가 쏟아졌다는 이야기도 전해 온다. 얼마 후에 객사 동헌으로 옮겨 거처하였는데, 민간의 말에 전하기를, 청령포는 수재를 입을 염려가 있어, 객사로 옮겼다 한다.

금부도사가 노산군을 영월 서강 청령포에 모셔다 두고, 어두운 밤 곡탄 언덕위에 앉아 슬퍼서 노래를 지어 불렀다.

천만리 머나먼 길에 고운 님 여의옵고,

내 마음 둘 데 없어 냇가에 앉았으니,

저 물도 내 맘 같도다.

울어 밤길 예도다.

《장릉지》에 따르면, 세조가 강원 감사 김광수에게 이르기를,

"노산군에게 사철 과실이 나는 대로 연달아 보내주고, 원포를 설치하여 참외·수박·채소 같은 것을 많이 준비 지공하며, 달마다 수령을 보내어 문안하게 하라."

하고, 내시부 우승직 김정을 보내 노산에게 문안하였다고 전한다.

단종 주검의 진실

세종의 아들 중에 단종과 가장 가까웠던 후원자는 금성대군이었다.

단종이 즉위했을 때 그는 형인 수양대군과 함께 좌우에서 보필할 것을 약속했다. 수양대군이 정권 탈취 야심을 가지고 고명대신들을 제거하는 계유정난을 일으키자, 노골적으로 반대 의사를 표하기도 했으니, 당여를 키웠다는 모반 혐의가 씌워져 삭녕으로 유배되었다. 이후 경기도 광주로 이배되었으니, 수양이 단종에게 선양을 받아내 왕좌에 올랐을 때였다. 그러던 중 세조 재위 2년에 성삼문과 박팽년 등이 단종 복위를 꾀하려다 처형되면서, 상왕이 노산군으로 강봉되어 영월로 유배되었을 적에, 금성대군 또한 경상도 순흥으로 유배지가 옮겨졌으니, 이것이 화를 키우고 말았다.

그가 입은 화에 대해 《해동야언》에서,

"세조 3년 정축년(1457) 가을에 금성대군 유가 순흥 부사 이보흠과 더불어 거사하기를 꾀하다가 얼마 안 되어 발각되었다. 종친과 대신 및 대간이 법으로 처치하기를 청하였으나, 따르지 않았다. 여러 번 청하니, 유에게는 사사를 명하고, 한남군 어와 영풍군 전 및 영양위 정종 등을 모두 극변에 안치하여, 금고하였다."

라고 하였다.

《병자록》이나 《논사록》《해동야언》 등을 통해 보다 자세한 사정을 들어보면,

처음에 금성대군 유가 순흥에 이르러 매양 이보흠과 함께 만나기만 하면 강개하여 눈물을 흘려 보흠의 마음을 얻었는데, 일설에는 산호 갓끈을 주고서 거사를 꾀하였다고도 했다. 비밀리에 남쪽 인사들과 결탁하여 노산을 복위시킬 계획을 하던 중에, 어느 날 좌우를 물리치고 이보

흠을 불러 격문을 초하게 하였으니, 후세에 한 구절만 알려진 그 격문에
는,

　"천자를 끼고 제후에게 명령하니, 누가 감히 좇지 않으랴"
라고 했다는 사실만 전한다.

　장차 순흥의 군사와 남쪽의 모의에 참여한 자를 징발하여, 노산을 맞
아 계립령을 넘어 순흥에 모셔 놓고, 영남을 호령하는 조령과 죽령의 두
길을 막아 복위할 계책을 논의할 적에, 순흥 관노 급창(及唱)으로 일하던
자가 벽장 속에 숨어 엿듣고는, 금성대군 시녀를 꼬드겨 격문을 훔쳐내
한양으로 달려갔다. 풍기 현감이 그 소식을 듣고 말을 서너 번이나 갈아
타고 좇아가, 격문을 빼앗아 들고 먼저 한양으로 들어가 공을 세우니, 유
와 이보흠 모두 잡혀 죽었다.

　순흥에 내려오던 야사에는 이보흠이 사람을 띄워 한양으로 달려가
고변했다고들 하고, 이보흠이 말을 이어 달려가 고변하였다고도 하는데,
보흠이 처음에는 자수한 것으로 사면되었다가 종국에는 격문을 초한 죄
로 베임을 당하였다.

　금성대군 유가 안동 옥에 갇혔을 때, 하루는 알몸으로 빠져나가니 간
곳을 알지 못하였다. 금부도사와 부사가 놀라고 두려워, 종을 울리고 사
람을 동원하여 수색하였더니, 한참 만에 밖에서 웃으며 들어와 말하기
를,

　"너희들이 수가 많으나, 내가 만일 도망한다면 추격하지는 못할 것
　이다. 그러나 여러 사람이 죽는 것보다는 한 사람 죽는 것이 편하
　다."
하였으니, 한 사람이란 자기를 가리킨 말이었다.

　죽음을 앞에 두고 의관을 정제하고 걸상에 걸터앉으니, 금부도사가
말하기를,

"전패(殿牌)에 절을 해야 한다."
하고는, 서쪽으로 향하여 절을 하게 하였다. 이에 유가 말하기를,
　"우리 임금은 영월에 계시다."
하고는, 드디어 북으로 향하여 통곡 사배하고 죽음에 당당하니, 여러 사람들이 불쌍하게 여기지 않는 이가 없었다. 왕실족보인 《선원록》에까지 금성대군 이름을 지웠으나, 후일 복적을 명하였다고 한다.

　이 일로 인해 순흥부가 쑥밭이 되고 말았으니, 그 큰 고을을 갈기갈기 찢어 기천(풍기)과 영천(영주)·봉화에 나누어 붙였다. 말[辭]에 연루된 순흥 사람들이 도륙을 당하게 되니, 죽계에 흐르던 물이 모두 붉어졌다. 금성이 처음 귀양 왔을 때에, 경내에 무재(武才)가 있다는 말을 들으면, 금은을 싸서 비단 주머니로 봉하여 집으로 보냈고, 그 사람이 와서 사례하면 책에 이름을 적게 하여 심복으로 삼았다. 일이 발각된 뒤에 조정에서 〈당여록〉을 찾으려고, 사람을 시켜 순흥 읍내 근처 땅을 팠으나, 끝내 찾지 못하였다.

　이런 순흥 고을 사정을 두고, 후세에 살았던 이익 또한 놓치지 않았으니, 그의 야심작 《성호사설》에서,

　"순흥을 혁폐하자 거민들의 노래 소리에, 은행나무가 살아나면 순흥
　이 회복되고, 순흥이 회복되면 노산이 복위한다고 한 것이 있는데,
　그 뒤 이백 삼십여 년 만에 순흥부 동쪽 은행나무가 홀연히 되살아
　났으니, 항간에 떠돌던 말로 예전에 이 나무가 있었기 때문에 이런
　민요가 있었다. 얼마 지나지 않아 새로이 순흥부를 설치하였고, 때
　마침 신규라는 이의 상소가 있어 단종 위호를 회복하였으니, 과연
　그 말이 맞았노라."
고 기술하였다.

　이긍익은 《연려실기술》에서 금성 옥사와 관련한 민간 야사들을 두루

채집하여 소개한 뒤에 《실록》으로도 보충하였으니, 이 대목이 바로 단종
사사와 직결되었기 때문일 것이다. 양녕대군을 비롯한 종친들과 의정부
대신들이 논의하던 과정을 재구성해 보면,

좌찬성 신숙주가 홀로 아뢰기를,

"작년에 이개의 무리가 노산을 복위시킨다는 명목으로 모의하였고,
지금 금성 유가 또 노산과 영(세종 서자)을 꾀어 변란을 일으키려고
하였으니, 노산을 편히 두어서는 안 됩니다."

하는지라, 세조가 이르기를,

"의정부에서 반드시 다시 와서 청할 것이니, 그때 의논하여 시행하
자."

하였더니, 조금 있다가 영의정 정인지·좌의정 정창손·이조 판서 한명회
등이 신숙주와 함께 와서 아뢰기를,

"노산이 반역의 주인이 되었으니, 편히 두어서는 안 됩니다."

하였다. 세조가 이르기를,

"노산을 이미 군으로 강봉하였으니, 폐하여 서인을 만드는 것이 가
하다."

하였다.

양녕대군 이제 또한 소를 올려 아뢰기를,

"전날 간흉의 변에 노산이 참여하여 종사에 득죄 하였고, 유가 군사
를 든 모반으로 장차 노산을 끼고 종사를 위태하게 하려 하였으니,
죄악이 차고 넘쳐 천지에 용납할 수가 없습니다. 대의로 결단하여
법 집행을 바르게 하소서."

하였다.

종친부와 의정부는 물론 충훈부와 육조까지 합세한 모든 신하들이,

"노산군이 종사에 득죄하였으므로, 근일에 어지러운 말을 하는 자는

모두 노산으로 구실을 삼고 있다. 지금 만일 법으로 처단하지 않으면, 부귀를 도모하고자 하는 자가 빙자하여 난을 꾸밀 것이니 용서할 수 없고, 유는 천하의 대역죄인이라 개인적인 은혜로 법을 굽혀 용서할 수가 없다."

라고 하였다.

임영대군 요가 정창손 옆으로 다가서 말하기를,

"어(㳆)와 전(瑔)과 송현수는 유와 죄가 다를 바 없으니, 혼자 살려 둘 수 없습니다."

하는지라, 세조가 이르기를,

"여러 신하의 뜻은 잘 알겠으나, 따르지 않는 것은 내가 착해서가 아니다. 박덕한 처지로 어찌 감히 다시 골육을 해치는 일을 할 수 있겠는가. 죄가 있더라도 오히려 보전하여야 하거늘, 어찌 죄 없는 무리까지 이르랴. 이것은 여러 신하의 계책이 틀린 것이니, 속히 물러가서 나의 헤아림을 기다리라."

하였다.

정인지 등이 또 상소를 올리니, 세조가 금성 유에게 사사를 명하고, 영·어·전·송현수 죄는 더 이상 논하지 말라 일렀다. 그런데도 정인지가 다시 아뢰자, 예전 사람들이 괴수는 죽이되 따라다닌 자는 다스리지 말라 했던 말로 달래면서, 송현수만 교형에 처하도록 명했다.

이어와 이전은 세종 총애를 받던 혜빈 양씨 소생들인데, 단종 젖먹이 시절부터 키웠던 정이 남달랐던 혜빈이고 보면, 그 아들까지 단종편에 섰다가 곤욕을 치르게 되었다. 이에 비해 양녕과 임영은 앞장서서 세조를 지지하던 입장이라, 지하에 누웠던 세종 심기를 어지럽혔음이 분명하다.

정씨 가문에 내려오는 《해평가승》에서도 여량부원군 송현수만 사사한 것이 아니라, 부인 민씨 또한 의정부 상소로 교형에 처했고, 나아가 혜빈 양씨 모자까지 한꺼번에 죽였다고 했으니, 모든 칼날이 노산군으로 향하던 수순에 불과했다는 것을 알 수 있다.

그리하여 시월 스무나흘에 노산군을 사사하기에 이르렀으니, 《병자록》에서는 유시에 죽였다는 시각까지 기록하였다. 《해동야언》에서는, 조신들이 노산을 죽여 그를 향한 백성들 마음을 단념시키라 청하였고, 붓을 잡은 사관이 스스로 목매 죽었던 사실까지 사책에 남겼다고 서술했다.

하지만, 이를 두고 무지몽매하게 죽인 것을 은폐한 곡필 시비까지 일고 말았으니, 《병자록》과 《영남야어》에 전하는 당시 장면을 재구성해 보자면,

금부도사 왕방연이 사약을 받들고 영월에 이르러 감히 들어가지 못하고 머뭇거리고 있으니, 시각이 늦어진다고 나장 놈이 발을 굴렸다. 도사가 하는 수 없이 들어가 뜰 가운데 엎드리니, 단종이 익선관과 곤룡포를 갖추고 온 까닭을 묻는지라, 도사가 대답을 못하였다. 그때 단종 나이 17세였다. 평소 어린 임금을 모시던 통인 하나가 자청하여, 앉은 좌석 뒤쪽 창문으로 활줄에 긴 노끈을 연결한 뒤 그 끈을 잡아당겼다. 미처 문밖으로 나오지도 못한 통인의 아홉 구멍에서 피가 흘러 즉사하였다. 시녀와 시종들이 다투어 영월 동강에 몸을 던졌으니, 죽은 시체가 둥둥 떠다니며 강을 메웠고, 갑자기 뇌우가 크게 일어 지척에서도 사람과 물건조차 분별할 수 없는데다, 맹렬한 바람이 나무를 쓰러뜨리고 검은 안개가 공중에 가득 깔려, 밤이 지나도록 걷히지 않았다.

노산이 항상 객사에 머물러, 시골 백성들 중에 고을로 가는 자들이 누 아래에 와서 뵈었는데, 해를 당하던 날 저녁에 일이 있어 관에 들어가다가 길에서 만나니, 노산이 백마를 타고 동곡으로 달려 올라가는지라

길가에 엎드려 알현하며, 어디로 가시는 길입니까 하고 물었더니, 노산이 돌아다보며 태백산으로 놀러간다 하였다. 백성이 절하며 하직하고 관에 들어갔더니, 벌써 해를 당하였다고 하였다. 영월 호장 엄흥도가 옥 거리에 왔다갔다 통곡하면서, 관을 갖추어 이튿날 아전과 백성들을 거느리고 군 북쪽 5리 되는 동을지에 무덤을 만들어 장사지냈다. 이때 엄흥도의 족당들이 화가 미칠까 두려워 다투어 말리는지라, 흥도가 말하기를, 옳은 일을 하고 해를 당하는 것은 내가 달게 생각하는 바라 했다고 전한다.

한편 《아성잡설》이나 《축수록》과 《송와잡기》에서도,

노산이 해를 입자, 명하여 강물에 던졌는데, 옥체가 둥둥 떠서 빙빙 돌아다니다가 다시 돌아오곤 하였으니, 가냘프고 고운 열 손가락이 수면 위에 떠 있었다. 아전의 이름은 잊었으나, 그 아전이 노모를 위하여 만들어 두었던 옻칠 한 관이 있어, 가만히 옥체를 거두어 염하여 장사지냈는데, 얼마 안 되어 소릉(단종 어머니 능)의 변으로 다시 파서 물에 던지라 명을 받은 아전이 차마 그럴 수가 없어 파는 척 하고 도로 묻었다 전하기도 하고, 노산이 영월에서 죽으매, 관과 염습을 갖추지 못하고 거적으로 초빈하였는데, 하루는 젊은 중이 와서 슬피 울고 말하기를,

"이름을 통하고 구휼 받은 정분이 있다."

는 이유로 며칠을 묵던 어느 날 저녁에 시체를 지고 도망쳤다. 혹자는 산골에 불태웠다 하고, 혹자는 강에 던졌다고 하여, 지금 무덤은 빈탕이요 가묘라 하니, 두 언사 중에 어느 것이 옳은지 알 수가 없지만, 점필재 김종직의 글로 본다면 강물에 던졌다는 말이 틀림없는 사실이다. 그러하다면 시체를 훔친 중은 호승(胡僧) 양련의 무리로, 간신들의 사주를 받은 자가 아닌가. 맺힌 한이 영원토록 그치겠는가. 혼이 지금까지 떠돌아다닐 것이니, 참으로 슬프다, 라고 안타까움을 표하고 있다.

《대동운옥》에서는, 수상 정인지가 백관을 거느리고 노산을 제거하자고 청하였으니, 사람들이 지금까지 분하게 여긴다 하였고, 《죽창한화》에서도 그 죄를 논한다면, 정인지가 으뜸이고 신숙주가 다음이라 하였다.

이어 《축수록》에서는,

"혹자가 말하기를, 정인지가 곧은 절개는 있다 하여, 서거정이 《필원잡기》에서도 그 사람됨을 칭찬하였으나, 노산이 상왕으로 별궁에 있을 때에 정인지가 소를 올려, 일찍 노산을 죽여 후환을 막자고 했고, 조금 있다가 영월로 옮기게 하고 뒤이어 처형을 행하였으니, 참으로 간흉의 우두머리라 하겠다."

라고 하였듯이, 이구동성으로 정인지를 지탄하는 세상이 되고 말았다.

기묘년 사화를 피해 충청도 음성에 은거했던 이자 선생은, 그가 남긴 《음애일기》에서, 당대 붓을 잡은 사관들에 대해 신랄한 비판을 가했으니,

"나라 사책에, 노산이 영월에서 금성군의 실패를 듣고 자진하였다 하였는데, 이것은 당시의 여우나 쥐 같은 놈들의 간악하고 아첨하는 붓장난이다. 후일 《실록》을 편수한 자들 모두 세조를 따랐던 자들이니, 《계유실록》이라는 것에 대개 이러한 내용이 많다. 혹은 말하기를, 노산의 무덤을 충의배들이 몰래 파서 법과 예에 따라 이장했다 하나, 이 또한 공연한 말이다. 고을 사람들이 지금까지 애통하게 여겨 제물을 베풀어 제사지내고, 길흉화복에 이르면 모두 묘소에 나가 제사지냈다. 부녀자라도 오히려 정인지 같은 간적 놈들에게 핍박받아 우리 임금으로 하여금 제 명에 돌아가지 못하게 하였다고 하니, 참으로 슬프다. 옛 부터 충신 의사가 반드시 대가 세족에서 나오는 것이 아니니. 당시에 임금을 팔고 이익을 꾀하던 무리들은 반드시 자기 임금을 혹심한 화란에 몰아넣고야 마음에 쾌감을 느꼈으니, 이

런 자들을 엄흥도에 비춰보면 어떠한가. 시골 부녀자나 동네 아이들은 군신의 의리도 알지 못하고 직접 흉한 변고를 보지 못하였건만, 지금까지 분하게 여겨 자기도 모르게 그런 말이 새어 나오고 전해 내려오니, 사람의 본성이란 속이기 어려운 것을 알 수 있다."

라는 안타까움을 표하고 있다.

당대 난신이 후대엔 충신이라

세조 재위 2년에 단종 복위 거사가 사전에 발각되어, 형장에서 죽어간 이들이 무려 70명이나 되었다. 단종을 위해 목숨을 버린 신하가 육신(六臣)뿐이랴만, 말하길 좋아하는 사람들이 세칭 사육신이니 생육신이니 하는 말들을 입에 자주 올렸으니, 후세에 전승되어 오던 것이 역사로 굳어진 것일 뿐이다.

집현전 출신들이 단종 복위 모의를 주동했다 하여 세조가 이를 혁파하였듯이, 성삼문과 박팽년이 주축이 되었던 것은 사실이다. 단종 복위를 위해 함께 하기로 했던 김질이 변심하여 모의 사실을 고변하자, 세조는 궁을 숙위하던 군사들을 집합시킨 후 승지들을 불러들였다. 도승지 박원형을 비롯한 승지들이 입시(入侍)하자, 동부승지 성삼문을 끌어내 꿇어 앉히고 친국하여, 박팽년·이개·하위지·류성원과 모의했고, 그리고 유응부와 박쟁도 알고 있다는 사실을 자백 받았다. 발각된 사실을 들은 공조 참의 이휘는 스스로 찾아와 사전에 아뢰지 못했음을 자백했는데, 그 입에서 나온 연루자로 권자신과 박중림 정도가 추가로 밝혀졌다, 세조는 박팽년을 잡아다 국문하여, 팽년의 아버지 박중림을 비롯한 김문기·성승·송석동·윤영손·이휘 등도 연루되었음을 밝혔으니, 세조가 친국을 통해 이날 14명의 공모자를 밝혀냈다.

집에서 스스로 목숨을 끊은 류성원을 제외한 모두가 참혹한 고문을 받았는데, 성삼문을 비롯한 하위지·이개·박팽년·유응부는 공초(신문한 조사)에 승복하였고, 김문기만은 끝내 불복하였으며, 박팽년은 옥에서 죽었다.

고변 나흘 만에 밝혀진 전모를 8도에 유시 하였으니,

"이개·성삼문·박팽년·하위지·류성원·박중림·권자신·김문기·성
승·유응부·박쟁·송석동·최득지·최치지·윤영손·박기년·박대년이
몰래 반역을 도모하였는지라, 백성들은 두려워하지도 경거망동하지
도 말라."

는 것이었다.

여기에 거명된 이가 모두 17명이었으니, 고변 당일 친국으로 밝혀진 14명에서 4명이 추가되었고, 1명이 빠진 탓이다. 이개의 매부였던 이휘는 탄로 난 사실을 듣자 발 빠르게 승정원으로 달려가, 일전에 병조 판서 신숙주에게 넌지시 알린 바 있다는 발뺌으로 명단에 빠졌으나, 끝내 처형되어 공신호 삭탈에다 재산까지 몰수당하고 말았다.

고변이 있던 날로부터 이레째 되던 날, 군기감 앞에서 죄수 사지를 찢어 죽이는 거열형으로 피바람이 일었으니, 연루자까지 합치면 그 수를 헤아리기 어려울 정도였다. 그때가 세조 재위 2년 병자년(1456)인지라, 이 사건을,

"병자 옥사"

라 불렀지만, 오히려 후대의 사람들은,

"사육신 사건"

으로 부르기를 좋아했다.

기억과정이 그러했으니, 이를 두고,

'사실의 역사가 아닌 기억의 역사'

라 불러도 좋을 듯하다.

사육신을 두고. 박팽년·성삼문·이개·하위지·류성원·유응부 등 여섯 사람을 지칭해 왔지만, 추국 과정을 살펴봐도 성삼문과 박팽년이 주모자였다는 정도만 드러나고 있을 뿐,《실록》그 어디에도 여섯 신하를 콕 집어 심문했다거나, 육신이라 칭했던 사실이 보이질 않는다.

그런데도 후세 사람들이 사육신이란 말을 자주 입에 올렸으니, 그것은 남효온이 지은 〈육신전〉 때문이다. 박팽년·성삼문·이개·하위지·류성원·유응부 순으로 한 사람씩 전(傳)을 기술한 후 그 끝에 찬(贊)을 붙인, 일종의 전기 문학적 성격을 가진 것이, 바로 〈육신전〉이다. 세조가 친국하는 자리에서, 굴하지 않고 당당하게 입바른 소리로 곤혹스럽게 빠트리는 장면들이 널리 알려져 있지만, 이 모두가 여기에 담긴 이야기들이다.

남효온이 38살로 생을 마감하기 이태전인 1490년경에 〈육신전〉을 썼다고 알려져 있으니, 사건이 일어나고부터 대략 35년 전의 일을 더듬은 것인데, 육신들이 처형당했을 적에 남효온은 3살에 지나지 않았다. 그러함에 입으로 전해 내려오던 내용을 토대로, 김종직 문하에서 함께 공부했던 동료들 도움으로 전기를 만든 탓에, 오류가 많은 것이 흠이다. 특히 이개·류성원·성승·유응부 같은 이들의 관직 표기는 물론이고,《실록》과 비교해 보면 전후 사정을 잘못 기술한 곳이 많다.

그럼에도 남효온의 〈육신전〉은 선비사회에서 암암리 필사해 가며 돌려 보는 글이 되었다. 특히 반정으로 왕위에 오른 중종이 사림들을 등용하자, 충절을 높이 치는 분위기로 반전되어 가더니, 급기야 성삼문이나 박팽년처럼 살았던 이들에게 난신이란 죄명을 벗겨야 한다는 상소까지 나오게 되었으니. 그동안 금기시되던 남효온의 《추강집》 또한 인출되기에 이르렀다. 그때가 중종 재위 6년(1511)의 일이었다. 하지만 기묘사화로 조광조를 비롯한 사림들이 화를 입자, 〈육신전〉 또한 궤짝으로 들어가 햇볕을 볼 수 없는 금서가 되고 말았다.

그로부터 서른네 해가 지나 인종이 즉위하자, 경연에서 시강관 한주가, 성상께서 왕위를 이었으니 먼저 하셔야 할 일이 있다는 말로 시작하더니 급기야,

"노산군이 어둡고 나이 어려, 종사(宗社)가 흔들리매 천명과 인심이
다 세조께 돌아가 즉위하셨으니, 이것은 종사 대계를 위해 마지못한
데에서 나온 것입니다. 그 뒤에 성삼문·하위지·박팽년·유응부·이
개·류성원 등이 난을 꾀하다가 주살되었지만, 충의의 인사는 이런
때에 나오거니와, 육신들이 그때에는 대죄를 입어 마땅하나, 그 본
심을 논하면 옛 임금을 위한 것입니다. 세조께서도 이들을 당대의
난신이나, 후세에 충신이라 하셨으니…"

라고 고하면서, 정몽주나 길재에게 포상의 은전을 내렸던 태종 고사까지 들먹였다. 이 자리에서 한주가 임금에게, 성삼문·하위지·박팽년·유응부·이개·류성원 등 여섯 신하를 콕 집어 육신이라 고하였던 것인데, 훗날 인종이 승하한 후 《실록》을 편찬할 때, 이 내용이 그대로 올랐다. 그리하여 재야인사 이정형 또한 이를 놓치지 않으려고, 그가 적은 야사 《동각잡기》에 이 내용을 기술하였다.

일찍이 김종직이 성종에게 성삼문을 충신이라 아뢰었다가, 임금 얼굴빛이 변하자 급히 말을 바꿔,

"만일 변이 있으면, 신은 마땅히 성삼문이 되겠습니다."

라고 아뢰었더니, 성종 얼굴빛이 밝아졌노라고 율곡 선생이 《석담일기》에서 기술하였듯이, 세조에게 처형당한 신하들 문제는 예민하기 그지없

어, 함부로 입에 올릴 사안이 아니었다.

사림 정치가 만개했던 선조 병자년(1576)에 박계현 또한 경연 자리에서, 박팽년과 성삼문의 충정을 논하면서, 〈육신전〉은 남효온의 저술인데 전하께서 취하여 보시면, 그 자세한 내막을 아실 것이라 요청하기에, 선조가 이를 얻어 보고는 놀라고도 분하여,

"지금 소위 〈육신전〉이라는 것을 보니, 극히 해괴하여 춥지 않음에도 소름이 끼친다. 옛적에 우리 세조께서 천명을 받아 중흥하여, 하늘이 내려주고 백성이 귀의하였는데, 천명으로 왕위에 오르는 것은 하늘이 명한 것이지, 인력으로 할 수 없는 것이다. 저 남효온이란 자가 감히 사사로이 문묵(文墨)을 희롱하고 요망한 혀끝을 놀려 국사를 폭로하였으니, 심히 패악하고 부도하여 그 죄는 붓으로 이루 다 쓸 수 없다. 이 자는 아조의 죄인이다. 옛적에 최호가 국사를 폭로한 죄로 처벌을 받았으니, 이 사람이 만일 살아 있다면, 내가 반드시 엄하게 국문하여 치죄할 것이다. 저 육신들이 충신이라면, 왜 선위 받던 날 쾌히 죽어 인신의 절개를 바치지 못하였는가. 그러지 못했다면, 왜 도망하여 서산에서 고사리를 캐지 못하였는가. 이미 세조 신하로 섬겨놓고, 임금 해치기를 몰래 도모한 것은 옛날 예양이 깊이 부끄럽게 여긴 것이다. 저 육신이란 자들이 우리 조정에 무릎을 꿇고 자객의 음모를 하여, 만에 하나 요행을 바라다가 일이 실패한 뒤에 의사로 자처하였으니, … 이 무리가 임금에게 충성을 다하지 못하였을 뿐 아니라, 후세에 모범이 될 수도 없다. 그러므로, 내가 이제 그들의 옳지 못함을 드러내어 의논하건대, 이 글은 오늘날 신하 된 자가 볼 것도 못 되니, 모두 거둬다가 불태우려 한다. 만일, 이 책에 있는 말을 끄집어내는 자가 있다면, 엄중히 다스릴 것이다."

라고 하였듯이, 선조는 분노의 마음을 가라앉히지 못했다.

이에 삼공이 답하기를,

"이 책이 민간에도 드물고 연대가 오래되어 없어졌는데, 만일 수색
하는 조치를 내린다면, 반드시 큰 소란만 일어나고 이익은 없을 것
입니다."

하였다. 영상 홍섬이 육신의 충성을 극진히 말하였는데, 언사가 지극하
고 간절하여 눈물을 흘리는 이가 많았으니, 선조 또한 이에 감응하여 깨
달은 바 있어 그만 두었노라고, 경연 석상에서 경험담을 모은《석담일
기》에서 율곡이 고사로 남겼다.

이를 놓고 동시대에 살았던 이정형은《동각잡기》에서,

"삼가 상고하건대, 육신이 참으로 충절의 선비라는 사실을 지금에
와서 새삼 말할 바가 아니요,《춘추》에서도 나라를 위해 악한 것을
숨기는 것 또한 고금을 통해 의리라 하였거늘, 박계현이 경솔하게
때아닌 의논을 내놓아 주상께서 잘못된 조치가 있을 뻔했으니, 어리
석어 일을 알지 못하는 자라 하겠다. 조정 신하들 중에서도 김종직
이 성종께 대답한 말을 임금 앞에서 아뢴 자 하나 없었다."

라는 비판까지 주저하지 않았으니, 그 이후까지도, 육신 묘역은 노량 남
쪽 언덕 길가 다섯 무덤에 작은 돌 표지만 있었을 뿐이었다.

임진왜란 뒤에 어떤 사람이 가보니, 비석은 그대로인데 자획이 마모
되어 분별할 수가 없다고도 하였다. 세상 사람들이 예전에 여기서 죄인
을 죽였다고도 하고, 어떤 중이 참수당한 시체를 짊어지고 와서 묻었는
데, 그 중이 바로 김시습이었단 말도 전해지고 있었으니, 가장 남쪽은 박
씨, 다음 북쪽은 유씨(兪氏), 또 다음 북쪽은 이씨, 또 다음 북쪽은 성씨
묘라 하였고, 그 뒤쪽 십 여보 사이에 성씨 묘가 하나 더 있는데, 전해 오
기를 성씨 부자의 묘인데, 뒤의 것이 성승 묘라 하였다. 또 일설에는, 육
신 묘역에 다섯 무덤만 있고, 하나가 없다 하였는데, 하위지가 선산부 서

쪽에 부인과 함께 묻혀있다는 것을 장현광 선생 기록에서 찾을 수 있으니, 하공은 고향에 반장(返葬)하였기 때문이라 했다.

이를 놓고 당대에 알아주던 문사 허봉은,

"부인을 보통 씨(氏)라고 일컫는데, 지금 다섯 묘가 한 곳에 있으니, 부인이 아닌 것이 분명하다. 남자는 반드시 관직으로 일컫는데, 지금 씨라고만 일컬었으니, 당시의 의로운 선비가 오신(五臣)을 묻어 놓고 감히 드러내어 새기지 못하고, 이렇게 일컬은 것이 아닌가."

라는 식으로 추론하기도 했으며, 지봉 이수광은 이들 중에서 세 묘만을 일컬어, 성삼문·박팽년·유응부의 묘가 틀림없다고도 하였다.

《지봉유설》이나 《미수기언》에 따르면, 인조조에 장릉을 발인할 때, 길 닦는 관원들이 다섯 신하 묘인 것을 알지 못하고 무너뜨려, 평평하게 하고 그 앞에 세워진 돌까지 무너뜨렸는데, 효종 경인에 박팽년 후손 박숭고가 분묘를 다시 봉축하고 그 돌을 세웠지만, 숭고가 묘를 수축할 적에 성씨의 한 무덤은 묘갈이 없어 분별할 수조차 없었다고 하였다.

숙종 재위까지 살았던 미수 허목이 남긴 《기언》에 따르면, 영남 선산에 하씨 묘가 있고, 류씨(柳氏)만은 장사지낸 곳을 알지 못한다 하였고, 또 호서의 홍주에 성씨 묘가 있고, 충주 덕면리에 박씨 묘가 있다고 밝히면서, 성씨 외손들 구술을 토대로 홍주에 있던 성씨 묘는 몸의 한 부분만을 묻은 것이라 했던 것도 밝혔다.

《조야기문》에서는, 효종 3년 임진(1652)에 태학생 조경이 구언에 응하여 올린 상소를 싣고 있는데,

"국가가 정몽주에게는 아름다운 시호를 주었으나, 박팽년·성삼문 등에게는 정려하는 은전이 미치지 못하였습니다. … 우리 선조 대왕께서 들으시고 크게 기뻐하여 교서를 내리어 육신의 후손을 등용하였으되, 다만 한스러운 것은 당시 조정 신하들이 그들의 사당과 분

묘에 충절을 표창하여, 선조 대왕의 뜻을 확장시켜 행하지 못한 것입니다. 듣건대, 성삼문의 홍주 옛집이 아직도 무너지지 않았다 하니, 만일 전하께서 은혜를 내리시어 …"

라고 하였고, 《육신유고》에서도 효종 8년 정유(1657)에 찬선 송준길이 임금께 주청드린 내용을 싣고 있으니,

"명나라의 방효유는 실상 일대의 죄인이요, 만고의 충신이라, 수년이 못되어 그 문집을 간행하고 전사(專祠)를 지어 제사 지내는 것을 허락하였으니, 중국 조정의 규모와 기상이 관대하고 심원합니다. 우리나라 성삼문과 박팽년 무리는 실로 방효유의 짝입니다. 일찍이 성삼문은 연산에 살았고, 박팽년은 회덕에 살았는데, 연산과 회덕에 모두 유현(儒賢) 사당이 있으므로, 학자들이 두 사람을 함께 향사하기를 원하였는데, 이것이 중국의 전사에 비교할 것은 아닌데, 이것도 감히 못하옵니다. 전하께서 명나라 전례에 의거하여 특별히 허락하여 주시어, 한 지방 사람들의 소원에 맞게 하여 주소서."

라고 아뢰자, 효종이 대신들에게 의논하라 명하였으나, 의논이 일치되지 않아 결국 시행하지 못하였음을 안타까워 했다.

그러다가 숙종 재위 5년 기미(1679)에 임금이 노량에 행차하여 군사를 사열할 적에, 영부사 허적이,

"강 건너편에 성삼문 등 육신의 묘가 있는데, 지금 듣건대, 그 무덤이 모두 무너져서 평토가 되었다 합니다. 세조조에 역률로 논하였지마는, 일찍이 선조조에 신하가 각각 제 임금을 위한 행동이라 하여 그 자손을 등용하였으니, 이번에 가까운 곳에 행차하신 때를 계기로 만일 그들의 무덤을 봉식(封植)하는 은전을 내리시면, 실로 절의를 포창하고 장려하는 도리가 빛이 날 것입니다."

라고 아뢰니, 숙종이 이미 자손을 등용하는 처사가 있었음을 들어, 특별

히 그 무덤을 봉식하라 하였다.

숙종 6년 경인에 강화 유수 이선이 상소하여, 세조가 병환으로 있으실 때 예종이 정무에 참여하여 결재하였는데, 계유 병자에 죄를 입은 사람에 연좌된 이백여 인을 모두 방면하였으니, 이러한 은전이 세조조에 이미 내려졌고, 유신 송준길이 성삼문 등의 일을 진달하여 선왕께서 칭찬하신 고사도 있음을 거론하자, 숙종이 답하기를, 육신의 일을 알지 못하는 바 아니나, 열성조에서 죄를 용서하지 않았으니, 분묘를 봉식하거나 선비들이 존묘(尊墓)하는 것만 허락할 뿐, 그 밖에 따로 은전을 가하기는 어렵다 하였다.

그러나 이듬해 과천 유림이 통문을 내어 성균관에 고하고, 노량강 남쪽 언덕에 육신사(六臣祠)를 세워 상량하니, 상량문을 대제학 이민서가, 봉안하는 제문을 영부사 남구만이 각각 지었다.

그로부터 또 십 년의 세월이 흘러, 임금이 능에 거둥 할 적에 노량진을 건너다가, 육신 묘를 보고 특별히 관원을 보내 치제하라 명을 내렸다. 이에 육신 묘가 아직도 명백한 증거가 없다는 둥, 나라 제사가 온당치 못하니 육신 사우에서 치제하게 하자는 둥, 복관된 적이 없는 육신을 치제케 한다면 제문에 어떻게 써야 하는 둥과 같은 이유로 신하들이 난감한 표정을 지었다. 숙종의 뜻은 절의를 장려하고자 특별히 육신을 복관하고, 사우를 사액하여 치제하려 함이었으나, 아직도 익숙지 못한 신하들의 반대 또한 만만치가 않았다.

궁에 돌아 온 숙종이 대신들을 모아 논의했지만, 역시 분분한 의견들에 중구난방 의견들이 난무했고, 지방에 이름 없던 선비들 상소 또한 답지하던 상황에서, 퇴계 학맥으로 이름 높던 이조 참판 이현일이 두 임금 섬기기를 거부했던 백이 숙제나 정몽주도 후세에 충신으로 추앙받았듯이, 육신들 또한 그에 못지않다는 주장을 굽히지 않았다. 이에 임금님 특

명으로 육신의 관작을 회복하고, 육신사를 민절사로 사액 내려 치제케
하였으니, 국가에서 육신을 공인했던 이 해가 바로 숙종 17년(1691) 12
월이었다.

이어 성삼문의 아버지 성승의 벼슬도 회복하고, 연산에 있는 성씨의
밭과 노비를 도로 내어 주자, 우승지 강선이,

"육신 중에 박팽년만이 혈족이 있어서 나라에서 써 주었고, 성삼문
은 후손 없이 외손만 있었는데, 연전에 서울 인왕산에서 우연히 매
장된 신주를 얻었다 합니다. 지방에 유락(流落)한 외손이 지금 제사
를 받들고 있는데, 가난하여 제사를 지낼 수 없다 하오니, 만일 그곳
의 관찰사로 하여금 그 사람을 찾아 써 주시면, 전하의 거룩한 덕이
더욱 빛날 것입니다."

라고 아뢴지라, 숙종도 그대로 따랐다.

그 후 노산군이 묘호를 회복하여 단종으로 불려지고, 무덤 또한 장릉
으로 승격된 뒤, 능 안에 육신을 모시는 사당 있는 것이 부당하다 아뢰는
신하들이 있었으나, 고금의 고사들을 참작하여 그대로 두도록 명하였으
니, 후일 정조 임금이 그곳에 단종을 위해 목숨을 바친 절신 32명을 함
께 배향하는 장릉 배식단의 초석을 놓은 것이 되었다.

사도세자의 아들 정조 재위 15년(1791)에 채제공을 비롯한 신하들이
올린 자료를 검토하여, 31명의 단종 충신을 선정하였고, 여기에다 영월
아전 신분으로 단종 시신을 거둔 엄흥도를 추가하여 32명으로 확정하였
다. 거기에다 김시습과 남효온을 사육신 신주를 모신 창절사에 추가로
모셨으니, 이는 정조 자신에게도 그런 충신들이 나오기를 고대한 마음
이었을 것이다

단종을 위해 절의를 지킨 신하들을 추제(追祭) 배식했을 때 기록으로
남긴《장릉배식록》에 따르면,

① 육종영(六宗英) : 안평대군, 금성대군, 화의군 영, 한남군 어, 영풍군 전, 판중추원사 이양

② 사의척(四懿戚) : 송현수, 권자신, 정종, 권완

③ 삼상신(三相臣) : 황보인, 김종서, 정분

④ 삼중신(三重臣) : 민신, 조극관, 김문기

⑤ 양운검(兩雲劍) : 성승, 박쟁

⑥ 육신(六臣) : 성삼문, 박팽년, 이개, 하위지, 류성원, 유응부

⑦ 기타 : 박중림, 하박, 허후, 허조, 박계우, 이보흠, 정효전, 엄흥도

이라 하였듯이, 여기에 배향된 육신은 다름 아닌 남효온의 〈육신전〉 명 단이 그대로 반영되었으니, 전승되던 야사가 나라 기록으로 공인된 것 이나 다름없다.

이 배식록이 만들어지기 전에 생을 마감한 이긍익 선생은 그의 야사 《연려실기술》을 집대성하면서, 단종 절신 34명을 선정하여 삶의 이력까 지 덧붙였는데, 그중에서 20명만이 배식단 명단과 겹친다. 육종영과 사 의척으로 확정된 10명 중에서 안평·금성·이양·정종 외에는 기술하지 않았고, 생육신으로 일컬어지는 권절·원호·이맹전·조려·성담수·김시 습 등이 추가된 탓이다.

남효혼이 〈육신전〉을 저술한 이래 정조가 즉위하기 전까지는 그냥 육신으로만 불렀을 뿐 그 어디에도,

'사육신'

이라고 칭한 곳을 찾을 수 없으니, 이 용어는 후일 호사가들이 생육신에 대비시킬 욕심으로 만들었던 것으로 봐야 할 것이다.

계유정난과 병자옥사에 직접 연루되지 않고 살아가던 이들 중에는, 김시습을 비롯하여 남효온·원호·조려·성담수·이맹전·권절·정보 등과

같이 은둔하고자 했던 지식인들 다수가 있었는데, 세월이 흐른 숙종 연간에 와서 강원도 선비들이 이들을 영월 육신사에 배향하기를 청하였고, 또 영조 병진(1736) 유월 초하루에는 육신 사당 옆에 팔현사(八賢祠)를 세우고자,

  "신들이 삼가 이이, 성혼, 신흠, 이수광, 이준, 윤순거의 잡지(雜志)를 살펴보니, 지조를 지키며 자숙한 사람 여덟 명이 있었으니, 김시습은 미친 체하면서 중이 되어 떠돌아다니며 돌아오지 않았고, 남효온은 소릉 복위를 청하였으나 대답하지 않자 죽을 때까지 과거에 응시하지 않아 연산군 때 부관참시되었고, 원호는 문을 닫고 방문객을 사절하고 앉을 때는 반드시 노릉을 향하였으며, 권절은 미친 체하고 벼슬하지 않다가 죽었고, 조여는 일찍이 성균관에서 공부하다 여러 유생에게 읍하고 향리로 돌아가 종신토록 나오지 않았으며, 이맹전은 두 눈이 사물을 보지 못한다고 핑계 대고 30년간 문밖을 나오지 않은 채 죽었고, 정보는 육신이 죽은 것에 눈물 흘렸다가 주륙 당하게 되었을 때 정몽주 손자라 하여 사형을 면하였으며, 성담수는 관직을 제수해도 숙배하지 않고 낚시질하며 은둔하였다 합니다."

라고 아뢴 바와 같이, 그들이 배향하고자 했던 이는 여덟 명의 신하였다.

단종을 추모하여 숨어 지낸 충절 선비들이 이들뿐이랴 마는, 육신이 여섯 명인지라 이에 걸맞게, 여덟 명 중에서 권절과 정보를 제외한 여섯 명을 골라 뽑아 세칭 생육신이라 지칭하는 이들이 많아졌다.

일찍이 숙종 때에 조려가 배향된 서산서원에 이들 여섯 명을 함께 봉향한 적이 있고, 영조를 이은 정조 5년(1781)에 봉조하 조중회가,

  "신의 10대조 증 참판 조여는 곧 단종조에 절의를 지킨 신하로, 이후 문을 닫고 자취를 끊은 채 일생을 마쳤으니, 그 충절과 절개는 실로 김시습·원호·남효온·성담수·이맹전 등과 일체로 뜻을 함께 했으

니, 세상에서 일컫는 생육신입니다.”

라고 하였듯이, 이들 여섯 신하를 생육신으로 굳혀 가고 있었다. 조정에서는 절신들을 찾아 시호를 내렸으며, 배식단에 추향할 인물 선정 과정에서도 이들 여섯 신하를 생육신이라 명기한 바가 있다.

하지만 그 이후에도 생육신에 대한 견해들이 다양하게 불거졌으니, 대학자 이덕무 손자로 태어난 이규경은 그의 저서 《오주연문장전산고》에서, 야사에 기록된 생육신들이 각각 달라, 이를 변증한다는 〈생육신변증설〉까지 내놓게 되었으니,

"《장릉사보》와 야승, 그리고 개인 문집에 사육신과 생육신이 기록되어 있어, 남효온·김시습·조여·이맹전·권절·원호가 보이고, 성호 이익의 《사설》에서는 생육신으로 김시습·남효온·조여·원호·이맹전·성담수라 하였으며, 또 야승에 기록된 7명이 권자신·윤영손·성승·심선·송석동·엄흥도, 그리고 1명이 권절인데, 영월 유생들이 일찍이 권절을 육신에 배향시키자고 청하였으나, 조정에서 가벼이 다룰 사안이 아니라 하여 시행되지 못하다가, 임자년(숙종 13년, 1672) 봄에 권절을 원호·이맹전·정보·김시습·남효온·조여·성담수와 함께 육신사(六臣祠)에 배향시켰다."

라고 했던 바와 같이, 성담수 대신 권절을 생육신이라 한 기록도 있었다. 그리하여 육신사에 배향된 인물은 생육신이 아니라 정보까지 포함한 생팔신이 되고 말았다.

아무튼, 서인 집권과 노론 독주 과정에서 충절을 가장 큰 덕목으로 내세웠던 정치 사회적 분위기에서 육신이 입에 오르내리면서 생육신 또한 세인의 입에 자주 오르내렸으니, 그와 짝하여 육신 또한 사육신으로 부르기를 즐겨, 급기야 이 둘을 합쳐 생사육신(生死六臣)이란 표현까지 자연스레 등장한 것도 그런 영향 때문이었다.

역적질 한 난신의 처나 딸은 하루아침에 노비가 되었지만, 씨를 말린다 하여 아들을 예외 없이 죽였으니, 참혹하게 처형당한 이들의 직계손이 대를 이은 것은 오로지 박팽년 가문밖에는 없는지라, 선조 때 문신 학자인 윤기헌이 모은 야사 《장빈호찬》에서,

> "박팽년이 죽을 때에 아들 순의 아내 이씨가 임신 중이라, 아들을 낳거든 죽이라고 하였다. 그때 박팽년의 여종 또한 임신 중이었는데, 스스로 생각하기를, 주인이 딸을 낳으면 다행이요, 나와 똑같이 아들을 낳더라도, 종이 낳은 자식을 대신 죽게 하리라 생각하고 있었는데, 주인은 아들을 낳고 종은 딸을 낳았다. 자식을 바꾸어 업고 이씨 친정이 있던 곳으로 숨어들어 정착했는데, 장성한 뒤 성종 때에 박순의 동서 이극균이 경상도 감사로 와서 불러 보고 눈물을 씻으며 말하기를, 네가 이미 장성하였는데, 왜 자수하지 않고 끝내 조정에 숨기는가 하며, 곧 자수시켰다. 임금이 특별히 용서하고 이름을 일산(壹珊)으로 고쳤으니, 지금 동지 박충후가 그 자손이라."

하였다.

만고의 역적 난신으로 낙인찍혔던 인물들이 숙종 이후 갑자기 충절의 표상으로 숭상되기에 이르렀으니, 복권된 충절신을 더 높이기 위해 너도나도 몸이 달았다. 육신들에게 증시를 내려 포상하던 정조 2년 무술(1778)에, 봉산에 살던 충의위 김광엽이 상언하여,

> "저의 11대조인 고 판서 김문기는 명절(名節)이 모두 〈육신전〉에 실려 있으니, 육신사에 추가로 배향하거나 혹 자손들이 사는 고향에 사당을 세워 주소서."

라는 식의 소가 줄을 잇는 세상으로 변했다.

처형될 당시 절손된 경우가 대다수였는지라, 충절신 후계를 차지하려는 문중 내의 갈등이 치열했던 것은 물론, 흔적 없이 살던 후손들이 갑

자기 튀어나와, 내가 누구의 몇 대손이란 시비가 끊이질 않았다. 이는 고역이던 군역을 피하는 지름길이기도 했지만, 의리와 충절을 중시하던 사회에서 순절인 후손이란 게, 더없는 명예요 신분상승이 되는지라, 각 도 감영에서는 밀어닥친 탈역소지(頉役所志) 탄원서 처리에 곤욕을 치를 판이었으니, 오늘날 유응부 본관을 놓고 천령이네 기계니 하는 다툼으로 법정에까지 서야 할 일이 벌어진 것도, 조선조부터 벌어진 사건들의 연장선상에 불과하다.

1977년부터 사육신을 두고 벌인 논쟁 또한 생육신을 놓고 겪은 혼란과 다를 바 없는데, 생육신의 경우엔 애초에 정해진 사람조차 없었지만, 육신의 출발은 남효온의 〈육신전〉에서 비롯된 것으로 보이니, 야사로 떠돌던 〈육신전〉 내용에 오류가 있다 하여, 거기 입전된 여섯 신하를 육신이 아니라 할 수 없는 것은, 사과에 흠이 있다 하여 사과가 아니란 주장과 다를 바 없다.

정조임금 재위 시절 장릉에다 배식단을 짓고 함께 배향할 인물을 검토할 적에, 그 한 사람 한 사람의 근거 자료를 개인이 남긴 야사에 의존할 수밖에 없었고, 충의공 시호를 내려 충절을 기렸던 김문기 또한,

"충장공 권자신, 충의공 김문기는 육신이 화를 당하던 날 함께 죽었
는데, 영조 때에 와서 함께 시호를 주는 은전을 받았습니다."

라는 실록 기사가 말해주듯, 신하들의 의견을 정조가 가납한 후에, 정승급 삼상신 바로 아래 판서급 충절인을 배향하는 삼중신으로 정리한 것이니, 이는 전승된 야사들을 토대로 국가가 최종적으로 마무리한 성격을 띠고 있기도 하다.

의리 충절 사회가 짙어가면서 육신들이 사육신으로 불리게 되었고, 갈수록 주가가 급등하게 된 것이 원인이라면 원인이었다.

문은 귀성龜城, 무는 윤성允成

"문에 귀성(龜城)이 있고, 무에는 홍윤성이 있으니, 족히 근심할 것이 없다."

세조가 틈날 때마다 측근들에게 내뱉은 말이다.

그런데 여기에는 오히려 역설적인 면들이 포함되어 있다. 귀성군이 무과 출신이었고, 홍윤성은 문과에 합격한 인물이기 때문이다. 또한 홍윤성은 급제 동기인 권람을 세조에게 천거했을 정도로 일찍부터 인연을 맺은 옛 신하였음에 반해, 귀성군은 세조 재위 하반기에 등장한 새파란 20대 젊은이였다.

귀성군 이준(李浚).

그는 임영대군 둘째 아들이자 세종의 손자이니, 세조에게는 조카가 된다.

세조가 집권하고 나서 중반을 넘어서자, 뜬금없고도 이상야릇한 정치행태를 도입하였으니, 이를 아종(兒宗)정치라 부른다. 영순군 이부·귀성군 이준·은산 부정 이철·하성위 정현조 등에게 매양 두 사람씩 서로 교대하여 입직케 하여, 임금이 직접 이들을 아종이라 불렀는데, 승지들 역할인 왕명 출납은 물론이오, 대신들에게 내려야 할 명들이 이들에게 바로 가는 것들이 많아, 자칫 권력 구조가 혼란스럽게 여겨질 수도 있었으니, 그 시작은 대개 세조 재위 9년경이었다.

임금과 가까운 지친들은 종사 일에 관여치 못하는 게 지엄한 법도였음에도, 측근의 젊은 종친들과 부마에게 힘을 실어주는 다소 파행적인 정치실험. 이는 분명 한명회를 비롯한 구공신들 견제하려는 셈법이나 계산이 깔린 것이리라.

영순군 이부는 광평대군의 아들이요, 은산부정 이철은 효령대군의 손자이며, 정인지의 아들 정현조는 세조 딸에게 장가든 부마였다. 이들 왕실 측근들은 예로부터 정치에 관여할 수 없도록 만든 법에 따라 과거에 응시할 기회조차 없었는데, 세조 재위 12년 칠월에 느닷없이 삼공 구경의 재상으로부터 아래로 유품(流品) 문관에 이르기까지 궁궐 안으로 불러 친히 대책(對策) 제목을 내걸었으니, 이 시험을 등준시라 하였다. 이 때 하교한 내용을 《명신록》에 근거하여 보면,

> "과거에 뜻이 있는 자는 비록 종친이거나 부마이거나 모두 응시하게 하련다. 경들은 스스로 벼슬이 높고 녹이 후한 것을 믿고서, 다시는 학문에 유의하지 않아 문풍을 떨치지 못하므로, 내가 이 시험을 시작해 경들에게 다시금 옛 공부를 가다듬게 하려 한다."

라는 연유를 밝히고 있다.

아무튼, 우참찬 김질이 급작스레 응시한 30명의 시권을 거두었는데, 임금이 강녕전에 나와 정인지·정창손·신숙주들로 하여금 시권을 읽게 하여, 김수온 등을 뽑아 방을 발표할 때에 백관들이 축하했고, 임금은 의정부에 은영연(恩榮宴)을 내려, 승지 신면으로 하여금 술과 음식을 가져다주게 하였으며, 장원 이하 급제자에게 홍패와 안마를 하사하고, 날을 가려 풍정연(豐呈宴)를 올리게 하였다.

이런 등준시를 놓고 《필원잡기》나 《용재총화》에서는,

> "전례(典例)에 관직이 정3품에 이른 자는 문·무과에 응시하지 못하였고, 6품 이상은 생원·진사시에 응시하지 못하였는데, 당상관으로 응시한 것은 화산군 권반으로부터 시작되었고, 종친의 높은 품계로 응시한 것은 영순군 보에서 시작되었으며, 부마로 응시한 것은 정현조에서 시작되었는데, 이는 모두 세조 때의 일이었으나, 얼마 뒤 바로 폐지되었다."

라고 했으니, 목적을 달성한 세조는 등준시를 바로 폐지 시켰음을 알 수

있다.

이때 실시된 등준시 문과에서 영순군과 정현조가 합격했고, 이어 시월에 실시된 무과에서 귀성군까지 합격했으니, 이 제도를 더 이상 유지할 필요가 없었기 때문이다.

이듬해 변방에서 일어난 이시애 난에 대해《기재잡기》에서는,

세조가 시애의 반란을 듣고 깊이 걱정하고 염려하여, 귀성군 준을 도원수, 조석문을 부원수로 삼고, 또 장수 지략이 있는 문무관 남이·강순·허종 등 28인을 엄선하여 참모관으로 삼아, 모두 조석문 막하에 예속시켜 먼저 영흥으로 가게 하였다. 귀성군이 10만 대군을 이끌고 뒤에 출발하였는데, 이때 나이 18세였다. 임금을 하직한 지 닷새 만에 양주에 도착하고, 10일 만에야 철원에 도착하니, 세조가 크게 노하여 발을 구르며,

"창졸간에 큰일을 어린애에게 맡긴 것이 나의 실수이다."

하고, 엄하게 꾸짖어 빨리 진군하기를 독촉하였으나, 준이 오히려,

"철령은 길이 험하여 빨리 진군할 수가 없다."

하여, 드디어 강원 관찰사가 길을 닦지 않은데로 죄를 돌려, 그를 끌어다가 목을 베었다. 보름 만에 회양에 이르렀는데, 역적이 이미 평정되었으므로 군사를 이끌고 돌아왔다. 그때 석문은 이미 대병을 이끌고 먼저 출발했고, 준이 또 뒤따라 출발하게 되니, 나라 안이 텅 비어 양남 지방에 유언비어가 일어나므로, 준이 떠날 때 특별히 주문한 것의 실제는 뒷걱정을 염려한 때문이다. 그렇지 않다면, 어찌 대장의 몸으로 중대한 명령을 받고서, 길에서 머뭇거려 나아갈 계책을 하지 않을 것인가. 틀림없이 임금의 비밀지령을 받았을 것이라고, 해석을 내린 바가 있다.

이시애 난이 평정된 이후 귀성군은 무자년(세조 14)에 영의정에 올랐는데, 그때 나이 겨우 28세였다. 조선조 어디에서도 이렇듯 어린 영의정이 없었으니, 야사에서는 겨우 18세에 일품 종신으로 병판을 겸임한 도

원수가 되었다고 했을 정도다.

임금이 된 지 13년 만에 병으로 세자에게 선위하고, 상왕으로 물러난 지 하루 만에 승하했던 세조이고 보면, 그는 죽음을 예측한 것인지도 모른다. 세자를 지켜 줄 언덕은 오로지 귀성군이라 판단했을 추론의 근거는 여기저기서 감지된다.

세조가 생을 마감하기 몇 개월 전인 재위 14년 오월 초하루.

세자와 문무 대신들을 서현정(序賢亭)에 불러놓고 술자리를 크게 벌였다. 이 자리에서 취한 남이 장군이, 귀성군을 사랑함이 지나치다는 말을 뱉고 말았으니, 발끈한 세조가 그를 의금부에 하옥시켜 버린 후, 세자와 귀성군에게 술을 올리게 하여 아홉 기생들에게,

"누가 대장군인가? 귀성군이로다. 누가 천하를 평정하였는가? 귀성 군이로다. 누가 천하의 인물인가? 귀성군이로다. 누가 소자(少子)인 가? 귀성군이로다. 누가 대훈(大勳)인가? 귀성군이로다."

라는 내용을 노래하도록 시켰다.

또 한명회에게 술을 올리게 하고, 기생들로 하여금,

"누가 원훈(元勳)인가? 한명회로다. 누가 구훈인가? 한명회로다. 누 가 신훈인가? 귀성군이로다."

라는 노래로 결론을 맺었으니, 귀성군을 향한 그의 심중을 노골적으로 드러냈다 할 것이다.

또 영순군 이부로 하여금 일어나 춤을 추게 하고, 기생으로 하여금 노래하게 하기를,

"누가 무훈(無勳)인가? 영순군이로다."

하고는, 또 다시 부르게 하였으니, 이렇게 한껏 즐긴 후 자리를 파했다.

이 자리에서는 그동안 엄청난 사랑을 베풀던 영순군조차도 안중에 없었고, 세자와 대신들에게 오로지 귀성군만을 각인시켜 준 날이었다.

그로부터 두 달이 지난 칠월에 또 하나의 파격적인 정치실험이 있었으니, 27살의 남이를 병조판서, 28살인 귀성군을 영의정으로 임명한 것이다. 그러하니, 퇴물로 취급받은 구신(舊臣)들 마음이 편치만은 않았고, 결국 화가 귀성군과 남이에게 돌아가 제 수명을 다하지 못했지만, 영순군은 늙어서까지 평온하게 살다 갔으니, 인간에게 주어진 운명이란 알 수 없는 노릇이다.

그러면 홍윤성의 삶과 운명은 어떠한가.

일찍이 수양대군을 만난 것이 계기가 되어, 정난공신을 시작으로 내리 3차례 공신에 책봉되어 삼훈(三勳)으로 불린 데다가, 급제한 지 20년 안에 재상으로 등극한 등과미이십년입각(登科未二十年入閣) 클럽에 더하여, 젊은 나이에 재상에 오른 소년입각으로도 세인의 입에 오르내릴 정도였다.

무예에 일가견이 있어 무과 급제자로 알려지기도 했지만, 사실은 홍지(紅紙)에 이름을 올린 문과 출신이다. 황수신이나 남지 같은 이들이 정승에 올라 천하를 호령했어도, 문과 합격자에게 내리는 붉은색 교지를 받지 못해 평생의 한으로 여겼던 것에 비춰보면, 그런 점에서는 꿀릴 것 하나 없는 홍윤성이었다. 이렇듯 문무를 겸전한 능력을 보여준 홍윤성이었지만, 사람 때려 죽이기를 밥 먹듯 저질렀던 난폭성이 세인의 입에 더 자주 올랐으니 …

아이러니한 것은, 어진 이를 구하고 간하는 것을 따르며 욕심을 적게 하고 정치를 부지런히 함[求賢從諫寡慾勤政]이란 책문에 답안을 제출해야 하는 것이, 그에게 주어진 문과 급제의 마지막 관문이었다는 점이다. 무릇 문과 시험은 두 차례 성적으로 선발된 33명이 최종 관문 전시에서, 임금 물음에 답하는 책문 성적으로 등수가 매겨졌으니, 여기에서 장원을 권람이 차지하였지만, 홍윤성 또한 상위 그룹인 6등의 성적을 받았으니, 글공부로도 손색없는 인재라 할 만하다.

연려실 선생이 야사를 기술하면서, 홍윤성을 무과 출신이라 언급한 바 있고, 나아가 '홍윤성이 승문 정자로서 광릉[세조]의 사랑을 입었다'고 기술한 기재 박동량의 야사를 잘못된 것이라 비판했지만, 홍윤성이 문과에 급제한 사실이 문과방목에 실려 있기도 하거니와, 승문원 정자 벼슬이란 게 주로 신임 문과급제자로 채웠던 자리인지라, 홍윤성의 문과 이력에 하자는 없는 셈이다.

《오산설림》이나 《부계기문》《동각잡기》《기재잡기》 등과 같은 야사에서 전하는 홍윤성 일화는 많기도 하거니와 모두가 기상천외한 내용이라, 읽는 사람들은 모두 입을 다물지 못한다.

호서에서 볼품없이 살던 홍윤성이 과거 보러 갈 적에 걸어서 한강에 닿고 보니, 수양대군이 제천정에 나와 놀고 있던 중이라, 하인배 십여 명이 배 안에 앉아 떠나지 못하게 막았다. 물불 가리지 않던 홍윤성이 배 안으로 뛰어들어, 작은 삿대를 꺾어 그 하인들을 내리쳐 물속에 모두 빠뜨리고는 홀로 배를 저어 건너갔더니, 세조가 이를 눈여겨보고 데려와 후히 대접한 후 남몰래 은의로 맺은 것이 그들 인연의 출발이었다.

홍윤성이 젊어 불우한 시절에 과거 보러 서울에 들어와, 홍계관의 명성을 듣고 찾아가 운명을 물었더니, 계관이 공손하게 꿇어앉아,

"공은 신하로서는 극히 귀한 상입니다. 모년 모시에 반드시 형조 판서가 될 것이오. 그때 소인의 아들이 죄를 얻어 옥사에서 죽게 될 것이니, 모쪼록 소인을 위해 살려 주소서."

하고는, 그의 아들에게도,

"네가 아무 때에 옥에 갇힐 것이니, 그때 나의 아들이라 하면 될 것이다."

하였다.

공이 놀라 감히 승낙하지도 못하였는데, 그 뒤 10년도 안 되어 자급을 건너뛴 형조 판서가 된 어느 날, 큰 옥사를 국문하던 중에 한 죄수가 소리를 높여서,

"저는 곧 소경 점쟁이 홍계관의 아들이옵니다."

하는지라, 홍판서가 깨닫고 그 아들을 석방하였다.

세조가 김종서를 죽이던 날 저녁에, 홍윤성으로 하여금 공무를 아뢴다 핑계 삼아 대감집에 가서 엿보게 하였다. 훈련 주부로 있던 홍윤성이 가보니, 김종서가 안방에서 장침에 기대고 세 첩이 뒤에 앉았는데, 윤성을 불러서 앞으로 오게 하고는,

"네가 힘이 세다니, 나의 강한 활을 시험조로 한번 당겨보라."

하니, 윤성이 활을 당겨 잇달아 둘을 꺾어 버렸다. 이에 김종서가,

"번쾌(樊噲)라도 이와 같지 못하리라."

하고는, 큰 그릇에 술을 부어서 마시게 하니, 세 사발을 마시고 돌아왔다.

홍윤성이 이조 판서가 되었을 때, 그의 숙부가 찾아와 자신의 아들 벼슬 한자리 부탁하니, 대답하기를,

"아무 곳에 있는 논 이십 마지기를 나에게 준다면 그렇게 하리다."

하였다. 이에 숙부가 말하기를,

"자네가 어떻게 이런 말을 하는가. 옛날 곤궁하여 뜻을 펴지 못할
때, 나한테 의지하여 30여 년이나 먹고 살았으면서, 재상 신분이 되
어 내 자식 벼슬자리 하나 못 준단 말인가."

라고 따졌다. 홍윤성은 이 말이 퍼질까 염려하여, 즉시 그 자리에서 때려 죽여 후원에 묻어두었다. 숙모가 고소장을 올렸으나 형조에서 접수하지도 않고, 사헌부에서도 모른 채 했다. 세조가 온천으로 거둥할 때를 기다려, 숙모가 길가 버드나무에 몰래 올라가 행차가 그곳에 이르자, 갑자기

나무 위에서 하소연하는 소리가 들리기에 사람을 시켜 물었더니, 숙모가 아뢰기를,

"말씀드리고자 하는 것이 권신과 관계된 일이라, 한 걸음 사이에도 그 내용이 바뀔 것이니, 감히 말할 수 없습니다."

하였다. 세조가 연(輦)을 멈추고서, 앞으로 나와서 말하라 명하여 상세히 듣고는 크게 노하여, 홍윤성을 죽이고자 하였다. 그러나 그의 공적을 참작하여, 즉시 종 몇십 명을 베고 갔을 뿐이다.

홍윤성의 타고난 성격이 사나운 데다, 자신이 세운 공을 믿고 멋대로 사람을 죽였으니, 문밖의 시내에서 말을 씻기던 사람을 잡아 와서 말과 함께 죽였고, 자기 집 앞으로 말 타고 지나가는 자는 귀천을 따지지 않고 모두 죽였다.

일찍이 남의 논을 빼앗아 미나리를 심으니, 그 땅의 주인인 늙은 할미가 울면서,

"이 늙은이가 혼자 목숨 붙이고 사는 수단이 이 논뿐이다. 그대로 순응하면 굶어 죽을 것이요, 반항하면 피살될 것이니, 어차피 죽음은 마찬가지라. 차라리 그 문전에 가서 하소연하여, 만에 하나라도 요행을 바라는 것이 어떨까."

하고는 곧 땅문서를 들고 찾아갔다. 그런데 홍윤성은 한마디 말도 묻지 않고, 그 할미를 바위 위에 엎어놓고 모난 돌로 쳐 죽이고는 그 시체를 길가에 버려두었다. 형편이 이런지라 그 집 노복들이 횡행해도 관에서조차 막을 수가 없었다.

포도부장 전림이 조를 나누어 도적을 잡으려고 재인암 곁에 매복하였는데, 그곳이 윤성의 집과 가까웠다. 어떤 대여섯 사람이 어두운 밤중에 당당하게 덤비면서,

"우리가 홍대감집 사람인데, 누가 감히 우리에게 힘을 쓰겠는가."

하므로, 전림이 직접 결박을 지어,

　"홍공이 어찌 너희들을 풀어, 관법을 범하게 하였으랴."

하고는, 날이 새자 홍윤성에게 끌고 가서,

　"이놈들이 세력을 믿고 함부로 행동하였습니다. 도둑은 아닙니다만

　이제부터는 엄하게 다스리소서. 공에게 누가 미칠까 두렵습니다."

하였다. 그러자 홍윤성이 크게 기뻐하며, 전림의 손을 이끌어 상석에 앉

히며 말하기를,

　"이렇게 훌륭한 남아를 어찌 이제 만났는고."

하고는, 곧 밥 한 양푼에다 생선과 야채를 섞어 술 한 통을 내려 주니, 전

림이 단숨에 먹어치웠다. 홍윤성이 더욱 기뻐 말하기를,

　"자네가 지금 무슨 벼슬에 있는가?"

하니, 전림이 대답하기를,

　"무과에 합격한 지 얼마 되질 않아 내금위에 소속되었습니다."

하였다. 홍윤성이 임금에게 아뢰어 선전관으로 뽑아 올렸으니, 그 후로

친밀하게 왕래하였다. 어느 날 전림이 찾아가니, 홍윤성이 때마침 가죽

걸상에 앉아 어린 여종을 뜰 안쪽 나무에 매달아 놓고, 곧장 활을 당기려

하였다. 전림이 꿇어앉아 그 연유를 물었더니,

　"한번 불러서 응답이 없으므로 죽이려 한다."

하였다. 전림이 말하기를,

　"죽여 버리기보다는 소인에게 주시는 것이 어떨는지요."

하여, 공이 웃으면서 종을 풀어 그에게 주었더니, 종신토록 데리고 살았

다.

　홍윤성은 두주불사형 주량이라 감히 대적할 사람이 없었으니, 열성

공 황수신이나 정선공 김하 등과 상대하여 종일토록 마셔도 조금도 취

한 기색이 없었기에, 임금이 일찍이 그의 호를 고래같이 마신다 하여, 경

음당(鯨飲堂)이라 붙이고 인장을 새겨 내릴 정도였다. 이웃에 한 선비가 있었는데, 그 또한 술 마시는 것을 좋아하여, 일찍이 명함에 글을 써 성명을 통하기를,

주인도 술고래 객도 술고래 / 鯨飲主人鯨飲客
주인이 마시는데 객이 어찌 사양하리 / 主人鯨飲客何辭

라고 하였더니, 한때 서로 전해가며 웃었다고 한다.

홍윤성이 도순문출척사로 근기 고을을 순행하다가 양주[일설에는 호남 전주]에 도착하니, 남녀들이 물결처럼 모여들어 구경하는데 한 여자가 울타리 틈으로 엿보았다. 홍윤성이 그 계집의 자태 있음을 유심히 보았다가, 알아보니 좌수의 딸이었다. 곧 좌수를 불러 이르기를,

"네 딸을 내가 오늘 저녁에 첩으로 삼을테니, 속히 돌아가서 잠자리
를 준비하라, 만일 지체하면 도륙을 면치 못하리라."

하였다. 좌수가 승낙하고 물러나 그의 아내와 함께 울면서,

"딸을 낳았다가 앉아서 상놈의 집이 되는구나."

하니, 그 딸이 그 이유를 묻고는 말하기를,

"어버이께서는 걱정 마옵소서. 이는 쉬운 일이니 제가 잘 처리하오
리다."

하였다. 홍윤성이 군복차림으로 들어오는데, 처녀가 갑자기 앞으로 다가서서 그의 소매를 잡고 다른 한 손으로 칼을 뽑으면서,

"공이 나라의 대신으로서 지금 명을 받아 지방을 순행하면서 한 가
지도 칭송할 일이 없는데도 먼저 불의를 행하려 합니까. 나 역시 사
족의 딸인데, 공이 어찌하여 첩으로 삼으려 합니까. 처로 들이려면
가하지만, 첩으로 삼는다면 이 자리에서 죽겠습니다. 공이 어찌 이

런 무례한 일을 행하여 그릇되이 사람을 죽이리까."

하였다. 이에 홍윤성이 웃으면서,

"마땅히 말한 것처럼 행하리라."

약조하고는 곧 세조에게 아뢰기를,

"신이 아내가 있으나 영리하지 못하여 주부의 일을 감내하지 못하오
니, 아무 딸로서 계실을 삼겠나이다."

하였다. 세조가 허락하니, 육례(六禮)를 갖추어 장가들어 숭례문 밖에 살
았다.

홍윤성이 죽은 뒤 전후처가 적통을 다투어 판가름 나지 않았는데, 후
처가 말하기를,

"아무 해 아무 달 아무 날에 선왕께서 제집에 오셔서, 저로 하여금
술잔을 돌리게 하시고 형수라고 부르셨는데,《승정원일기》에 부인
이 술잔을 돌렸다 했는지, 첩이 돌렸다 했는지 확인해 보라."

라고 요청했다.《승정원일기》를 내어 상고하였더니, 과연 주상이 홍윤성
집에 행차하시어 술에 취하여 부인을 나오게 하여 술잔을 돌렸다고 쓰
여 있었기에, 성종이 특명으로 두 명 모두 인정하고 가산을 반씩 나눠주
었다.

나주 성황사에 모셔 둔 영험한 신이 있었는데, 그 앞을 지나는 사람
이 내리지 않으면 타고 가는 말이 모두 죽었다. 홍윤성이 이 고을을 다스
리려 내려가자, 하리(下吏)가 그 말을 전했더니, 윤성이 듣지 않고 말을
채찍질하여 그곳을 지나다가 일 리도 못가 말이 거꾸러져 죽었다. 윤성
이 크게 노하여 그 말을 잡고 열 동이 술을 실었다. 군졸을 무장시켜 몸
소 그 성황사에 가서 말고기와 술을 놓고 그 신을 욕하며 말하기를,

"네가 이미 내 말을 죽였으니, 이것은 그 고기를 먹고자 위해서이다.
만일 이 고기를 먹고 이 술을 마시지 못한다면, 내 응당 너를 불살라

겁탈할 것이다."

했다. 잠깐 있다가 보니, 술은 약간 축났으나 고기는 그대로 있었다.

윤성이 대노하여 사당을 불살라 쫓으니, 그 신은 마침내 멀리 총사(叢祠)로 옮겨 가버렸다. 그 후에 고을 사람들이 혹 제사하면, 그 신이 말하기를,

"먼저 홍지주를 청하여 제사한 다음에 나에게 제를 지내주오."

하였다. 고을마다 음사(淫祀)가 있으면, 반드시 홍윤성을 먼저 제사하는데, 윤성이 어떤 때에는 훈훈히 취하는 것 같았다.

선조대의 문필가 윤근수가 《월정만필》에서,

"홍윤성이 감춘추관사로 있으면서 〈시정기〉를 가져다 보니, 자기 죄악이 낭자하게 적혀 있는지라, 분하게 여겨 말하기를, '왜종이에 쓴 《강목》도 우리나라 사람들이 즐겨 보지 않는데, 하물며 《동국통감》이겠는가. 네 멋대로 적어보아라. 누가 즐겨 동국의 역사를 볼 것인가.'라고 했다."

는 말을 전하고 있으니, 홍윤성이야말로 역사조차 두려워하지도 않는 인물이었다. 세조의 막역한 술친구이자 정치적 동지였던 그의 위세는 가히 하늘을 찔러, 예종과 성종이 연이어 등극하는 혼돈 속에서도 굳건하게 영의정 자리를 지켰으니, 총신이나 권신이란 수식어로도 모자랄 판이다.

이렇게, 한 세상 누리다 간 홍윤성을 두고 높이 평가한 이도 있으니, 이익 선생은 그의 저서 《성호사설》에서,

"우리나라의 권신은 오직 세조 때에 홍윤성 한 사람이 있을 뿐이고, 그 나머지는 나아가고 물러감이 일반 관원과 같았으니, 비록 정권을 제멋대로 하는 화는 없었으나, 또한 의지하고 맡기는 효과도 없었다. 근세에 이르러 미관말직에 있는 자가 한 마디 공격만 하여도 대

신들은 벼슬에서 물러나 버린다. 대신은 이미 모든 사람이 함께 우러러 보는 자리에 있는 것이니, 어찌 모든 일을 다 잘할 수 있겠는가? 높은 자리에 있으면서 큰일을 경륜하려면 반드시 좋아하지 않는 자가 많은 것이니, 결점을 잡아 헐뜯기로 한다면 어찌 핑계가 없겠는가! 대신은 나라의 정사를 도맡고 있는 것인데도 이같이 쉽게 흔들리니, 이것이 조정의 존엄이 서지 않는 이유이다."

라고 목청을 높였다. 하지만 이익 선생이 주장한 이 논리는, 당대의 잘못된 인재 등용 시스템을 꼬집은 것이지, 홍윤성 인성까지 두둔한 것이 아니었음이 분명하다.

그릇이 큰 사람은 세상을 크게 보는 법이니까.

三

제8대
예종대왕

휘는 황(晃), 자는 명조(明照), 처음의 자는 평보(平甫)이며, 세조의 둘째 아들이다. 정희왕후가 세종 32년 경오(1450)에 사저에서 낳았다. 해양대 군으로 책봉되었다가, 8살이 되던 정축(1457)에 세자로 책봉되었다. 성화 병술(1466)에 입학했으며, 19살이 되던 무자년(1468) 9월에 왕위에 올랐다가, 이듬해 11월 28일에 경복궁 자미당에서 세상을 떠나니, 왕위에 있은 지 1년이요, 나이 20세였다. 명나라 조정에서 양도(襄悼)란 시호를 내렸으니, 이일로 인하여 공이 있는 것을 양(襄)이라 하고, 중년이 못 되어 일찍 죽는 것을 도(悼)라는 뜻을 담았다. 능은 창릉이고, 고양의 북쪽 산 간좌이다. 장순왕후 한씨는 상당부원군 한명회 딸로, 세자빈으로 책봉되었다가 열일곱에 죽어 성종 3년에 존호를 올렸고, 아들 하나를 낳았으나 일찍 죽었다. 계비 안순왕후 한씨는 한백륜의 딸인데, 동궁에 뽑혀 들어와서 소훈에 책봉되었다가, 무자(1468)에 왕비로 책봉되었다. 아들 제안대군과 공주 하나를 낳았다.

남이의 옥사

남이 장군은 의령 남씨이다. 조선 건국 당시 이성계와 뜻을 함께 펼친 개국공신 남재가 버티고 있었던 의령 남씨는 그 후대까지 일정한 지분을 갖고 있었다. 남이 조부 남휘가 태종의 딸인 정선공주에게 장가들었던 것이나, 종조부 남지가 과거 급제 없이 좌의정에 올라 문종 고명대신을 지낸 것만 봐도 알 수 있다.

그런 집안에서 태어난 남이가 불과 18세의 어린 나이에 무과에 급제하여, 주위를 놀라게 했다. 무과를 급제하면 서반 승지로 알려진 선전관이 되거나, 중앙군 5위 소속의 부장으로 진출하는 게 관례였으니, 그 역시 21살부터 몇 년간을 선전관으로 근무한 이력들이 확인되고 있다. 선전관청을 궁궐 안에 두었듯이, 그 소속 관원들이 임금을 지근거리에서 모시는 게 임무였으니, 자연스레 세조의 눈에 들었을 것이며, 북방에서 군사를 일으킨 이시애 난이 다급하자 남이가 출정하여 큰 공을 세웠으니, 특히 북청 전투를 묘사한 《실록》의 표현에서,

"남이가 진 앞에 출몰하면서 사력을 다하여 싸우니, 향하는 곳마다
적이 마구 쓰러졌고 몸에 4, 5개의 화살을 맞았으나 용색이 태연자
약하였다."

라는 것을 볼 때, 이미 크게 될 인물임을 예고하고 있었다.

이시애가 군사를 일으킨 초기만 하더라도, 단천과 북청은 물론 함흥까지 점령하여 관찰사 신면을 처형하고, 체찰사 윤자운까지 사로잡는 기세를 올렸다. 밀리던 관군이 역전의 발판을 마련한 결정적인 계기가 북청 전투였으니, 길주로 달아난 이시애를 결국 체포 참수함으로써, 4개월 만에 난을 종식시켰다. 그 과정에 공을 세운 남이가 즉각 당상관에 올랐을 뿐만 아니라, 적개 1등 공신으로까지 책봉되었으니, 호랑이가 날개

를 단 격이 되었다.

전투력을 인정받은 그는 곧 이어 요동 건주위 여진족을 토벌하여 또 공을 세웠다. 특히 추장 이만주를 주살하여 주가를 높인 그는 중추부동 지사를 거쳐 불과 25세의 나이에 자헌대부(정2품), 공조판서 겸 오위도 총부 도총관, 의산군이라는 어마어마한 지위를 거머쥐게 되었다. 세조가 승하하기 직전에는 병조 판서에 발탁됐다.

세조의 적극적인 후원아래 귀성군 이준과 남이 같은 젊은이들이 뜻을 펼칠 신세계가 열리는 듯 했지만, 기득권 세력들 또한 만만치 않았으니, 그것이 불행의 씨앗이 되고 말았다. 이시애 난 평정으로 급부상한 신진 세력 견제가 어찌 보면 자연스런 현상이라, 남이의 사람됨이 군권을 장악하기 마땅치 않노라는 형조 판서 강희맹의 말을 지중추부사 한계희가 전해 듣고, 예종을 뵌 자리에서 은근슬쩍 고하니, 남이는 곧바로 겸사복 장으로 밀려나는 신세가 되었다.

이 옥사로 몰고 간 상황을 그림 보듯 그려 낸 《동각잡기》 내용을 보노라면,

남이는 의산위 남휘의 손자(원문에는 아들로 표기됨)이고 태종의 외증손이다. 용맹이 특별히 뛰어나 이시애와 건주위를 정벌할 때에 선두에서 힘껏 싸워 1등 공으로 책정되고, 세조가 벼슬 등급을 건너뛰어 병조 판서로 임명하였더니, 당시 세자이던 예종은 그를 몹시 꺼리었다. 이때에 와서 예종이 새로 왕위에 올랐는데, 때마침 하늘에 혜성이 나타났고, 남이가 대궐 안에서 숙직하다 옆 사람에게 말하기를,

"혜성은 곧 묵은 것을 제거하고 새로운 것을 배치하는 형상이라."

하였더라. 류자광이 평소에 남이의 재능과 명성은 물론 벼슬이 자기 위에 있는 것을 시기하고 있었는데, 이날 그 또한 대궐에 들어와 숙직하다 벽을 사이에 둔 가까운 곳에서 그 말을 엿듣고는, 곧장 거짓을 꾸미고 보

태어 남이가 반역을 꾀한다고 은밀히 아뢰니, 옥사가 일어나 마침내 처형되고 말았다. 이때 남이의 나이 28세였다.

술을 좋아하고 직설적인 남이의 성격인지라, 그를 아끼던 세조 또한 자만하지 말라는 경고를 여러 차례 날렸음에도, 젊은 장부의 기질을 타고난 남이 귓전에 들어올 리 없었다.

남이에게 치명적인 상처를 안겼다고 전해지는 시,

백두산 돌은 칼을 갈아 다 없애고 / 白頭山石磨刀盡
두만강 물은 말을 먹여 없어졌네 / 豆滿江波飲馬無
사나이 스무살에 나라 평정 못 한다면 / 男兒二十未平國
뒷세상에 그 누가 대장부라 이르리요 / 後世誰稱大丈夫

라고 읊은 내용을 두고, 이러쿵저러쿵 후세인들에게 말들이 많았던 것은 당연지사가 아니겠나. 남이의 벼락출세를 시샘하던 류자광이, 이 시에 언급된 미평국(未平國)을 미득국(未得國)으로 몰래 고쳐, 역모로 몰고 갔다는 이야기도 전해온다.

이 시를 두고, 지봉 이수광 선생은 그의 저서 《지봉유설》에서,

"그 말뜻이 발호하여 평온한 기상이 없으니, 화를 면하기가 어려웠다."

라고 평했으니, 참으로 젊은 한때의 치기가 이렇듯 한 가문을 절멸시키고 말았다.

《고사촬요》에서는,

"성화 4년 무자(1468)에 남이와 강순이 반역을 도모하다가 처형되었다. 신숙주 등 36명을 공신으로 녹하고, 그 칭호를 익대 공신이라 하였다. 류자광은 후에 공신의 명부에서 삭제되었다."

라고 간단명료하게 남이 옥사를 정리하고 말았지만, 《부계기문》에서는, 어떤 사람이 남이가 공주(그의 어머니)와 관계하였다고 밀고하여 감옥에 가두었는데, 이내 반역을 꾀했다는 죄명으로써 그를 사형시켰다고 기술하고 있으니, 우리 역사에 있어 큰 죄인을 근친상간으로 몰아간 예는 몇 차례 더 있긴 했으나, 모두 죄를 덧씌운 것에 불과했을 따름이다.

남이가 국문을 당할 때에, 강순이 영의정 직책으로서 들어와 참관하자, 남이가,

"강순도 이 모의에 간여했습니다."

하였다. 하얗게 질린 강순이 말하기를,

"신은 본래 평민으로서 밝으신 임금을 만나 벼슬이 정승에까지 이르렀는데, 또 무엇을 얻으려고 역모에 간여했겠습니까."

하니, 임금은 그렇게 여기었다. 남이가 다시,

"전하께서 그의 숨기는 말을 믿으시고 죄를 면해 주신다면, 어찌 죄인을 찾아 낼 수 있겠습니까."

하였다.

임금이 강순도 국문케 하니, 이미 나이 팔순인 고령이라 고문을 견뎌내지 못하고 자복하여, 남이와 함께 죽었다. 그가 울부짖기를,

"남이야, 네가 무슨 원한이 있기에 나를 이렇게 무함하느냐?"

하였더니, 남이가 가로대,

"원통한 것은 나와 네가 매한가지다. 네가 영의정이 되어 나의 원통한 것을 알고도, 말 한 마디도 구원해 주질 않았으니, 원통히 죽는 것이 당연하다."

하는지라, 강순 또한 입을 다문 채 대답하지 못하였다.

고발한 자와 추관들을 모두 훈공에 녹하고 그 자손들도 복록을 누리었다. 그러나 조선 중기의 학자 김시양은 남이의 그 죄명이 참인지 거짓

인지 지금까지 분변하지 못한 채 내려오고 있다고, 그의 야사《부계기문》에서 밝히고 있다.

박동량의 야사《기재잡기》또한 이 대목을 놓고,

남이가 심한 형벌로 다리뼈가 부러지자, 웃으면서 강순을 지목하여 말하기를,

"내가 자복하지 않은 것은 뒷날에 공을 세울 것을 바랐던 때문인데, 지금 다리뼈가 부러져 쓸모없는 병신 몸이 되었으니 살아 있은들 무엇 하리. 나 같은 젊은 자도 오히려 죽은 것이 아깝지 않은데, 머리털 허옇게 센 늙은 놈은 죽는 것이 진실로 마땅하다. 그래서 내가 고의로 너를 끌어댄 것이다."

하였다.

임금이 병조 판서 허종도 역모를 아느냐고 물었을 때, 입시했던 허종이 황송하여 땅에 엎드리자, 남이가 하는 말이,

"허종은 충신이므로 이것을 알지 못하니, 원컨대, 이 사람을 쓰시되 의심하지 마옵소서."

라고 하였다. 형을 당할 적에 강순이 남이를 돌아보면서,

"젊은 애와 잘 지낸 때문에 이런 화를 당하는구나."

라고 한탄을 했지만, 때는 이미 늦었다.

훗날 남이 옛 집터에 사람들이 감히 살지 못하여 채소밭이 되었다 했으니, 이는 박동량이 살았던 인조 때의 상황을 전한 것이다. 그 집터가 있던 곳이 조선 후기까지 '남이탑골' 혹은 '남미탑동(南彌塔洞)'으로 불렸던 곳이니, 오늘날 대학로 인근이다. 귀신이 출몰하는 터가 센 역적의 생가라 하여, 버려진 빈터에는 풀도 나지 않는다 하였고, 인근 주민들 꿈에 나타난 장군이 억울함을 호소하자, 향을 피워 원혼을 없앴다는 말도 떠돌았다.

남이가 도총관이 되었을 적에 그 예하 관원들이 으레 그 문 앞에 와서 명함을 내밀었으나, 도총부 경력(종4품)으로 있던 김맹 홀로 그러질 아니했다. 남이가 죽음을 당할 때 그 집을 수색하여 명함 보낸 자를 모두 잡아 죽였는데, 김맹만은 화를 면할 수 있었다. 하지만, 후일에 무오사화로 김일손이 처형당했을 때 그의 부친 김맹에게도 화가 미쳤고, 그 사건 역시 류자광 밀고로 시작된 것인지라, 그 질긴 악연 때문에 한식에 죽으나 청명에 죽으나 매 한가지였던 셈이다.

승정원은 임금의 명을 출납하기에 목구멍과 혀 같은 직책이라, 그 책임이 막중하였다. 성문과 궁문은 파루가 된 뒤에 열고 인정이 된 뒤에 닫았는데, 승지들은 사경이면 대궐 앞에서 문이 열리기를 기다려 들어갔다가 밤이 깊은 뒤에야 집에 돌아왔다. 남이의 옥사가 있고부터 예종이 명하여, 날이 밝은 뒤에 궁문을 열고 날이 어두우면 닫게 하였으니, 사람들은 모두 편하게 여겼다.

남이의 죽음이 얼마나 억울한 것인가는, 후세 사람들 입에 어떻게 오르내리는가를 보면 알 수 있으니, 무속인들이 모시는 신의 으뜸으로 자리 잡은 지 오래고, 온갖 구전 설화에다 그 이름을 딴 남이섬에는 허묘까지 조성되어 있지 않은가.

《부계기문》과 《국조기사》에서 전하는 권람과의 인연도 후대에 만들어진 설화일지니, 이 역시 남이의 억울한 죽음과 연관 있을 것이 뻔하다.

일찍이 권람에게 딸이 있어 사위를 고르는데 남이가 청혼하자, 권람이 점장이에게 점을 보게 하였더니, 젊은 나이에 죽을 것이니 좋지 못하다 하였다. 이에 자기 딸 수명을 보게 하였더니, 딸 역시 수명이 짧고 자식이 없지만, 복만 누리고 화는 보지 않을 것이므로, 짝을 맺어 무방하다는 괘가 나왔다. 그리하여 성혼을 시켰더니, 남이가 18세에 무과에 장원하여 임금 사랑을 극진히 입어 28세에 병조 판서로 올랐다가 처형당했는데, 권람 딸은 먼저 죽었기에, 복만 누리고 화를 피해 간 것이 꼭 맞아들어간 셈이라 하였다.

하지만, 실제 이들 부부는 딸 하나를 두었으니, 남이가 절단 났을 적에 그 딸은 한명회 대감 계집종으로 보내졌다. 뒤늦게 깨달은 예종이 신하들 반대에도 불구하고 권람 외손녀란 이유로 방면시켜 주었으니, 참판 오백옹에게 출가하여 살았다.

민간에 전하기를, 남이가 젊었을 때 거리에서 놀다가 어떤 계집종이 작은 상자를 보자기에 싸가지고 가는 것을 보았는데, 그 보자기 위에 분바른 여자 귀신이 앉아 있었으나, 다른 사람들 눈에는 뜨이질 않았다. 속으로 괴이 여긴 남이가 그 종을 따라 갔더니, 어떤 재상집으로 들어갔다. 조금 뒤에 우는 소리가 나기에 물었더니, 주인집 작은 낭자가 별안간에 죽었다고 하였다. 내가 들어가서 살펴보면 살릴 수 있다고 남이가 말하자, 망설이다가 한참 뒤에야 허락하였다. 남이가 들어가 보니, 분 바른 귀신이 낭자 가슴을 타고 앉았다가 남이를 보는 즉시 달아나니, 그제사 낭자가 일어나 앉았다. 남이가 집을 나오자 낭자가 또 죽더니, 남이가 들어가자 되살아났다. 남이가 계집종에게,

"가져온 상자 안에 무슨 물건이 있었더냐?"

하고 물었더니,

"홍시가 있었는데, 낭자가 이걸 먹다가 숨이 막혀 넘어졌던 것입니다."

하였다. 그가 본 대로 상세히 말하고 귀신 다스리는 약으로 치료하였더니, 낭자가 살아났다. 이 낭자가 곧 좌의정 권람의 넷째 딸인데, 좋은 날을 가려 혼인을 하였다고 전한다.

남이가 억울한 죽음을 당한 지 350년이 지난 순조 18년(1818)에 방계후손 우의정 남공철의 상소로 강순과 함께 신원되었고, 후일 충무(忠

武)라는 시호까지 더해졌으니, 떠돌던 혼령에게 정령 위로가 되었을 것이다.

사초 실명제와 민수

사초史草

역사 편찬의 기초자료가 되는 사초는 사관들의 엄정한 잣대로 기록되어야 생명력을 지닌다. 사관과 사초 제도 그 기원을 중국에서 찾을 수 있으나, 이를 기반으로 편찬된 《조선왕조실록》이 중국 역대 실록보다 더 뛰어난 것은 그 엄정한 관리에 있었던 것이니, 세계기록유산으로 주목받는 이유가 여기에 있다.

하지만, 오백년을 이어가는 왕조에서 그 정착과정들이 결코 순탄치만은 않았으니, 세조 승하 후에 그 일대기를 담으려는 실록 편찬 과정에서 덜컥 문제가 생기고 말았다. 이를 놓칠 리 없는 연려실 선생이 '민수의 사옥(史獄)'이란 제목으로 《점필재집》 내용을 차용하여 소개하고 있었으니,

기축(1469) 4월에 《세조실록》을 처음 편수하였는데, 을해(1455) 이후 춘추관에 직을 가졌던 이는 모두 사초를 바치게 하였다. 민수 또한 사초를 바쳤는데, 조금 뒤에 모두 그것을 쓴 본관(本官)의 이름을 쓰게 한다는 말을 듣고, 바른대로 쓴 내용을 본 대신들이 사감을 가질까 두려워, 몰래 봉교 이인석과 첨정 최명손에게 청하여 내용을 조금 고치고자 했더니, 사초를 내어주지 않으므로, 다시 박사 강치성에게 부탁하자 소매 속에 넣어다 주었다. 민수가 황급히 고치느라 미처 깨끗하게 쓰지도 못하고

도로 바치었다. 검열(종9품직 사관) 양수사와 최철관이 민수 사초에 지우고 고친 흔적을 보고, 참의 이영은에게 알렸더니 여러 당상관들에게 죄다 보고되었다. 이들 모두 이것은 작은 일이 아니라 하여, 바로 임금께 아뢰었다.

그전에 이미 정언 원숙강이 임금께 아뢰기를,

"사초에 이름 쓰는 것은 옛 제도가 아니니, 바른대로 쓰는 사람이 없을까 두렵습니다. 청컨대, 이름을 쓰지 말게 하옵소서."

라고 하였을 적에 임금이 화를 내고 따르지 않았는데, 이때에 부정 김계창이 원숙강도 사초를 많이 고쳐 썼다고 고한지라, 원숙강도 민수와 함께 의금부에 하옥되었다.

임금이 친히 국문하니 민수는,

"신이 쓴 것은 모두 대신들의 일입니다. 그 대신들이 모두 실록각에 앉았으므로 신이 해를 입을까 두려워 고치려 한 것입니다."

하고는, 소리내어 울면서,

"신은 외아들이니 목숨이나 잇게 하여 주시기 바랍니다."

하니, 임금도 불쌍히 여기어,

"정직하다. 내가 서연에 있을 때부터 민수의 사람 된 품을 잘 안다."

하고는, 드디어 죽음을 면해 주고 곤장을 친 뒤에 제주로 보내 관노로 삼았다.

강치성은 애초에 사실대로 대답하지 않았을 뿐 아니라, 사인 성숙이 모든 사실을 안다고 끌어넣다가 고문을 받고서야 자백하였기에 원숙강과 함께 참형을 당하였다. 최명손과 이인석은 사실을 알고도 고하지 않았으므로 곤장 일백 대를 치고 본관지 군역에 편입시켰다.

이 상황을 놓고 보면, 조선조 사관제도가 정착해 가는 단계에서 불거진 여러 사건 중의 하나일 뿐이지만, 느닷없이 사초 실명제가 튀어 나온 것으로 따진다면, 일종의 퇴보이다. 직필이 보장될 수 없기 때문이다. 흔히들 임금의 지근거리에서 붓을 든 두 명의 사관을 생각하겠지만, 성종 치세 전에는 임금과 대신들이 정사를 논하는 건물 밖의 계단에 쪼그려 앉아 귀를 쫑긋 세울 수밖에 없는 신세였다.

세조 재위 5년에 장원 급제로 사관 임무를 부여받았던 민수가 근무하던 시절이라, 사초를 납부할 적에 논란이 벌어지고 말았으니, 예종이 춘추관에서 《세조실록》을 편수하고자 사초를 거두어들이고자 할 때, 혹자는,

"만약 사초에 이름을 쓴다면, 직필이 사라질 것이다."

하였으나, 혹자는,

"예로부터 사초에는 이름을 썼으니, 지금 안 쓸 수가 없다."

라는 논란들이 있어, 드디어 이름을 쓰게 하였다.

봉상시 첨정 벼슬로 있던 민수가 사관으로 있을 적에, 그의 사초에 대신들의 득실을 남긴 것이 많았는데, 사초에 이름을 써야 한다는 말을 듣고는 두렵고 꺼림직 하여, 기사관 강치성에게 부탁하여 몰래 사초를 내어다가 지우고 고쳤다. 기사관 최철관이 민수 사초를 검토하다, 양성지와 관련된 내용에 고쳐 쓴 것을 발견하고 동료 기사관 양수사에게 말하기를,

"일이 만약 누설되면 우리들은 죄를 피할 수가 없다."

하니, 양수사가 드디어 상관이던 수찬관 이영은에게 밀고하게 되었다. 놀란 이영은이 여러 동료들과 확인해보니, 지우고 고친 것이 여러 군데였다. 영춘추관사 한명회·최항, 동춘추관지사 정난종·김수령, 수찬관 예승석·조안정과 이영은 등이 최철관의 조사 내용을 이첩 받아 살펴보고, 고친 사실을 모두 적어 임금에게,

"나라 역사는 만세의 공론입니다. 민수가 사초를 몰래 내다가 고쳤

으니, 청컨대 국문하게 하소서."

라고 아뢰니, 곧 의금부에 명을 내려 민수를 잡아들이게 하였다.

이때 한명회가 또 아뢰기를,

"당초에 민수가, 저를 두고 강효문과 더불어 불궤를 도모했다고 썼
다가 지웠는데, 지금 제출되지 않은 사초 중에도 신과 관련된 문제
가 있을까 두렵습니다. 신은 춘추관에서 직을 유지하기 마땅치 않습
니다."

하니, 전교하기를,

"그 당시 세조의 전지가 매우 자상하여 내가 일기에 기록해 두었으
니, 경을 의심치 않는다."

하였다.

임금이 비현합(丕顯閤)에 나아가 승지들에게 명을 내려, 환관과 승정
원 주서로 하여금 민수 집을 수색하게 하였더니, 종이를 태운 재가 있다
고 아뢰므로, 민수를 궁궐 뜰 안으로 잡아 오게 하여, 임금이 묻기를,

"너의 사초를 고치고 삭제하였느냐?"

하니, 대답하기를,

"그렇습니다."

하였다.

"너는 어떤 사람을 시켜 빼냈었느냐?"

하니, 대답하기를,

"신이 강치성에게 청하여 빼냈습니다."

하였다.

이때 강치성은 부모의 병환으로 죽산현에 가 있었는데, 곧 의금부로
하여금 잡아 오도록 하였다. 임금이 민수에게 묻기를,

"네가 고치고 삭제한 것은 어떠한 일이냐?"

하니, 민수가 하나하나 진술하고 이어 말하기를,

　"이들은 신이 그 당시 외부로 출장 나갔다가 듣고서 썼던 것입니다. 이제 다시 생각해 보니, 역사라는 것은 만세에 전해지는 글인데, 전해들은 일을 망령되이 기록함이 옳지 못하다 여겨 고치고 지웠습니다."

하므로, 임금이 말하기를,

　"너는 어찌하여 전해들은 일을 썼느냐? 임금의 일 또한 마땅히 전해듣고 쓸 것이냐?"

하니, 민수가 머리를 숙이며 사죄하기를,

　"신은 본래 다른 마음이 없어 범인(凡人)에 관하여서도 일찍이 입에 올린 일이 없는데, 하물며 임금에 관한 일이겠습니까? 다만 사초를 바칠 기한이 핍박하여 미처 수정하고 고치지 못한 것입니다."

하므로, 전교하기를,

　"네가 고치고 지운 데는 반드시 까닭이 있을 것이니, 그것을 모두 다 말하여라."

하니, 민수가 말하기를,

　"양성지가 지금 춘추관에 근무하고 있기에, 신이 두려워서 고치었습니다."

하였다.

　민수를 궁 밖으로 내보내게 한 후에 한명회 등에게 국문하게 하였더니, 민수가 사초를 수정한 곳이 구체적으로 드러났다.

　첫 번째가 양성지에 관한 내용인데,

"사헌부 관원이 옥사를 다스리다가 모두 좌천되었다. 처음에 부상(富商) 여럿이 재물을 다투다가 송사가 일어나자, 사헌부에서 처리하게 하였는데 임금이 친히 그 상황을 하문하니, 집의 이숭원 등이 대답을 잘못하여 즉시 하옥시켰다가 바로 용서하였는데, 대사헌 양성지 홀로 구용(苟容 : 비굴하게 비위를 맞춤)으로 그 일에 관여되지 않았다 하여 그대로 재직하였다.[司憲府員 以治獄 皆左遷 初有當商數人 爭貨發訟 下憲府按治 上親問訟狀 執義孝崇元等 失對卽下獄 尋赦之 大司憲梁誠之 獨以苟容不與其事 仍在職]"

라고 썼다가, 나중에 '구용(苟容)'이란 2글자를 삭제하였다.

두 번째는 홍윤성에 관한 내용이니,

"인산군 홍윤성이 부친 상중에 기복(起復 : 상주의 몸으로 관직에 나감)되어 함길도 절제사가 되었다. 그때 일찍이 한 집에 이르러 잠을 자니, 그 집 주인이 우리 처녀를 간통했다고 고소하여 홍윤성을 하옥시켜 추핵하였는데, 그 집주인이 무고로 죄를 입게 되었고 결국에는 홍윤성이 데리고 살게 되었다.[仁山君洪允成 居父喪起復 爲咸吉道節制使 其時嘗至一家宿 其家人奸我處女 發訴下允成獄推之 其家人坐誣訴 竟爲允成所畜]"

라고 썼는데, 거(居)자부터 시(時)자까지 없앤 자리에 '승취(乘醉)' 2글자를 첨서하였고, 또 좌(坐)자부터 축(畜)자까지 지워 없앴다. 그러하니, '부친 상중에 기복되어 함길도 절제사가 되었다'를 지우고, 단순하게 '술에 취하여'로 수정한 것이 되었으며, '무고로 죄를 입었고, 결국 홍윤성이 데리고 살게 되었다'는 사실을 지워 버린 것이다.

세 번째는 윤사흔에 관한 내용이니,

"윤사흔이 술기운을 부려 취하면 문득 용렬한 언사로 남을 욕되게 하였다.[尹士昕 使酒 醉則輒以庸言辱人]"

라고 썼는데, 뒤에 사(使)자를 지우고 기(嗜)자로 고쳐 넣었으니, '술기운을 부려'라고 했던 것을 '술을 즐겨'라는 뜻으로 수정하였으며, 아울러, '전첨(典籤) 신정이 초천(超遷)되어 예문관 직제학이 되었는데, 이때에 신정의 형 신면은 도승지로서 전형에 관한 일을 상주하였으며, 안상계를 전첨으로 삼았다.[典籤申瀞 超遷爲藝文直提學 時瀞兄㴐爲都承旨 掌奏銓衡 以安桑鷄爲典籤]'라고 썼던 부분에서, 시(時)자 이하 첨(籤)자까지를 모두 지워 버렸으니, 신정의 형 신면이 도승지로 있을 적에 인사권을 마음대로 주물렀다고 했던 내용을 지워 버린 것이다.

다섯 번째는 김국광에 관한 내용이니,

"김국광은 성품이 절개가 없어 소절(小節)에 구애받지 아니하였고, 탐명(貪名)이 많았다. [金國光性無介不拘小節貪名多]"

라고 썼는데, 무(無)자부터 다(多)자까지 없앤 자리에, 통편(通徧)하여 설설(屑屑)한 것을 가지고 어짊을 삼지 않았고, 오래도록 권좌에 있어 비방이 많았다.[通徧 不以屑屑爲賢 久權多謗]라고 고쳐 썼으며,

처음 사초에는,

"이때에 이시애가 거짓으로 신숙주·한명회가 강효문과 더불어 불궤를 함께 도모하였다고 하였다.[時李施愛詐 以申叔舟韓明澮 與康孝文 同謀不軌]"

라고 썼다가, 불궤(不軌) 2자를 지우고 위난(爲難) 2자로 고쳤다.

이렇게 사초 수정 내용을 적시하여 한명회가 아뢰니, 임금이 전교하기를,

"민수의 사초는 단지 지우고 고치는 것뿐만 아니라 태운 흔적도 있으니, 그것을 모두 물어 보아라."

하였는데, 민수가 말하기를,

"사초는 경준·박양·이인석·최연·이경동에게 빌려 필삭(筆削)하여 책을 만들어 춘추관에 납부하고, 그 초고는 즉시 불태웠습니다."

하므로, 한명회 등이 이 내용을 아뢰고 나서,

"정언 원숙강이 사초에 사관 이름을 쓰는 것이 옳지 못하다고 말한 적이 있는데, 반드시 들은 바가 있었을 것이니, 청컨대 묻게 하소서."

라고 아뢴지라, 원숙강을 불러 물었으나 굳이 숨기므로, 민수는 서소(西所)에 원숙강은 북소(北所)에 가두게 하였고, 편수관 성숙 및 최철관·양수사 등도 의금부에 가두게 하였다.

애초에 민수가 이 일을 듣고 춘추관으로 갔더니, 혹자가 민수에게 일러 말하기를,

"무릇 사초 가운데 고치고 지운 곳이 있으면 모두 인장을 찍었으니, 너의 사초에도 인장 자욱이 명백하지만, 어찌 이것을 가지고 추개(追改)했음을 알겠느냐?"

하니, 민수가 그 뜻을 알아채어 응답하기를,

"지금 납부한 사초는 누구도 고치고 지운 것이 없는데, 홀로 나의 사초만 추개하였다는 것이 무엇 때문이냐? 나는 그런 일이 없거늘, 누가 이처럼 무망한 일을 꾸몄는가?"

라고 하여, 민수의 말이 비록 거침이 없었으나, 두려운 기색이었다. 사관들이 모두 이르기를,

"민수의 말이 이와 같은 즉 최철관과 양수사가 변명하기 어렵게 되었으니, 반드시 큰 옥사가 일어날.것이다."

하였다.

의금부에서 잡아들이게 되자 민수는 매우 다급해졌고, 임금이 또 친히 국문하자 놀라고 두려워 감히 회피하지 못하였다. 임금의 곧은 성격을 알기 때문에, 민수가 불려갈 때 장차 면치 못할 것이라 여겨 자결하려 하였는데, 가인(家人)이 말려 그만두었다.

죄인 국문은 이튿날도 이어졌고, 자신의 사초를 볼 것이 두려워 고쳤다고 자백한 민수의 입에서 거론된 재상들은 정인지·정창손·김질·윤자운·노사신·한계미·임원준·홍응·이극증·서거정·강희맹·한계희·구치관·성봉조·성임·이석형·류자광·어유소·권맹희·정효상·한계순·윤계겸·김겸광·이세겸·어세공·정난종·오백창 등이었다.

사초 점검 과정에서 원숙강도 바꿔 쓴 것이 밝혀졌으니, 이미 죽은 권람에 관한 것이었다.

"권람이 졸하였다.[甍卒]라고 쓴 다음에, 계유정란 때의 일등 공신으로 여러 관직을 거쳐 승지가 되고, 다시 이조 판서가 되었으며, 백의에서 재상이 되기까지 10여 년도 안 걸렸다. 임금이 부처를 좋아하였기에, 권람은 섬기지 않았으나 항상 곁에서 모셨는데, 임금이 조석문에게 이르기를,「경의 재물 늘리는 솜씨를 소하(蕭何 : 한 고조를 도운 공신)와 견준다면 누가 더 나은가?」하니, 조석문이,「만약 소하와 같은 시대였다면 누가 더 나을지 모릅니다.」라고 대답하자 임금이 웃었는데, 권람이 말하기를,「전(傳)에 이르기를, 취렴(聚斂)하는 신하가 도둑질하는 신하보다 차라리 낫다 하였으니, 조석문은 취렴지신(聚斂之臣)이요, 윤사로는 도신(盜臣)입니다.」라고 하였다. 권람은 복건과 명아주 지팡이로 송백(松柏)

사이에서 소요하였으나, 일찍이 남산 아래에 저택을 짓고 「호야(呼耶)」
하는 소리가 수년 동안 그치지 않았으므로, 사람들이 이를 빗대어 놀렸
다. 을유년(1465)에 병으로 졸하니, 나이가 53세이었다.[歲癸酉靖亂 功居
第一 歷遷爲承旨 轉爲吏曹判書 自白衣爲相 不數十載 時 上頗好佛 擎不事焉 常
人侍側 上謂曹錫文曰 卿之治財 孰與蕭何 錫文曰 若使何同時 末知誰居其右 上
笑之 擎曰 傳曰 與其有聚斂之臣 寧有盜臣 錫文聚斂之臣 尹師路盜臣也 擎幅巾
黎杖 逍遙松柏間 然嘗治第南山下 呼耶之聲 數年不絶 人以此譏之 歲之酉 以病
卒 年五十三]"

라고 써서 춘추관에 제출했는데, 그 뒤에 사초 실명제로 급선회하자 원
망을 살까 두려워, 권람에 관한 내용을 모두 지워버리고 졸(卒)자 하나만
남겼다.

　원숙강과 강치성을 참형에 처하고, 그 아들을 귀양보냈다. 하지만 민
수는 장 1백 대를 때려 제주 관노로 영속시키는 데 그쳤으며, 그 밖의 관
련자들은 본관지에 보내 군역을 지우게 하였다.

　세조 재위 5년 되던 해에 장원 급제한 민수는 예종이 세자로 있을 때
가르치던 스승이었다. 친국이 있을 때마다 눈물로 호소하자 임금이 측
연하게 여긴 나머지 마침내 사형을 감했다.

제9대
성종대왕

휘는 혈(娎)이고, 의경세자[덕종]의 둘째 아들이다. 소혜왕후가 세조 2년 7월 30일에 세자궁에서 낳았다. 신사년에 자산군으로 봉하였다가 무자년에 현록대부 자을산군이라 더 올렸다. 기축년(1469) 11월에 경복궁 근정전에서 왕위에 오르고, 갑인(1496) 12월에 창덕궁 대조전에서 세상을 떠났으니, 왕위에 있은 지는 25년이요, 수는 38세였다. 명나라에서 강정(康靖)이란 시호를 내렸으니, 온량(溫良)하여 즐거워하는 것을 강, 관락(寬樂)하여 고종명한 것을 정(靖)이라 한다. 능호는 선릉이니, 광주 서학당동(현 강남구 삼성동)의 임좌이다. 비 공혜왕후는 영의정 상당부원군 한명회의 딸인데, 성종 5년 4월에 창덕궁 구현전에서 세상을 떠나니, 수는 19세였다. 폐비 윤씨는 판봉상시사 윤기묘의 딸로 연산군을 낳았다. 계비 정현왕후 윤씨는 우의정 영원부원군 윤호의 딸이니, 중종을 낳았다. 아들 열 여섯과 딸 열 둘을 두었다.

어린 임금의 치세

장남 의경세자가 죽자 세조는 손자 자산군을 궁중에서 양육했다. 타고난 자질이 총명하고 기국과 도량이 웅걸스러운 자산군에게 세조는 특별한 애정을 쏟아 부었다. 자산군이 일찍이 형인 월산군과 함께 궁중에 있을 적에, 마침 뇌성이 진동하여 비가 갑자기 쏟아지더니, 곁에 있던 내시 백충신이 벼락을 맞아 죽으니(일설에는 벼락이 궁궐 좌우 기둥을 때렸다고 하였다), 좌우에 있던 사람들이 모두 넘어지고 넋을 잃었으나(일설에는 정희왕후 얼굴빛이 변하고, 여러 왕손들이 놀라서 어쩔 줄 몰랐다고 하였다), 자산군은 얼굴빛 하나 변하지 않았다. 세조가 이 모습을 눈 여겨 보고는 이르기를,

"이 애의 기국과 도량은 우리 태조를 닮았다."

하였다.

이를 놓고 《오산설림》에서는,

"세조가 정희왕후에게 '뒷날 나랏일을 마땅히 이 애에게 맡길 것이니, 이 말을 명심하라.' 하였다."

라고 기술하고 있지만, 선조 대에 살았던 차천로가 훗날의 결과에 맞춰 문학적 상상력을 동원한 것으로 추정된다.

예종 임금이 자리에 오르자마자 남이 역모 사건을 시작으로 나라 안팎이 불안했고, 아들은 너무나 어리고 어리석어 후사가 걱정이었던 것은 사실이나, 예종이 갑작스레 세상을 떠 날 줄 누가 알았으랴.

신숙주가 왕대비에게 아뢰기를,

"속히 상주를 결정하여 인심을 안정시키소서."

하였다. 예종 아들 제안대군은 4살에 불과했던 몸이라, 큰조카 월산군이 왕위 계승권에 합당하나, 정희왕후가 차례를 건너뛰어 성종으로 보위를

잇게 하였다. 나이 겨우 열세 살이었으나, 오히려 조정이 편안하고 일이 없었다. 어린 임금이 학문에 독실하고 어질고 밝아, 태평시대를 열어갈 적임으로 꼽혔다. 총명하고 영걸스럽고 너그럽고 인자하고 공손하고 검소하였으며, 경서와 사서에 통달하였는데, 더욱 성리의 학문에 이해가 깊었으며, 백가의 글과 역법, 음악에 이르기까지 널리 통달하고, 활쏘기, 글씨, 그림 또한 정묘(精妙)한 경지에 이르렀다. 효도하고 우애함은 천성에서 나왔으며, 제사는 사고가 있지 않는 한 반드시 몸소 지내고 몸을 삼갔다. 세 분 대비를 봉양함에 정성과 공경을 다했으며, 월산대군을 은혜와 예절로써 대우하고, 종실 여러 친족들도 때때로 대궐 안으로 불러, 가인례(家人禮)를 행하여 매우 화락하였다.

임금이 몸소 경안전에 제향하고 경연으로 돌아오자, 영경연 한명회와 최항이 아뢰기를,

"제사 지낸 후에 또 경연에 나오시니 옥체가 피로하실까 염려됩니다."

하였다. 이에 임금은,

"나는 하루의 시간도 아끼는데, 재계하는 날은 할 수 없지마는, 제사 지낸 후에는 경연을 정지할 수 없다."

하였다.

왕대비가 전교하기를,

"지금 날이 점점 길어가니, 임금께서는 경연 석강에 나가야 할 것이요, 내시들과 늘상 함께 있어서는 안될 것입니다."

하였다. 원상 김질 등이 아뢰기를,

"지금 한창 더위가 심한데 하루 동안에 세 차례나 경연에 나오시면 옥체가 피로하실까 염려되오니, 주강은 정지하시고, 또 석강도 편전에서 하게 하옵소서."

하였다. 이에 임금은,

"내가 촌각을 아끼는데 어찌 주강을 정지하리오. 그리고 조신들을
편복으로 접견할 수 없소."

라고 하였다.

임금이 쉴 사이 없이 글 읽는 것을 보고 대비가,

"피로하지 않으시오?"

하니 임금은,

"읽고 싶어서 읽으니 피로한 줄 모르겠습니다."

하였다.

이때 혜장왕비(세조 비)·회간왕비(덕종 비)·양도왕비(예종 비)가 한 궁
에 거처했는데, 세 분을 똑같이 섬기었다. 임금은 대비를 위하여 날마다
작은 연회를 베풀고, 내수사 여종 5~6명을 뽑아 속악을 익히게 하였는
데, 그중에 얼굴과 재예가 뛰어난 하나가 항상 임금에게 추파를 보냈다.
이를 깨달은 임금이 그 부모에게 명하여 시집보내게 하고는 다시 궁에
들어오지 못하게 하였다. 이로부터는 궁중에서 작은 연회도 베풀지 아
니하였다.

사고가 없는 한 날마다 세 번 경연에 나오고, 세 번 대비전에 뵈러 갔
으며, 종실들을 불러 후원에서 술 마시고 활도 쏘았다. 종실들을 대하면
반드시 작은 술잔치를 베풀어 기생과 음악이 따르게 하였으니, 이것은
태평시대의 좋은 일이지마는, 논하는 이가 혹 말하기를,

"연산군이 술잔치에 빠진 것은 성종 때부터 귀와 눈에 배었으므로
그렇게 된 것이라."

하였으니, 참으로 애석한 일이라고 《전언왕행록(前言往行綠)》에서 밝혔듯
이, 전혀 근거가 없는 말이 아닐 듯하다.

성종은 해서 쓰는 법에 정통하여, 글씨 모양이 사랑스럽고 단아하여

무게가 있었으니, 짧은 종이와 작은 서폭들이 세상에 흩어져, 이것을 얻은 자는 공경하며 감상하고 겹겹으로 싸서 간직하면서, 귀중히 여기기를 주옥보다 더하였다. 학문 또한 깊고 넓어, 글 잘하는 선비 노사신 등에게 명하여, 《여지승람》《동국통감》《삼국사절요》를 편찬하게 하고, 또 교서관에 명하여 서적을 많이 간행케 하였으니, 《사기》《좌전》을 비롯한 수많은 서적들이 그것이다.

계유정난에 한 장사치가 공이 매우 컸던 터라, 세조가 어필로 세 번 죽을 죄를 지어도 용서받는다고 내려주었다. 성종이 왕위에 오르자 그 장사치가 사람을 죽였는데, 법 맡은 관원이 처단하기를 논죄하였더니, 그 장사치가 세조의 어필을 올렸다. 정희대비가 교지를 내리기를,

"선왕께서 손수 쓰신 유교(遺教)가 있으니, 그를 용서해 주시오."

하는지라, 임금은 곤란해 하며 말하기를,

"선왕의 유교는 한때의 사사로운 은혜요, 사람을 죽인 자가 죽게 되는 것은 만세의 공법이니, 어찌 한때의 사사로운 은혜로 만세의 공법을 폐기하겠습니까."

라고 했다. 다급했던 대비가,

"비록 그렇지만, 선왕의 유교는 따르지 않을 수 없으니 특별히 용서해 주오."

하였다. 성종은 두 번 세 번 반대하면서,

"대비께서 저의 말을 듣지 않으시면, 감히 나라 일을 맡을 수 없사오니, 원컨대, 다른 사람에게 나라 일을 맡기소서."

하였더니 대비가,

"그렇다면 임금이 알아서 하오."

하였는데, 임금은 그 장사치를 곤장으로 치게 하였으나, 끝내 죽이지는 아니하였다고 《오산설림》은 전하고 있다.

임금 재위 3년에 응방에서 일찍이 해동청[송골매] 한 마리를 길렀는데, 임금이 경연에 나가자 신종호가 아뢰기를,

"가뭄이 계속되어 백성들이 굶어 죽을 지경입니다. 이때야말로 전하께서 매우 걱정하고 부지런하실 때이온데, 지금 궐내의 응방에서는 해동청을 기르고 있으니, 이는 전하께서 즐기실 마음이 없지 않은 때문이고, 이것은 아마 하늘을 공경하고 정치를 부지런히 하는 실상이 아닐 것입니다."

하는지라, 임금께서,

"군자의 과실은 일식이나 월식과 같은 것이니, 내 어찌 그 과실을 숨기리오"

하고는, 즉시 명하여 매를 날려 보내고 다시는 기르지 아니하였다.

임금 재위 6년에 어떤 사람이 익명서를 승정원에 붙였는데, 그 내용은 대비가 섭정하는 폐단을 지적한 것이었다. 이에 대비가 임금에게 정사를 돌려주니, 굳이 사양하였으나 대비가 듣지 않았으므로, 원상 한명회로 하여금 대비에게 아뢰게 하였다. 한명회가 대비에게 아뢰기를,

"지금 만약 대비께서 정사를 내놓으신다면, 이는 동방의 백성을 버리시는 것입니다. 신이 평상시에 대궐에 들어와 안심하고 술을 마셨는데, 만약 그렇게 하신다면 안심하고 술을 마실 수 없습니다."

하였으나, 대비는 따르지 않고 정사를 돌려주었다.

한명회의 아뢴 말에 온당치 못함이 있어, 임금이 교지를 내려 꾸짖었다. 이에 양사에서 번갈아, 세조께서 언어가 불경한 죄를 물어 양정을 죽였고, 또 정인지와 정창손을 귀양 보냈던 일을 인용하면서, 한명회를 국문해야 한다고 청했으나 따르지 아니하였다. 무령군 류자광도 글을 올려, 말을 잘못한 명회에게 죄 주기를 청했으나 허락하지 아니하자, 자광이 다시 글을 올렸으나 말에 잘못된 점이 있어 파직되었다고 《야언별

집》은 전한다.

재위 25년 갑인 겨울에 임금 병환이 났으나 정사를 결재하고 쉬지 아니하였다. 병환이 위독하자 의관을 갖추고 대신을 불러 뒷일을 부탁하였는데, 그 이튿날 세상을 떠났다.

임금이 글을 좋아하여, 두 임금(세종·세조)의 뜻을 이어받아 유림을 사랑하고 장려함이 보통 규모보다 뛰어났으니, 당대 문장에 걸출한 선비들이 옥당에 빛났다. 조위·신종호·류호인·김흔·성희안이 더욱 우대받아, 항상 저술한 것을 그날그날 써서 바치었다. 조위와 류호인이 모두 어버이가 늙었다는 이유를 들어 외직을 원하므로, 특히 쌀을 보내어 그 어버이를 우대하였다.

성희안이 홍문관 정자에 있을 때에 아버지 상을 당하여 복제를 마치었다. 임금이 편전 문 밖에까지 나가 맞으며 그를 위로한 후, 내시에게 명하여 매 한 마리를 주면서,

"그대는 늙은 어머니가 계시니, 공무의 여가에 이 매로써 사냥하여
    맛있는 고기를 드리도록 하라."
하였다.

또 야대(夜對)할 적에 술과 과실을 내려주니, 성희안이 귤 여나무 개를 소매 속에 넣었다가 취하여 정신을 잃었으므로, 내시가 업고 나가다가 소매 속의 과실이 떨어져 땅바닥에 흩어졌다. 그 이튿날 임금은 귤 한 쟁반을 옥당에 내리면서,

"어제 희안이 귤을 소매 속에 넣은 것은 어버이에게 드리려 한 것이
    므로, 지금 내려준다."
하였다.

이를 놓고 김안로의《용천담적기》에서,

"성희안이 이 은혜를 깊이 새겨 죽음으로 갚으려 했는데, 마침내 중
종반정을 일으켜 갚았으니, 임금의 선비 대하는 정성과 사람을 알아
보는 밝음이 진실로 충성을 다하게 한 것이다."

란 논리를 폈지만, 결과를 놓고 본다면 연산군이 환락에 빠지지 않도록
보필하지 못한 책임 또한 회피할 수 없는 노릇이다.

《기재잡기》《오산설림》《축수편》《용재집》 등에는 성종과 관련된 일
화를 많이 소개하고 있다.

경연 강론이 끝나면 임금이 반드시 편전에 나오는데, 6승지가 그 해
당 관원들과 함께 각기 소속 업무를 갖고 와서 임금께 바치었다. 임금은
승지와 관원을 앉혀놓고 꼼꼼하게 점검하여, 옳지 않으면 물러가서 다
시 의논하게 하였고, 옳으면 반드시 묻기를,

"이것이 당상관의 의사인가, 해당 관원의 의사인가?"

하고는, 그 성명을 기록하여 훗날의 승진에 대비하였다.

수령과 변장들이 부임할 때에도 또한 반드시 한 사람씩 불러 보고 먼
저 그 사람의 출신 내력과 친족 교우 관계를 묻고, 다음은 공사를 처리하
고 군졸을 어루만지며 백성을 다스리고 외적을 방어하는 방법을 물어
서, 등급을 뛰어 승진시켜 줄 사람을 찾았고, 내쫓을 사람은 천거한 사람
까지 함께 벌을 내렸다. 비록 시종하는 신하나 외국으로 사신 가는 사람
일지라도 이같이 하였다. 이러므로 지방관으로 부임할 사람이 자기가
감당하기 힘들게 여겨지면, 문득 병이 있다고 핑계하고 감히 부임하지
못하였다.

지방의 한 수령이 특이한 정사를 했다는 말을 듣고는, 그 사람이 크
게 쓸 수 있는 인물임을 알아보고 뽑아 올려 사헌부 집의로 삼았다. 삼사
에서 번갈아 글을 올려 반대하니, 수일 만에 그 사람을 또 승진시켜 이조
참의로 삼았다. 삼사에서 또 논란을 일으키자 수일 만에 이조 참판으로

승진시켰다. 삼사는 드디어 중지하고 재론하지 않기로 하였으니,

"만약 그치지 않는다면 반드시 정승에까지 이르게 될 것이니, 그만
중지하는 것만 못하다."

하였다.

후일에 그 사람이 곧 정승을 맡아 재능을 펼쳤으니, 나라 사람들은
인재를 알아보는 임금님 혜안에 감복하였다.

이처럼 성종 임금은 당대의 인물을 이리저리 다루는 솜씨가 능란하
였으니, 임금이 어느 날 후원을 산책하고 있을 때, 까치가 종이 한 장을
물고 가다가 떨어뜨렸는데, 해변의 어느 고을 수령이 좌승지에게 선사
한 물목 단자였다. 임금은 그 종이를 소매 속에 넣고 육승지를 불러 조용
히 이르기를,

"지방 수령들이 음식물을 그대들에게 선사한다면 예의를 돌보지도
않고 받겠는가?"

라고 물으니, 여러 승지들이,

"어찌 감히 받겠습니까."

라는 한결같은 대답이었다. 그때 좌승지가 자리를 피하여 물러나 엎드
려 아뢰기를,

"신은 그렇지 못합니다. 신에게는 90세가 된 늙은 어미가 있사온데,
평소에 교분이 두터운 한 수령이 어제 해산물을 신에게 선사했으므
로 그것을 받았습니다."

하는지라, 임금이 웃으며 소매 속에서 그 종이를 내어 보이고,

"그대는 옛날 정직한 사람의 유풍을 지녔다고 이를 만하다."

고 하였다.

예문관 교리 최한정이 순량(醇良) 근실하여 임금이 후하게 대우하였
더니, 승지 임사홍이 시기하여 임금께 아뢰기를,

"최한정은 나이 많으니 시독(侍讀)하는 데 적합하지 못합니다."
하는지라, 임금은 대답도 하지 않고 어필로 최한정 이름을 쓰고 등급을
뛰어 대사헌으로 임명해 버리니, 황공한 임사홍이 어찌할 바 몰랐으며,
사람들이 모두 통쾌하게 여겼다.

임금께서 향시에 장원했던 작품을 보고, 이를 칭찬한 후 즉시 역마를
타고 오라고 명하여, 종이와 붓을 주어 다시 시험해 보았다. 그 선비에게
의복과 식비까지 내려주고 성균관에 머물러 학업을 마치게 하니, 선비
들이 이를 영광스럽게 여겼다. 경상도 안강에서 불려왔던 그 선비가 이
언적 아버지 이번이었다.

하루는 임금이 밤늦게 놀다 저 멀리 삼각산 아래 불이 켜져 있는 것
을 보고는 사람을 시켜 가서 확인하게 했더니, 서생이 등불을 달아 놓고
글을 읽고 있었다. 임금이 그 사람에게 명하여 절구를 짓게 하고, 이내
급제를 시켜주었다.

임금이 밖에 나갔다가, 어떤 사람이 까치집이 있는 나무를 베어 자기
집 문 앞에 세우는 것을 보았다. 사람을 시켜 까닭을 물으니, 문 앞의 나
무에 까치가 집을 지으면 급제한다는 속설 때문이었다. 그 서생을 불러
이것저것 시험하고는 즉시 급제시켜 주었다.

임금이 장차 성균관에 행차하여, 옛글을 강론하고 직언을 구하려고
하였다. 그 시기에 마침 노사신과 이승소가 어떤 일을 놓고 아뢴 것이 있
었으나, 임금이 들어주지 아니한 일이 있었다. 성균관 유생 이칙이 아뢰
기를,

"노사신과 이승소는 노성한 대신인데도 아뢴 바를 들어주시지 않으
셨거늘, 하물며 성균관에 행차하여 무슨 말을 구하시렵니까."
라고 하자, 임금이 그 말에 마음을 움직였다.

신하들을 접견할 때는 한 집안의 부자간처럼 하였으나, 정사에는 엄

숙하고 공경하였으니, 신하들이 감히 실정을 숨기고 행실을 꾸미지 못하였다. 임금 앞에서는 서로의 잘잘못을 따져서 숨기거나 회피하지 않았으나, 대궐 문밖에 나가서는 마음을 털어버리고 서로 기뻐하여 조금도 거리낌이 없었으니, 대개 임금의 뛰어난 밝음과 위엄 있는 덕에 신하들이 감화를 받은 것이다.

임금은 큰 술잔으로 술 마시기를 좋아했다. 맑기가 물과 같은 옥 술잔 하나가 있었는데, 임금은 매양 취하면 다른 신하에게도 이 술잔으로 술을 마시게 하였다. 종실의 한 사람이 술을 마신 뒤에 이 술잔을 소매 속에 넣고 춤추다가, 거짓으로 땅바닥에 넘어지니 술잔이 산산조각 나 버렸다. 술 많이 마시는 임금에게 은연히 간하는 뜻을 알아채고도 허물하지 아니하였다.

임금이 한 왕자만을 매우 사랑하여 가끔 치우치는 일이 일어나자, 사헌부에서 이를 논란거리로 삼았다. 임금은 즉시 성상소(城上所)의 장령을 불러 글 한 구절을 써서 주었는데,

세상 사람이 늦은 가을 국화를 가장 사랑하나니 / 世人最愛霜後菊
이 꽃이 핀 뒤에는 다시 다른 꽃이 없기 때문이다 / 此花開後更無花

라 하였으니, 시를 받아 든 그 사람이 눈물을 닦고 나갔는데, 얼마 후 임금도 세상을 떠나고 말았다. 성종이 사랑한 왕자는 다름 아닌 월산군이었다. 둘 다 마흔을 채 넘기지 못한 생을 살았지만, 형을 제치고 권좌에 오른 성종이었기에, 목숨을 부지하기 위해 있는 듯 없는 듯 살아야 했을 월산군을 혈육의 정으로 안타까이 바라봐야 했음이 분명하다.

소년 정승 귀성군

세조 후궁 덕중이 홀딱 반하여 연서를 보낼 정도이고 보면, 귀성군 인물이 출중했던 것만은 틀림없다. 사실 후궁이 다른 사내에게 눈길을 준다는 것이 예사 일이 아니었는데, 더구나 그 사내가 바로 임금 조카였다는 점으로 보면 큰 소동이 일어날 것이 뻔 했다. 하지만 가벼운 해프닝으로 치부한 세조는 덕중만을 처형하고, 귀성군에게는 더 이상 죄를 묻지 않았다.

덕중은 세조가 대군 시절 한때 정을 준 여자였는데, 임금의 자리에 오르자 그녀 또한 자연스럽게 후궁 지위를 얻어, 내명부 정3품의 소용 첩지를 받았다. 성이 박씨인지라, 박소용으로 불리던 그녀와 세조 사이에 왕자까지 있었으나 세상을 일찍 보냈고, 세조 발길 또한 뜸해졌다.

슬픔과 외로움에 빠진 박소용은 환관이던 송중을 가슴에 묻고서 구애의 편지를 보냈지만, 엄청난 사랑을 감당하지 못했던 송중은 세조에게로 달려가지 않을 수 없었다. 대노했던 세조였지만 덕중을 차마 죽이지는 못하더니, 빗나간 덕중의 사랑은 여기에 그치지 않고 결국 귀성군에게로 돌아갔다. 내시 최호와 김중호가 은밀히 전달해 준 덕중의 연서를 손에 쥔 귀성군은 아버지 임영대군과 함께 곧장 임금에게 아뢰었다. 잘생긴 죄로 엮일 수밖에 없던 귀성군도 처형될 상황이었지만, 워낙 세조의 신임이 두터웠던 터라 위기를 넘길 수 있었다.

이시애가 난을 일으킬 적에 한명회와 신숙주를 끌어들여 공모했다 퍼뜨리자, 의심을 하게 된 세조가 오른팔이나 다름없는 이들을 구금했던 것에서, 그 불안한 심리상태를 잘 보여준다. 이를 계기로 세조는 왕실을 확실하게 지켜 줄 새로운 세력의 필요성을 절감했을 것이다.

그런 차제에 급부상한 귀성군이고 보면, 모든 시샘과 질투가 쏟아진 것은 당연지사. 특히 함께 선두주자로 부상한 남이조차도 귀성군을 바라보는 시선이 곱지 않았으니, 원로대신들이야 말해 뭐하겠는가.

세조가 승하하기 직전, 이십대 후반에 불과한 귀성군을 영의정으로 삼은 것부터가 불행의 서막이었다. 세조 재위기간이 좀 더 길었거나, 예종이 1년 만에 성종에게 왕위를 물려주지 않았다면, 그가 역모 죄를 뒤집어쓰고 귀양 가는 일은 없었을 것이다.

예종이 즉위하자마자 구세력들이 신세력 제거에 힘을 모았으니, 그 시범케이스가 바로 남이장군이었다. 언행에 거침이 없었던 남이와는 달리 만사에 조심했던 귀성군이었기에, 예종이 두 인물을 놓고 달리 대했던 것도 그런 이유 때문이었다. 남이가 역모로 제거되자, 타고난 감각을 발휘한 귀성군이 부친상을 당했다는 핑계로 영의정 자리에서 물러났던 것에서, 그 성격이 잘 드러난다.

하지만, 구세력들 입장에서는 귀성군 존재만으로도 늘 불안한 상황이었으니, 그에 대한 견제는 끝이 없었다. 귀성군을 수행하던 전중생이라는 자가 난언 죄로 하옥 당하자, 한명회를 비롯한 대신들이 귀성군을 얽어매어 국문해야 한다고 목소리를 높였지만, 예종의 비호로 넘어갈 수 있었다.

하지만 예종마저 요절하고, 13살의 어린 성종이 즉위하면서 상황이 꼬이기 시작했다. 적통도 아닌 방계 혈통의 후순위 계승권자가 임금이 되었는데, 무장 출신에 영의정까지 지낸 종친이 버티고 있다는 사실만으로도, 경계 대상이 될 수밖에 없었다. 더할 나위 없는 정통성을 확보한 어린 임금까지 몰아내 본 경험들을 가진 늙은 대신들의 매서운 눈초리들이 귀성군을 그냥 둘 리가 없었다.

세조가 살아 있을 적부터 한계희가 은밀히,

"귀성군 준은 종실이니 금군(禁軍)을 맡길 수 없습니다."

라고 아뢴 것부터, 귀성군에 대한 견제구가 시작되었다.

그러다가 결국 어린 성종이 임금에 오르자, 견제구 정도에 그치는 것이 아니었으니, 경인(1470) 1월에 좌찬성 한계미가 차비문 밖에 나아가 귀성군의 일을 고하기에 이르렀다. 당시 상황을 대신이었던 노사신이 그의 일기에서 밝힌 내용을 보면,

권맹희가 은밀히 한계미에게,

"준이 능히 임금 노릇 할 만하다."

는 뜻으로 말하였고, 또 최세호에게도,

"귀성군이 나이 들고 어지니, 그릇[국권을 뜻함]을 줄 만하다."

고 발설했다는 것이었다.

2품 이상의 문무관과 사헌부에서 쉬지 않고 귀성군 이준의 죄를 다스리도록 청했으나, 대비는 끝내 듣지 아니하였다. 사헌부에서 또 청하기를,

"준(浚)은 뭇 소인들이 지목한 바가 되니, 서울에 둘 수 없습니다. 외
　방에 두소서."

하였다. 이에 대비가 명을 내리기를,

"귀성군은 세조께서 사랑했던 사람이니, 지금 외방으로 내쫓는다면
　아마 세조의 뜻에도 어긋날 것이다."

하였다. 신숙주 등이 빨리 결정하기를 종용하니 대비 또한 어쩔 수 없어,

"그대들이 잘 처리하라."

하였다. 숙주 등이 아뢰기를,

"준은 공신이니 훈적에서 이름을 지우고 직첩을 회수하여, 경상도
　영해부에 안치하고 가산을 몰수하여야 할 것입니다."

하였다. 대비가 전교하기를,

"마땅히 그로 하여금 안심하고 가도록 해야 할 것이니, 죄를 이같이

줄 수는 없다. 「적몰가산(籍沒家産)」 네 글자는 지워버리라.”

하였다. 또 전교하기를,

“음식물을 공급해 줄 것과 호위할 절목을 상세히 아뢰라.”

하였다. 신숙주 등이 또 아뢰기를,

“의금부 낭청 두 사람, 부장 한 사람이 나장 두 사람과 군사 21명을
거느리고 준(浚)을 호송할 것이며, 관청에서 양식과 음식물을 공급해
줄 것입니다.”

하므로, 그대로 시행하라 하였다.

느닷없는 예종의 승하로 왕위 계승 1순위는 어린 아들 제안대군이요,
2순위가 자산군의 형 월산대군이었지만, 3순위에 불과했던 어린 자순군
이 왕위에 올라, 할머니가 발을 드리운 수렴청정을 이어가는 불안한 정
국이었으니, 권력을 거머쥔 종친들을 그냥 둘 리가 없었다.

귀성군의 몰락을 조용히 지켜본 월산대군 또한 긴장하지 않을 수가
없어, 떨어지는 낙엽 소리에도 마음을 졸여가며 살아야 했으니, 하루가
멀다 하고 벌어진 연회 자리에서 단 한 번도 자세가 흐트러지거나 주정
한 번 할 수가 없었다. 간관들의 입에 오르내리는 날에는 밝은 햇빛조차
보기 어렵다는 것을 알아, 사냥이나 온천 가는 것조차 조심해야 했던 단
절된 유폐생활과 다름이 없었다. 그런 형의 심정을 이해한 성종이 잘 보
살피기는 했지만, 속 골병이 들어갔음이 분명하다.

추강(秋江)에 밤이 드니 물결이 ᄎ노미라

낙시 드리치니 고기 아니 무노미라

무심(無心)ᄒᆞᆫ 둘빗만 싯고 뷘 ᄇᆡ 저어 오노라

잘 알려진 월산대군의 시조 가락에서 쉬이 짐작되듯이, 왕의 형으로

살아가는 방법을 달통하고 있었던 게 아닌가 한다.

폐비 윤씨

숙의 윤씨는 증 좌의정 윤기묘 딸인데, 성종 재위 7년 병신(1476)에
임금의 고임을 받아 임신 중에 왕비로 책봉되었고, 그해 11월에 연산군
을 낳았다. 당초 성종 비였던 공혜왕후 몸이 허약한 데다 결혼하고 6년
이나 출산하지 못한 채 세상을 떠나자, 신하들이 후궁을 들일 것을 청해
간택된 첫 번째 여인이 숙의 윤씨였다.

정유(1477)에 어떤 사람이 감찰상궁 집안사람이라 거짓으로 일컬으
면서, 권 숙의 집에 투서를 하였는데, 이를 임금에게 올렸으니,

"엄 소용과 정 소용이 장차 왕비와 원자를 해치려고 한다. ……"
라는 것이었다.

《기묘록》에서는,

"처음에 윤비가 원자를 낳아 임금의 사랑이 두터워지자 교만하고 방
자하여, 후궁 엄씨와 정씨를 투기하고 임금에게도 공손하지 못하였
다. 어느 날 임금의 얼굴에 손톱자국이 났으므로, 인수대비가 크게
노하여, 임금의 노여움을 돋구어 대신들에게 보이니, 윤필상 등이
임금의 뜻을 받들어 아뢰어, 윤비를 폐하여 사제로 내치도록 하였
다."
라고 하였고, 《야언별집》에서는,

"임금이 왕비 방에 들렀다가, 작은 주머니에 비상을 바른 곶감과 상
자 속에 숨긴 방술 서책을 보고 왕비에게 물었더니, 삼월이란 여종

이 친잠할 때에 올린 것이라 했으나, 삼월이 제가 한 것이 아니라고 자백했다. 임금이 장차 왕비를 폐하려고 조정에 의논케 하니, 영의정 정창손은 강력하게 간할 수 없었다. 임금은 왕비를 빈으로 강등하여, 자수궁에 따로 거처하게 하였으니, 승지 이극돈과 임사홍이 힘써 간하다가 중지하였다. 삼월이란 여종은 목을 매어 죽이고 그 나머지 사람은 곤장을 치고 귀양 보냈다. 대간은 부부인 신씨도 중궁의 일에 관여하여 알고 있었다는 이유로 부부인 직을 삭탈하기를 청했으나 허락하지 않았다. 후에 중궁이 외부 사람과 서로 통하는 것을 보고 즉시 정원을 시켜 금지시켰다."

라는 사실을 전하고 있다.

무술년(1478)에 왕비를 폐위하려고 하니, 허종은 진 황후를 폐한 한 무제와 맹 황후를 폐한 송 인종의 실수를 들어, 그 옳지 않음을 힘써 진술하였다.

임금이 윤비의 오빠 윤구를 불러 묻기를,

"전토의 송사는 맡은 관청이 있는데, 네가 어찌 너의 어머니를 시켜 중궁에게 간청했느냐?"

하니, 윤구가 아뢰기를,

"그것은 신이 알지 못합니다."

하였다. 이에 임금은,

"이후에도 만약 그렇게 한다면 그때는 네가 비록 알지 못하더라도 나는 마땅히 너에게 죄 줄 것이다. 중궁은 국모이므로 사사로운 일로 청할 수 없는 법이다."

하였다.

이때 임금이 장차 중궁을 폐하려는 위엄이 진동하니, 사람들이 감히 말하지 못하였다. 손순효가 소를 올리기를,

"예를 상고하건대, 부인에게 칠거지악이 있으니, 첫째 자식이 없으면 내쫓기고, 둘째 질투하면 내쫓긴다 했습니다. 두 가지를 비록 다 가졌더라도 만약 세 가지 내쫓기지 않을 일[三不去]이 있으면 옛사람은 오히려 용서했는데, 한 가지 내쫓길 것만 있고 여섯 가지 허물이 없는데도 용서하지 못하겠습니까. 하물며 원자의 모후를 단 하루 동안이라도 궁벽한 여염집에 있도록 하겠습니까. 왕비 윤씨는 일찍이 만복의 근원을 받아 홀로 아들 많이 낳는 경사를 얻었는데, 하루아침에 여염집에 물러가 있게 하고, 또 받들어야 할 물자까지 끊어버렸으니, 비록 자기 허물로 인한 것이지마는 그렇듯 전하께서 박정해서야 되겠습니까. 군신과 붕우 사이에 있어서는 은혜가 의리보다 앞서야 될 것입니다. 훗날에 원자가 측은한 마음을 가진다면 전하께서 어찌 후회가 없겠습니까."

라고 하였음을 《동문선》에서 전하고 있다.

경자년(1480) 10월에 윤비는 결국 폐출되었고, 11월에 윤호의 딸 숙의 윤씨를 승격시켜 중전 자리에 앉히니, 바로 정현왕후이다.

《고사촬요》와 《조야기문》에 따르면, 이 해에 한명회 등을 보내어 명나라 조정에 아뢰기를,

"폐비 윤씨는 성품이 패려하여 국모의 덕이 없고 과실이 많아, 신민의 바람을 크게 잃었으므로, 부득이 신(성종 자신을 낮춰 부름)의 조모 윤씨와 어머니 한씨 명을 받들어 폐하여 친정에 내보내고, 부실 윤씨로 처를 삼았습니다. 삼가 바라옵건대, 계비의 고명과 관복을 내려주옵소서."

라고 청했음을 기록하고 있다.

계묘년(1483)에 대사헌 채수가 경연에 입시하여, 교리 권경우와 더불어 아뢰기를,

"폐비 윤씨는 비록 폐위되었으나 일찍이 전하의 배필이었는데, 지금
여염집에 거처하고 봉양도 군색하니 청컨대, 따로 집 한 채에 거처
하게 하고, 관에서 일용 물자를 공급해 주소서."

라고 하자, 임금이 크게 노하였다. 그들이 원자에게 아첨해서 훗날을 바
란다고 질책하며, 공경들을 불러 모아 채수를 국문하였으나, 있는 대로
대답하고 굴복하지 않았다. 또 의금부에 가두어 국문하였으나 역시 전
과 같이 대답하는지라, 마침내 그를 놓아 주고 죄주지 않았다가, 3년 후
에 다시 임용하였다.

이때 동궁 시독관으로 있던 권경우가 다시 아뢰기를,

"아들이 동궁이니 어머니가 비록 죄가 있더라도 여염집에 거처하게
할 수는 없습니다."

하였다. 임금은 크게 노하여,

"그가 세자에게 몰래 붙어서 훗날에 은혜 받기를 바란다."

고 생각하여 국문하게 하였다.

권경우는 조금도 꺾이지 않은 채 사리대로 말하고 정성을 털어놓아,
역대 군주들이 폐비를 대우한 일을 인용한 말이 더욱 간절하니, 임금이
노염을 풀고 그 관직만 파면시켰다고 《패관잡기》와 《부계기문》은 기술
하고 있다.

기유년(1489) 여름 5월에 폐비 윤씨에게 사약을 내려 죽게 하였다. 이
때 경상 감사 손순효가 울면서 소를 올려 극력으로 간하였다.

윤씨는 폐위되자 밤낮으로 울어 끝내는 피눈물을 흘렸는데, 궁중에
서는 훼방하고 중상함이 날로 더하였다. 임금이 내시를 보내어 염탐하
게 하였더니, 인수대비가 그 내시를 시켜,

"윤씨가 머리 빗고 낯 씻어 예쁘게 단장하고서 자기의 잘못을 뉘우
치는 뜻이 없다."

고 대답하게 했으니, 임금은 드디어 그 참소를 믿고 죄를 더 주었던 것이다.

《기묘록》과 《파수편》에 따르면,

"윤씨가 폐위된 후에 임금은 항상 언문으로 그 죄를 써서 내시와 승지를 보내, 날마다 장막을 사이에 두고 읽어, 허물을 고치고 중궁에 복위되기를 바랐으나, 윤씨가 끝내 허물을 고치지 않으므로, 마침내 사약을 내려 죽게 하였다. 연산군이 왕위를 이어받자 그 당시의 승지들을 모두 죽였는데, 채수는 언문을 알지 못하므로 홀로 죽음을 면하였다."

라는 사실을 전하고 있다.

사약을 내리는 전지에 이르기를,

"폐비 윤씨는 성품이 본래 음험하고 행실에 패역함이 많았다. 전일 궁중에 있을 때 포학함이 날로 심하여 이미 삼전(三殿)에게 공순하지 못했고, 또 나에게도 행패를 부리며 노예처럼 대우하여, 심지어는 발자취까지도 없애버리겠다고 말한 일이 있었으나, 오히려 이것은 사소한 일이다. 그는 일찍이 역대 모후들이 어린 임금을 끼고 정사를 마음대로 하였던 일을 보면 반드시 기뻐하였고, 또 항상 독약을 품속에 지니기도 하고 혹은 상자 속에 간수하기도 했으니, 그것은 다만 그가 시기하는 사람만 제거하려는 것이 아니라 장차 나에게도 이롭지 못한 것이었다. 일찍이 혼자 말하기를, 내가 오래 살게 되면 장차 할 일이 있다고 하였다 하니, 이것은 종묘사직에 관계되는 부도한 죄이다. 그런데도 차마 대의로 처단하지 않고, 다만 폐하여 서인을 삼아 사제(私第)에 있게 하였더니, 지금 외부 사람들이 원자가 점점 커가는 것을 보고는 앞뒤로 시끄럽게 이 문제로 말을 하니, 비록 지금은 그다지 걱정할 것이 못 되지만, 훗날의 화는 이루 다 말할 수 없다. 만약 후일에 그의 흉험한 성질로 국권을 잡게 된다면, 원자가 비록 현명하더라도 중간에서 어찌 할 수 없게 되고, 발호하는 마음은 날로 더욱 방자하게 될 것이니, 한나라 여후와 당나라 무후의 화를 멀지 않아 보게 될 것이므로, 생각이 이에 미치면 가슴이 섬뜩하다. 지금 만약 이럭저럭 넘기고 큰 계획을 결정하지 않아, 후일 나라 일이 구제할 수 없는 지경에 이른다면, 뉘우쳐도 어찌 할 수 없게 될 것이다. 한 무제도 오히려 만세의 계획을 위하여 죄 없는 구익부인(鉤弋夫人)을 죽였는데, 하물며 이 음험한 사람에게는 용서할 수 없는 죄가 있음에랴. 이에 이달 16일에 그 사제에서 죽게 하노라."

라고 하였고, 오월 이십일에 예조에 교지를 내리기를,

"폐비의 죄악은 사책에 밝게 나타나 있으니, 백성이 함께 분개할 뿐만 아니라 천자께서도 폐위를 허용한 것이다. 나는 덕이 적은 사람이므로 좋은 사람을 배필로 얻지 못하여 위로는 조종의 큰 덕에 누를 끼치게 되고, 아래로는 신민의 큰 기대를 저버렸으니 부끄러운 마음 헤아리기 어렵도다. …… 동궁의 심정을 생각해보면 어찌 가엾지 않으리오. 이제 특히 그의 무덤을 '윤씨 무덤'이라 하고, 묘지기 두 사람을 정하여 시속 명절 때마다 제사를 지내게 하여, 그의 아들을 위로해 주고 또 죽은 영혼도 감동하게 할 것이니, 내가 죽은 후에도 영원히 바꾸지 말고 아버지의 뜻을 따르게 하라."

하였음을 《소문쇄록》은 전하고 있다.

《송와잡기》에서는 사약을 전달한 승지 이세좌 고사를 전하고 있는데, 폐비에게 사약을 내릴 적에 이세좌가 대방승지(代房承旨)로 약을 가지고 갔다. 그날 저녁에 집에 돌아와 그 아내와 한 방에 자는데, 그 아내가 묻기를,

"듣건대 조정에서 계속하여 폐비의 죄를 논한다 하더니 결국은 어찌

될까요?"

라고 한지라 세좌가,

"지금 이미 약을 내려 죽였다."

고 대답하니, 아내는 깜짝 놀라 일어나 앉으면서,

"슬프다. 우리 자손이 종자도 남지 않겠구나. 어머니가 죄도 없이 죽음을 당했으니, 아들이 훗날에 보복을 않겠는가. 조정에서 장차 세자를 어떤 처지에 두려고 이런 일을 하는 것이요."

라고 하였더니, 연산군 갑자년에 세좌가 그 아들 수정과 함께 모두 죽임을 당하고 말았다. 당대 명문 광주이씨 가문이 크게 화를 입은 것이다.

죽어서 임금이 된 덕종대왕

덕종(德宗).

세조의 맏아들로 태어나 세자로 책봉되었다가 스무 살 나이로 요절했다. 하지만, 그의 둘째 아들이 예종을 계승한 성종이었으니, 그의 후손들이 왕위를 이어갔다.

휘는 장이요, 자는 원명이며, 처음의 휘는 숭이다. 정희왕후가 세종 20년 9월 병신에 궁중에서 낳았다. 을해년에 왕세자로 책봉되었으며, 세조 2년 9월 2일 계해에 승하하니, 수가 20세였다. 의경(懿敬)이라 추시(追謚)하였고, 명나라에서 보낸 시호가 회간(懷簡)이니, 인자하나 단절(短折)하였으므로 회(懷)라 하고, 평이하여 나무랄 것이 없음을 간(簡)이라 하였다. 비 소혜왕후 한씨는 양절공 한확의 딸이다. 수빈에 책봉되었고, 성종이 덕종을 추숭하여 인수왕비로 올려 모시었다. 첫째 아들이 월산대군, 둘째가 성종이다.

세조 재위 3년 정축(1457) 가을에 세자가 우연히 감기에 걸려, 8월 초에 동궁에서 나와서 세조의 옛 저택에 거처하고, 세조도 같이 거처를 옮겨 친히 의약을 돌본 지 십여 일에 병이 나았다. 그러다가 또 수일 뒤에 병이 발작하여 9월 초 하룻날에 소생 불가능함을 알고, 세조가 크게 울었다. 신숙주가 들어가 보니, 얼굴은 평소와 다름이 없었으나 숨은 이미 끊어졌다. 세조가 이르기를,

"길고 짧음은 운명이나, 그 아들들이 모두 어리니 얼굴을 그려서 남기지 않을 수 없다."

하고는 곧 화사 최경과 안귀생을 불러, 화상을 그려 간직하게 했다.

성종이 즉위함에 여러 신하들이 의경세자 봉책(封冊) 올리기를 청하니, 성종이 의리상 예종의 대통을 이어 받았으므로 사정을 돌볼 겨를이 없다 하여, 복이 끝나기를 기다려서 논하게 하였다.

성종 3년(1472) 임진에 여러 신하에게 명하여 의논한 후에, 온문 의경왕(溫文懿敬王)이라 추숭하고, 연경궁에 별묘를 지어 월산군으로 하여금 제사를 받들게 하였다.

《보한당집》이나 《문헌비고》에 의하면,

"신숙주가 의경 세자의 추숭을 청하니, 성종이 2품 이상에게 명하여 의논하게 하였다. 정인지·정창손 등이 의논하기를, 마땅히 높여 왕으로 삼되, 황백고라 칭하여 축문에 효질(孝姪)이라 해야 하며, 수빈을 왕비에 봉하여 월산군으로 하여금 봉사케 하는 것이 중국 한나라와 송나라 전례였음을 말하였다. 이에 시호를 의경왕(懿敬王)이라 하고, 묘호를 의경, 능을 경릉이라 하고, 수빈을 인수왕대비라 하여, 신주와 영정을 의경묘에 모시었다."

라고 하였다.

예종의 아들로 입적하여 왕이 된 성종이기에, 이때까지도 아버지를 아버지라 부르지 못하는 홍길동 처지와 다를 바 없는 신세였다. 세자 시절 요절한 그의 친부를 왕으로까지 격상시키려는 프로젝트를 진행하려니, 안팎으로 말도 많고 탈도 많았던 것이다.

성종 임금 재위 4년 계사 가을에 사당이 완성되었다.

9월 20일에 우의정 성봉조에게 명하여, 옛 사당에 나아가 초상을 받들어 신묘(新廟) 후전에 옮겨 모시고, 신숙주·한명회에게 명하여 옛 사당의 신주를 신묘 정전에 모시어, 11월 초하룻날 무자에 친히 신묘에 나아가 큰 제사를 올렸다.

성종이 덕종 화상을 그린 최경·안귀생에게 벼슬을 주라고 명하니, 대간이 경연에서 지나치다고 논하였다. 성종이 이르기를,

"내 태어난 지 겨우 한 달이 지나서 아버지를 잃었는데, 뜻밖에도 오늘에야 살아계실 때의 모습을 뵙게 되니, 슬프고 그리운 정을 장차 조금이라도 펼 곳이 없으매, 최경과 안귀생을 녹용(錄用)하지 않을 수 없다."

하자, 그 말을 듣던 자가 모두 눈물을 흘렸다고 《동각잡기》는 전하고 있다.

임금 재위 5년 갑오 가을에 주청사 김질과 부사 이계손을 명나라에 보내어, 의경왕 관작과 시호 내리기를 청하자, 이듬해 이들이 황제 칙서를 갖고 왔으니,

"아뢴 말에 따르면, 왕[성종]의 소생부 의경은 당초 세자가 되었으나 일찍 죽었고, 어머니 한씨는 생존하였으나 아직 모두 명호가 없어, 남의 후사가 되어 의리상 사친(私親)을 돌볼 수 없으나, 현양할 생각을 그만 두지 못한다 하니, 이 때문에 왕의 효도와 정성을 모두 잘

알았노라. 이에 특별히 죽은 세자[의경]를 봉해서 조선 국왕을 삼아 시호를 회간(懷簡)이라 하고, 한씨를 회간왕비에 봉하여, 왕이 어버이를 현양하려는 뜻을 이루게 하노니, 고명과 왕비의 관복을 내리노라."

라고 하였음을 《고사촬요》는 기술하였다.

이에 성종이 경내에 대사령을 내리고, 여러 신하의 벼슬을 한 자급씩 승진시킨 후, 명나라에 표문을 보내어 사례하였다.

회간왕의 부묘(祔廟 : 위패를 종묘에 모시는 일)문제가 일어나자, 동반 3품 이상과 서반 당상 이상에게 명하여 의논하게 하니, 원상 한명회와 대간들은 모두 불가하다 하고, 이파·손순호는 더욱 불가함을 고집하였으나, 예판 이승소와 임원준은 부묘하여야 함을 말하였다.

신흠의 《상촌휘언》에 따르면,

"성종이 생부를 추존하여 덕종이라 하였음은, 선유들의 정론에 따라 말한다면 송나라 영종이 복왕에게 한 것과 같이 해야 마땅하니, 부묘에 이른 것은 올바른 예가 아니었다. 추존을 의논하던 초기에 성종이 신하들과 의논하니, 어떤 사람은 가하다 하고 어떤 사람은 불가하다 하여, 삼사(三司)가 반대하기에 이르렀으나, 이승소 혼자 그것이 마땅하다는 뜻으로 장황하게 상소하였다. 성종이 비록 그 말을 듣고 마침내 추숭의 큰 업을 성취하였으나, 마음속으로는 이승소의 아첨을 비루하게 여겨, 그를 높이 쓰지 않았으므로, 벼슬이 2품에 그쳤을 따름이다."

라고 한 바가 있다.

성종이 의경묘(懿敬廟)에 나아가 분황제를 행하고, 인정전에 나아가 백관을 거느리고 시책을 올렸으며, 인수대비가 선정전에 나와 앉고 성종 또한 백관을 거느리고 책보(冊寶)를 올렸다. 사재감 부정 정효종 등이 윤대하는 자리에서, 의경왕을 종묘에 부묘하여야 함을 아뢰므로, 명하여 그 가부를 의논하게 하였더니, 영의정 정창손 등 여덟 사람의 의논은,

"황백고라 일컬으면 부묘할 수가 없고, 황고라 일컫는 예종에게 이미 황고라 한 이상 이중으로 황고라 할 수는 없습니다."

라고 하여 난색을 표하였고, 남원군 양성지 의논에는,

"당연히 예종 위에 부묘하여야 합니다."

하였는데, 좌참찬 서거정 등 다섯 사람의 의논에는,

"의논하는 자가 예종을 백고라 칭하여야 한다 하였으니, 예법에 불가한 일입니다."

하였고, 행 호군 김뉴의 의논에는,

"소종을 대종에 합할 수 없을 것이며, 또 예종이 먼저 임금이 되었으니 회간을 그 위에 모실 수 없고, 이미 높여서 왕이 되었으니 월산대군이 봉사할 수는 없습니다. 사당을 따로 짓고 관원을 시켜서 치제하거나, 또는 임금께서 친히 제사하는 것이 좋을 것입니다."

하였다.

정희대비가 친히 전교를 내려서 묻기를,

"회간이 본시 적형인만큼 예종의 위에다 부하는 것이 무엇이 해로우리오. 혹자가 따로 사당을 세워야 한다 하나, 그러면 몇 대를 지나서 끝나고 만다. 또 회간을 들여와 부묘하게 되면, 공정(恭靖 : 정종)은 마땅히 옮겨야 될 것이 아닌가."

하였으므로, 정창손의 의논에 이르기를,

"이미 예종에게 황고라 일컬어 놓고 또 회간을 황백고라 한다면, 이존(二尊)이 있게 될 것인 즉, 만일 부득이하여 부묘한다면 당연히 예종의 윗자리에 모셔야 할 것입니다. 고대의 제도에는 형제는 함께 일실에 모시게 되었으니, 공정(恭靖)과 공정(恭定 : 태종)이 함께 일실

이 되니 옮길 필요가 없습니다."

하였다. 이에 성종이 이르기를,

"고려 성종이 대종(戴宗)을 경종(景宗) 위에 올렸더니, 뒷날 명신 이제
현이 성종을 찬하여 어질다 하였거늘, 하물며 회간왕이 세자가 되었
을 때 예종은 대군이었기에, 군신의 분의가 이미 정해져 있으니, 윗
자리에 모시는 것은 노나라 민공과 희공에 비할 수는 없다."

라고 하였다.

이리하여 임금 재위 7년 병신 정월에 회간왕 묘호를 덕종이라 올리
고, 연은전에 모셔 장차 부묘하려 할 제, 예종은 아우지만 임금 순서가
먼저이고 덕종은 형이지만 뒷날에 추존되었으니, 그 위차 순서를 조정
에 의논하게 하였다. 한명회가 아뢰기를,

"마땅히 임금님 순서로 삼아야 합니다."

하고, 이승소와 예조 참판 이극돈은,

"형제의 순서를 좇아서 하여야 합니다."

하였다.

그 말을 좇아서 태묘에는 공정(恭靖)을 협실로 내보내 덕종을 올려서
부묘하였고, 원묘에는 옛 동궁으로서 연은전(延恩殿)을 만들어서 모시었
다. 덕종을 태묘에 올려 부묘할 적에 정부의 육조·삼사를 모아서 의논하
였으나, 의논이 분분하여 일치되지 않았다. 여흥군 민발도 공신으로 참
여하였다가 옆 사람에게 묻기를,

"덕종은 어떤 분이며, 종묘는 어느 분의 유택인가?"

하자, 옆 사람이 답하기를,

"덕종은 전하의 아버지요, 종묘는 전하의 조종을 제향하는 곳이다."

하였더니, 민발이 말하기를,

"이건 참으로 쉬운 일이야. 아들로서 아버지를 제사함이 사리에 합

당하니, 무슨 다른 의논이 있으리오."

하였다. 무식한 무부이지만 말이 이치에 맞았으니, 이것은 타고난 착한 성품이 우러났다고 《용재총화》에서 전하고 있다.

소혜왕후(昭惠王后)로 추존된 인수대비는 세조의 잠저 때부터 밤낮으로 정성껏 시부모를 섬겼고, 빈으로 책봉된 뒤에는 더욱 부녀자 도를 삼가니, 세조가 효부라는 도장을 만들어서 내렸다. 대비는 천품이 엄정하여 왕손들을 기르되 조금이라도 과실이 있으면 덮어 주지 않고, 얼굴빛을 바로 하고 경계하였으므로, 세조가 농담으로 폭빈(暴嬪)이라 한 적이 있는데, 아들 때문에 왕비가 되고, 대비가 되었더 것이다.

제10대
연산군

이름은 융(㦕). 성종의 원자로 폐비 윤씨가 낳았다. 병신년(1476)에 나서 을묘년(1495)에 왕위에 올랐다가 병인년(1506)에 폐위되니, 왕위에 있은 지 12년 만에 연산군(燕山君)으로 강봉되어, 강화도 교동으로 내쫓겼다. 그해 12월에 세상을 떠나니 수가 31세였다. 묘는 양주 해등촌(현 도봉구 방학동)에 있다. 폐비 신씨 본관은 거창이며, 영의정 신승선의 딸이다. 연산이 폐위되자 위호를 낮추어 거창군부인이 되고, 정청궁으로 물러나 있다가 중종 때에 세상을 떠났다. 아들 넷과 딸 둘을 두었는데, 첫째 아들 세자 황(顗)은 폐위되어 정선으로 귀양 갔고, 둘째 아들 창녕 대군 인(仁)은 그 칭호를 깎아버렸다. 사위 구문경은 능양위로 책봉되었으나 뒤에 그 칭호를 삭탈했다. 그 밖에 서자 둘과 서녀 한 명이 있다.

시인과 폭군

성종 정유년(1477)에 원자이던 연산군이 병이 나자, 숭례문 밖의 강희맹 집에 가서 치료하게 하였다. 그때 매양 정원의 소나무 밑에서 놀았는데, 왕위에 오르자 진시황이 소나무 다섯 그루에 대부 벼슬을 준 것처럼, 그 소나무에 벼슬을 내리고 금띠를 둘러, 문 앞을 지나가는 사람들에게는 말에서 내리게 하였으니, 순청동 피마병문(避馬屛門)의 유래이다.

성종 무신년(1488) 2월에 세자빈을 맞이하였는데, 아침부터 비바람이 세차게 일었다. 성종이 세자빈 아비 신승선에게 편지를 보냈는데,

"세상의 풍속은 혼인날에 바람 불고 비 오는 것을 싫어하는 모양이나, 대개 바람이 만물을 움직이게 하고, 비가 만물을 윤택하게 하니, 만물이 사는 것은 모두 바람과 비의 공덕이라."

하였더니, 점심때부터 날씨가 개어 청명하였다.

연산군이 동궁에 있을 때, 허침이 세자를 가르치는 필선(정4품)을 맡았고, 조지서는 보덕(종3품)이 되었다. 세자가 날마다 유희만 일삼고 학문에 전혀 마음을 두지 않았으니, 부왕 성종의 훈계가 엄함이 두려워 억지로 서연에 나올 따름이었다. 세자시강원 관원들이 비록 마음을 다해 가르쳐도 모두 귀 밖으로 들었다. 천성이 굳세고 곧았던 조지서가 강의할 때마다 책을 앞에 던지면서,

"저하께서 학문에 힘쓰지 않으시면 신은 마땅히 임금께 아뢰겠습니다."

하니, 연산군이 매우 고통스럽게 여겼다.

그런데 허침은 부드러운 말투로 조용히 깨우쳐 주었으므로, 폐주가 매우 좋아하였다. 그리하여 벽 사이에 크게 써 붙이기를,

"조지서는 큰 소인이요, 허침은 큰 성인이라."

하였다.

　이 말을 들은 사람들은 조지서가 어려움을 당할까 위태롭게 여겼다. 폐주가 왕위에 오르고 갑자년의 화가 일어나자, 먼저 조지서를 베어 죽이고 그 집을 적몰하였다. 허침은 우의정으로 있으면서 비록 잘못된 것을 바로잡지는 못했으나, 왕의 명을 받들어 의정부에 앉아서 죄수를 논죄할 적에 주선하고 구원하여 살린 사람이 많았다. 정무를 마치고 집에 돌아오면 매양 피를 두어 되 가량 토하더니, 분하고 답답한 심정으로 인해 죽고 말았다고 《사재척언》은 전한다.

　성종이 인정전에서 술자리를 마련하여 반쯤 취하였을 적에 우찬성 손순효가,

　"친히 아뢸 일이 있습니다."

하였다. 성종이 어탑으로 올라오게 하였더니, 순효는 세자이던 폐주가 능히 그 책임을 감당할 수 없을 것이라 여겨 임금이 앉은 평상을 만지면서,

　"이 자리가 아깝습니다."

라고 아뢰었더니, 성종은,

　"나 또한 그것을 알지마는 차마 폐할 수 없다."

하였다. 순효는 거듭 아뢰기를,

　"대궐 안에 사랑하는 여자가 너무 많고, 신하들이 임금에게 말을 올릴 수 있는 길이 넓지 못합니다."

하였다. 이에 성종은 몸을 굽혀,

　"어찌하면 이를 구하겠는가?"

하니, 순효가 다시 아뢰기를,

　"전하께서 이를 아신다면 저절로 그 허물이 없어질 것입니다."

하니 입시한 신하들이 모두 깜짝 놀랐다.

입 바른 대간들이,

"신하로서 임금의 용상에 올라가는 것도 큰 불경을 저지른 일인데, 임금 귀에 가까이 대고 말하는 것은 더욱 무례한 태도이니, 순효를 옥에 내려 가두소서. 그리고 순효가 비밀히 아뢴 것이 무슨 내용입니까?"

하니, 성종은,

"순효가 나를 사랑하여 여색 좋아함을 경계하고 술 끊기를 경계하였으니, 무슨 죄 될 것이 있으리오."

하고는 끝내 말하지 아니하였다.

연려실 선생이 이를 기술하면서 《국조기사》《병진정사록》《오산설림》에는 날짜까지 기록하지 않았는데, 《조야첨재》에만 정미년이라 하였으니, 어디에 근거했는지 알 수 없다고 하였다.

연산군이 왕위에 오르니 조정과 민간에서 모두 영명한 임금이라 일컬었으나, 김종직은 늙음을 이유로 벼슬을 그만두고 고향에 돌아갔다. 동향 사람들이 그에게 묻기를,

"지금 임금이 영명한데 선생은 어찌하여 벼슬을 그만두고 왔습니까?"

하였더니, 종직이,

"새 임금의 눈동자를 보니, 나처럼 늙은 신하는 목숨을 보전하면 다행이지 싶소."

하였다. 얼마 안 가서 무오·갑자년의 화가 일어나니, 사람들은 모두 그의 선견지명에 탄복하였다고 《축수편》은 전하고 있다.

《명신록》에 따르면,

"김종직과 동향이던 선산 출신이자 문무 겸전의 호걸이던 박영이 처음 과거에 올라 선전관이 되었을 때, 폐주가 성종이 기르던 어린 사

슴을 쏘아 화살을 꽂은 채 피 흘리는 것을 보고는, 그날 바로 병을
핑계하고 고향으로 돌아갔으니, 그 당시에 기미를 알고 미리 간 이
는 오직 송당(松堂) 한 사람뿐이다."

라고, 전하고 있다.

일찍이 성종이 기르던 사향 사슴 한 마리가 길이 잘 들어 곁을 떠나
지 않았다. 어느 날 폐주가 성종 곁을 모시고 있었는데, 그 사슴이 폐주
에게 다가와 핥으니, 발로 그 사슴을 차버렸다.

이에 성종이 언짢아하면서,

"짐승이 사람을 따르는데 어찌 그리 잔인스러우냐."

하였다. 훗날 성종이 세상을 떠나고 폐주가 왕위에 오르자, 그날 손수 그
사슴을 쏘아 죽였다고 《오산설림》은 전하고 있다.

《해동야언》에서,

"연산군 재위 10년 갑자에 팔도의 크고 작은 고을에서 기생을 뽑아
운평(運平)이라 부르고, 3백 명을 뽑아 한양으로 데려오게 하였는데,
임사홍을 채홍사로 삼았다. 임사홍이 백성들에게 심한 해독을 끼치
니, 길 가는 사람도 그를 흘겨보았다. 대궐 안으로 뽑아 들인 여자가
처음에는 백 명 정도였던 것이 나중에는 만 명이나 되었다. 대궐 안
에 들어온 운평을 흥청(興淸)·계평(繼平)·속홍(續紅)이라고도 했는데,
가까이 모신 자는 지과흥청(地科興淸), 임금과 동침한 자는 천과흥청
(天科興淸)이라 하였고, 흥청의 보증인을 호화첨춘(護花添春)이라 하
였다. 대신들을 팔도에 보내어 홍준체찰사(紅駿體察使)란 칭호를 띠
고, 서울과 지방의 공천(公賤) 처첩이나 창기까지 전부 찾아내, 각 원
(院)에 나누어 두게 하였다. 흥청과 운평들이 쓰는 화장 도구의 비용
을 모두 백성들에게서 거두어들이니, 백성들의 재산이 거의 없어지
게 되었다."

라고 한 바와 같이, 연산군의 폐정이 날이 갈수록 심해졌다.

홍청망청이란 말이 여기에서 유래되었듯이, 폐주가 새로운 명칭과 칭호를 많이 만들었으니, 장악원을 고쳐 계방원(繼芳院)이라 하였고, 그 소속 악공들을 광희(廣熙)라 불렀다. 기녀를 운평이라 했다가 승격시켜 가흥청(假興淸)이라 하고, 또 한차례 승격시켜 흥청이라 하고, 운평의 뒤에 들어온 자는 속홍(續紅)이라 하였다. 입는 옷은 아상복(迓祥服)이라 하고, 거처하는 곳을 연방원(聯芳院)이라 하였으며, 원각사를 그 국(局)으로 삼았다. 또 성종 부마 의성위 남치원의 집을 함방원(含芳院), 제안대군 집을 뇌양원(蕾陽院), 견성군 집을 진향원(趁香院)이라 하여, 흥청과 광대들에게 나누어 살게 했다. 특별히 뽑힌 자는 취홍원(聚紅院)에 거주하게 하였는데, 명정전 오른쪽 숙장문에 있었다.

흠청각과 회록각을 두어, 일찍이 임금과 동침한 자를 이곳에 살게 했다. 늙은 나인이 자는 곳을 두탕호청사(杜蕩護淸司), 흥청의 식료품 저장하는 곳은 호화고(護華庫), 식품 공급을 맡은 곳을 전비사(典備司), 초상 장사에 관한 일을 맡은 나인이 있는 곳을 추혜서(追惠署), 제사에 관한 일을 맡은 나인이 있는 곳은 광혜서(廣惠署)라 했는데, 효사묘(孝思廟)에 있었다. 포염사(布染司)를 설치하여 아상복(迓祥服)을 감독·제조케 하고, 봉순사(奉順司)를 설치하여 사냥하는 그물과 도구를 실어오게 하였으며, 응방에는 고안관(考按官)과 응사군(鷹師軍)이 있었다. 말 기르는 곳을 운구(雲廏 : 정릉)·기구(麒廏 : 사복시)·인구(麟廏 : 경복궁)·용구(龍廏 : 금호문 밖)라 하고, 의금부 당직청을 밀위청이라 하였다. 왕의 사명을 받들고 가는 자는 모두 승명이라 일컫고, 아름다운 여자와 좋은 말을 각도에서 찾아내는 자를 채홍준사, 나이 어린 여자를 찾아내는 자를 채청사(採靑使)라 하였다. 죄인을 섬에 감금하는 자를 진유근리사(鎭幽謹理使), 백성을 착취하고 온갖 물건을 독려해 거두는 자를 모두 위차(委差)라 하였다.

패악을 비난하는 자가 있을까 염려하여, 모든 관원에게 패를 차도록 하였는데,

"입은 재화를 오게 하는 문이고[口是禍之門], 혀는 몸을 베는 칼이다
[舌是斬身之刀]. 입을 다물고 혀를 깊이 간수해야 몸이 편안하여, 가는
곳마다 견고하리라."

라는 내용이었다. 명을 받아 밖으로 나가는 자는 모두 승명패를 차게 했으니, 그 가장 빠른 것은 추비전(追飛電)이라 하고, 그 승명이 가는 앞길을 범하는 자가 있으면 죄가 사형에 이르렀다.

연산군이 대신들을 팔도에 보내어, 사족 처녀들 모두 거두어 오게 하고, 그것을 채청사라 불렀는데, 채청사가 미처 돌아오지 못하고 중종이 왕위에 올라 연산의 더러움을 제거했으니, 이를 두고 《소문쇄록》에서는 참으로 기이한 일이라고 밝히고 있다.

《순자》의 〈왕제편〉에, 채청(採淸)을 닦아 도로를 깨끗이 한다는 말이 있는데, 그 주석을 보면,

"채(採)는 그 더러움을 버리는 것이고 청(淸)은 청결하게 한다는 것이
니, 모두 도로에 널려있는 더러움을 제거함이라."

한 때문이었다.

폐주가 오락 즐기는 장소를 만들고자, 성균관에 모셔진 공자 이하 위패까지 고산암에 옮겼다가, 태평관으로 옮긴데 이어 장악원으로 옮겼으니, 순서도 없던 위패에다 깨끗치 못한 곳에 쌓아 두어 오랫동안 제사까지 폐하였음은 말할 것도 없거니와, 강당과 제사 올리는 집들이 흥청의 음탕한 놀이 장소로 변해 신과 사람이 함께 분노했다.

소혜왕후[인수대비] 초상에 역월지제(易月之制)를 내세웠으니, 삼년상 기일을 짧게 줄이기 위함이었다. 정현왕후가 예에 어긋남을 이유로 따를 수 없다 하자, 폐주가 몹시 성내며,

"부인은 남편이 죽은 뒤에는 아들을 따라야 한다."

는 말로 대답하니, 왕후는 탄식하였다. 선왕 제사날도 음악을 듣고 고기 먹기를 평시와 같이하였다.

폐주는 한양의 동쪽과 북쪽 백리 거리에 푯말을 세워, 관사와 민가를 헐어 통행을 금지하고, 이를 범한 자는 사형에 처하였다. 어느 날 또 명을 내려, 서쪽과 남쪽 백리까지 푯말을 세우니, 조정과 민간에서는 시사에 대한 말을 기휘(忌諱)로 알아, 문득 말하는 자는 불측한 죄를 당하였다. 이때 박원종이 경기 감사로 있었는데, 분연히 글을 올려 말한 바가 있었다.

궁궐 후원에다 응준방을 두고, 팔도의 매·개·진귀한 새·기이한 짐승을 모두 잡아다가 기르고, 민간의 배를 빼앗아 경회루에 띄워 그 위에 채색 누각을 지어, 첫째 것은 만세(萬歲)라 하고, 둘째 것은 영춘(迎春), 셋째 것은 진방(鎭邦)이라 하였으니, 세 누각이 산처럼 높이 솟구쳐 웅장하고 화려하였다.

이를 놓고 폐주 자신이 율시 한 수를 지었으니,

웅장한 산봉우리 공중에 솟구치니 / 壯氣仙峯聳碧霄
신령스러운 자라와 학이 때맞추어 조화를 이루네 / 神鰲靈鶴應詩稠
여러 영준이 함께 잔치하니 충성스러운 마음이 합쳐지고 / 羣英咸宴忠
膓合
외로운 귀신이 잡혀 갇히니 간사한 폐부가 타는구나 / 孤鬼幽囚譎腑焦
안개 누각·구름 창에 용선이 아득하고 / 霧閣雲牕龍舸逈
무지개 사다리에 노래와 피리소리 봉루(鳳樓)가 까마득하네 / 虹梯歌管
鳳樓遙
누가 오락하려고 백성의 힘을 괴롭힌 것이냐 / 是誰留玩勞民力

하였다. 또 그네 놀이를 설치하여 여름이 지나도 걷지 않았다.

도성 백리 안을 사냥 장소로 만들어, 개인 날이나 비오는 날이나 항상 내시 하나만 거느리고, 말을 타고 갔다 왔다 하였다. 따로 응사 만여 명을 두어 사냥하는 데 따라 다니게 하였다. 저자도·제천정·장단석벽·장의사의 수각·영치정·경회루·후원 등에서 흥청을 데리고 밤낮으로 놀았는데, 이것을 작은 거동이라 일컬었다. 광주·양주·고양·양천 등의 고을을 폐지하여, 그 고을의 백성을 모두 쫓아 버리고 내수사 노비들을 살게 하였다. 또 나루 건너는 것을 금하여 노량진으로만 다니게 하니, 길 가는 나그네가 매우 고통스럽게 여겼으며, 나무꾼도 끊어졌었다.

궁전을 크게 건축하였으므로 군사들도 부역을 치르게 되니, 민간에 소동이 일어나고 굶어 죽는 사람이 많이 생겨, 숭례문 밖과 노량진 사이에 송장이 산더미처럼 쌓였다. 폐주도 스스로 자신이 옳지 못함을 알고는 말하는 사람이 있을까 두려워하여, 경연을 폐지하고 사간원과 지평 두 사람을 폐지하고, 소를 올리고 신문고 두드리는 일들을 모두 폐지시켰다.

연산군 11년에 광주 사람 중에 난언 죄를 지은 자가 있어 고을을 폐하였고, 봄에 서총대를 쌓았다. 《소문쇄록》에 따르면, 성종 때 후원 뜰에 아홉 가지가 뻗은 파[葱]가 돋아, 이를 서총(瑞葱)이라 부르면서 돌을 쌓아 재배하였는데, 폐주 때에 대를 쌓아 음란한 놀이 장소로 만들어 그 이름을 서총대라 하였다. 대를 쌓을 적에 충청·전라·경상도의 군사와 백성들을 강제로 동원하여 고역을 지웠으며, 세금으로 부담하는 베가 너무 많아 옷 속에 든 솜까지 꺼내어 베를 짰으니, 그 빛깔이 거무죽죽하게 절었고 자수까지 짧았다. 이로 인하여 품질이 나쁜 무명베를 서총대 포라 부른다고 하였다.

폐주가 일찍이 내시를 보내어,

"대간으로 하여금 기생들이 부를 가사를 지어 바치게 하라."

하였다. 여러 관원들이 글을 지을 생각을 하고 있을 때 대사헌 이자건 홀로 아뢰기를,

"기생을 위하여 시를 짓는다면, 성덕에 누가 될까 두렵습니다."

하니, 폐주는 즉시 글짓는 것을 그만두게 하였다.

사헌 집의 이계맹이 붓을 던지며 탄식하기를,

"공의 말이 아니었더라면, 아마 우리들이 뒷세상의 비난을 면치 못
하였을 것이다."

하였음을 《양곡집》은 전하고 있다.

폐주가 유흥을 즐길 적에 문관과 유생들을 임금이 타는 가마인 연(輦)을 메는 인부로 차출했다. 어떤 사람이 대간도 차출해야 하는지를 물었더니, 대간도 예외를 둘 수 없다 하였다. 이에 놀러 가는 곳마다 연을 메고 갔으며, 때로는 글을 짓게 하고 상을 주었으니, 글하는 선비들의 치욕이 극에 달하였다.

《동각잡기》에 따르면, 조광조가 일찍이 중종에게,

"연산군이 유생들에게 연을 메게 했는데도, 부끄러운 줄 모르고 붓
과 벼루를 소매 속에 넣고 다니면서 상 받기를 희망하여, 선비의 기
습이 크게 무너졌으니 어찌 한심한 일이 아니겠습니까. 지금 마땅히
선비의 기습을 고치고, 추향(趨向)을 바로 잡는 일을 급선무로 해야
겠습니다."

하였다고 전한다.

폐주가 궁중에서 잔치를 벌일 적에 사대부 아내들까지 참석시켜, 옷
섶에 이름을 쓰게 하고 얼굴이 예쁜 자는 나인을 시켜 단장이 잘못되었

다고 핑계하여, 구석진 방으로 끌어들였다. 남녀 관계 행실이 갈수록 추잡하여져, 선왕의 궁녀나 외명부까지 궁정에 잔치를 베풀어 주고, 예쁜 자는 문득 끌어들여 간통하였다. 부끄러움이 없는 부인들은 궁중에 남아 있기를 원하기까지 하였는데, 그중에 사랑을 받은 자는 자주 불러들여 유숙시켜 내보내고, 그 남편은 벼슬을 승진시켜 주었다. 세자를 보호해 주라는 핑계로 월산대군 부인 박씨[박원종 누이]를 대궐로 끌어들여 강간하고, 그 관과 의복을 특이하게 하여 은으로 만든 도서(圖書)를 쓰게 하여, 품계를 비빈과 같이 대우하니, 박씨는 부끄러워 자살하고 말았다.

판서 윤순의 부인 이씨는 종실의 딸인데, 폐주에게 사랑을 받았다. 중종 갑술년에 사헌부와 사간원에서,

"윤순이 연산군에게 사랑을 입어 과거에 오른 지 5년 만에 자헌대부로 승진되었으며, 그 아내 또한 연산군의 사랑을 입어 대궐에 드나들어 자못 추잡한 소문이 있었으니, 사람들이 윤순의 승진을 두고 계집 판 값이라 하였습니다. 지금에 와서도 벼슬이 그대로이고, 그 아내도 그 전처럼 대우하고 있으니, 뭇 사람의 평판이 비루하게 여겨 비웃고 있습니다."

라고 아뢰었다.

그 후에 조광조가 사간원 정언이 되었는데,

"음탕하고 더러운 물건이 혹시 대례(大禮)에 참예될까 염려되니, 성밖으로 내쫓아 버리고 성안에 머물러 있지 못하도록 하소서."

하니, 중종이 허락하였다.

생원 황윤헌의 첩이 예쁘고 가야금을 잘 타니, 구수영이 빼앗아 폐주에게 바쳤다. 폐주가 매우 사랑했으나, 성질이 사납고 괴팍한 데다 말하고 웃는 것을 좋아하지 않았으므로, 전 남편을 생각해서 그런 것이라 여기고 드디어 황윤헌을 죽여 버렸다.

최유회 딸이 가야금을 잘 타더니, 정승 한치형이 끌어다가 구사(丘史)의 비(婢)를 만들고 그와 관계하였다. 뒤에 여자를 뽑아 올릴 적에 임숭재와 신항이 다투어 이 여자를 추천했는데, 구수영이 먼저 빼앗아 바치자 폐주가 매우 사랑하여 숙의로 봉하였다. 어느 날 연회를 하는데 최유희 딸이 갑자기 머리를 풀어 통곡하므로 놀라서 물으니,

"아버지가 병들어 죽었다는 소식을 들었습니다."

하였다. 폐주가 노하여 내시를 시켜 살펴보게 하였더니, 최유회가 병은 깊었으나 죽지는 않았는데, 폐주가 노했다는 말을 듣고 목매어 죽고 말았다. 내시가 돌아와 보고하니, 혹시 거짓으로 죽었거든 반드시 형벌에 처하라는 명을 내리었다. 형벌을 맡은 관원이 송장을 매어 놓았다가 이튿날 아뢰니, 술이 깬 폐주가 후하게 장사지내 주라 한 후에 참의 벼슬을 추증했다고 《소문쇄록》은 전하고 있다.

성세정이 영남 감사로 있을 적에 상주 기생을 사랑하여 집에 데려다 두었더니, 폐주가 그 기생을 뽑아 들여 매우 사랑하였다. 어느 날 폐주는 그 기생에게,

"너는 성세정이 보고 싶으냐?"

하는지라, 기생이 아뢰기를,

"어찌 그런 마음이 있겠습니까. 그가 저를 집에 두었지마는 사나운 아내를 무서워하여 서로 왕래가 없어 저를 외롭게 하고 괴롭혔으므로, 어느 때나 마음이 상하지 않은 적이 없었습니다."

하였더니, 폐주가,

"그렇다면 죽이고 싶으냐?"

하자, 기생이,

"죽이는 것은 통쾌하지 않사오니, 반드시 곤장을 쳐서 변방으로 귀양보내 갖은 고생을 시킨 뒤에 죽여 주십시오."

하였다. 폐주가 웃으면서 그 말에 따라 세정을 세 번이나 옮겨 귀양보내 거의 죽을 뻔했으나, 중종이 왕위에 오르자 바로 풀려났다.

조선 선조 때 문신 학자 윤기헌이 여러 가지 야사를 모은 《장빈호찬》에 따르면, 총애받던 기생 하나가 그 동료에게,

"지난밤 꿈에 예전 주인을 보았으니 매우 괴상한 일이구나."

하였더니, 이를 들은 폐주가 즉시 작은 쪽지에 무엇을 써서 밖에 내보낸 뒤에 궁인 하나가 은쟁반을 받들어 바친지라, 그 기생에게 열어 보게 하였더니, 그 남편의 머리였다. 그런 후 폐주는 그 기생까지 아울러 죽여 버렸다고 전한다.

폐비 윤씨의 복위

성종 기유년에 왕비 윤씨에게 사약을 내려 자결하게 했는데, 사약을 받기 전에 윤씨가 눈물을 닦아 피 묻은 수건을 그 어머니 신씨에게 주면서,

"우리 아이가 다행히 목숨이 보전되거든 이것을 보여 나의 원통함을 말해 주고, 또 거둥하는 길옆에 장사하여 임금의 행차를 보게 해 주시오."

하므로, 건원릉 길 왼편에 장사하였다.

인수대비가 세상을 떠나자 신씨가 나인들과 내통하여, 연산주의 생모 윤씨가 비명으로 죽은 원통함을 은밀히 호소하면서 그 피 묻은 수건을 올리니, 폐주는 일찍이 정현왕후[자순대비]를 친어머니인 줄 알고 있다가, 이 말을 듣고 깜짝 놀라며 매우 슬퍼하였다. 시정기를 살펴보고 화

를 내어, 그 당시 의논에 참여한 대신과 심부름한 사람 모두 관을 쪼개어 시체의 목을 베고 뼈를 부수어 바람에 날려 보냈다고 《기묘록》은 기술하고 있다. 갑자사화의 참혹함이 폐비 사건에 연유된 것임을 말한 것이다.

이를 놓고 《파수편》에서는,

"윤씨가 죽을 때에 사약을 토하면서 목숨이 끊어졌는데, 그 약물이 흰 비단 적삼에 뿌려졌다. 윤씨의 어미가 그 적삼을 전하여 뒤에 폐주에게 드리니, 폐주는 밤낮으로 적삼을 안고 울었다. 그가 장성하자 그만 심병(心病)이 되어 마침내 나라를 잃고 말았다. 성종이 한 번 집안 다스리는 도리를 잃게 되자, 중전의 덕도 허물어지고 원자 또한 보전하지 못하였으니, 뒷세상의 임금들은 이 일로 거울을 삼을 것이다."

라는 경계의 말을 전하고 있다.

조선 선조 때 이제신은 그의 저술 《아성잡기》에서,

윤씨가 폐위된 뒤에 세자가 어느 날 거리에 나가서 놀다 오겠다고 하여, 성종이 허락하였더니, 세자가 저녁 무렵 대궐로 돌아오자 물으시길,

"네가 오늘 거리에 나가서 놀 때 무슨 기이한 일이 있더냐?"

라고 하니 폐주는,

"구경할 만한 것은 없었습니다. 다만 송아지 한 마리가 어미 소를 따라가는데, 그 어미 소가 소리를 내면 그 송아지도 문득 소리로 응답하여 어미와 새끼가 함께 살아 있으니, 이것이 가장 부러운 일이었습니다."

라고 대답한지라, 성종은 이 말을 듣고 슬피 여겼다. 대개 연산군이 본성을 잃은 것은 윤씨가 폐위된 데 원인이 있는 것이지만, 왕위에 처음 올랐을 때는 자못 슬기롭고 총명한 임금으로 일컬어졌다라고 하였듯이, 폐

주가 이미 세자 시절부터 어머니에 관한 일을 어렴풋이 알고 있었다는 점을 기술하기도 했다.

《부계기문》이나 《소문쇄록》에 따르면,

폐비 윤씨를 복위하고 무덤을 옮기려는 의논이 쉽지가 않았으니, 재상들에게 의견을 수렴하게 하였음에도 잔혹하게 사람을 마구 죽이므로 감히 다른 의견을 내지 못하였다. 그런데 예조 참판 신종호만이 홀로 의견을 내어 주장하기를,

"폐비가 선왕(성종)에게 죄를 얻어 유교(遺敎)가 지금 분명히 기록되어 있으니, 구익부인(鉤弋夫人)이나 견후(甄后)와 같은 처지로 논의할 수 없습니다."

라고 하였으니, 그 의논이 매우 올곧았다. 비록 임금의 위엄이 무서웠으나 조금도 기세가 꺾이지 않았으니, 포악한 폐주로서도 죄를 주지 못하였다라고 기술하고 있다.

구익부인이란 한 무제의 후궁 조첩여를 말함이니, 장성한 아들이 없던 한 무제는 뒤늦게 후궁 조첩여가 낳은 아들을 후계로 삼았다. 그런 후 조첩여가 황제 모친으로 정권에 간여하여 권력을 남용할까 염려하여, 사랑하는 부인임에도 사약을 내려 죽게 했던 고사를 인용한 것이었다. 견후는 위나라를 세운 조비[문제]의 황후인데, 후일 황제가 찾지 않은 소외감으로 원망하는 말을 자주하게 되자 자살을 명했다. 아들 조예가 황제에 오르자 생모 명예를 회복시키어 문소황후로 추증하였으니, 이런 고사들를 들어 성종이 윤씨를 폐한 것과 같지 않음을 항변한 것이었다.

폐비 윤씨 사당과 신주 세우기를 의논할 때, 신종호가 옛 제도를 근거로 아뢴 것을 좀 더 구체적으로 확인해 보면,

"장사를 지낼 때는 반드시 신주를 만들어 귀신을 편안하게 하고 사당을 세워서 제사를 받드는 법입니다. 윤씨가 전하를 낳아서 길렀으

니, 마땅히 사당을 높여서 받들어야 될 것입니다. 그러나 선왕께 죄를 얻었으니 예를 상고해 보면 옳지 못한 점이 있습니다. 삼가 살펴보건대, 한나라 소제는 생모 조첩여를 위하여 원읍(園邑)을 두고, 또 장승을 시켜 지키기를 법대로 하였지마는, 사당을 세웠다는 것은 상고할 데가 없습니다. 위현성의 전기에, 효소태후[조첩여]의 침사원을 수리하지 말라고 하였으니, 그렇다면 다만 침사만 있고 사당이 없는 것은 분명한 일입니다. 위 명제의 생모 견후는 신하들이 주나라 강원의 예에 의거하여 침묘 세우기를 청하니, 그 의견을 옳다 하였습니다. 대체 강원은 제곡의 비이고 후직의 어머니였습니다. 주 나라에서 후직을 높여서 시조를 삼았으니, 강원은 배향할 데가 없으므로 특별히 사당을 세워서 제사 지냈던 것입니다. 견후와 강원은 그 일이 같지 않은데, 억지로 끌어다 보기로 삼았으니, 대개 당시에 억지로 끌어댄 말이었습니다. 하물며 한 무제와 위 문제는 모두 유교(遺敎)가 없었으니, 지금의 일과는 같지 않습니다. 폐비는 이미 종묘와는 관계가 끊어졌으니, 전하께서 사사로운 은혜로써 예를 어겨서는 안 될 것입니다. 비록 사당과 신주를 세우지 않고, 묘에만 제사 지내도 효도를 다할 수 있을 것입니다."

라고 한 내용이었다.

이 의논이 비록 행해지지는 않았으나, 다른 여러 의논이 능히 이 의견을 누르지는 못하였다. 이때 연산군은 대대적으로 위협을 가하여 아랫사람 입을 막으니, 임금의 하고자 하는 일을 감히 거스르지 못하였다. 그런데 홍문관 교리 권달수가 분개하여,

"이것은 선왕의 뜻이 아닙니다."

라고 하였다. 홍문관에서도 감히 다른 의견을 내지 않으니, 폐주가 노하여 그들 모두 곤장을 쳐서 귀양 보냈다.

연산군이 폐비를 위하여 효사묘를 세우니, 대사헌 김심도 여러 대관을 거느리고,

"선왕의 뜻이 아닙니다."

라고 고집하여, 뜰에서 10여 일이나 버티고 섰으나 피로한 기색을 보이지 않았다.

이에 폐주가,

"전 대사헌은 어머니와 아들 사이의 정의를 알았는데, 그대는 홀로 알지 못하니 어쩐 일이냐?"

라고 나무라니, 김심은 곧바로,

"전 대사헌은 다만 어머니가 있는 것만 알고, 아버지가 있는 것은 알지 못했습니다."

라고 대답하였으니, 당시의 사람들이 이 말을 모두 옳게 여겼다고 《동유사우록》은 후세까지 전하고 있다.

폐주가 결국 그 어머니 윤비 묘를 봉하여 회릉(懷陵)이라 하였다.

이를 놓고 대사간 강형이,

"선왕께서 금하신 것입니다."

라고 간하니 폐주는 매우 노하였는데, 갑자년 봄에 이르러서 그 전에 법을 들어 논하던 자를 모두 죽일 때, 강형의 일족도 남김없이 멸망시켰다고 《미수기언》은 기록하고 있다.

연산군 10년 갑자년 봄에 폐주는 어머니 윤씨가 내쫓겨 죽은 것을 깊이 한탄하여 선대의 옛 신하들을 거의 다 죽였다. 또 윤씨를 높여 그 휘호를 극진히 올리고자 하여 조정의 신하들에게 의논하니, 모두들 지당하다고 대답하였지만, 응교로 있던 이행이 동료들과 의논하여,

"추숭하는 전의식(典儀式)을 예에 따라 이미 극도로 다했는데, 지금 다시 더 올릴 수 없습니다."

라고 하니, 폐주가 크게 노하여 잡아서 국문케 하고, 의논을 먼저 주창한 사람을 사형에 처하려고 하니, 이를 면하려는 사람들이 힘써 변명하기를 마지않았다. 이때 응교 권달수는 밖에서 잡혀 나중에 끌려 와서는,

"먼저 말한 사람은 나요, 이행은 아닙니다."

하였다. 이에 권달수는 죽음을 당하고 이행은 곤장을 맞고 충주로 귀양가게 되었다.

권달수가 폐비의 사당 세우는 것은 선왕의 뜻이 아니라고 앞장서서 말했으니, 그 뒤에 폐주의 노여움이 더욱 심하였다. 홍문관과 대간 중에서 그 의논을 먼저 발언한 자를 사형에 처하려고 하여, 지나간 일을 다시 조사하여 먼저 말한 사람을 캐내어 날마다 가혹한 형벌을 가하니, 모두 먼저 죽은 사람에게 책임을 미루어 땅 밑의 송장을 파내고 관을 쪼개면서까지 자기 죽음을 구차스럽게 면하려고 했는데, 권달수 홀로 자기가 했다고 책임지는 자세를 보였다. 대간 가운데 먼저 말한 사람과 함께 옥에 오랫동안 갇혀 있었는데, 옥리(獄吏)가 그를 불쌍히 여겨,

"홍문관과 대간 양편이 다 죽는 것보다는 한편이 책임을 지고 한편은 사는 것이 좋지 않을까요?"

하니, 사헌부 관원은 옥리의 뜻을 받아 들여, 홍문관이 사헌부보다 먼저 말했다고 하였다. 이에 권달수는 눈을 부릅뜨고 한참 눈여겨보면서,

"아무개야 아무개야. 네가 과연 나를 본받을 수 있으랴."

하고는 즉시 붓을 휘둘러 공초를 쓰기를,

"불초신 달수가 감히 이 말을 했으므로 구차히 숨겨서 살려고 하지 않습니다."

고 하였는데, 다 쓰고 난 뒤에도 얼굴빛도 변하지 아니했다. 술을 주니 다 마시고는 형장에 나아갈 때도 평소와 다름이 없었으니, 사람들이 탄식하고 슬퍼하지 않는 이가 없었다고 《용천담적기》에서 기술하고 있다.

사초가 몰고 온 피바람

이정형의 《동각잡기》에 따르면, 류자광이 일찍이 함양군에서 놀다가 지은 시를 군수에게 부탁하여 나무 판에 새겨 벽에 걸어 두었다. 후에 김종직이 이 고을 군수로 와서 현판을 떼어 불태워 버리면서,

"자광이 어떤 놈이기에 감히 이럴 수 있느냐."

한 적이 있었다. 이에 자광은 몹시 분하여 이를 갈면서도 김종직이 한창 임금의 신임을 받을 때인지라, 도리어 교분을 맺어 종직이 죽자 제문을 지어 울면서, 왕통(王通)과 한유(韓愈)에 비유하기까지 하였다.

김일손은 일찍이 김종직에게 가르침을 받았다. 이극돈이 전라 감사로 있을 때 성종의 국상을 당하였는데, 한양에 향을 바치지도 않고 기생을 싣고 다닌 일이 있었다. 김일손이 이 사실과 또 뇌물 먹은 일을 사초에 썼더니, 이극돈이 고쳐 주기를 청했으나 이를 거절하자, 김일손에게 감정을 품고 있었다고 《국조기사》는 전하고 있다.

김일손이 헌납이 되어 권세 있는 사람을 꺼리지 않고 할 말을 다 하며 글을 올려,

"이극돈과 성준이 서로 사이가 좋지 않아, 장차 우승유(牛僧儒)와 이
덕유(李德裕)처럼 당을 만들 것이다."

라고 논하니, 이극돈이 크게 노하였다.

후에 《성종실록》을 편수하기 위해 실록청이 열리자, 당상이 된 이극돈이 김일손 사초에 자기의 비행과 세조 때의 일을 쓴 것을 보고, 이를 보복하고자 하였다. 어느 날 다른 사람을 물리치고 총재관 어세겸에게,

"김일손이 선왕(先王 세조)의 일을 거짓으로 꾸미고 헐뜯었으니, 신하
로서 이 같은 일을 보고서 임금께 알리지 않는 것이 옳겠습니까. 나
의 생각에는 사초를 봉하여 위에 아뢰어서 처분을 기다리면 우리들

은 후환이 없을 것입니다."

하니, 어세겸은 깜짝 놀라면서 답하지 아니하였다. 얼마 뒤에 극돈이 류자광에게 의논하니, 자광은 소매를 걷어 올리고 팔뚝을 뽐내면서,

"이것이 어찌 의심하고 주저할 일입니까."

하고는, 노사신·윤필상·한치형을 찾아가, 세조에게 받은 은혜를 잊을 수 없다는 점을 먼저 말하여 마음을 움직여 놓은 뒤에 그 일을 말하였다.

대개 노사신과 윤필상은 세조의 총애를 받던 신하이고, 한치형은 그 족당이 궁중에 연관되었으니, 반드시 자기 말에 따를 것으로 알고 말했던 것인데, 세 사람은 과연 모두 그 말을 따랐다.

이들이 함께 차비문 밖에 나가서 도승지 신수근을 불러내 귀에 대고 한참 동안 이야기하고 임금께도 아뢰었다. 이전에 신수근이 승지로 될 적에, 대간과 시종신들은 외척이 권력 잡을 발단을 줘서는 안 된다고 힘써 간하였더니, 신수근은 이들에게 감정을 품고 일찍이 다른 사람에게,

"조정은 문신들의 수중에 있는 물건이니 우리들은 무엇을 하겠는가."

하였다. 이때에 와서 김일손 등에 대한 여러 사람의 원한이 뭉쳐지고 있었다. 또 폐주가 시기하고 포학하여 학문을 좋아하지 않는 까닭에, 글하는 선비를 더욱 미워하여,

"명예를 구하고 임금을 능멸하여 나를 자유스럽지 못하게 한 자는 모두 이 무리들이다."

라는 말을 하면서, 항상 마음이 답답하고 불쾌하여 한 번 통쾌하게 처치했으면 하면서도, 감히 손을 대지 못하던 차에 류자광 등이 아뢴 말을 듣고는,

"나라에 충성한다."

라고 특별히 칭찬한 후, 남쪽 빈청에서 죄인을 국문하도록 명했다. 내시

김자원을 시켜 왕명 출납을 맡게 하고, 나머지 사람은 참여해 듣지 못하게 하자, 사관 직무를 맡은 검열 이사공이 뵙기를 청했으나, 허락하지 않았던 사실을 남곤은 《류자광전》을 통해 밝혀내고 있다.

의금부 경력 홍사호와 도사 신극성에게 명하여 김일손을 잡아오게 하였다. 이때 김일손은 풍병(風病)으로 고향집에 있다가 잡혀 왔다. 김일손을 국문할 때,

"사초에 어찌하여 선왕의 일을 거짓으로 꾸며 썼느냐?"

하니 진술하기를,

"사기(史記)에 '이보다 먼저[先是]'란 말도 있고, '처음에 이르되[初云]'란 말도 있으므로, 세조 때의 일을 추기(追記)했으며, 덕종[의경세자]의 귀인 권씨의 일은 귀인의 조카인 허반에게 들었습니다."

하였다.

당시 문제가 된 내용은 두 가지 사안이었으니, 첫째는 김일손이 사관으로 직접 겪지도 않은 세조 때의 일을 기록했다는 것이고, 두 번째가 궁중비사이니, 덕종 후궁이던 권씨를 세조가 부르셨는데도 분부를 받들지 아니했다는 것이다.

또 소릉 회복을 청한 일을 국문하니,

"선왕께서 숭의전을 세우고 왕씨 후손을 봉하였던 것처럼, 성조(聖朝)에서 어진 정치를 원하였기 때문에 소릉을 복위하자고 말한 것입니다."

하였다. 김일손이 일찍이 충청 도사가 되었을 때 글을 올려 소릉을 회복하자고 청한 때문에 아울러 국문한 것이었다.

또 후전곡(後殿曲)의 일을 국문하니,

"옛날 서호(西湖 : 여의도 일대의 한강)에 있을 적에 무풍부정 총이 거문고를 가지고 찾아와서 후전곡을 타는데, 그 소리가 매우 애처롭고

슬퍼서 태평 세상의 음곡은 아니다 라고 논의한 일이 있었으므로 사
초에 쓴 것입니다."

하였다.

후전곡의 노랫말이나 곡조에 대해 알 수는 없다. 다만 후전(後殿)이란
낱말 뜻을 풀어보면, 임금의 자리에서 물러앉은 단종을 암시한 것으로
추정될 뿐이다. 무풍정 이총은 태종 후궁에게 태어난 온령군 손자인데,
김종직의 문하생이 되어 사림세력들과 교류가 깊었고, 그런 인연으로
생육신 남효온의 사위가 되었다. 그러하니 김일손과는 절친일 수밖에
없었다.

연산군은 사초를 함께 의논한 사람이 있느냐고 두 번 세 번 추궁했으
나, 김일손은 다만,

"신은 자백을 다 했으니 혼자 죽겠습니다."

하였다.

홍사호가 김일손 집을 수색하여 이목의 편지를 발견하였는데,

"그대[김일손]가 제출한 사초는 성중엄의 방(房)에 있는데, 중엄은 날
마다 일을 기록하지 않는 점을 들어 당상이 실록에 넣지 않으려 한
다고 말했으나, 나는 김 계운(季雲 : 일손의 자)이 글자 한 자도 빠뜨림
이 없이 다 기록했다고 말했다."

라는 내용이었다. 폐주가 홍사호에게 묻기를,

"김일손이 오는 도중에 무슨 말을 하더냐?"

하니, 홍사호가 아뢰기를,

"김일손이, '이것은 반드시 이극돈이 사초를 고발한 것이다. 극돈의
일을 내가 사초에 썼더니, 삭제를 요청한 청을 내가 듣지 않아 원한
을 품은 것이라.' 하였습니다."

라고 했다.

잡혀 온 허반이 공술하기를,

"덕종의 소훈 윤씨의 일이 의심이 나서 김일손에게 말했더니, 일손
이 필시 잘못 알고 권씨로 여긴 것입니다."

라고 했다.

이목 또한 공술하기를,

"노산군의 숙의 권씨는 바로 권람의 친족입니다. 그 논밭과 집과 노
비를 권람이 다 차지하고 숙의를 굶주리게 한 까닭으로, 신이 일찍
부터 권람을 하찮게 보았습니다."

라고 했던 사실을 《야언별집》은 전하고 있다.

서자 신분으로 벼슬길에 오른 류자광은 임금의 은택 입기를 희망하
여 온갖 수단을 다 썼으나 되지 않아 마음속으로 항상 불평을 품고 있었
다. 이극돈의 형제가 조정에서 권력을 잡고 있음을 보고는, 능히 자기 일
을 성취시켜 줄 수 있음을 알고 문득 몸을 굽혀 깊이 결탁하고자 하였다.

옥사가 흐지부지 끝날 것 같은 불안감에 휩싸인 류자광이 밤낮으로
죄 만들기에 골몰하던 중에, 하루는 소매 속에서 책 한 권을 내 놓으니,
김종직 문집이었다. 그 속에 수록된 〈조의제문〉과 〈술주시〉를 들추어
여러 추관들에게 보이면서,

"이것은 모두 세조를 가리켜 지은 것인데, 김일손의 악한 행실은 모
두 김종직이 가르쳐서 그렇게 된 것이다."

라고 했으니, 전자는 초나라 회왕이 항우에게 살해되어 강에 버려진 고
사에 빗대어 단종을 추모한 글이었고, 후자는 은유시인 도연명이 유유
(劉裕)가 임금을 죽인 죄를 꾸짖으면서 충분을 나타낸 시로 해석되어, 김
일손을 사지로 몰아 넣었을 뿐 아니라, 사건을 확대하고 말았다.

류자광은 글귀마다 상세한 주석으로 해석하여, 폐주로 하여금 알기
쉽게 아뢴 후,

"김종직이 우리 세조를 비방하고 헐뜯었으니 마땅히 대역부도로 논
죄하고, 그가 지은 글은 세상에 전파해서는 안 되니, 모두 불살라 없
애야 될 것입니다."
하였다. 폐주는 김종직의 시문을 간직하고 있는 자는 이틀 안으로 자진
해서 바치라 명하여, 빈청 앞뜰에서 불사르게 하고, 또 여러 도의 관사에
써 붙인 현판은 모두 떼어 없애게 하였다. 일찍이 성종이 김종직에게 환
취정(環翠亭) 기문(記文)을 짓게 하여 문 위에 걸었는데, 류자광은 이것도
아울러 떼어 버리도록 청했으니, 결국 함양의 원한을 보복하고야 말았
다.

류자광은 폐주의 노여움을 이용하여 한꺼번에 모조리 잡아 죽일 계
획으로 윤필상 등에게 눈짓하면서,
"이 사람들의 죄악은 무릇 신하된 우리로서는 한 하늘 밑에서 함께
살 수 없는 원수이니, 마땅히 그 무리들을 찾아내어 모두 죽여 없애
야만 조정이 맑고 깨끗해질 것이요, 그렇게 하지 않는다면 나머지
무리들이 일어나 얼마 안 가서 다시 화란이 생길 것입니다."
하니, 좌우에 있는 이들이 입을 다문 채 말이 없었다.

노사신은 손을 흔들며 말리기를,
"무령군[자광]은 어찌 이런 말까지 하시오. 옛날 당고(黨錮)의 일을 듣
지 못했습니까. 금고의 법망이 날로 혹독하여 선비의 무리들을 용납
하지 못하게 하였으므로 한나라도 뒤따라 망했으니, 청류의 의논이
마땅히 조정에 있어야 될 것이요, 청류의 의논이 없어지는 것은 나
라의 복이 아닌데, 어찌 틀린 말을 하시오."
하였더니, 류자광은 조금 기가 꺾이었으나, 범죄 사실에 관련된 사람은
남김없이 죄를 다스리고자 하였다.

노사신이 또 말리기를,

"당초에 우리들이 임금께 아뢴 것은 사초의 일뿐인데, 지금은 지엽으로 연루되어 사초 일에 관계되지 않은 사람도 갇힌 이가 날로 늘어나니, 이것은 우리들의 본 뜻이 아니오."

하니, 자광은 좋아하지 아니하였다.

죄를 결정하는 날, 노사신 홀로 의사가 같지 않으므로 류자광은 불쾌한 기색을 나타내면서 힐난하였다. 각자가 자신의 의견을 임금께 아뢰었지만, 폐주는 자광 의논을 따랐다.

이날 대낮인데도 캄캄해지며 비가 퍼붓고 큰 바람이 동남쪽에서 일어나 나무를 뽑고 기왓장을 날려 보내니, 성 안의 백성들이 엎어지고 떨지 않는 사람이 없었노라고, 남곤이 지은 《류자광전》은 전하고 있다.

《병진정사록》에 따르면, 이목이 태학(太學)에 있던 시절, 글을 올려 윤필상을 간악한 귀신이라 지목한 바 있고, 조순 또한 정언으로 있을 때 노사신을 논박한 일이 있었다. 사화가 확대되어 갈 무렵 윤필상은 일찍이 김종직의 문하에서 가르침을 받았다는 이유로 이목을 무함하여 죽인 후, 노사신에게,

"조순도 죽여야 될 것이오."

하였더니 노사신은,

"도대체 무슨 말을 하는 것이오?"

하고는 끝내 듣지 아니하였다고 한다.

연산군 재위 4년 7월 27일.

난역 신하를 처형했다는 사유를 종묘에 고하고는, 이어 사죄(赦罪)를 내외에 반포하였으니, 그 글에 이르기를,

"간사한 신하 김종직은 나쁜 마음을 품고 남몰래 그 무리들을 모아, 음흉한 계획을 시행하려고 한 지가 오래 되었다. 항우가 의제(義帝)를 죽인 일에 가탁하여 문자로 표현하여 선왕(세조)을 나무라고 헐뜯

었으니, 하늘에 닿을 정도로 악독한 죄를 털끝만큼 용서할 수가 없다. 대역죄로 논단하여 관을 쪼개어 송장의 목을 베게 하노라.

그 무리 김일손·권오복·권경유는 간악한 덩어리로 뭉쳐, 서로 호응하고 도와 그 글[조의제문과 술주시]을 칭찬하기를, 충분에서 나왔다고 사초에 기록하여 영원히 뒷세상에 전하고자 했으니, 그 죄가 김종직과 다름없다. 아울러 능지처참하도록 한다.

김일손은 또 이목·허반·강겸 등과 더불어 선왕의 일을 거짓으로 꾸며, 서로 전하여 말하고 사초에 썼으니, 이목과 허반도 목을 베어 죽이는 형벌에 처하고, 강겸은 곤장 백 대를 치고 가산을 적몰하여 먼 변방에 보내어 관노를 만들게 한다.

표연말·홍한·정여창·무풍부정 총 등은 난언죄를 범했고, 강경서·이수공·정희량·정승조 등은 난언을 알고도 고하지 아니하였으니, 아울러 곤장 백 대를 치고 3천 리 밖으로 귀양 보낸다.

이종준·최부·이원·이주·김굉필·박한주·임희재·강백진·이계맹·강혼은 모두 김종직의 제자로서 붕당을 만들어, 서로 칭찬하고 혹은 나라의 정치를 비판하고 세상 일을 비방했으니, 임희재는 곤장 백 대를 치고 3천 리 밖으로 귀양 보내고, 이주는 곤장 백 대를 쳐서 먼 변방에 부처시키고, 그 나머지 사람은 모두 곤장 80대를 쳐서 먼 지방에 부처시키되, 귀양 간 사람들은 모두 봉수·노간의 고된 역을 맡게 한다.

성중엄은 곤장 80대를 쳐서 부처시키고, 이의무는 곤장 80대를 쳐서 도년(徒年)에 처한다.

역사를 편수하는 관원으로서 김일손의 사초를 보고도 즉시 아뢰지 않은 어세겸·이극돈·류순·윤효손·김전 등은 관직을 파면시키고, 홍귀달·조익정·허침·안침 등은 좌천시킨다. 신하가 무장(無將)하고 이미 부도한 죄를 처단하였으니, 우레 소리 섞인 비가 내림으로써 마땅히 정국이 혁신되는 은혜를 입게 될 것이라."
하였다.

김일손이 처형되던 날, 그가 살았던 영남의 청도 고을에 큰 이변이 생겼으니, 동네 어귀를 가로지르는 강물이 갑자기 핏물로 변해 흘렀다는 것이다. 그리하여 그 냇가를 자계(紫溪)라 불렀고, 후일 선생을 배향하는 자계서원이 세워진 것도 그 때문이었다. 필자가 어릴 적에 물장구치던 바로 그 시냇물이 바로 자계였는데, 또 다시 핏물이 흐르지나 않을까 걱정되어 물속을 들어다 보고 또 들어다보던 기억이 생생하다.

난역 역신들 치죄를 끝냈다 하여 좌의정 한치형 등이 나아가 경하하였다.

윤필상·노사신·한치형 등에게는 각기 반당(伴倘) 10명·노비 13명·구사(丘史) 7명·밭 100결·옷의 안팎 감·구마(廐馬) 등 물건을 하사했고, 류자광 이하는 차등 있게 상을 내렸다. 의금부 도사들에게도 말을 하사하였다.

김종직의 죄를 추론할 적에 대간이 생전의 관작만 깎아 버리자고 청하였더니, 너무 가벼운 벌을 논했다는 이유로 모두 죄를 입었다. 조위가 편집한 《점필재문집》을 홍석견이 전라 감사로 있을 적에 간행하였는데, 조위는 연경에 가서 돌아오지 않았고, 홍석견은 류자광이 구원하여 중한 형벌을 면하게 되었다. 함양 사람들이 김종직 사당을 세우고자 할 때, 홍석견이, 그 제자들이 해야 할 일이지 고을에서 공적으로 의논할 일은 아니다 라고 하였으므로, 이런 이유로 류자광이 홍석견을 구해 준 것이라 《이세영일기》는 전한다.

이후로부터 류자광 위엄이 조정과 민간에 군림하였으니, 그를 독사처럼 대하여 감히 그 뜻을 거스르지 못하고, 유림들은 기운이 꺾여 발을 움직이지 못하고 눈치만 살필 뿐이었다. 학문하는 곳마다 두서너 달 동안에 글 읽는 소리가 끊어지고, 부형들은 서로 경계하기를,

"학문은 과거나 볼 만하면 그만이지 무엇 때문에 많이 하리오."

하였다.

류자광은 스스로 훌륭한 계책을 얻은 듯이 꺼리는 일이 없었으니, 이익만을 탐하고 부끄러움을 모르는 무리들이 문간에 가득 차게 되었다.

견식이 있는 이들이 가만히 탄식하기를,

"무술년의 옥사는 정인(正人)이 간악한 무리를 공격한 것이고, 무오년의 옥사는 간악한 무리가 정인의 무리를 죄에 빠뜨린 것이다. 20년 사이에 한 번은 이기고 한 번은 패했으니 나라의 치란도 이에 따라 달라졌다. 대개 군자가 형벌을 쓸 적에는 항상 너그러이 시행하는 데서 실수가 생기고, 소인이 원망을 보복할 적엔 반드시 남김없이 멸망시키고야 마니, 무술년에 군자들이 그 형벌을 끝까지 시행하였더라면 어찌 오늘의 화가 있으리오."

라고 했다는 이야기를, 문장가로 이름 높던 남곤이 《류자광전》을 통해 풀어냈다.

무술년 옥사란, 성종 재위 9년에 류자광이 현석규를 탄핵하다가 임사홍·박효원 등과 붕당을 이루려 한다는 이유로 경상도 동래에 유배되었던 사건을 말한다. 그러함에도 류자광에 대한 성종의 신임은 여전하여 공신녹권을 돌려줄 것을 명했으나, 신하들의 반대로 무산된 바가 있다. 유배된 지 2년이 흐르자, 류자광이 병든 모친을 가까이에서 모실 수 있게 해 달라고 탄원하여 남원으로 이배되었다. 그런 후 성종 16년에 결국 재서용 된 류자광이 그날의 앙갚음을 무오년에 하고 말았으니, 후세의 선비들이 이를 두고 한탄조로 던진 말이었다.

임사홍 폐행과 갑자년의 사화

임사홍의 아들 광재는 예종의 딸에게 장가를 들고, 숭재는 성종의 딸에게 장가들었다. 이를 빌미로 임사홍과 박효원이 결탁하여 간악한 짓을 많이 하므로, 성종은 그들이 정치를 어지럽게 할 사람인 줄 알고 쓰지 아니하였다. 숭재는 성질이 음흉하고 간사하기가 그 아버지 배나 더하였다. 남의 첩을 빼앗아 연산군에게 바치니, 매우 총애하여 그의 집에 자주 행차하였다. 이에 임사홍은 임금을 뵈옵고 울면서,

"폐비(연산군 어머니)는 엄숙의·정숙의 두 사람의 참소로 사약을 받게 되었습니다."

라고 하니, 임금은 드디어 두 사람을 죽이고 무도한 짓을 마음대로 행하여, 조정에 있는 신하 백여 명을 죽였으니, 지위가 높고 행동이 점잖은 사람과 명분 절의를 지키는 선비 중에 죽음을 면한 이가 드물었다. 이 일 모두가 임사홍이 사적인 감정을 품고 임금을 유도한 것이라고 《국조기사》는 기술하였다.

이리하여 임금은 갑자년(연산군 10) 봄에 그 어머니가 비명에 죽은 것을 분하게 여겨, 그 당시 논의에 참여하고 명을 수행한 신하를 모두 대역죄로 팔촌까지 연좌시켰으니, 그때 사약을 가져갔던 승지 이세좌 친족도 크게 화를 입었다.

임사홍과 관련하여서는 《축수편》에서도,

"우리 조정에서 많은 인재를 배양한 것으로 치자면 성종만한 임금이 없었으나, 다만 임사홍의 간사함을 알지 못하여, 채수 등이 임사홍을 논박할 때 그들을 함께 물리침으로 해서, 결국 임사홍의 간사함이 천천히 드러나 연산군의 음란하고 포악한 행실을 돕게 하여, 종사가 거의 위태할 뻔 했으니 애석한 일이다."

라고 한 바가 있다.

《미수기언》과 《풍암집화》에 따르면,

"윤필상·한치형·한명회·정창손·어세겸·심회·이파·김승경·이세
좌·권주·이극균·성준을 십이간(十二奸)이라 지목하여, 어머니를 폐
한 사건에 얽어매어 모두 극형에 처하였다. 살아있던 윤필상·이극
균·이세좌·권주·성준은 죽음을 당했고, 그 나머지는 관을 쪼개어
송장의 목을 베고 골을 부수어 바람에 날려 보냈으며, 심하게는 시
체를 강물에 던지고 그 자제들을 모두 죽이고 부인은 종으로 삼았으
며, 사위는 먼 곳으로 귀양 보냈다. 연좌되어 사형에 처할 대상자 중
에 죽은 자는 송장의 목을 베도록 하고, 동성의 삼종(三從)까지 장형
을 집행한 후 여러 곳으로 나누어 귀양 보내고, 또 그들의 집을 헐어
못을 만들고 비를 세워 죄명을 기록하였다."

라고 전하고 있다.

폐주의 음란한 행실과 잔학한 행위가 한창일 때, 어떤 사람이 언문으
로 폐주의 악행을 거리에 붙이자, 이를 본 연산군은,

"이것은 그 당시 죄를 입은 사람의 친족들이 한 짓이다."

라고 하여, 귀양 간 사람을 다 잡아다 곤장을 치고 참혹하게 고문하였을
뿐 아니라, 온 나라에 언문을 익히지 못하게 하였다.

이때 신수영이 임금에게 총애를 받아 권세를 부렸는데,

"익명서로 조정을 비방한 것은 죄를 지은 자들이 마음에 불평을 품
고 원망한 것입니다."

라고 하여, 드디어 갑자년에 사화가 있게 되었노라고 《동각잡기》와 《미
수기언》은 기록하고 있다.

봄에 응교 권달수와 이행 등을 옥에 가두었는데, 권달수는 사형에 처
하고 이행은 곤장을 쳐서 충주로 귀양 보냈다. 4월에 박은을 동래로 귀

양 보냈다가, 6월에 서울 옥으로 옮겨 가두어 혹독한 고문을 하고 마침내 사형에 처하였다.

엄 숙의와 정 숙의를 안뜰에서 마구 때려서 죽이고, 즉시 그 흔적을 없애 버렸다. 그의 아들 안양군 항(㤚)과 봉안군 봉(㦀)도 섬에 귀양 보냈다가 조금 후에 죽였다. 그런 후 명하기를,

"항과 봉은 이미 그 아내와 인연을 끊었으니, 그 아내는 다른 사람에게 시집보내라."

하였다.

이때 병들어 자리에 누웠던 소혜왕후[인수대비]가 갑자기 일어나 바로 앉으면서,

"이 사람들이 모두 부왕의 후궁인데 어찌 이럴 수 있습니까."

하니, 폐주가 자신의 머리로 들이 받았다. 이에 왕후는,

"흉악하구나."

하며 자리에 누워 말하지 아니하였다고, 《연산사적록》과 《소문쇄록》은 기록하고 있다.

구월 이십구일에 전교하기를,

"무오년 사초 사건으로 그 무리들을 지방으로 귀양 보냈는데, 그 당시에 간사하고 음흉한 무리들이 사사로운 정리로 죽일 자를 살리고 살릴 자를 도리어 죽였으니, 이 무리들을 두었다가 어디 쓸 것인가. 모두 잡아 오라."

하고는 이어 전교하기를,

"무오년의 무리들은 재주를 믿고 서로 결탁하여 조정의 일을 비난했으니, 난신을 처단하는 전례대로 모두 죄를 더 주어라."

하였다.

시월에 남효온을 추형(追刑)하여, 관을 쪼개고 시체의 목을 베었고, 그

아들 충세도 함께 죽었다. 이를 두고 《국조기사》에서는,

"성종 신묘년에 남효온이 소를 올려 소릉을 회복하자고 청하였는데, 이로 인해 이때에 와서 역적으로 지목되고, 죄 없는 사람도 얽어서 죄를 만들어 모두 죽였다. 갑자년의 사화는 무오년보다도 더 심하였다."

라고 하였다.

참찬 홍귀달, 응교 권달수, 주계군 이심원, 이조 정랑 이유녕, 정자 변형량, 전한 이수공, 사간 곽종번, 헌납 박한주, 사간 강백진, 응교 최부, 홍문 박사 성중엄, 좌랑 이원·김굉필·신징, 직제학 심순문, 대사간 강형, 직제학 김천령, 부제학 정인인, 정언 이주, 보덕 조지서, 승지 정성근, 현감 정여창, 정랑 성경온, 교리 박은, 참판 조위, 감사 권주, 정랑 강겸, 승지 홍식, 환관 김처선 등은 김종직의 제자라는 이유로 혹은 바른 말로 간했다는 이유로 모두 참혹한 화를 당하였고, 이미 죽은 사람은 시체를 욕보였다.

이행의 시문집 《용재집》에 따르면,

"지난 날 폐비 휘호를 반대하던 이행을 함안에 소속된 관노로 삼았다가 연산군 11년 팔월에 익명서로 인하여 또 다시 잡아 가두고 고문하였고, 병인년 1월에 거제로 귀양 보냈다가, 가을에 다시 잡아 죽도록 곤장을 치게 하였는데, 유배지로 떠나려던 순간에 중종반정이 일어나 마침내 면하였다. 당양군 홍상은 함평으로 유배되어 얼마 뒤에 안성으로 옮겼다가, 또 거제로 귀양 보낸 후 제주로 옮겼는데, 중종반정 후에 돌아왔다."

라고 하였듯이, 하늘이 보우하사 목숨을 건지고 살아남은 이들 또한 일일이 셀 수 없을 정도였다.

폐주로 가는 긴 하룻밤

연산군 재위 12년(1506) 구월 초하루.

삼대장으로 알려진 성희안·박원종·류순정에게는 길고 긴 밤이었다. 성희안은 성종 때 옥당에 뽑혀 들어가서, 은혜와 사랑을 가장 많이 받았다. 폐주가 왕위를 이은 뒤 양화도에 임금을 모시고 갔을 적에, 신하들에게 시를 짓도록 명하자 성희안이, 임금은 본래 청류(淸流)를 좋아하지 않는다는 글귀를 지으니, 연산군이 매우 노하여 자신을 비난하는 글이라고 여겼다. 이로 인해 이조 참판 벼슬자리에서 떨어져 집으로 돌아갔다. 평소 뛰어난 지략을 가진 그가 폐주의 어지러운 정사가 날로 심해지는 것을 보고 분개하여, 반정의 뜻을 품기 시작했으나 함께 도모할 사람이 없으므로 답답하게 여기고 있었다.

지중추 박원종은 월산대군 처남인데, 부귀한 집에서 자랐어도 기상이 크고 얽매임이 없어, 시정에 드나들다가 무과에 올라 중요한 관직을 두루 지냈다. 풍채가 좋은 귀한 신분인지라, 무사들이 그를 높이 받들었으니, 마침내 기절을 꺾고 글을 읽어 시류에 편승하지 않았다. 또 그 누이가 임금에게 몸을 더럽혀 죽은 것 때문에 마음속으로 항상 분하게 여기었다.

성희안은 박원종이 큰일을 부탁할 만한 사람이라고는 여겼으나, 서로 교분이 없었다. 동리 사람 신윤무가 두 집에 드나들며 친근하였으므로, 성희안이 신윤무를 시켜 의향을 물어보니, 박원종은 옷소매를 떨치고 일어나면서,

"이는 내가 밤낮으로 마음 속에 품고 있던 것이라."

하였다.

야심한 밤에 성희안이 박원종 집으로 찾아가 서로 통곡하고,

"우리가 평생에 충성과 절의를 지켜 왔으니, 마땅히 나라를 위하여 목숨을 버릴 것입니다. 대장부의 죽고 사는 것은 명에 달렸으니, 종사의 위태함이 경각에 있음을 보고 어찌 구제하지 않으리오."

하고는, 드디어 의논을 맞추었다. 몇 개월 지나는 동안 스스로 고립되어 성공하기 어려움을 염려하다가, 이조 판서 류순정이 당대의 명망 있는 사람이라, 그에게 알리지 않을 수 없다 하여 품은 뜻을 알리니, 류순정은 한참 동안 머뭇거리다가 마지못해 따라 올 뿐이었다.

《음애일기》나 《동각잡기》 등을 통해 반정하던 날을 재구성해 보면, 삼대장이 신윤무와 군기시 첨정 박영문·사복시 첨정 홍경주 등에게도 두루 알려 각기 동지를 불러 모으게 하니, 모여든 자는 대개 무사가 많았다. 이들은 의리는 헤아리지 않고 공 세우기만 좋아했으므로, 의논한 게 없었어도 의견들이 서로 맞아 곳곳에서 좋아 날뛰었다.

유배지에 있던 이과가 병사·수사·수령들과 함께 군사와 군마를 거느리고 올라 온다는 첩보를 듣고, 시기를 앞당겨 거사하게 된 것이다. 류빈·이과·김준손 등이 호남으로 귀양가 있었는데, 임금의 음란함이 날로 심하여 사직이 위태로움을 보고, 진성대군을 추대하려고 한양에 격서를 보냈으니,

"… 성종이 26년 동안 신하들을 잘 대우하고 충의를 배양한 것은 바로 오늘을 위해서이다. 진성대군은 성종대왕의 친 아드님이니 어질고 덕이 있어 온 나라의 칭송이 그에게 돌아간다. 이에 아무 아무 등은 진성대군을 추대하여 아무 달 아무 날에 의병을 일으키려 한다. 격서를 모든 도에 돌려서 기일을 약속하여 서울로 모일 것이니, 조정에 있는 공경(公卿)과 백관들은 마땅히 진성대군을 추대하여 종실의 위태함을 붙들라. …"

라는 내용이었다.

하지만, 그 격서가 이르기도 전에 한양의 반정세력들이 독자적으로 군사를 일으킨 것이다. 연산군 12년 구월 초이튿날, 임금이 장단의 석벽에서 놀고자, 수행하는 재상들에게 하인 한 사람만 데리고 가게 하였다. 성희안은 바로 그날 성문을 닫아 걸고 진성대군을 추대하기로 계획을 세웠으나, 폐주가 장단에 가려던 계획을 취소했다. 은밀히 동원된 장수와 병졸들에게 기밀한 일이 누설되었으므로 반정을 미룰 수 없게 되었다. 이에 초하룻날 밤중에 장수와 병졸들을 훈련원에 모이게 하니, 약속을 한 벼슬아치와 군사, 그리고 풍문을 들은 자들까지 다투어 달려왔으므로 골목과 길이 꽉 막혔다.

급히 부대 편성을 나누어 변수와 최한홍은 내성(內城) 동쪽을 지키게 하고, 심형과 장정은 내성 서쪽을 지키게 했는데, 창졸간에 군사가 없으므로 역군(役軍)들을 몰아 호위하게 하였다. 성희안은 류순정·박원종과 함께 바로 광화문 앞 수백 보쯤 되는 지점에 나아가 말을 세우고 진을 쳤다.

부채를 휘두르며 군사를 지휘하는 박원종의 모습이 신과 같아,

"이 일을 먼저 발의한 이는 반드시 박원종일 것이다."

라고 입을 모았다.

당초 성희안이 우의정 김수동에게 은밀히 이 계획을 알렸더니, 김수동은,

"이는 나라의 큰일이오. 나는 애초에 그 일의 내용을 알지 못하는데, 갑자기 한 재상의 말만 듣고 바쁘게 서둘 수 있겠는가."

하고는 베개를 베고 누우면서,

"그대는 내 머리를 베어 가라."

하면서 목을 내밀어 책상 위에 얹었다.

성희안이 진성대군을 세운다는 뜻을 고하니, 그제사 수동은,

"그렇다면 내가 마땅히 갈 것이니 그대는 먼저 가시오."
라고 하였다. 성희안이 일어나 나가자, 수동은 천천히 의관을 정제하고
사람들을 벽제(辟除)하면서 왔다. 이때 성희안과 박원종 등이 모두 군복
을 입고 창덕궁 앞에 진을 치고 있었다. 진에 이른 김수동이 말에서 내려
곧장 윗자리로 가 앉더니, 즉시 병조 판서를 불러,
"그대들은 사람을 보내 진성대군 집을 호위했느냐?"
라고 물었다. 이에 미처 못 했다고 대답하므로,
"마땅히 판서가 친히 군사를 거느리고 가서 호위하라."
라고 명했음을 《전언왕행록(前言往行錄)》과 《해동악부》는 전하고 있다.

형조 정랑 장정 또한 칼을 뽑아 들고 앞으로 나와,
"진성대군의 저택이 매우 허술한데 어찌 시위를 아니 하는가."
하니, 삼대장(성희안·박원종·류순정)은 두 손을 마주 잡으면서,
"우리들의 실수이다."
하고는, 드디어 심순경을 보내 군사를 거느리고 가서 호위케 하니, 장정
은 후에 일등공신이 되었다.

신윤무에게 10여 명의 군사를 이끌게 하여, 연산군을 꾀어 악한 짓을
유도한 신수영을 먼저 쳐 죽이고, 그 다음은 임사홍과 신수근 등을 죽이
게 했으니, 신윤무는 이심을 시켜 쇠몽둥이를 가지고 길 왼쪽에 숨어 있
게 하고, 한편 별감 한 사람을 시켜 명패를 가지고 가서 대궐에 가도록
그들을 재촉하게 하였다. 명패를 받은 사람들이 놀라 창황히 대궐로 향
해 가니, 이심이 그들을 힘껏 내려쳐 말에서 떨어뜨리자, 머릿골이 다 쏟
아져 나왔다.

신수근이 땅에 떨어지니 몸종 하나가 그 위에 엎드려 제 몸으로 쇠몽
둥이를 막았지만, 이심은 종까지 함께 쳐 죽였다. 신수겸은 개성 유수였
으므로, 일이 성공하기를 기다려 천천히 사람을 보내어 죽이기로 하였

다.

신수근 등이 비록 임금 총애를 믿어 사치하고 방자하였으나, 그 당시 음란한 임금에게 아부하여 나라 근본을 기울게 한 자가 어찌 그 사람뿐이리오. 그런데 이 세 사람만 베어 죽인 것은, 신수근은 본래 교만하고 방자스러워 법규에 따르지 않았으며, 또 중종의 장인인 까닭에 국구(國舅)가 되면 세력을 제어할 수 없게 될까 염려한 때문이었다.

네 사람을 죽인 이심의 얼굴엔 튀긴 피가 가득했고, 의복도 전부 붉게 물들었다. 그 공로를 남에게 보이고자 며칠이 지나도록 낯을 씻지도 않고, 옷도 갈아입지 않았으니, 보는 사람들은 모두 그를 추하게 여겼다.

처음에 반정하려는 의논이 결정될 적에 삼대장이,

"아무 아무는 죽여야 된다."

하였는데, 강혼의 이름도 들어 있었다.

군사를 일으키던 날에 류순을 묵은 정승이라 하여 부르니, 류순이 달려가다가 삼경도 되지 않은 시각에 벽제(辟除)하면서 대궐로 가는 도승지 강혼을 만났다. 이에 류순이 하인을 시켜 이르기를,

"오늘은 너무 이르니, 반드시 경고(更鼓 : 시각을 알리는 북)를 잘못 들었을 것이오. 영감은 내가 가는대로 꼭 따라 오시오. 그렇지 않으면 말 못할 일이 벌어질 것이오."

라고 하는지라, 강혼은 의아스럽게 여겨 이내 그 뒤를 따라갔다.

남소문 어귀에 이르러 멀리 바라보니, 훈련원에 사람과 말이 빼곡히 들어차고 등불이 휘황하게 밝았다. 류순이 말을 멈추면서,

"오늘은 나를 뒤따라 잠시도 떠나지 마시오. 큰 일이 닥쳐왔소."

하니, 강혼은 그제야 두려워 말에서 내려 류순을 바짝 따라다니니, 삼대장은 류순을 보고 일어나 자리를 양보하였다. 자리에 앉자, 강혼을 쳐다본 박원종이 눈을 부릅뜨고,

"이 이가 누구요?"

하니, 류순이 내가 데리고 왔노라고 대답했다. 이에 박원종이,

"전에 약속이 있어 먼저 죽이기로 했으니, 지금 남겨둘 수 없소."

라고 강경하게 나오자, 류순은 움찔하면서 할 말을 잃었다. 류순정이 이를 보고 급히 박원종에게,

"지금 요란한 시기에 일을 기록할 사람이 없으니, 서기를 맡겼다가 뒤에 죽여도 늦지는 않을 것입니다."

하였으므로, 박원종이 투덜거리다 말았다. 드디어 강혼이 소매를 걷어 붓을 잡고, 이쪽저쪽 다 받아써서 능히 맞춰 기록하더니, 결국엔 공신으로 책봉되고 진천군으로 봉해졌다.

이로부터 강혼은 류순을 부형처럼 섬겨 아침저녁으로 반드시 가서 뵈옵고, 새로운 음식이 있을 때마다 먼저 올렸으니, 류순이 죽은 후에도 그 부인을 섬겨 조금도 게을리 한 적이 없었다.

구수영은 임금의 음란한 행실을 인도하고 악을 퍼뜨린 죄가 있어 아울러 죽이려 했는데, 반정에 참여한 그의 족질 구현휘가 구수영에게 사실을 알렸다. 다급했던 구수영이 훈련원으로 달려가 살려주기를 애걸하니, 박원종 등이 그를 용서해 반정에 참여하게 되었는데, 구수영은 2등공신이 되고, 구현휘는 3등공신이 되었다고 《음애일기》는 기술하고 있다.

하지만 《기재잡기》에서는 이 장면을 놓고, 삼대장이 밤새도록 한데서 앉아 시장하던 차에, 어느 종이 안주와 큰 술잔을 차례로 바치니, 그것이 어디서 나온 것인지 묻지도 않고 다 마시고 나서야 뉘집 음식이냐고 물으니, 종이 구수영을 가리켰다. 삼대장은 서로 돌아보면서 깜짝 놀랐지만, 마침내 구수영이 공신으로 책봉되었다고 하였다.

이 두 기록을 비교한 연려실 선생은,

"이 말은 이치에 전혀 맞지 않는다. 광화문에서 진을 치고 있을 때는 살리고 죽이는 명부를 이미 만들어 의논을 정하고 있었다. 죄가 종사에 관계되면 당장 국구가 될 사람도 용서하지 않았거늘, 어찌 좋은 술과 안주의 공으로 이심의 쇠몽둥이를 피하고, 도리어 공신으로 책정되었으랴. 또 술과 안주로 화를 면했다면 어찌 2등 공신 13명 안에 들어갈 수 있겠는가. 기재(奇齋 : 박동량)가 살던 시대는 음애(陰涯 : 이자)보다도 더욱 멀었으니, 얻어 들은 것들이 잘못되었음이 괴이할 게 없다."

라고 결론을 내렸다.

구수영은 영응대군 사위인데다, 그 아들은 휘순공주에게 장가들어, 아첨과 간사로 왕에게 꼼을 받았는데, 특히 그는 채홍사로 사방으로 처녀를 구해다 바친 인물인지라, 당시 선비들에게 임사홍과 함께 손가락질 받던 소인으로 치부된 인물이었다. 연산군이 그에게 매혹되어 나라를 통째로 맡기는 팔도 도관찰사를 삼았던 것도 채홍사 임무를 잘 수행했기 때문이었다. 그러한 인물들이 공신에 오르자 훗날 조광조 일파가 위훈삭제를 들고 나왔으며, 오늘날 사가들이 정국공신 구성을 놓고 폄하하는 것도 무리가 아님을 알 수 있다.

박원종은 심순경과 교분이 두텁고 정의가 친하여 서로 간격이 없었으나, 큰 계획이 결정되지 않은 날에 그 일의 단서를 전하지 못했다. 어느 날 심순경을 만나 술김에 종사가 위태한 사실과 정사의 어지러운 일을 말하여 그 의사를 알아보니, 심순경 또한 동감임을 표하였다. 박원종은 그 누이가 죽으면서 반드시 원수를 갚아 달라는 부탁이 있었음을 말하자, 심순경도 그 가문의 화가 참혹했던 것을 말하였다.

이에 눈물을 거두어 의논을 정하고 나서 처자와 형제에게도 함구하다가, 군사를 일으키는 날 심순경은 어머니에게,

"오늘은 여러 친구들과 교외에서 무예를 연습하고 활쏘기를 겨루고
자 하니, 술을 마시고 얼근히 취해서 가겠습니다."
하였더니, 어머니가 술을 내주었다. 다 마시고 난 후에 꿇어앉아 술 한
잔을 그 어머니에게 드리면서,
"이것은 어머니의 장수를 비는 장수 술잔입니다."
하니, 어머니는 웃으면서 받았지만, 실상 그것이 영결하는 것인 줄은 몰
랐다. 그의 누이는 종실 안현군 아내인데, 또한 술잔을 드리고 헤어졌다.
드디어 군기와 군장을 검열하고 모두 가져가서 해가 저물어도 돌아오지
않았으나, 집안 식구는 오히려 알지 못하다가, 밤이 새고 일되어 가는 틈
이 잡힌 뒤에야 그 기미를 깨달았다. 그 누이는 남편과 함께 이불을 쓰고
서로 붙들고 울면서,
"나는 죄를 많이 얻었으니 장차 죽음을 면치 못할 것이다. 인정도 없
구나. 이 사람아, 친동기가 한 방에 있으면서도 오히려 알리지도 않
다니."
라고 원망했다.
안현군은 종실 중에서 임금의 악을 인도하여 사랑을 받은 자였으나,
어머니가 사람을 보내 심순경에게 애걸하니, 순경 또한 박원종에게 간
청하여 안현군을 불러 일을 함께 도모하여, 마침내 공신록에 이름을 올
렸다.
해가 뜰 무렵에 벼슬아치들이 모두 모였으나 무슨 이유인지 모르는
자도 섞여 있었다. 입직한 도총관 민효증과 참지 류경은 먼저 나가고, 승
지 이우는 그 다음에 나갔다. 처음에 대궐 안에 변고가 났다는 말을 들었
으나, 그 까닭을 헤아리지 못하였다. 연산군은 차비문 안에 앉아 승지를
불러 들어와 앉게 하고서,
"이 같이 태평한 때에 어찌 다른 변고가 있으랴. 아마 흥청의 본 남

편들이 모여서 도적질하는 것이니, 빨리 정승과 금부 당상을 불러
　처치하도록 하라."
하였다.

　이에 승지 이우에게 명령하여 열쇠를 가지고 대궐문을 돌아다니면서
살피게 하였다. 이우는 먼저 사람을 보내어 사태를 알아본 후, 조정이 벌
써 반정군에게 넘어 간 것을 알고는 몸을 피해 밖으로 나가 버렸다.

　폐주는 이우가 나갔다는 말을 듣고 갑자기 앞으로 나아가서 윤장과
조계형의 옷소매를 잡았다. 두 사람은 거짓으로 공손히 하는 척하면서,
소매를 뿌리치고 문구멍으로 빠져 나가려고 하였다. 조계형은 임금의
총애를 받던 신하인지라, 문을 지키던 장사들이 상을 받을 욕심으로 붙
잡아 군영 앞에 데리고 갔지만, 성희안 등이 그들을 모두 용서해 주었다.

　입직 군사들은 수구(水口)로 빠져 나오기도 하고, 혹은 성벽 줄에 매달
려 넘어오기도 하여, 다투어 군영 앞으로 달려갔다. 환관과 여러 잡색인
들이 모두 빠져나가 버리고, 후궁과 기생 무리들만 모여 목 놓아 우는 소
리가 밖에까지 들렸다.

　군문 안에서 회의를 열어 류자광·이계남·김수경·류경으로 하여금
도주할지 모르는 폐주를 지키게 하고, 성희안 등은 백관을 거느리고 경
복궁 문 앞에 나아가 자순대비(성종 계비, 중종 어머니)에게 처분을 청하
니, 조금 후에 문이 열리고 그들을 들어오게 하였다.

　대비에게 아뢰기를,

　"지금 임금이 군주의 도리를 잃고 정사가 어지러워 백성이 도탄에
　빠지고 종사가 매우 위태하므로, 모든 관원과 백성들은 진성대군을
　추대하여 임금으로 삼기 위해 감히 대비의 명을 받으려고 합니다."

하니, 대비는,

　"우리 아이가 어찌 중한 책임을 감당하겠오. 지금 세자가 나이 장성

하였으니 왕위를 이을 만하오."

하고 회피하였다. 이에 류순 등이 거듭 아뢰어서 명을 받아 냈다.

　성희안 등은 근정전 서쪽 뜰에 나아가서 줄지어 앉고, 류순정·정미
수·강혼을 시켜 진성대군을 그의 사저에서 맞아 오게 하였다. 진성대군
이 평시서의 이웃집으로 피해 가니, 류순정 등은 이문(里門) 밖에 앉아 두
번 세 번 왕위에 오르기를 권하였다. 이에 임금은 군복 차림으로 연을 타
고 의장을 갖추어 나오니, 저자에서는 가게 문을 닫지 않았고, 부로(父老)
들은 만세를 부르면서 눈물을 흘리는 이도 있었다. 오시에 경복궁으로
들어가 해가 저물기 전에 백관의 반열을 정하였다.

　류순 등이 의논하기를,

　"옛날부터 임금을 폐하고 새로 세울 적에 그 죄를 따진 것은 창읍왕
　(昌邑王)을 폐할 때뿐이니, 지금도 마땅히 잘 조처해야 합니다."

하고는, 승지 한순과 내시 서경생을 창덕궁으로 보내, 폐주에게 국새를
내놓고 정전(正殿)을 피해 나가도록 청하였다. 이에 폐주는,

　"내가 내 죄를 안다."

하면서 곧 국새를 내어 상서원 낭관에게 내주었다. 미시에 백관들이 대
궐 뜰에 들어와서 반열이 정해졌다.

　대비가 교지를 선포하였는데,

　"우리나라가 백년동안 덕을 쌓아 백성의 마음에 흡족하여 만년토록
　튼튼한 왕업이 마련되었는데, 불행히도 사군(嗣君 연산군)이 임금된
　도리를 잃어 백성이 도탄에 빠졌다. 모든 신하들이 말하기를, 종사
　가 중요하니, 진성대군은 일찍부터 인덕이 있어 백성의 마음이 모두
　쏠리었다 하여 세우기로 하였다. 내가 생각하건대 어두운 임금을 폐
　하고 밝은 임금을 세우는 것은 고금에 통하는 의리이니, 이에 여러
　사람의 소원에 따라 진성대군을 왕위에 오르게 하고, 임금은 폐하여

연산군으로 삼는다. 백성의 생명이 끊어지려다가 다시 이어졌으며, 종묘와 사직이 이미 위태했다가 다시 편안하게 되었다."

하였다.

이때의 상황을 《국조보감》에서는,

"중종은 면류관과 곤룡포를 갖추어 입고 근정전에서 왕위에 올랐으며, 부부인 신씨를 왕비로 책봉하였다. 백관의 하례를 받고 교지를 반포하여 모든 죄인을 사면하였다. 연산주 때의 나쁜 정사를 모두 고치게 하니, 신하들이 천세를 부르며 기뻐 고함치는 소리가 우레 소리와 같았다."

하였고, 또 이어서,

"대개 반정 계획은 성희안에게서 나왔고, 완성한 이는 박원종이었다. 성희안은 과단성은 있었으나 학술이 없었으며, 류순정은 천성이 너그러우나 나약하여 집념이 없었으며, 박원종은 추솔하고 사나우며 견식이 없었다. 비록 충성과 절의에 북받쳐 공을 이루게 되었으나 일처리에 마땅함을 잃었으니, 전에 입은 은혜로 적신 류자광을 용납하여, 뒷날의 화를 열어 놓고 자질구레한 인아친척들에게 철권 (鐵券 : 공신록)을 주었으며, 뇌물의 많고 적음으로 훈공의 등급을 정하였으니, 그 허물이 지금까지도 비난거리가 되었다."

라는 사실을 전하고 있다.

폐주 연산군을 교동에 안치시키고, 폐비 신씨를 정청궁으로 나가 있게 하였으며, 폐세자 황을 비롯하여 창녕대군 인·양평군 성과 돈수 등은 모두 귀양가게 하였다. 김수동이 대궐에 들어가서 연산주를 폐하고 울면서,

"노신이 죽지 않고 있다가 차마 이 일을 보았습니다. 그러나 전하께서는 너무 인심을 잃었으니 또한 어찌 하겠습니까. 잘 보중하여 가

시옵소서."

라고 하여, 섬기던 군주에 대한 마지막 예를 다했다.

류자광은 곽광이 창읍왕(昌邑王)을 폐했던 고사에 따라 연산주를 대궐 안으로 나오게 하고, 대비에게 연산주를 폐한 사유를 고하고자 하니, 성희안 등이 말렸다. 임금을 폐위하자 전한 김전은 눈물을 흘렸지만, 장순손은 춤을 추었다고 한다.

변이 일어나던 당초에 폐주는 급히 활과 화살을 가지고 오라 했는데, 측근자들은 이미 밖으로 나가고 아무도 없었다. 이에 폐주는 창황히 달려 들어가서 왕비에게 함께 나가서 간절히 빌자고 하니, 왕비가 이르기를,

"일이 벌써 이 지경에 이르렀는데, 빌어본들 무엇이 도움 되리오. 순하게 받는 것만 못할 것입니다. 전일에 여러 번 간해도 끝내 고치지 않다가 지금 이 지경에 이르렀으니, 스스로 화를 초래한 사람이야 비록 죽어도 마땅하겠지마는, 이 불쌍한 두 아이는 끝내 어찌 될 것인가."

하며, 가슴을 치고 통곡하니, 폐주가 머리 숙이고 눈물을 흘리면서,

"말한들 무엇하리오. 뉘우쳐도 어찌 할 수가 없다."

하였다.

날이 새기 전에 왕비가 대궐에서 나가려는데, 신었던 비단 신이 자주 벗겨져서 갈 수가 없었으므로, 비단 수건을 찢어 신을 동여맸다. 세자와 대군은 유모와 함께 청파촌 무당 집에 나가 있었는데, 해가 저물도록 먹지 못했으므로 무당이 밥을 지어 올리자, 대군이,

"어찌 새끼 꿩을 올리지 않느냐?"

하니, 유모가 울면서,

"내일은 이런 밥을 얻어먹어도 다행일 것입니다."

라고 대답하니, 곁에서 지켜보던 자들 또한 눈물을 흘렸다고 《장빈호찬》은 전하고 있다.

대신들은 폐주를 안치시킬 절목을 의논하여, 나인 4명, 내시 2명, 반감 1명만 따라가게 하고, 당상관 한 사람이 군사를 거느리고 호위하게 하였다. 연산군은 붉은 옷에 갓을 쓰고 띠도 두르지 않은 채 내전문으로 나와 땅에 엎드리면서,

"내가 큰 죄를 지었는데도 특별히 임금의 은혜를 입어 죽지 않게 되었습니다."

하였다.

평교자를 타고 선인문·돈의문을 나올 적에 갓을 숙여 쓰고는 머리를 들지 못하였다. 연희궁에 유숙하고, 또 하루를 김포에 유숙하고, 통진과 강화에서 또 유숙한 후에 교동에 당도하였다. 따라갔던 장수 심순경이 복명하기를,

"아무 탈 없이 모시고 갔습니다. 가는 길에는 노인과 아이들이 모두 달려와서 다투어 서로 손가락질하면서 통쾌하게 여겼습니다. 안치소에 도착해 보니, 둘레 친 울타리가 좁고 높아서 해를 볼 수가 없었으며, 다만 작은 문 하나가 있어 음식을 넣을 수 있습니다. 울타리 안에 들어가자 시녀들은 모두 목 놓아 울었습니다. 신이 하직을 고하니, 나 때문에 멀리 오느라고 수고했으니 고맙다고 했습니다."

하였다.

중종이 전교하기를,

"전왕의 소식을 들으니 마음이 안되었다. 나는 종사가 위태하고 신민이 추대하므로 여러 사람의 뜻을 어길 수 없어 사피하지 못하고 이에 이른 것이다. 그러나 전왕은 나와 의리로는 임금과 신하였고 정의로는 형과 아우이다. 지금 날씨가 점차 추워지니 의복과 음식물

을 실어 보내라."

라고 명했다. 대신들이 아뢰기를,

"신 등은 폐주에 대한 대의가 이미 끊어졌으니 감히 마음을 쏠릴 수
없습니다. 그러나 전하의 전교는 지극한 정의에서 나온 것이오니,
의복과 음식을 내려 보냄이 마땅하옵니다."

하였다. 또 전교하기를,

"교동에는 반드시 털옷이 없을 것이니, 털옷과 어물을 따로 보내고
자 한다."

하니,

"전하의 명은 지당하십니다. 그러하오나 지나치면 거북스러움이 있
으니 간신히 배고픔과 추위만 면하게 하면 될 것입니다."

하였다.

연산군은 평소 소행이 한없이 잔인·패려하여 사람 죽이기에 거리낌
이 없었으니, 폐위되어 물러갈 적에 마땅히 형벌을 받을 줄로 알고 몹시
두려워하였다. 이 날 큰 바람이 일어나 배가 거의 뒤집힐 뻔하다가 간신
히 교동에 당도하였다. 좌우로 호위하여 고을 뜰에 들어감에 장수와 군
사들이 둘러섰으니, 땅에 엎드려 땀을 흘리면서 감히 쳐다보지 못하였
다. 반정하던 때에 세자와 왕자는 다 보전하지 못하는 것이므로, 궁에서
나갈 적에 신씨는 반드시 죽음을 면치 못할 것이라고 여겼는데, 교동에
가서 별일 없다고 하니, 신씨부인이,

"그때에 여러 대장에게 청해서 귀양 간 곳에 따라가지 못한 것이 한
이 된다."

라고 탄식하였음을 《소문쇄록》은 전하고 있다.

십이월에 호위하는 장수가 연산군이 역질로 매우 고통 받는다고 아
뢰었다. 이에 중종이 의관을 보내어 치료하게 하였으나, 도착하기 전에

운명하였다.

　시녀들이 전하기를,

"연산군이 죽음에 다다라 다른 말은 없었으며, 다만 신씨가 보고 싶
다고 하였습니다."

라고 하였으니, 신씨는 곧 그의 부인이었다.

　어숙권의 저서 《패관잡기》에 따르면,

"중종이 전교 내려, 후한 예로 장사 지내 주고 또 조회와 개시(開市)
를 정지하고 묘지기를 정함이 어떠한가 하문했다. 대신들이 의논하
여, 장사는 왕자 예로써 지내줄 것이나, 조회와 개시를 정지하거나
묘지기를 정하는 것은 할 수 없는 일이라 아뢰었다."

라고 기술하고 있다.

제11대
중종대왕

휘는 역(懌)이며, 자는 낙천(樂天), 성종의 둘째 아들이다. 정현왕후가
무신년(1488, 성종 19) 3월에 낳았다. 진성대군으로 봉해졌다가, 병인
(1506) 9월에 즉위하여 갑진년(1544)에 승하하니, 재위 39년이요, 수는
57세이다. 명나라에서 공희(恭僖)란 시호를 내렸다. 공경히 위를 섬기는
것을 공(恭), 조심스럽고 공순함을 희(僖)라 하였다. 능은 정릉으로, 선릉
동편 건좌(乾坐)이다. 처음에 고양 희릉에 모셨다가, 명종 17년에 이장하
였다. 왕비 단경왕후 거창 신씨는 좌의정 신수근 딸이다. 병인년(1506)
반정으로 중전이 되었다가 바로 쫓겨났으며, 정사년(1557)에 승하하였
다. 계비 장경왕후 파평 윤씨는 영돈녕부사 윤여필 딸인데, 병인년(1506)
에 숙의로 봉해졌다가, 정묘(1507)에 왕비에 책봉되었다. 을해(1515)에
인종을 출산하다 승하하니, 수는 25세이다. 계비 문정왕후는 영돈녕부
사 윤지임의 딸인데, 정축년(1517)에 왕비로 책봉되어, 명종과 딸 넷을
낳았고, 을축(1565)에 승하하니, 수는 65세이다.

치마바위의 전설

폐주가 들로 사냥을 나갈 적에 진성대군[중종]이 모시고 따라갔다. 사냥을 마치고 난 뒤에 임금이 준마를 타고서 대군에게 이르기를,

"나는 흥인문으로 들어갈 터이니, 너는 숭례문으로 들어오너라. 나보다 뒤에 오면 마땅히 군법으로 다스리겠다."

라고 하니, 진성대군이 두려워 어찌 할 줄을 몰랐다.

진성의 서형이던 영산군 이전이 가만히 아뢰기를,

"걱정 마십시오. 내 말이 임금이 탄 말보다 매우 빠른데, 내가 능히 제압할 수 있습니다."

하고는, 즉시 하인 옷으로 갈아입고 말고삐를 잡고 따라가니, 말이 나는 듯이 달려 대궐 문에 이르자, 조금 후에 임금이 이르렀다. 이에 진성대군이 죽음을 면하였으니, 사람들이,

"영산군과 그 말이 모두 중종을 위해 때를 맞추어 난 것이라."

하였다고 《부계기문》은 전하고 있다.

반정하던 날 군사를 보내 진성대군 사제를 에워쌌는데, 대개 해칠 자가 있을까 염려해서였다. 그런데도 진성대군이 놀라 자결하려고 하자, 부인 신씨가 말하기를,

"군사의 말 머리가 우리 집을 향해 있으면, 우리 부부가 죽지 않고 무엇을 기다리겠습니까. 하지만 말 꼬리가 집을 향하고 말 머리가 밖을 향해 있으면, 반드시 우리를 호위하려는 것이니, 알고 난 뒤에 죽어도 늦지 않습니다."

하면서 소매를 잡아 굳이 말리는지라, 사람을 보내 살피게 하였더니, 과연 말 머리가 밖을 향해 있었다.

젊어서부터 부부애가 두터웠는데, 반정을 성공시킨 공신들이 상의하

기를,

"부인의 아버지를 죽였으니, 딸을 왕비로 둔다면 우리한테 무슨 보복이 올지 모른다."

하여 폐비를 청하자, 임금도 하는 수 없이 별궁으로 내보내기는 하였으나, 매양 모화관에서 명나라 사신을 영접할 때에 꼭 말을 보내 먹이게 하니, 부인은 직접 흰죽을 쑤어 손수 말을 먹여 보냈다고 《국조기사》는 전하고 있다.

병인년(1506) 9월에 즉위한 중종은 김응기 등을 명나라에 보내 고명을 청하니, 예부에서 제준(題準)하기를,

"일국의 공론이 정해지기를 기다려야 명분이 바루어지고 말이 순하며, 모든 사람의 뜻이 합하리라."

하였다.

또 노공필과 최숙생을 보내어, 임금 친족과 문무 관리 1천 3백여 명의 연서로 된 주본(奏本 : 중국 황제에게 올리는 문서)을 가지고 가서 보고하니, 예부에서 또 제준하기를,

"우선 임시로 나라 일을 맡아 보게 하라."

하였다. 이에 노공필이 곧바로 글을 써서 올렸는데, 예부에서 또 제준하기를,

"지금 만약 허락한다면, 왕위를 정하는 일이 두 세 명의 신하들 손에 있게 된다. 한 집안의 일도 어른한테 맡겨야 하는 것이니, 다시 왕대비 주본(奏本)을 가지고 오라."

하였고, 이듬해 봄이 되어서야 비로소 고명을 내렸다.

정묘년(1507)에 노공필이 북경에서 돌아왔는데, 칙서에는,

"너에게 군국의 크고 작은 임무를 대리하게 하니, 국왕의 체통으로서 일을 행하되 더욱 돈독히 효도하고 화목하여 뭇사람이 우러러보

는 바가 돼라. 짐이 장차 후속 명이 있을 것이다."

하였다.

이토록 애간장을 녹인 후 무진년(1508)에서야 명나라에서 고명과 면복을 내려주었다고 《고사촬요》에서 전하고 있으니, 이미 사가로 쫓겨 나버린 신씨 부인과는 아무런 상관도 없는 일이었다.

세속에서 널리 알려진 치마바위.

종로 사직공원 서쪽에 있는 넓고 평평하게 생긴 바위이니, 단경왕후와 관련된 전설에서 유래된 이름이다. 반정으로 중종이 왕위에 오르자, 그 신씨 부인 친정아버지 신수근이 연산군과 친밀하다는 이유로 반정군에게 피살되었으니, 반정을 주도한 세력들이 죄인의 딸을 왕비 자리에 둘 수 없다 하여, 인왕산 아래 사직골 옛 거처로 쫓겨나 살게 되었다.

부인을 잊을 수 없었던 중종은 경회루에 올라 인왕산 기슭을 바라보곤 하였으니, 이 말을 전해 들은 신씨 부인이 종을 시켜 자기가 입던 붉은 치마를 경회루가 내려다 보이는 바위에 걸쳐 놓게 했다. 이 일로 사람들이 치마바위라 불렀다고 하는데, 일설에는 옥인동에 있는 인왕산 중턱 병풍바위 앞에 우뚝 솟은 바위를 치마바위라고도 한다.

반정이 있던 날이 병인(1506) 9월 초하루 야심한 밤이었고, 《선원보략》에 따르면 왕비 신씨가 사제로 쫓겨나간 것이 초아흐레였다.

훗날 영조 때 마땅히 신씨 복위를 해야 한다는 바람이 일더니, 왕비로 책봉되고 나서 쫓겨났다 하는 사람도 있었고, 책봉되지 못한 채 쫓겨났다는 주장들이 있어 혼란스러운 적이 있었는데, 조선 명종 때 이정형의 야사인 《동각잡기》에 따르면,

중종이 즉위한 이튿날 영의정 류순이 우의정 김수동을 위시하여 류자광·박원종·류순정·성희안 같은 여러 공신과 육조 참판 이상 관리들

을 거느리고 아뢰기를,

"의거할 때 먼저 신수근을 죽인 것은 큰일을 이루기 위해서였습니다. 지금 수근의 딸이 궁중에 들어와 있는데, 만일 왕비로 정한다면 인심이 위태롭고 의심할 것이며, 인심이 위태롭고 의심하면 종묘사직에 관계되니, 은정을 끊어 내보내소서."

라고 주청하니, 전교하기를,

"아뢴 일이 매우 당연하나 조강지처를 어찌하겠는가."

라고 하였다.

이에 다시 아뢰기를,

"신들도 이미 헤아린 것이나, 종묘사직의 큰일에 대해 어찌하겠습니까. 빨리 결단하고 지체하지 마소서."

하니, 이어서 전교하기를,

"종묘사직이 지중한데 어찌 사사로운 정에 얽매이겠느냐. 마땅히 중의를 따르겠다."

하였는지라, 그날 밤 신씨는 하성위 정현조의 집으로 나가 머물렀다가 거처를 죽동궁으로 옮겼노라고 기술하고 있으니,

이를 《중종실록》과 비교해 보면 모든 내용들이 일치한다.

다만 《동각잡기》에서 중종 즉위 이튿날이라고 했던 부분에서 약간의 혼선을 빚을 수 있는데, 《중종실록》을 상고해보면, 이튿날인 9월 3일 반정세력들이 신씨 가문에 대한 처리 문제를 논의한 바 있고, 9월 9일자 기사에 《동각잡기》에 기술된 내용이 그대로 실려 있다. 그러하니 《선원보략》의 9월 초아흐레에 쫓겨났다는 내용과 일치하는 셈이다.

여기에서 신씨 부인의 책봉 여부를 따져보면, 긴박했던 시국 상황에서 책봉 절차까지 갖추지 못했음은 당연할 것이다. 얼떨결에 반정군에게 호명되어 진성대군이 즉위할 적에, 마땅히 곤복과 면류관을 갖춰야

함에도 창졸간이라 평복 수준의 익선관에다 곤룡포만 걸치고 즉위하였다 했으니, 이 자리에는 신씨 부인도 마땅히 곤전의 지위로 함께 했을 것으로 봐야 할 것이고, 생략된 절차 따위가 중요한 것은 아니라고 본다.

아무튼, 중전 자리가 한동안 비워져 있다가, 새로 들인 계비가 장경왕후였다.

장경왕후 윤씨는 병인년(1506)에 궁중에 들어와 숙의에 봉해졌다가, 정묘년(1507)에 왕비로 책봉되었으니, 후궁으로써 곤전의 대통을 이었던 것이다. 그런데 을해년(1515) 봄에 원자[인종]를 낳은 후 며칠 만에 세상을 떠나니, 왕비 자리가 또 비게 되었다. 그때에 중종이 총애하던 후궁이 박빈이었고, 그녀가 낳은 복성군이 원자보다 나이가 많았으니, 박빈으로서는 엉뚱한 마음을 품지 않을 수가 없는 상황이 되어 버렸다.

이런 시국을 감지한 선비들에겐 또 하나의 걱정거리가 생겼는데, 이때 순창 군수 김정과 담양 부사 박상이 상의하기를,

"원자는 강보 속에 있는데, 박 숙의가 후궁에서 총애를 받고 있고 게다가 아들이 있다. 만약 성종 때 비를 폐하고 자순대비가 후궁으로서 중전의 자리에 오른 전례를 좇아 박 숙의를 정비로 책봉한다면, 원자의 처지가 곤란하게 될 것이니, 신씨를 복위시켜 무고하게 쫓겨난 것을 설원하고, 동시에 첩을 아내로 삼을 수 없는 의리를 밝힘으로써, 은혜를 온전히 하고 후궁이 노리는 것을 막는 것이 낫겠다."

하여, 마침내 목숨을 건 장문의 상소를 올렸다.

박원종을 비롯한 삼공신이 모두 저 세상 사람이 되었기에 가능한 일이었지만, 그래도 아직까지 매우 예민한 정치적 사안인지라 호락호락할 수가 없었다.

임금이 상소를 승정원에 내리며 전교하기를,

"이것은 큰 일인데, 어찌 신분이 낮은 신하들 말을 듣고서 하겠느냐.

예조에 내려도 또한 시행하기 어려울 터이니, 이 상소는 승정원에
두는 것이 옳다."

라고 하였다.

이때 양사(兩司 : 사헌부, 사간원) 관원들이 모두 궐내에 들어와 숙배한
뒤에 서빈청에 모였다. 대사간 이행이 먼저 주창하기를,

"만약 신씨를 세웠다가 왕자를 낳는 경사가 있어, 가례의 선후를 논
한다면 신씨가 앞서게 되니, 그렇게 되면 원자의 처지가 어떻게 되
겠느냐."

라고 제기했다.

대사헌 권민수 등도 호응하여 상소를 사론(邪論)이라 지목하자, 양사
가 모두 따랐다. 대사헌 권민수를 필두로 대사간 이행, 집의 허지, 사간
김내문, 장령 김영, 지평 채침·문관, 헌납 류돈, 정언 표빙 등이 상소를
올린 박상과 김정을 문초하라 합계(合啓)하니, 중종도 어쩔 수가 없어, 그
들을 잡아다 신문하라 명하였다.

연려실 선생조차 이를 놓고,

"삼공신[박원종, 성희안, 류순정]이 나라를 안정시킨 공은 크지만, 왕을
위협하여 중궁을 폐한 죄는 영원히 피할 수가 없다. 만약 삼공신을
지하에서 일으켜 이 상소를 보이고 묻는다면, 반드시 목을 움츠리고
부끄러워했을 것이다. 대간들이 모두 식견이 없어, 이행과 권민수
말만 듣고 쏠려 따랐으니 애석하다."

라고 탄식했을 정도다.

임금이 의정부 당상들을 불러 그 상소를 내보였고, 비망기로 박상 등
을 추문하라 명하였다. 이때 육조 당상들과 홍문관에 이 일을 아뢰라고
명하니, 모두 말하기를,

"구언한다는 하교를 받았으니 말이 비록 적중하지 않지만, 죄로 다

스려 언로를 막아서는 안 됩니다. 오직 대간만은 치죄하옵소서."

라고 하였다.

금부도사를 보내 죄인들을 잡아오니 앞 일을 예측할 수가 없었는데, 좌상 정광필이 조정 신하들을 이끌고 이들을 구하려 노력했다. 이조 판서 안당 또한 대신들 의논이 받아들여지지 않아 체통이 서지 않음을 분하게 여겨, 경연에서 아뢰기를,

"박상과 김정이 구언한다는 하교를 받들어 정성을 다하여 다 말한 것을 두고, 이제 한두 사람의 말로 도리어 엄한 견책을 가하니, 이것은 실상 언로를 막고 사기를 꺾어 후세의 비방을 가져올 것입니다. 정승은 국론을 주장하여 국사를 결단하는 것이고, 대간은 조정의 과실을 지적하여 바로잡을 뿐입니다. 대신과 시종이 모두 논하지 말자고 청한 것은 국시가 여기 있기 때문인데, 대간이 홀로 그르다고 하니, 이것이 공론이라 이르겠습니까. 또 과감하게 말하는 선비를 죄주면 누가 몸을 돌보지 않고 나라를 위해 죽겠습니까."

라고 하여, 소를 올린 이들을 두둔했다.

권민수와 이행이 이를 반박하면서 안당에게 나라를 그르친다고 지목하자, 공론에 꺾여 중지되고 말았으니, 이로부터 조야의 선비들이 낙담하고 위축되어 말하기를 꺼리게 되었다. 의금부에서 죄를 물어 박상은 남원으로, 김정을 보은으로 귀양 보냈다.

얼마 뒤 조광조가 정언에 임명되자 즉시 이행 등을 배척하여,

"대간의 직책은 언로를 주관하는 것인데도 불구하고, 도리어 말하는 사람을 죄주어 스스로 언로를 막아, 임금이 간언을 거절하는 조짐을 만들었으니, 그 실책이 크므로 용납할 수가 없습니다. 모두 파면하소서."

라는 뜻으로 연이어 간청하였다.

조광조 〈행장〉을 지으면서 퇴계가,

"광조가 힘써 다투어 말하여 신씨가 복위되지는 않았지만, 상소 가
운데 논의는 또한 크게 이치가 있다."

라고 평했듯이, 후세의 선비들에게도 명분 있는 싸움이었다.

임금이 대신들에게 의논하여 양사를 모두 체차하였고, 이로부터 조
정 의논이 버티어 대립했다. 새로 임명된 대사헌 이장곤과 대사간 김안
국은 조광조가 언로를 바로잡으려는 것을 지지하였고, 장령 류보와 김
희수는 이언호 의논에 혹하여 권민수와 이행에게 가담하여 말하기를,

"언로는 오히려 국가에 있어서 그리 중요하지 않은 일이다."

라고까지 하였다.

이장곤이 반복하여 타일렀으나 오히려 서로 비난만 할 뿐, 궐내에 들
어가 각기 생각하는 바를 아뢰었다. 중종 임금은 이장곤과 김안국을 체
직하라 명하자, 직제학 김안로는 둘 다 옳다는 양시론을 폈다.

권민수와 이행이 조광조 미워하기를 원수같이 하였는데, 이언호가
일찍이 김안국과 이야기하다가 이 대목에 이르자, 이언호가 돌연 소리
높여,

"그때 왜 김정과 박상을 죽이지 않아 이렇게 분란이 생기게 했느냐."

라고 따졌다.

그해 겨울 김정과 박상 문제가 조정에서 공론으로 일은 후 이언호는
전라 감사로 나갔다가 정축년에 죽고, 권민수는 충청 감사로 나갔다가
무인년에 죽었으며, 이행은 파직당했다. 수원 부사 이성언이 소를 올려
이행을 구하려다 탄핵으로 아울러 파직되었다.

하지만, 조정 의논이 처음부터 일치하지 않아, 마침내 기묘년의 화를
불러들이게 되었으니, 이를 두고 《축수편》에서는,

"신씨가 아무리 죄 없이 폐비되었다 하더라도, 복위하게 된다면 어

찌 장애가 없었겠는가. 이 일로 조정이 맞서고 다투어 불화의 단서가 되어, 남곤의 간계로 기묘년의 큰 화를 가져왔으니, 참으로 애석하다. 당초 김안로 등이 복위시킬 수 없다는 논의를 고집하여, 마침내 당대의 착한 선비들과 대립 하였지만, 또한 소견이 없는 것은 아니었다."

라고 기술하고 있다.

모진 세월을 견디던 신씨 부인이 명종 정사년(1557)에 생을 마감하니, 서산에다 장사지냈다. 조정에서는 장생전의 관목을 내려 1등 예로 장사지내고, 세 끼니에 상식을 올리게 했다. 또 신비가 원한대로 조카 신사원에게 제사를 받들게 하였다.

현종 임자(1672)에 이조 참의 이단하 상소로 신주를 신씨 본손의 집으로 옮겼고, 숙종 무인(1698)에 신규가 신비의 위호를 회복해 달라는 장문의 소를 올렸다. 대신과 종친, 그리고 문무백관들에게 의논하라고 명하고, 또 지방에 있는 대신과 유신들에게도 의견을 수합토록 했지만, 그 후로도 폐비 신씨로 불렸다.

그러다가 영조 때 단경왕후로 복위되어 양주 장흥에 있던 무덤 역시 온릉(溫陵)으로 승격되었다. 신씨가 죽은 뒤 182년이 지난 일이었으니, 유생 김태남이 신씨 복위를 주청하는 상소를 올려 전기가 마련된 셈이다.

류자광의 몰락

동문수학하던 사림과도 척을 진 남곤이 뭇 선비들에게 손가락질 받으면서도, 인정받은 한 가지가 바로 《류자광전》을 남겼다는 것이다. 그만큼 문장으로 이름 높던 남곤인지라, 류자광에 대해서도 그림같이 그려냈다는 찬사를 받곤 했다.

자광은 부윤 규(規)의 서자이다. 건장하고 날래며 힘이 세었으며, 높은 곳에도 원숭이처럼 타고 올라가는 재주가 신기할 정도였다. 어릴 때 무뢰배가 되어 장기와 바둑이나 두고 활쏘기로 내기나 하며, 새벽이나 밤길에 돌아다니다가 여자를 만나면 낚아채어 간음하는 일이 다반사였다.

류규는 자광의 어미가 미천한 신분이고, 또 하는 짓이 이처럼 방종하고 패역하므로 여러 번 매질하고 자식으로 여기지 아니하였다. 갑사에 소속되어 건춘문을 지키고 있었는데, 이시애가 반란을 일으키자 자광은 글을 올려 스스로를 천거하였다. 세조가 그를 기특히 여기고 불러다가 대궐 뜰에서 시험해 보았다. 이어 전장에 나갔다가 돌아오니 세조가 매우 사랑하였는데, 병조 정랑으로서 문과를 보아 장원으로 뽑혔다.

3년마다 실시하는 과거 시험에 문과는 33명을 선발하였는데, 초시·복시·전시 3단계를 거쳐야 하는 어려운 관문이었다. 하지만, 류자광의 급제는 세조 임금이 온양온천 행차 도중에 갑자기 치른 별시였고, 합격자는 모두 4명에 불과했다. 《세조실록》을 통해 당시 상황을 살펴보면,

고령군 신숙주가 문과 초시에 합격한 대책(對策)을 올릴 적에, 류자광이 지은 대책은 낙방한 시폭(試幅) 속에 들어 있었다. 그런데 세조가 갑자기,

"류자광의 대책이 좋은 것 같은데, 어찌하여 합격시키지 않았느냐?"
하니, 신숙주가 아뢰기를,

"류자광의 대책은 고어 전용에다 문법도 소홀하여, 합격시키지 않았습니다."

하므로, 임금이 말하기를,

  "비록 고어를 썼다 하더라도 묻는 본의에 어그러지지 않았다면 의리
   에 해로울 것이 없지 않겠는가."

라면서, 류자광을 1등으로 올렸으니, 첩의 아들로 과거시험에서 특별히
상등 급제자가 되어 즉시 병조 참지에 제수되었으므로, 조정의 뭇 신하
들이 자못 놀라워했다고 전하고 있다.

  예종 초년에 남이가 모반한다고 고발하여 공신이 된 후에 무령군으
로 봉해졌으며, 벼슬 등급을 뛰어 1품의 관계(官階)를 얻게 되었다. 상시
자기 자신을 호걸이라 일컬었다. 천성이 음험하여 남을 잘 해쳐, 재능과
명망이 있고 임금 사랑이 자기보다 위에 있는 자가 있으면 반드시 모함
하니, 사람들이 그를 흘겨보았다.

  한명회의 문호가 귀하고 성함을 질투하고 있었는데, 마침 성종이 신
하들의 간하는 말을 받아들임을 알아채고, 기이한 의논으로 임금 마음
을 움직이게 하려고,

  "한명회가 발호할 뜻이 있습니다."

라는 글을 올렸으나, 임금은 그를 죄주지 아니하였다.

  후에 임사홍·박효원 등과 함께 현석규를 배제하려다 오히려 자기가
동래로 귀양가게 되었는데, 조금 후에 풀려났으나 임금은 그가 정치를
어지럽게 하는 사람인 줄 알므로, 다만 공신 봉작만 회복시켜 주고 실무
를 감당하는 관직은 주지 아니하였다.

  자광은 임금 은택 입기를 갈망하여 온갖 수단을 다 썼으나 되지 않으
므로, 마음속에 항상 불평을 품고 있었다. 이극돈 형제가 조정에서 권력
을 잡고 있음을 보고는, 능히 자기 일을 성취시켜 줄 수 있음을 알고, 문
득 몸을 굽혀 깊이 서로 결탁하여 무오년의 사화를 키웠다.

  반정하는 날에 여러 사람들이 안을 내 놓기를,

"류자광은 일을 많이 겪어 꾀가 많으니 이 일을 알리지 않을 수 없
다."

고 하여, 거사 임시에 이르러서야 사람을 보내 일러주고, 만약 숨거나 머
뭇거리면 때려 죽이겠다고 계획하였다.

　이를 전해들은 류자광은 곧장 말을 타고 군복을 입은 후 심부름하는
종을 시켜 두꺼운 기름종이 비옷을 싸 가지고 따라오게 하니, 사람들이
그 뜻을 알지 못하였다. 진중에서 장수와 병졸을 파견할 때 급작스러워
서 부신(符信)을 만들 만한 것이 없었는데, 그 기름종이를 오려 부신을 만
드니, 사람들은 그 지혜에 탄복하였다.

　중종반정으로 정국한 공을 녹훈하는 날 류자광이 박원종 등에게 간
청하기를,

"나는 선왕 때 이미 녹훈이 되었으니, 오늘 공은 아들 방에게 양보해
주고, 이 몸은 받지 않겠다."

라고 청하니, 박원종 등이 이를 받아들였다.

　그러나 류자광이 바야흐로 스스로 붓을 들고 공신록을 마감하는데,
또 녹훈하지 않을 수 없는지라, 결국 부자가 모두 공신으로 책봉되었다.
이들 두고 사람들이,

"박원종 등이 류자광 꾀에 떨어졌다."

라고 수군거렸다는 사실을 《동각잡기》에서 전하고 있다.

　조선 선조 때의 문신 윤근수가 남긴 글에 의하면, 류자광이 일찍이
무령부원군 응양상장군의 칭호를 갖고, 항상 동반의 영의정 윗자리에
앉았다고 하였다. 임당 정유길이 그의 조부 문익공 정광필에게 직접 들
었던 이야기를 전해 듣고, 그의 야사집 《월정만필》에 남긴 것이다.

　《동각잡기》나 《사재척언》에 따르면,

　연산군 시절에 선비들을 얽어 매어, 폐주로 하여금 살육을 맘대로 즐

기게 한 것은 전적으로 자광으로 말미암은 것이다. 이 때문에 선비들이 이를 갈고 있었는데, 반정하는 날 그가 앞장서서 가담하였으므로, 과거의 죄에 대해 탄핵하는 공론이 미처 일어나지 못하였다.

하루는 류자광이 도총관으로서 입직하였는데, 소매 속에서 부채를 꺼내 부치다가 갑자기 얼굴빛이 변하여,

"이 부채에 쓰인 글씨가 괴이하고 괴이하다."

라고 하면서 좌우에 보였는데, '위태롭고 망할 일이 바로 닥친다[危亡立至]'라는 네 자가 쓰여 있었다. 크게 놀라 두세 번 손가락으로 튕기면서 탄식하기를,

"내가 예궐할 때 이 부채를 채롱 속에서 꺼내어 내 손에 떠난 적이
없는데, 누가 썼단 말인가. 더할 수 없이 괴이하다."

라고 했다. 이때 갑자기 서리가 와서 고하기를,

"대간에서 글을 올려 자광의 죄를 청했다."

하였더니, 얼마 안 되어 관동으로 귀양 가서 죽고, 아들 진과 방도 북도로 귀양 가서 죽었다. 부채 글이 쓰여진 이치를 밝힐 수 없으나, 비록 사람의 손을 빌려 쓰여졌다 할지라도, 어찌 하늘이 시킨 것이 아니겠는가?

라고 했던 사실을 기술하고 있다.

중종 2년 정묘 여름에 온 조정이 류자광을 배척했을 적에, 자광이 박원종을 만나 충동하기를,

"나와 공이 다 같이 무인으로서 숭품에 올랐으니, 문사들이 기뻐하
지 않는 이가 많은데, 입술이 없으면 이가 찬 법이라, 내가 배척당하
고 나서 다음으로 공에게 미칠 것이오."

라고 하니, 박원종은 웃으면서,

"조정에서 공에게 이를 간 지 오래였으니, 공이 일찍 사퇴하지 않은

것이 한이다."

라고 하자, 류자광이 낙담하여 돌아갔다.

관동으로 귀양 간 류자광이 재기하여 반정 녹훈에 참여하였으나, 또 모함하고 해치는 버릇으로 조정을 흐리고 어지럽히려 하자, 공론이 크게 일어나 삼사에서 그의 죄악을 탄핵하니, 훈작을 삭탈하고 귀양지에서 용서받지 못한 채 죽어갔다.

중종 때 큰 선비였던 이자가 남긴 《음애일기》에서는 류자광을 두고, "류씨는 본래 세족인데, 류자광은 그 집안 서얼로 졸지에 일어나, 시국에 어려움이 많음을 틈타 간특한 꾀를 써서 모략으로 일 만들기를 좋아하여, 어진 사람들을 모조리 없앴다. 반정할 때에 성희안 인연으로 다시 훈열에 참여하고, 또 기울어뜨리고 위태롭게 하는 습성으로 조정을 흐리고 어지럽히다가 화와 복이 증험이 있어, 마침내 바닷가에서 고생하다가 죽었다. 죽기 전에 두 눈이 먼지 두어 해가 되었으며, 임신년(1512)에 자광이 죽자 조정에서 그의 자손에게 거두어 장사지내라 허락했으나, 아들 류진은 슬픔도 잊고 여색에 빠져가 보지도 않았고, 작은아들 방 또한 병을 핑계로 손님들과 술을 마시며 아비 장사를 보지도 않았으니, 마침내 모조리 망해 버렸다"

라고 기술하고 있다.

계유년(1513) 9월에 조정에서 의논하여, 류진의 온 가족을 변방으로 옮기라고 결정하였다. 진이 노모를 내쫓고 아우 방을 협박하여 죽게 하였으니 법으로 마땅히 죽여야 하나, 다만 불효하고 부제(不悌)한 것은 본래 법률에 정한 조문이 없었으므로, 의금부에서 부모에게 욕한 형법 조문대로 다스리자고 하고, 조정 의논 또한 법에 따라 죽이자고 하니, 임금이 온 집안을 변방으로 귀양 보내라고 명하였다.

반정 뒤로 법이 행해지지 않아 간사한 신하가 나라를 그르치고, 당시의 풍속이 완고하여 부끄럼 없이 오직 이익만을 취한 채 강상을 돌보지 않아, 류진이 홀로 죽음을 면했으니 실로 통분한 일이라 했다.

류몽인은 그의 야담집 《어우야담》에서, 류자광 일화를 소개하고 있는데,

아버지 류규가 집 앞에서 보이던 깎아지른 바위를 보고, 자광에게 글을 지으라고 하니, 즉시 쓰기를,

뿌리는 구원에 서렸고 / 根盤九原
형세는 삼한을 누르도다 / 勢壓三韓

하니, 류규가 흡족하여 기특히 여겼다.

자광은 죽은 후에 부관참시를 면치 못할 줄 미리 알고, 외모가 자기와 비슷한 자를 구해다가 종으로 삼아 길렀는데, 그 사람이 죽자 대부(大夫) 예로 장사지내고, 관곽과 석물을 구비하지 않음이 없었다. 그런 후 자기가 죽게 되자 처자식들에게,

"내 묘는 평장하여 봉분을 만들지 말 것이며, 만일 조정에서 사람을 보내 내 무덤을 찾거든, 죽은 종 아무개의 무덤을 가리켜 주어라."

하였다. 그 후 조정 의논이 류자광 죄가 마땅히 부관참시해야 한다 하여, 의금부에서 벼슬아치를 보내 묘를 물으니, 거짓으로 종의 무덤을 가리켜 주자, 그 무덤을 파헤쳐 시체를 베되 의심하지 않았으므로, 평토한 묘는 탈이 없었다고 전한다.

기묘하게 당한 선비들의 화

기묘사화.
신세력에 대한 구세력의 반격인가?
아니면 홀로서기를 위한 중종의 응징인가?

안당이 이조 판서가 되자, 서로 다투는 버릇을 통렬히 개혁하여, 정승들의 청탁 편지도 못 본채 하고 재주에 따라 벼슬을 주었다. 중종 재위 10년 을해에 사림을 권장하는 뜻으로 과감하게 6품직에 바로 제수하도록 허락을 받아내, 조광조·김식·박훈·김안국·김정·송흠·반석평 등을 차례를 밟지 않고 등용했다. 이후에도 이장곤·신상 등이 이조를 맡았으니, 현명하고 충량한 신하들이 기회를 얻을 수 있었다.

이들이 뜻을 세운 무인(1513) 여름에 현량과를 실시하여, 서울과 지방에 있는 재주와 행실을 겸비한 사람을 천거하라고 명하니, 이듬해 4월에 28명의 선비가 선발되었다.

이 시절 양사와 홍문관·예문관에서 소격서를 없애자고 교대로 글을 올리니, 중종은 여러 날이 지나도록 윤허하지 않았다. 이때 부제학 조광조가 면대하기를 청하여 극력 논하였고, 이튿날 또 동료들을 거느리고 합문 밖에 엎드려 네 차례나 아뢰었으나 윤허하지 않았다.

소격서는 별에 제사 지내고 비는 곳인데, 기묘년(1519)에 여러 어진 사람들이 죄를 얻자 소격서를 마침내 파하지 않았다. 사람들이 말하기를,

"기묘년의 화가 이 일에서 싹텄다."

라고 했다는 사실을 조선 후기 실학자 이수광이 《지봉유설》에서 언급한 바 있듯이, 사림파와 중종의 힘겨루기가 있었던 것이 사실이다.

중종반정이 있던 날 입직 승지 윤장·조계형·이우 등이 공신이 되었는데, 후에 녹권을 삭탈하라고 명했다. 이어 2, 3등 중에 외람되이 기록된 자와 4등 전부를 뽑아 공신록에서 삭제했다. 심정 또한 그의 위훈이 삭제되자 분하고 독한 마음을 품었는데, 기묘년 10월에 좌의정 신용개가 죽자, 남곤과 심정의 행동이 더욱 거리낌이 없었다.

소격서 혁파는 물론, 현량과 실시나 위훈삭제 같은 문제는 첨예한 이해관계가 걸린 문제였다. 기묘년에 공론을 주장하는 선비들은 착한 것을 칭찬하고 악한 것을 미워하기를 원수같이 해서, 그 행실이 맞지 않는 자와는 함께 조정에 서려 하지 않았다.

그들은 매양 경연에서 임금을 모시고 한 장(章)을 진강하는데, 의리를 인용 비유하고 경서를 두루 끌어내어 미묘한 이치를 캐었으니, 아침에 시작한 강론이 해가 기울어서야 파하므로, 지친 임금이 괴로워 하품하고 기지개를 하면서 고쳐 앉기도 하여, 때로는 용상에서 퉁 하는 소리까지 냈으니, 속으로 선비들을 싫어하는 임금의 기색을 남곤과 심정이 쉽게 알아차린 것이었다.

그런데다 대내 엄밀한 곳에 중사(中使)가 밤늦도록 출입하여 번거롭게 아뢰기를 그치지 않으니, 입직 승지들이 책상에 기대 졸기도 하여, 모두 싫어하고 괴롭게 여겼다. 임금 또한 어찌 듣기 싫은 마음이 없었겠는가. 신하로서 임금에게 간할 때에는 마땅히 약속을 맺어 스스로 깨닫게 해야지, 이토록 핍박하고서 무사한 자가 있겠는가라고 《사재척언》과 《동각잡기》에서 기술하고 있을 정도다.

홍경주가 일찍이 찬성이 되었다가 사림들 논박으로 파면되었으니, 항상 분함을 품고 있는 것을 알고 남곤과 심정이 마음을 통하여, 홍경주 여식이던 희빈을 꼬드겨,

"온 나라 인심이 모두 조씨에게로 돌아갔다."

라는 참소를 밤낮으로 하였으니, 드디어 임금 마음을 흔들었다. 또 달콤한 즙으로 〈주초위왕(走肖爲王)〉 4글자를 나뭇잎에 써서, 벌레가 갉아먹게 하여 자국이 생겼는데, 어느 참서보다 그 위력이 컸다.

날이 밝기 전에 남곤이 초립에다 떨어진 베옷과 찢어진 신을 신은 채 정광필 집에 이르러 문지기를 불러 말하기를,

"급히 안에 들어가서 손이 왔다고만 말하라."

하니, 문지기가 남곤임을 알고 들어가 고하기를,

"손이 문밖에 왔는데, 모양이 남 판서 같으나 의관이 초라하여, 천한
사람 같습니다."

하자, 정광필이 크게 놀라 나가 보니 과연 남곤인지라, 괴이하게 여겨 묻기를,

"공이 어찌해서 이렇게 오셨습니까?"

하니, 남곤이 그 이유를 갖추어 말하고, 이어 말하기를,

"임금께서 오늘 반드시 공을 불러 의논할 것이니, 공은 힘써 전하의
뜻을 순종하여 하나도 남김없이 제거한 뒤에야 나라 형세가 편안할
것이다."

라는 말로 위협하기도 하고 달래기도 하다가, 크게 성내어 옷소매를 떨치고 갔노라고 《사재척언》은 전하고 있다.

거사할 적에 병조 판서가 없으면 궁궐 호위하는 군사들을 호령할 수 없고, 또 병조 판서 이장곤이 판의금부사를 겸하고 있었기에, 이장곤이 집에 없을 때를 엿보아 남곤이 급히 편지를 내어,

"국가에 큰 일이 있으니 말을 달려들어 오라."

하였다. 급하고 당황한 이장곤이 성 중에서 말을 빌려 타고 남곤 집으로 달려가니, 남곤이 말하기를,

"판서 홍경주가 밀지를 받고 신무문 밖에서 명을 기다리고 있다."

하였다.

남곤은 홍경주를 임금께 보내 아뢰기를,

"근시인(近侍人)들이 모두 조광조의 심복이라 사세가 절박하니, 신무
문을 열어 밤을 타 입대하게 하소서."

하였으니, 이것은 승지와 사관들을 따돌리기 위한 방책이었다.

기묘년 동짓달 보름날의 길고 긴 늦은 밤중에 중종이 밀교(密敎)를 내
려, 신무문을 열고 정승 판서들을 불러들였다. 이경에 남양군 홍경주, 공
조 판서 김전, 예조 판서 남곤, 병조 판서 이장곤, 호조 판서 고형산 등이
합문 밖에 모였고, 도총관 심정과 병조 참지 성운이 직소에서 나와 합류
했다.

임금이 편전으로 나오자 홍경주가 서계를 가지고 입대하여, 조광조
등이 붕당을 지어 아부하는 자는 진출시키고, 자기와 달리하는 자는 배
척하여, 임금을 속이고 사심을 부린다고 아뢰니, 승정원에서조차 비로소
알게 되었다.

얼마 지나지 않아, 승지 성운이 소매에서 쪽지를 꺼내 이장곤에게 주
면서,

"이것은 어필이다. 이 사람들을 즉시 금부에 잡아들이라."

하였으니, 그들은 입직해 있던 윤자임·공서린·안정·이구 및 응교 기준
과 수찬 심달원 등이었다. 이어 궐문이 열리자 대사헌 조광조, 우참찬 이
자, 형조 판서 김정, 도승지 류인숙, 좌부승지 박세희, 우부승지 홍언필,
동부승지 박훈, 부제학 김구, 대사성 김식 등이 대궐 뜰로 잡혀 왔다.

홍경주 등이 편전에 시립하여 아뢰기를,

"일이 급하니 국문할 것도 없이 빨리 선전관을 보내 금위군을 통솔
하여 여섯 승지와 홍문관, 대간, 시종들을 궐문 안에 잡아들여 때려
죽이소서."

하였으니, 정난하는 것처럼 대궐 뜰에는 이미 형기까지 다 갖추어 놓았다.

　이장곤은 비로소 그날 밤 당장 쳐 죽이려는 의도를 알아채고는,

　"임금이 도적의 모의를 행할 수 없으며, 또한 수상에게도 숨긴 채 국
　가 대사를 행할 수 없습니다. 대신들과 상의하여 죄 주더라도 늦지
　않습니다."

라고 반복하여 극진히 간하였다.

　중종 마음이 조금 풀리어, 영상 정광필을 불러들였다.

　특명으로 남곤을 이조 판서로 삼고, 김근사·성운을 가승지로, 봉상시
직장 심사순을 가주서로 삼았다. 심사순이 미처 입시하기 전에 검열 채
세영을 시켜 붕당을 지은 무리들을 죄주는 교지를 쓰라 하였더니, 붓을
잡은 채세영이 극진히 간하기를,

　"이 사람들의 죄목이 아직 밝혀지지 않았으니, 헛말을 꾸며 무고한
　사람들을 죽일 수는 없습니다. 죽일 만한 죄가 있는지 듣고 써야 합
　니다."

라고 하자, 가승지 성운이 채세영이 잡은 붓을 빼앗으려 하였다.

　이에 채세영이 성운의 몸을 가로 막으며,

　"이것은 역사를 쓰는 붓이니, 아무나 잡을 수 있는 것이 아니오."

라고 소리치며 붓을 빼앗으니, 자리가 숙연해졌다.

　부름을 받은 정광필이 삼경 무렵에 궐에 들어와 눈물을 흘리며 극진
히 간하기를,

　"젊은 유생들이 시대에 맞는 것을 알지 못하여 헛되이 옛일을 끌어
　다 지금 시행하려 한 것뿐입니다. 무슨 다른 뜻이 있겠습니까. 조금
　관대한 처분을 내리시어 삼정승과 함께 죄를 의논하게 하소서."

하였으니, 말끝마다 눈물이 옷깃을 적셨다.

임금이 급히 일어나 안으로 들어가려 하자, 정광필이 쫓아가 어의를 붙들고 머리를 조아리자, 눈물이 턱에 교차하였다. 이에 조광조 등을 옥에 내리라고 명하였다.

정광필이 남곤과 심정을 돌아보며,

"공들은 임금을 보필하면서 어찌 류자광 같은 일을 하려 하는가."

라고 힐난 하였다.

그때 지평 이희민과 이연경 등이 궐문으로 달려 들어오니, 정광필이 말하기를,

"너희들은 우선 물러가 있으라. 임금의 노여움이 심하게 되면 조광
조를 죄주려 하겠지만, 우리가 어찌 선비를 죽이겠느냐. 극력 주선
하여 구제하겠다."

하였다.

오경에 안당이 명을 받고 황급히 달려오니, 정광필 혼자 빈청에 앉아 있어, 그 연유를 묻자 눈물을 닦고 혀를 차며 차마 말을 잇지 못하였다.

특명으로 류운을 대사헌, 윤희인을 대사간으로 삼았다. 이어 양사와 옥당을 다 체차하라 명하였는데, 이때에 청류가 일망타진되어 온 조정이 텅 비었다.

이날 남곤을 불러 정사를 하라고 명하였으나, 병을 핑계대고 들어오지 않아 명을 보류했다. 실상은 남곤이 화를 주도하여 권력을 자기에게 거두어 놓고, 스스로 물러나 두 번이나 불러도 움직이지 않은 그 꾀가 교묘하나, 일을 주동한 간계를 어찌 숨길 수 있겠는가. 이에 영상과 우상에게 명하여 더불어 정사를 하게 하였다.

조광조가 붕당을 지었다는 죄안이 정해졌다. 그리고 그에게 부화뇌동했다는 인물들도 국문을 당했다. 죄인을 심문한 공초를 받아서 아뢰니, 전교하기를,

"이 일은 조정에서 벌써 의논을 정했으니, 형장을 쓰지 말고 조율하라."

라고 했던 사실들을 《동각잡기》는 전하고 있다.

조광조·김정·김식·김구 네 사람은 사사하고, 나머지는 귀양 보내라는 명이 떨어졌다. 날은 이미 저물어, 조광조는 옥중에서 옷을 찢어 상소했다. 촛불을 밝히던 정광필이 하교를 듣고 놀라, 좌우를 돌아보고 곧장 입대를 청하여 아뢰기를,

"소신이 이 직에 있은 지 또한 오래되었으나, 오늘 같은 일이 생길 줄을 어찌 생각했겠습니까. 이 사람들은 단지 어리석어서 사리를 알지 못하고 이같이 되었으니, 중죄라면 신들이 어찌 청하지 않겠습니까."

하면서, 힘써 사형에서 감해 주기를 청하였는데, 눈물이 떨어졌다.

임금이 승지를 불러 새로운 하교를 내렸다.

"조광조 등 4명은 장을 쳐 먼 곳에 안치하고, 윤자임 등 4명은 먼 곳에 부처하라."

하였다.

정광필이 빈청으로 물러나 안당과 함께 또 아뢰기를,

"이 사람들이 죽음을 면한 것은 하늘과 땅 같은 어짊 덕분입니다. 그러나 다만 모두 병약하여 장을 맞고 멀리 가면 중도에서 죽을지 알수 없습니다. 그렇게 되면 조정에서 선비를 죽였다는 이름을 얻게 되어, 사형을 감해 준 효과가 없게 될까 염려됩니다."

하는 내용으로 7번이나 아뢰었으나, 윤허하지 않았다.

사화가 일어나던 날 관학 유생들이 대궐 뜰에 와서 소리 내어 울었고, 도성 안의 향도들이 궁성으로 모여들어, 남곤 등이 공갈한 유언비어를 실증한 것처럼 되어가니, 임금이 노하여 조광조와 김정에게 사사하

라고 판하하였지만, 결국 조광조를 능주, 김정을 금산, 김구를 개녕, 김
식을 선산, 박세희를 상주, 박훈을 성주, 윤자임을 온양, 기준을 아산으
로 귀양 보냈다.

　　사관 벼슬인 한림을 맡았던 이구가 아뢰기를,

　　"처음 모의한 사람과 신무문을 연 일을 기록하려고 하는데, 신이 사
　　필을 잡았으면서도 근본 원인을 알지 못하므로 감히 아룁니다."

하니 임금이 이르기를,

　　"죄를 청한 대신은 정광필 등의 단자에 볼 수 있고, 문을 연 것은 승
　　정원 열쇠로 열었다."

하자, 이구가 아뢰기를,

　　"신이 승정원에서 숙직했는데도 그 열쇠가 어디서 나왔는지 알지 못
　　하겠습니다."

하니, 임금이 이르기를,

　　"그때 승지들이 모두 간의대에 갔으니 어떻게 알겠는가."

하자, 이구가 아뢰기를,

　　"그때 신 또한 옥에 갇혔는데, 조광조 등이 서로 붙들고 통곡하면서,
　　변란이 반드시 중간에서 일어난 것이라 하다가, 새벽에 이르러서 까
　　닭을 듣고 모두 술을 따라 주면서 서로 위로하기를, 임금의 판단에
　　서 나온 것이라면 우리들이 죽더라도 무엇을 한하겠는가마는, 신의
　　생각에는 성스럽고 밝은 임금을 만났는데, 어찌 이 같은 사리에 어
　　두운 일이 있을 줄 생각했겠습니까."

라고 했던 사실을 《야언별집》에서 전하고 있다.

　　대사간 윤희인, 사간 오결, 헌납 이충건, 정언 윤개·유형이 논계하기
를 마지않았고, 류인숙·공서린·홍언필·이성동·이청·송호지·김익·권
전 등이 대궐에 나아가,

"조광조와 함께 옥에 갇혀서 같이 그 죄를 입겠습니다."
라고 우겼다.

한편 조광조가 귀양 가자, 뭇 소인들이 뜻을 얻어 유생 황계옥·윤세정·이래 세 사람이 소를 올려 조광조 등 8명을 죽이자고 청하니, 시론에 영합하여 말이 지극히 참혹하고 흉악했다. 황계옥이 처음에는 조광조를 구하다가 옥에 갇혔었는데, 한 달도 되기 전에 또 조광조를 죽이고 용서하지 말라고 청하니, 그 마음보가 사람답지 못함이 이와 같았다. 그런데도 임금은 이 상소를 보고 가상히 여겨 술을 내렸다고 《동각잡기》는 전한다.

황계옥은 목사 진의 아들인데, 기묘년에 여러 사람들이 귀양 가자, 어숙균·숙권 형제를 찾아가,

"내가 소를 올려 조 대헌(大憲)을 구하려고 이미 초고가 갖춰졌으니 자네가 써 주게."

하고는, 마침내 소매 속에서 초고를 꺼내 보이며 어떠한가 물었더니, 어숙균이 대답하기를,

"이 상소는 심히 잘 되었네. 공이 선을 좋아하는 이가 아니라면 어찌 이에 미칠 수 있겠는가."

라는 말로 권면하였다.

그런데 황계옥은 그 상소를 올리지 않은 채 돌아갔다가, 며칠 후 윤세정·이래와 함께 연명으로 다른 상소를 올렸으니,

"조광조가 옛 법을 변란시키고 붕당으로 국가를 그르쳤으니, 법으로 다스리소서."

라는 것이었다.

이런 행동을 놓고 《패관잡기》에서는,

"대개 황계옥은 두 건의 상소를 지어 먼저 조광조를 구하는 상소를

어숙균에게 보였고, 자기 의견과 맞지 않은 것을 알았기 때문에 쓰
지 않고 갔으니, 그 간사하고 음흉스러운 정상을 이루 다 말할 수 있
겠는가."
라고 하였고,

《사재척언》과 《석담일기》에서도,

"정광필의 뜻이 남곤과 어긋나 정승에서 파면되자, 조정에 다시 말
하는 자가 없어 조광조가 마침내 죽음을 면치 못하였다."
라고 한 바가 있다.

《기묘록》을 비롯하여 《당적보》 《동각잡기》 등 당대 야사들을 종합하
여 기묘사화 이후 상황을 재구성해 보면,

남곤과 이유청을 좌상과 우상으로 삼고, 김전을 올려서 영상으로 삼
아, 금부 당상 심정·손주 등을 불러, 조광조·김정·김식·김구를 사사하
고, 윤자임·기준·박세희·박훈을 절도(絶島)에 안치하라고 하교하였다.
남곤과 이유청 등이 감형을 아뢰었고, 여러 신하들 또한 절도에 안치하
여 살리기를 좋아하는 덕을 보이라 종용했건만, 중종은 아량을 베풀지
않았다.

이때 조광조가 능성에 귀양 가 있었는데, 북쪽 담 모퉁이를 헐어 앉
을 때에는 반드시 북쪽을 향하여 임금 생각하는 회포를 폈다. 사사하라
는 명이 내리자 조광조가 말하기를,

"임금이 신에게 죽음을 내리니 마땅히 죄명이 있을 것이다. 공손히
듣고서 죽겠다."
하고는, 뜰아래 내려가 북쪽을 향해 두 번 절하고 꿇어앉아 전지를 들었
다.

무릇 정승을 사사할 때에는 어보와 문자 없이 다만 왕의 말씀만 받들
어 시행하였는데, 조광조가 묻기를,

"사사하라는 명만 있고 사사하는 문자는 없는가?"

하니, 도사 류엄이 조그만 종이에 쓴 것을 보였다. 조광조가 말하기를,

"내 일찍이 대부 반열에 있었는데, 이제 사사하면서 어찌 다만 종이 쪽지를 도사에게 주어 죽이게 하는가. 만일 도사의 말이 아니었다면 믿지 않을 뻔했다. 국가에서 대신을 대접하는 것이 이같이 초라해서는 안 되니, 그 폐단이 장차 간사한 자로 하여금 미워하는 이를 함부로 죽이게 할 것이다. 내가 상소하여 한 말씀 드리고 싶지만 하지 않겠다."

하고, 이어서 묻기를,

"임금의 기체후는 어떤가?"

하고, 다음으로 묻기를,

"누가 정승이 되었으며, 심정은 지금 무슨 벼슬에 있는가?"

하니, 류엄이 사실대로 고하자, 조광조가 말하기를,

"그렇다면 내가 죽는 것에 의심이 없다."

하고는, 목욕 후 새 옷으로 갈아입은 다음 집에 보내는 글을 쓰는데, 한 자도 틀리게 쓰는 것이 없었다. 조광조가 조용히 죽음에 나가면서, 시자에게 부탁하기를,

"내가 죽거든 관은 모두 마땅히 얇게 하고 두텁고 무겁게 하지 말라. 먼 길을 돌아가기 어려울까 염려된다."

하였다. 류엄이 죽음을 재촉하는 기색이 있자 조광조가 탄식하기를,

"옛날 사람이 임금의 조서를 안고 전사(傳舍)에 엎드려 운 이도 있는데, 도사는 어찌 그리 사람과 다른가."

하고, 시를 읊기를,

임금 사랑하기를 아비 사랑하듯 하니 / 愛君如愛父

하고는 드디어 약을 마셨는데, 그래도 숨이 끊어지지 않자, 금부의 나졸들이 나가 목을 조르려 하였다. 조광조가 말하기를,

"성상께서 하찮은 신하의 머리를 보전하려 하시는데, 너희들이 어찌 감히 이러느냐."

라고 한 후 더욱 독한 약을 마시고 드러누워 일곱 구멍으로 피를 쏟으며 죽으니, 듣는 자가 눈물을 흘리지 않는 이가 없었다.

조광조가 사사되자 아우 조숭조가 달려가 길가에서 우니, 한 노파가 산골짜기에서 울며 와서 묻기를,

"낭군은 무슨 일로 우는가?"

하니, 조숭조가 답하기를,

"나는 형님이 죽었기 때문에 울지만, 노파는 어찌해서 우는가?"

하자, 노파가 말하기를,

"국가에서 조광조를 죽였다고 들었다. 어진 사람이 죽으니, 백성들이 반드시 살지 못할 것이기 때문에 운다."

하였다.

혹자가 말하기를,

"당시의 일이 속여 감추고 어리둥절한 데서 나와, 사관들이 입시하지 못하여 그 도깨비 같은 실상을 다 기록하지도 못했고, 《중종실록》을 찬수할 때도 간신들이 일을 주관하여 실상과 다른 일이 많기에, 간혹 기묘년의 여러 어진 이를 그르다 하는 자까지 있으니, 분함을 이길 수 있겠는가.

조광조 등이 배운 바가 발라 임금 신임을 오로지 얻었는데, 하루아침에 제거하면서 조금도 애석히 여김이 없으니 어째서인가. 대개 세

상 임금이 신하에 대해 그 탐욕스럽고 음란하고 간사하고 독한 것은 모두 깊이 미워하지 않아도, 오직 세력으로 임금을 핍박하고 위태로움을 도모한다고 말하면, 아무리 명철한 임금이라도 그 술수 속에 빠지지 않는 이가 드물어, 간적들이 어진 이들을 쉽게 일망타진 할 수 있었다. 조광조 죽음도 여기에 걸려든 것이다."

라고 하였다고 전한다.

경빈 박씨와 훈척 김안로

경인년에 경빈 박씨와 그 아들 복성군이 폐서인되어, 모두 상주 본토로 귀양 갔다는데, 《조야기문》에는 정해년에 폐하여 귀양갔다고 하였다.

중종 재위 22년 정해(1527) 2월 26일.

세자가 거처하는 동궁의 해방(亥方 : 24방위의 하나로 정서북에서 북으로 15도 방위)에 불태운 쥐 한 마리를 걸어 놓고, 물통 나무 조각으로 방서(榜書)를 걸어 놓은 일이 벌어졌다. 이때 세자[인종]가 동궁에 거처하였으니, 돼지띠인 해생(亥生)인 데다가 생일이 2월 29일이었으니, 해(亥)는 돼지에 속하고 쥐도 돼지와 비슷하기에, 당시 의논들이 동궁을 저주한 것이라 여겼다.

이를 두고 궁중에서는 박빈의 행위라고 지목하여, 그 시녀와 사위였던 당성위 홍려의 종들이 많이 잡혀 와 매 맞아 죽었고, 형벌을 이기지 못해 거짓으로 자백한 자들이 있어, 결국 박빈 스스로 목숨을 끊도록 하기에 이르렀다고 《당적보》에서 기술하고 있다.

이를 작서(灼鼠)의 변이라 일컫는다.

인종은 효성이 타고난 분이었으나, 계모인 문정왕후가 조금도 보호해 주는 마음이 없고, 작서의 옥사로 박씨에게 죄를 씌워 그 아들까지 죽음을 주니, 사람들이 모두 원통히 여겼다. 《쾌일록》에는 원통히 여긴다는 아래에 정해년 2월이라 기록했고, 《당적보》도 같다.

《동각잡기》에서는 이들 두고,

"가정(嘉靖) 임진년(1532)에 동궁 근처에 불태운 쥐로 저주했던 일이 있고, 또 인종의 허수아비를 만들어서 나무패에 망측스러운 글을 써 걸어두었다. 의심스러운 사람을 잡아서 국문하자 박빈이 한 짓이라고 하여, 박빈과 복성군에게 죽음을 내리고, 두 옹주는 폐하여 서인을 만들었으며, 당성위 홍려는 매 맞아 죽었고, 광천위 김인경은 밖으로 귀양 보냈으며, 좌의정 심정은 박빈과 결탁했다 하여 또한 사사했고, 이외에도 연루되어 죄를 입은 자가 매우 많았다. 정광필이 이를 두고 증거가 분명하지 않은 옥사이기에 왕실의 가까운 친족들은 고문해서는 안 된다고 주장했으나 먹히질 않았다. 이때 김안로가 이 일을 주장해서 사건을 조작하여 옥사를 만들고, 이로 인해서 옛날에 자기와 틈이 있던 사람들을 모함했다."

라고 하였듯이, 당시 내밀한 상황들을 잘 전해주고 있다.

여기에서 작서의 변을 임진년이라 한 것을 두고, 오류라고 보기는 어렵다. 그해에 이종익이 상소를 올려, 진범이 바로 김안로의 아들 김희라는 사실이 밝혀졌기 때문이다. 아들이 부마로 있음을 계기로 고단한 세자 보호자로 자처한 김안로가, 심정 등에게 원한을 품어오던 중에 아들을 시켜, 권세를 만회하고자 한 사행(邪行)이었다.

아울러 세자의 허수아비를 만들어 저주한 사건은 작서의 변이 밝혀진 이듬해에 새로 일어난 사건이었으니, 궁중 안에서 이런 일들이 반복되자 정국이 매우 혼란스러워졌다.

다음 해 계사년(1533)에 또 대궐 안 대간청에 허수아비를 매달고 나무패를 걸어서 흉한 말을 써 놓았는데, 장령 채무택과 정언 정종호 등이 이를 보고 즉시 아뢰기를,

　　"홍려의 잔당들이 아직 남아 있어 또 전날에 하던 짓을 다시 시행하여, 전일의 일을 발명하려는 것입니다."

하였다.

　　이에 임금이 삼공과 양사는 물론 의금부 당상을 불러 입대(入對)하게 하고, 또 노성한 신하들에게도 알리지 않을 수 없다 하여, 영부사 정광필도 아울러 부른 다음에 이르기를,

　　"지금 목패에 쓴 글씨와 한 짓을 보건대, 지난 목패와 같으니 대간에서 아뢴바 흉한 무리들이 전일의 일을 발명하고자 한 것이라는 말도 또한 그럴듯하다. 그러나 지난번에 홍가가 제 글씨라고 자복하고 죽었는데, 이 글씨도 이전 것과 다름이 없으니, 어찌 죽은 자가 다시 살아와서 썼단 말인가. 그렇지 않으면 조정을 어지럽히고자 하는 자의 소행인가. 지난번 목패 글씨를 그때 추관들이 모두 보았을 것이니 각자 의견을 말해 보라."

하였다.

　　좌우의 사람들이 글씨체가 비슷하다 하기도 하고 모르겠다고도 하니, 임금이 이르기를,

　　"이것은 익명서와 다름없으니, 전일에는 동궁에 관계된 일인지라 놀라고 이상히 여겨서 캐내게 했으나, 지금 내 생각에는 태워 없애면 조정이 저절로 편안해질 것으로 여기노라."

하였다. 이에 정광필이,

　　"큰 옥사를 자주 일으킬 수가 없으니 태워 없애라는 분부가 지당하옵니다. 인심이 이와 같고 큰 옥사가 여러 번 일어났으니, 근래에 천

변이 심히 많은 것이 반드시 이 옥사로 말미암은 것이 아니라 할 수
도 없습니다."
라고 아뢰었다.

영상 장순손·좌상 한효원·우상 김근사 등은 아무 말 없이, 다만 상감
께서 재량하시어 처리하기를 청했으나, 예조 판서 김안로가 아뢰기를,
"지금 글씨체를 보건대, 지난번 글씨처럼 능숙하지 못하여 전에 썼
던 것과 같지 않습니다."
라고 하였고, 대사헌 심언광은 아뢰기를,
"전하께서 글씨체가 같다고 의심하시는 것은 심히 불가합니다. 전하
의 뜻이 이와 같으시면 아래에서 반드시 지난번 옥사를 허사라고 추
측할 것입니다. 전일에 홍려와 복성군과 두 옹주에게 죄를 준 것은
모두 전하의 뜻으로 하신 일입니다. 부자(왕과 복성군)의 정리는 지극
한 것이어서 죄를 주고 난 뒤에 의심하고 동요되기가 쉬운 것이니,
이것은 필시 박씨와 두 옹주 집안사람들이 조정을 혼란시켜, 지난번
옥사를 의심하게 하려는 것입니다. 지난번 옥사를 국문할 때에 빠진
자가 심히 많아, 그때 추관들의 물의가 지금까지도 그르게 여깁니
다."
라고 하였다. 대사간 상진이 아뢰기를,
"이 목패를 보건대, 그 한 짓이 지난 일과 같으니, 신의 생각으로는
만일 딴 사람이라면 비록 천금을 준들 어찌 차마 쓰겠습니까. 두 옹
주가 모두 서울에 있으므로 그 종들이 근거를 삼고 있으니, 만일 옹
주를 시골로 돌려보내 종들이 따라가게 하면, 화가 없어질 것입니
다."
하였고, 또 채무택이 아뢰기를,
"전번에 이미 죄인을 잡아서 통쾌하게 법으로 다스렸는데, 이제 또

양사가 보는 곳에 목패가 걸려 있으니, 사건을 교란시키려는 계교가 분명합니다. 전하께서 지난번 목패에 쓴 글씨와 같다고 의심하시나, 신이 자세히 보건대 전후의 글씨가 생소하고 익숙한 것이 전혀 같지 않으니, 비록 옥과 돌이 함께 불타는 경우가 있더라도 반드시 끝까지 캐내야 할 것입니다."

하였다.

김안로와 채무택 등이 같지 않다고 주장하는 것은 전날에 이미 내가 썼노라 자백하고 죽은 자가 있었기 때문이었다.

이에 양사의 대사헌 대사간 이하 대간들 모두 국문해야 한다고 아뢰었으나, 임금은 따르지 않고 다만 현상금을 걸어 범인을 잡게 하고, 김안경 아내는 남편 귀양 간 곳에 따라가 있게 하고, 홍려의 아내는 사대문 밖에 살게 하였다. 양사에서 두 옹주의 가노들을 국문하기를 청하여 다섯 번이나 아뢰어도 윤허하지 않으므로, 그대로 물러 나왔다.

옥당 부제학 권예와 직제학 남세건, 전한 조인규, 응고 이임, 부응교 허항, 부수찬 홍춘경, 박사 홍섬, 교리 성륜·하계선, 부교리 황기 등이 글을 올려,

"정광필이 여러 번 큰 옥사를 일으켜 천변이 이로 말미암아 일어났다고 하니, 그 말이 지극히 망녕되고 어긋납니다. 광필이 박씨와 친척이라 하여 몹시 친밀히 사귀었으므로 사람들이 모두 더럽게 여겼고, 권력 잡은 간신이 패할 때 왕래하면서 그들을 구호하려 하였고, 홍려의 옥사 때에는 임금의 뜻만 맞추고 이제 다시 하늘의 재앙을 들고나와 전하를 속이오니, 말 한마디로 나라 망친다는 옛말에 가깝지 않습니까."

라고 한 말을 《당적보》에서 기술하였는데,

이를 두고 《동각잡기》에서는,

"정광필의 말은 참으로 대신이 임금께 고하는 체통을 얻었던 것이
나, 바른 일을 해치는 무리들이 공연히 헐뜯는 것이 이와 같았다."
라는 평가를 내린 바도 있다.

《조야첨재》에서도,

"이때 임금의 좌우와 언론을 맡은 지위[삼사]를 차지한 자들 모두 김
안로의 우익이었으므로, 여러 간사한 자들은 정광필이 조정에 앉아
있는 것을 몹시 꺼려했다."
라고 적고 있다.

《야언별집》에서는,

"세상에서 심정을 죽인 이가 모두 김안로라고 하는데, 안로가 과연
유력한 사람인 듯하다. 그러나 그 당시에 죄를 입은 자가 많은데, 홀
로 심정만을 중종이 반드시 죽이고 또 그의 아들도 매를 때려죽였으
니, 어찌 안로 혼자 한 짓이랴. 이보다 먼저 세자의 외조부 윤여필이
울면서 심정에게 말하기를, 동궁 작서의 변이 참혹하다고 전하니,
심정이 드디어 그 말을 상감께 아뢰어 박씨의 화가 실로 여기서부터
시작된 것이다. 박씨가 죄 받기 전에 어찌 심정을 참소하여 반드시
죽이려 하지 않았으리오. 김안로 세력이 형성된 뒤에 박씨 모자를
논죄하여 죽였기에, 세상 사람들이 한갓 박씨의 화가 안로에게 말미
암은 줄만 알고, 실제로 심정이 먼저 유도한 것을 알지 못했다. 그러
나 이것은 반드시 중종이 항상 심정을 죽일 마음을 가지고 있다가,
특별히 그 기회를 보아 행한 것이다."
라는 평을 내놓기도 했다.

《패관잡기》에 따르면, 인종이 동궁에 있을 때 복성군 일로 중종에게
상소를 올려,

"삼가 생각건대, 형제간이란 한 기(氣)에서 나누어진 것이라, 기침 한 번 숨 한번 쉬는 것도 서로 통하니, 우애의 정이 자연 그만둘 수 없습니다. 비록 어쩌다가 비상한 변란이 뜻밖에 생겼더라도 옛사람들은 오히려 은의로써 덮는 일이 있거늘, 지난번 복성군 일은 신이 나이가 어려 그 내막을 자세히 알지 못하나, 그 화의 참혹함을 차마 말할 수 없습니다. 그 요망한 일을 비록 박씨가 했다 한들 복성군이 어떻게 알겠습니까. …… 좋은 그릇을 진열하고 음식을 배불리 먹을 때에도 또한 형제 간 화락하고 친목하지 못하였으니, 불쌍한 생각이 더욱 마음속에 간절합니다. 이전에 이 뜻을 아뢰었으나 아직 윤허를 받지 못하였기에, 다시 조그만 속마음을 토로하여 성상의 귀를 더럽히오니, 불쌍히 여겨 주시옵기를 엎드려 비옵나이다."

라고 아뢰자, 임금이 이 말에 감동하여 복성군 벼슬을 회복하고, 그 후사를 세우게 했으니, 외부 신하들이 처음에는 인종의 상소를 알지 못했다가, 오랜 뒤에야 알려졌다고 전한다.

기해년(1539)에 한산 군수 이약빙이 상소하여 노산군과 연산군을 위해서 후사를 세우기를 청하고, 또 복성군의 죽음에 대해 죄상이 분명치 않으니 뉘우치는 뜻을 보이기를 청했다. 임금이 영의정 윤은보 등을 불러 약빙의 상소를 보이면서 전교를 내리니, 약빙을 탄핵하는 소리가 크게 일어 임금이 그 말을 따르려 하는데, 홍문관에서,

"구언 뒤에 말했다는 것을 가지고 심문하면 언로에 방해됨이 있습니다."

라는 뜻으로 차자를 올려 크게 간쟁하고서야, 약빙이 면할 수 있었다.

기묘년 이후 남곤·심정 등이 조정의 일을 저들 마음대로 처리해서 갑신년에 이조 판서 김안로가 남곤에게 쫓겨났다. 정해년에 남곤이 죽자 정광필이 영상이 되었다. 이때 심정·이항·김극핍 등이 권세를 잡았

으나, 경인년에 이르러 안로가 다시 돌아오자, 심정 등이 패하여 죽었다. 세상 사람들이 심정·이항·김극핍을 신묘 삼간(辛卯三奸)이라 하였다.

갑오년(1534)에 김안로를 우의정으로 삼았다. 김안로 지위가 극히 높고 권세가 높아지자 사람을 살리고 죽이는 것이 임금에게서 나오지 아니하고 안로가 마음대로 정하니, 혹 자기 허물을 의논하려는 자가 있으면 곧 채무택을 사주하여 조정을 비난했다는 죄목을 씌웠다. 사주한 대로 따르는 매와 사냥개 중에 허항이 으뜸인지라, 세상에서는 김안로·허항·채무택을 정유 삼흉(丁酉三凶)이라 하였다.

김안로는 천성이 간사한 데다가 글재주까지 있어, 낮은 벼슬에 있을 때부터 간특한 사람으로 지목당했다. 그 아들 희가 인종 누이 효혜공주에게 장가들어 연성위에 봉해지자, 갑자기 벼슬이 뛰어올랐다. 이조 판서로 정사를 어지럽히다 탄핵으로 귀양살이 중에 남곤이 죽자, 세자를 보호한다는 명목으로 재기하여 권력을 휘둘렀다.

《축수편》에서는, 김안로가 외양이 단아하여 종일토록 단정히 앉아 움직이지 않아, 바라보면 얼굴이 관옥 같고 입었던 옷을 벗더라도 한 가닥 구김이 없었으나, 다만 눈을 뜨면 그 요망한 태도가 볼만했다고 적고 있다.

이 시절 출처를 알 수 없는 비방서가 난무하고 있었는데, 김안로가 권세를 마음대로 결정하여 국사를 그르친다는 것이 종루에 나붙은 적이 있었다. 이것을 한림 나익이 사초에 써 두었더니, 안로가 이를 열람하다가 발견하여 누가 쓴 것이냐 물으니, 나익은 정색하고 말하기를,

"사필(史筆)을 잡은 자라면 누구인들 이렇게 쓰지 않으리오."

라고 대꾸했다.

격노한 김안로가 사람을 시켜 탄핵하니, 얼마 안 되어 나익은 죽고 말았다. 당시 권력을 움켜쥔 김안로였지만 눈 흘기는 사람들이 많았으

니, 《중종실록》에서 어느 사관이 남긴 그의 인물평을 보노라면,

"김안로의 큰아들 이름은 김기(金祺)인데, 아비는 인자하지 못하고 아들은 불효하였기 때문에 당시 사람들이 '부자간에 원수 사이다.' 하였다. 김기는 사람됨이 경망하고 사특한 데다가 독살스럽고 세를 빌어 교만 방자하였는데 술을 잘 마셔 병이 나서 일찍 죽었다. 하늘 이 만약 수년만 더 살게 했더라면 패해를 입은 자가 얼마나 되었을 지 모른다. 김안로에게는 눈이 멀고 못 생긴 딸 하나가 있었다. 안로 가 그 딸을 미워하여, 죽이려고 굶기면 울부짖으며 밥을 달라고 하 여 이웃이 들을까 두려워 못하고, 칼로 찔러 죽이면 시체에 칼자국 이 나서 친척들이 살해당한 것을 알까 두려워 못하였다. 그 흔적을 감추려고 항아리 속에다 독사를 넣고 뚜껑을 덮어 나오지 못하게 하 여 독이 잔뜩 오르게 한 다음, 뚜껑을 열고 그 딸에게 항아리에 발을 넣게 하니, 한 번 물리자 그 자리에서 죽었다. 안로는 속으로 매우 기 뻤으나 겉으로는 슬픈 척하면서 이웃 일가들에게 떠들기를 '내 딸이 변소에 가다가 독사에 물려 죽었다.' 하였다. 아, 이런 일을 차마 했 으니, 무슨 일인들 못하였겠는가."

라는 것이었다. 사관 한 사람만 해치운다고 악평이 없어지는 것이 아닐 지니, 호랑이는 죽어서 가죽을 남기고, 사람은 죽어서 이름을 남긴다는 뜻을 깊이 새겨야 할 것이다.

正史를 버무려 쓴
조선왕조야사
1

지은이 | 박홍갑
펴낸이 | 최병식
펴낸날 | 2022년 5월 10일
펴낸곳 | 주류성출판사 www.juluesung.co.kr
서울특별시 서초구 강남대로 435 주류성빌딩 15층
TEL | 02-3481-1024(대표전화)·FAX | 02-3482-0656
e-mail | juluesung@daum.net

값 22,000원

ISBN 978-89-6246-477-1 04910
ISBN 978-89-6246-476-4 04910(세트)

* 본 저작물에는 전주 완판본 서체와 국립박물관문화재단 클래식 서체,
  문화포털과 국립고궁박물관에서 제공되는 문양이 활용되었습니다.